GUDAI HANYU

古代汉语

主　编　刘　鹏
参　编　高　明　王宝红　马天祥
　　　　张院利　刘倬源

西北大学出版社
·西安·

图书在版编目（CIP）数据

古代汉语 / 刘鹏主编 . —西安：西北大学出版社，2022.12

ISBN 978-7-5604-5086-5

Ⅰ.①古… Ⅱ.①刘… Ⅲ.①古汉语—高等学校—教材 Ⅳ.① H109.2

中国版本图书馆 CIP 数据核字（2022）第 254976 号

古代汉语

主　　编	刘　鹏
出版发行	西北大学出版社
地　　址	西安市太白北路 229 号
邮　　编	710069
电　　话	029-88303059
经　　销	全国新华书店
印　　装	陕西向阳印务有限公司
开　　本	710mm×1000mm　1/16
印　　张	24
字　　数	400 千字
版　　次	2022 年 12 月第 1 版　2022 年 12 月第 1 次印刷
书　　号	ISBN 978-7-5604-5086-5
定　　价	57.00 元

本版图书如有印装质量问题，请拨打电话 029-88302966 予以调换。

目　录

绪论 / 001

上编　　文选部分

1. 纪昌学射　《列子》/ 005
2. 女娲补天　《淮南子》/ 009
3. 与朱元思书　吴均 / 012
4. 蝜蝂传　柳宗元 / 014
5. 陋室铭　刘禹锡 / 017
6. 郑伯克段于鄢　《左传》/ 019
7. 召公谏厉王弭谤　《国语》/ 026
8. 句践灭吴　《国语》/ 030
9. 燕昭王求士　《战国策》/ 038
10. 苏秦始将连横　《战国策》/ 043
11. 天下皆知美之为美　《老子》/ 051
12. 小国寡民　《老子》/ 054
13. 秋水（节选）　《庄子》/ 056
14. 五十有五而志于学　《论语》/ 061
15. 阳货欲见孔子　《论语》/ 063
16. 子路从而后　《论语》/ 064

17. 弈秋　《孟子》/ 068

18. 齐桓晋文之事　《孟子》/ 070

19. 天论（节选）　《荀子》/ 081

20. 非攻　《墨子》/ 089

21. 五蠹（节选）　《韩非子》/ 092

22. 教学相长　《礼记》/ 100

23. 大同　《礼记》/ 102

24. 谏逐客书　李斯 / 106

25. 孙膑　《史记》/ 116

26. 报任安书　司马迁 / 121

27. 张骞传（节录）　《汉书》/ 141

28. 艺文志·诸子略（节选）　《汉书》/ 151

29. 华佗传（节选）　《三国志》/ 160

30. 情采　《文心雕龙》/ 165

31. 答李翊书　韩愈 / 174

32. 吐蕃传（节选）　《新唐书》/ 180

33. 赤壁之战　《资治通鉴》/ 188

34. 西藏赋（节选）　和宁 / 199

35. 清代咏藏诗二首

　　宁静山是西藏分界处　孙士毅 / 212

　　游龙王潭　恭格班珠尔 / 213

下编　通论部分

第一章　文字　/ 217

第一节　汉字的产生　/ 217

第二节　汉字的形体结构 / 225

　　第三节　汉字的性质及形体的演变 / 232

　　第四节　古书中的用字 / 238

第二章　词汇 / 246

　　第一节　古汉语词汇的特点及构成 / 247

　　第二节　古今词义的异同 / 252

　　第三节　词的本义与引申义 / 255

　　第四节　同义词的辨析 / 262

第三章　语法 / 266

　　第一节　古汉语词类及词类活用 / 266

　　第二节　名词作状语　古代汉语双宾语 / 273

　　第三节　古代汉语的词序 / 276

　　第四节　古代汉语的判断句 / 280

　　第五节　古代汉语的被动表示法 / 284

　　第六节　副词 / 287

　　第七节　代词 / 292

　　第八节　介词、连词 / 299

　　第九节　助词和词头、词尾 / 302

第四章　音韵学基础 / 309

　　第一节　音韵学常识 / 309

　　第二节　汉语语音发展简史 / 313

　　第三节　近体诗的格律 / 317

第五章　综合运用　/ 322
　　第一节　工具书和工具书的使用　/ 322
　　第二节　古书的注解　/ 329
　　第三节　古书的标点　/ 336
　　第四节　古文今译　/ 342

附录：《简化字总表》　/ 347
后记　/ 376

绪 论

古代汉语是高等院校中文专业的一门基础课,是实践性很强的语言工具课。

古代汉语工具课的性质如从它的近期效用来说,就是为其他专业课程如古代文学、古代哲学、古代史学、文字学、音韵学、训诂学等提供必要的学习基础,但这绝不意味着古代汉语课是哪些或哪一门课程的"工具",它的工具课性质是就一个合格的高等院校的大学生所应具备的能力而言的。

众所周知,中华民族有着几千年的文明史,拥有无与伦比而又极其丰富的文化遗产,这既是中华民族发展史的记录,也是我们的宝贵财富和走向未来的借鉴。这些文化遗产主要保存在历代遗留下来的大量历史文献资料当中。要想继承并且利用这些用古代书面语言记录下来的文献资料,就要读懂它们。从这个意义上说,古代汉语这门课程就是为帮助我们理解和掌握古代的书面语言而开设的。学习、研究古代汉语的目的,就是培养大家阅读古书的能力,以批判地继承古代的文化遗产,为我们现今的文化事业服务;从语言学的要求来说,学习、研究古代汉语可以帮助我们认识现代汉语和古代汉语之间的继承、发展关系,提高运用和分析现代汉语的能力。

"古代汉语"是相对"现代汉语"而言的。从时间上讲,凡是1919年五四运动以前与现代汉语相对的历代汉民族使用的语言都可称为古代汉语。它既有口语形式,也有书面语形式。古人的口语今天显然是听不到了,我们今天所能看到的是写在文献、著作上的书面语。这种书面语,从已发现的有文字记载的历史来算,已有三千多年的历史。其在漫长的发展过程中,形成了两个系统:一是以先秦口语为基础而形成的上古汉语书面语以及后代用这种书面语写成的作品,即通常所说的文言;一是汉以后以北方话为基础而形成的古白话。文言反映的是汉语发展史的上古(先秦至汉)时期汉民族的语言面貌,从六朝起就明显与口语脱离了,因而成为一种只存在于书面上的超时空的通用语言。但是由于汉以后的历代文人写文章多模仿先秦书面语,所以汉以后的大量文献资料是用文言写成的。加之封建统治阶级提倡,科举考试的要求,文言便取得了正统地位,被认为是高雅的语言,形成了相对独立的体系;而且文言文在词汇、语法、语音诸方面都跟现代汉语相去甚远，是现在人们阅读古书的主要障碍，所以古代汉语课便以文言为学习的主要内容。古白话反映的基本上是六朝及以后的语言（口语）面貌，是中古和近古活的语言，是研究汉语史的重要材料。这种古白话，虽也属于古代汉语范畴，但用它记载的多为民间艺术等方面的文献，总量远不如文言文献。它同现代汉语差别较小，能阅读文言文，一般也能阅读古白话。所以古白话不是本门课程学习的内容。

应该怎样学习古代汉语呢？概括来说，应该本着感性知识与理性知识相结合、理论与实践相结合的原则进行学习。

首先，既要重视文选学习，又要重视通论知识学习，将二者紧密结合。也就是说，一方面要熟读那些思想健康、堪为语言典范的历代名篇，有的不仅要精读，还要背诵，对篇章的文意，要字句落实、深入理解，通过文选学习为通论知识学习提供感性材料；另一方面通过对文字、词汇、语法、音韵及综合运用等通论知识的学习，把获得的感性知识上升到理性知识，并运用这些知识进一步去指导阅读实践，收到举一反三的效果。因此，应该在学习若干篇文选后再学习一段通论知识。在通论知识的学习中，词汇知识是重心，因为词汇经常处在变化的状态，古今差异较大，需要花更多的功夫才能掌握。一旦掌握了词汇的性能、作用等，阅读古书的困难也就解决了一大半。本书每篇文选的后面均编排了一定数量的常用词，以方便大家学习。

其次，要注重课堂教学与课后练习的结合。在课堂教学中，学生在老师的引导下虽然进行了积极思考，但是缺乏主动性、创造性。因此，课后的练习与思考就显得尤为重要。学生在课堂上获得了一定的知识，在课后通过自己独立的阅读、做练习和思考，就会逐渐培养出阅读能力，也就是所谓的学以致用，从而收到事半功倍的效果。

要学好古代汉语，还要树立历史的观点，正确理解古今语言的异同及继承和发展的关系，还要学会使用几部常用的工具书，熟悉常用工具书的体例和用法，等等。

总之，通过古代汉语课程的学习，大家阅读古典文献的能力，以及自身的古文修养水平应该能得到明显的提高，为今后的学习、为继承和弘扬古代优秀的文化遗产，打下较好的语言基础。只要好学深思，具有铁杵磨针的精神，就能取得成功。

上编 文选部分

1. 纪昌学射

《列子》

作家作品介绍

《列子》一书相传是春秋战国时期列御寇所撰。列御寇是位不慕名位的隐士，是老子和庄子之外的又一位道家思想代表人物。其学本于黄帝、老子，主张清静无为。称作"列子"，是由于古时人们习惯在有学问的人的姓氏后面加一个"子"字，表示尊敬。

《列子》又名《冲虚真经》，是道家重要典籍。《汉书·艺文志》著录《列子》八卷，早佚。今本《列子》八卷，录有《天瑞》《仲尼》《汤问》《杨朱》《说符》《黄帝》《周穆王》《力命》等八篇，其内容多为民间故事、寓言和神话传说。该书题材广泛，有些篇目颇富教育意义。但从思想内容和语言使用来看，可能为魏晋人搜集有关的古代资料编成的。

《列子》通行的注本有晋张湛的《列子注》，今人注本有杨伯峻的《列子集释》、严北溟的《列子译注》等。

说明

本篇选自《列子·汤问》，题目是后加的。

本篇记叙了纪昌持之以恒学习射术的故事。纪昌的老师飞卫曾向甘蝇学射，而技巧超过了他的老师。纪昌又向飞卫学射，先学"不瞬"二年，功成之后，又"学视"三年，经过五年的刻苦训练，终于学到了射箭的技巧。这篇寓言启示我们：学习任何科学知识和技能，必须勤学苦练，循序渐进，持之以恒，打好坚实的基础。只有这样，才能学到真本领。

甘蝇，古之善射者[1]，彀弓而兽伏鸟下[2]。弟子名飞卫[3]，学射于甘蝇[4]，而巧过其师[5]。纪昌者，又学射于飞卫[6]。飞卫曰："尔先学不瞬[7]，而后可言射矣[8]。"

注释

[1]甘蝇：古代传说中的神箭手。古之善射者：古代擅长射箭的人。"者"字词组作判断句谓语。

[2]彀（gòu）弓：拉满弓，张开弓。兽伏鸟下：野兽倒下，飞鸟落下。

[3]飞卫：古代传说中的射箭能手。

[4]向甘蝇学习射术。于甘蝇：介宾词组作补语，表示所向，语译时移置动词前作状语。

[5]巧过其师：技巧超过他的老师。巧：技巧，这里指射箭的技巧。

[6]纪昌：古代传说中的射箭能手。

[7]尔：代词"你"。瞬：眨眼。

[8]而后才能谈射术。

纪昌归，偃卧其妻之机下[1]，以目承牵挺[2]。二年之后，虽锥末倒眦[3]，而不瞬也。以告飞卫[4]，飞卫曰："未也，必学视而后可[5]，视小如大[6]，视微如著[7]，而后告我。"

注释

[1]偃（yǎn）卧：仰卧。机：织布机。

[2]用眼睛直瞪着（织布机的）脚踏板。以：介词，用。承：承受，承接，这里是"注视"的意思。牵挺：织布机的脚踏板。脚踏板用绳子悬于机下，一上一下以织布帛。踏板一上一下易眨眼，为了学习不瞬，纪昌才卧于机下，以目注视踏板。

[3]锥末：锥尖。眦（zì）：眼眶，这里指眼皮。

[4]以告飞卫：是"以之告飞卫"的省略，意为把学习结果禀告给飞卫。"以"后省略介词宾语"之"，指代锥尖刺到眼皮也不眨眼的功夫。

[5]一定要锻炼眼力而后才可以。学视：学习凝视目标，即锻炼眼力。

[6]看小的东西就像看大的东西，即把一个小的东西看得很大。

[7]看细微的东西就像看显著的东西，即把一个细微的东西看得很清楚。著：显著。

昌以氂悬虱于牖[1]，南面而望之[2]。旬日之间[3]，浸大也[4]；三年之后，如车轮焉。以睹余物[5]，皆丘山也。乃以燕角之弧，朔蓬之簳射之[6]，贯虱之心[7]，而悬不绝[8]。以告飞卫。飞卫高蹈拊膺曰[9]："汝得之矣[10]！"

注释

[1] 纪昌用根牛尾毛拴只虱子悬挂在窗户上。氂（máo）：牦牛尾，这里指牛尾毛。牖（yǒu）：窗户。

[2] 南面：面朝南。南：方位名词作状语，向南。面：用作动词，面朝着，面对着。

[3] 旬日：十天。

[4] 浸（jìn）大：渐渐大起来。浸：渐渐。大：形容词用作动词，变大。

[5] 用这样的视力再看其余的东西。"以"后省略"之"，"之"指代视虱如轮的眼力。睹：看的意思。

[6] 于是就用燕国的牛羊角做成的弓、楚国的竹做成的箭来射它。乃：副词，于是，就。燕角之弧：燕国的牛羊角做成的弓。弧：弓。朔蓬之簳（gǎn）：楚国的竹做成的箭。朔：是"荆"字之误，《周礼·考工记》："燕之角，荆之幹，此材之美者也。""燕"与"荆"对举，所以"朔"在这里指"荆"，指楚国。蓬：竹。簳：本指小竹，可做箭杆，这里指箭。

[7] 贯：穿透。

[8] 悬：与"悬虱"的"悬"不同，这里用作名词，指悬吊的牛尾毛。绝：丝绳断。

[9] 高蹈：高跳起来。拊膺（fǔ yīng）：拍着胸脯。拊：拍、击。膺：胸。

[10] 你得到了射箭的技巧啊！

本篇选词综述

【告】

"告"从"口"，本义为"告诉"。如《列子·汤问》："视小如大，视微如著，而后告我。"《左传·隐公元年》："公语之故，且告之悔。"引申有"报告"之义，特指下级对上级说话。如《史记·屈原贾生列传》："楚使怒去，归告怀王。"又引申有"祭告"之义。如诸葛亮《出师表》："不效则治臣之罪，以告先帝之灵。"还可引申泛指"劝告"。如《论语·颜渊》："忠告而善道之。"（忠心规劝，好好诱导。）古汉语中，"告"和"诰"，原本同音同义，后分化成两个词，告上为"告"，告下为"诰"。

【视】

《说文》："视，瞻也。从见，示声。""视"的本义为"看"。如《列子·汤问》："必学视而后可。"《左传·庄公十年》："下视其辙，登轼而望之。"引申有"看待"义。如《左传·成公三年》："贾人如晋，荀莹善视之。"又引申指"对照、按照"。如《孟子·万章下》："天子之卿受地视侯。"（视侯：指按照侯的标准接受封地。）古汉语中，"视"还通"示"，表示"出示给别人看、向……示意"。如《汉书·高帝纪》："亦视项羽无东意。"（也向项羽表示自己没有向东进军的意思。）

【面】

"面"古文字形体为人脸面的形状，本义指"人的脸"。如《战国策·赵策四》："有再言长安君为质者，老妇必唾其面。"引申有"面对、面向"之义。如《列子·汤问》："北山愚公者，年且九十，面山而居。"又引申指"当面"。如《庄子·盗跖》："好面誉人者，亦好背而毁之。"《战国策·齐策一》："群臣吏民，能面刺寡人之过者，受上赏。""面"还引申指方位，有"方面"之义。如《史记·项羽本纪》："夜闻汉军四面皆楚歌。"在古代汉语里，"南面""北面"是面向南、面向北的意思，不是"南方""北方"的含义。古汉语中，"脸"和"面"意义也有差别，"脸"最初仅指人的两颊部分，后来逐渐扩大词义，和"面"所指相同。

【望】

"望"的本义指"向远处看"。如《左传·庄公十年》："吾视其辙乱，望其旗靡。"引申有"盼望"之义。如《孟子·滕文公下》："民之望之，若大旱之望雨也。"又引申指"人的名望、声望"。如《诗经·大雅·卷阿》："如圭如璋，令闻令望。"古汉语中，"望"还有"怨恨"之义。如《史记·商君列传》："商君相秦十年，宗室贵戚多怨望者。""怨望"同义复词，表示"怨恨"。"望"还特指月光满盈时，即农历每月十五。如苏轼《前赤壁赋》："壬戌之秋，七月既望。"（既望：指过了望日，即农历十六。）

【绝】

《说文》："绝，断丝也。"本义指绳索断开，引申指断绝。如《论语·卫灵公》："在陈绝粮，从者病，莫能兴。"又引申指"阻隔、隔断"。如陶渊明《桃花源记》："自云先世避秦时乱，率妻子邑人来此绝境。"再引申有"横渡、横穿"之义。如《荀子·劝学》："假舟楫者，非能水也，而绝江河。""绝"还可以虚化为副词，表示程度，有"极、非常"之义。如《史记·伍子胥列传》："秦女绝美，王自取之。"

2. 女娲补天[1]

《淮南子》

▶ 作家作品介绍

刘安（前179—前122）是汉高祖刘邦的少子淮南王刘长之子，被册封为淮南王。汉武帝元狩元年（前122），刘安因谋反被追究而自杀身死。

《淮南子》又名《淮南鸿烈》《刘安子》，刘向校定时名之"淮南"，是西汉淮南王刘安及其门客撰写的一部著作。《汉书·艺文志》录内篇二十一篇，外篇三十三篇，列入杂家。现只流传内篇二十一篇。《隋书·经籍志》始题作《淮南子》。全书以道家思想为主，并糅合先秦儒、法、阴阳等家学说。这部书在阐明哲理时，旁涉奇物异类、鬼神灵怪，保存了不少神话故事。注本有东汉高诱《淮南鸿烈解》，今注本有刘文典《淮南鸿烈集解》。

▶ 说明

本篇选自《淮南子·览冥训》，题目是后加的。

女娲补天是古代非常著名的神话传说。这个传说反映了远古时代严重的自然灾害及人类征服自然的积极进取精神。

往古之时，四极废，九州裂[2]，天不兼覆，地不周载[3]。火爁焱而不灭，

水浩洋而不息[4]。猛兽食颛民，鸷鸟攫老弱[5]。于是女娲炼五色石以补苍天，断鳌足以立四极[6]，杀黑龙以济冀州，积芦灰以止淫水[7]。苍天补，四极正，淫水涸[8]，冀州平，狡虫死[9]，颛民生。

注释

[1] 女娲（wā）：女神名，传说是我国化育万物的古创生神，有"抟（tuán）黄土作人"的故事流传。该篇讲述的是女娲补天止水、拯救人类的又一奇迹。

[2] 四极：四方最远的地方。传说天的四方都用柱子撑着。极：尽头，极点。废：毁坏，此指折断。九州：传说中古代中国划分的九个地区，《尚书·禹贡》称九州之名为冀、兖、青、徐、扬、荆、豫、梁、雍。这里泛指大地。

[3] 天不能广泛地覆盖大地，地不能全面地容载万物。兼：同时具备若干方面，广泛地。周：普遍。

[4] 熮焱（làn yàn）：叠韵联绵词，大火绵延燃烧的样子。浩洋：水广大盛多的样子。

[5] 颛（zhuān）：纯朴厚实。鸷（zhì）鸟：凶猛的鸟。攫（jué）：用爪抓取。

[6] 鳌（áo）：传说中海里的一种大龟。

[7] 济：拯救。冀州：古九州之一，古代中原地带。此代指九州大地。淫水：洪水。

[8] 涸（hé）：水干枯。

[9] 狡虫：凶猛的鸟兽。指上文的"猛兽""鸷鸟"。狡：猛。虫：古代包括禽兽。

本篇选词综述

【兼】

小篆字形由"手"和两个"禾"组成，本义表示一手抓住两枝麦穗，后指同时进行几件事或具有几样东西。如《孟子·告子上》："鱼我所欲也，熊掌亦我所欲也，二者不可得兼。"《荀子·君道》："兼听齐明而百事不留。"引申有"兼并、合并"之义。如《尚书·仲虺之诰》："兼弱攻昧，取乱侮亡。"

（昧：政治黑暗的国家。）又引申有"加倍"之义。如《三国志·魏志·郭嘉传》："轻兵兼道而出，掩其不备。"（兼道：指加倍赶路。）

【载】

本义指"乘载"。如《史记·酷吏列传》："载以牛车。"又指"负荷"。如《周易·坤》："君子以厚德载物。"引申有"乘坐"之义。如汉乐府《陌上桑》："使君谢罗敷，宁可共载不？"（使君：指太守。谢：告。宁可：愿意。）又引申指"覆盖、充满"。如《诗经·大雅·生民》："实覃实訏，厥声载路。"（訏：大，这里指声音大。厥：其。）成语有"怨声载道"。又引申指"记载"。如《左传·昭公十五年》："夫有勋而不废，有绩而载。"古汉语中，"载"又有"开始"之义。如《诗经·豳风·七月》："春日载阳，有鸣仓庚。"（阳：温暖。）一年四季周而复始，因此，"载"又可指代"年"。如《史记·文帝本纪》："汉兴，至孝文四十有余载。""载"还可以用作动词词头，没有实义。如《诗经·鄘风·载驰》："载驰载驱，归唁卫侯。"（唁：吊唁。）"载"表示以上意义时，读音不同。表示"装载""乘坐""充满"义时，读作 zài；表示"记载""年""开始"等义时，读作 zǎi。

【止】

古文字象脚趾形状，本义表示"脚趾"。如《汉书·刑法志》："当斩左止者，笞五百。"这一意义后来写作"趾"。古汉语中，"止"还有"停止"义。如《庄子·齐物论》："曩子行，今子止。"引申有"居住、栖息"义。如《诗经·秦风·黄鸟》："交交黄鸟，止于桑。"又引申指"禁止、阻止"。如《韩非子·有度》："止诈伪，莫如刑。""止"还可以用作副词，表示"只是、仅仅"。如《庄子·天运》："止可以一宿，而不可久处。"

【淫】

《说文》："淫，浸淫随理也。……一曰久雨曰淫。"本义为"浸润"。如《周礼·冬官·考工记》："善防者水淫之。"引申为"过分、无节制"。如贾谊《论积贮疏》："淫侈之俗，日日以长，是天下之大贼也。"成语有"骄奢淫逸"。后引申有"邪恶"义。如《商君书·外内》："淫道必塞。""淫"又指"不正当的男女关系"。如《荀子·天论》："礼仪不修，内外无别，男女淫乱，则父子相疑，上下乖离，寇难并至。"引申为"好色、纵欲"。如《左传·成公二年》："今纳夏姬，贪其色也，贪色为淫。"

3. 与朱元思书

吴均

作家作品介绍

吴均（469—520），字叔庠，南朝梁文学家、史学家，吴兴故鄣（今浙江安吉）人。其诗文自成一家，工于描绘山水景物，号"吴均体"。著有志怪小说《续齐谐记》一卷。其著作多散佚，明人辑有《吴朝请集》一卷。

说明

本文选自《艺文类聚》。

这是吴均写给友人朱元思述说旅行所见的书信，是六朝山水小品中的佳作，作者用优美的文笔，描写了富春江上的景色。

风烟俱净，天山共色[1]。从流飘荡[2]，任意东西。自富阳至桐庐，一百许里[3]，奇山异水，天下独绝。水皆缥碧[4]，千丈见底。游鱼细石，直视无碍。急湍甚箭[5]，猛浪若奔。夹岸高山，皆生寒树，负势竞上[6]，互相轩邈[7]，争高直指，千百成峰。泉水激石，泠泠作响[8]；好鸟相鸣，嘤嘤成韵[9]。蝉则千转不穷，猿则百叫无绝[10]。鸢飞戾天者，望峰息心[11]；经纶世务者，窥谷忘返[12]。横柯上蔽，在昼犹昏[13]；疏条交映，有时见日[14]。

注释

[1] 风烟俱净：烟雾都消散净尽。风烟，指烟雾。天山共色：指蓝天和青山融为一体。

[2] 从流飘荡：（乘着船）随江流漂浮荡漾。

[3] 许：表示约数。

[4] 缥碧：浅青色。

[5] 急湍：犹急流。甚箭：比箭快。

[6]负势：恃势。势指山水的气势。

[7]彼此争较谁高谁远的意思。轩：高。邈：远。

[8]激石：激于石，被石头阻碍而激荡。泠（líng）泠：形容清脆的水流声。

[9]嘤嘤：鸟和鸣声。韵：和谐动听的声音。

[10]转：同"啭"，鸟鸣。则：连词，连接的后一部分是对前一部分的说明，可以译作"就"。

[11]鸢飞戾天：出于《诗经·大雅·旱麓》。原义是鸢高飞而至于天，这里比喻追求高位。鸢：鹰。戾：至。息心：指止息其追逐名利之心。

[12]经纶世务：办理社会事务，指从政做官。经纶：整理丝缕、理出丝绪和编丝成绳，统称丝纶。引申为筹划治理国家大事。这句是说，那些忙于做官的人，看见这些山谷，也会流连忘返。

[13]柯：树枝。上蔽：在上面遮蔽。

[14]疏条：稀疏的枝条。交映：互相掩映。

本篇选词综述

【负】

本义指"背、用背驮东西"。如《庄子·盗跖》："负石自投于河。"成语有"负荆请罪"。引申为"蒙受、遭受"。如《管子·法禁》："废上之法制者，必负以耻。"又引申指"背靠着"。如《商君书·兵守》："四战之国贵守战，负海之国贵攻战。"此义又引申为"依仗"。如《史记·魏其武安侯列传》："武安负贵而好权。"成语有"负隅顽抗"。"负"还可引申指"违背、背弃"。如《战国策·齐策》："孟尝君笑曰：'客果有能也！吾负之，未尝见也。'"又引申指"失败"，与"胜"相对。如《孙子兵法·谋攻》："不知彼而知己，一胜一负。"还可引申指"亏欠"。如《汉书·邓通传》："通家尚负责数巨万。"（责：债。）古汉语中，表示背负东西，还有"担""荷""任"等词。"担"表示挑起来，"荷"表示扛着，"任"表示抱着。

【戾】

本义指"违背、乖张"。如《荀子·荣辱》："果敢而振，猛贪而戾。"

引申指"凶暴、猛烈"。如《战国策·秦策二》:"虎者戾虫,人者甘饵也。"又引申指"罪、罪过"。如《国语·鲁语上》:"职贡业事之不共而获戾。""戾"还可指"至、到"。如《诗经·大雅·旱麓》:"鸢飞戾天,鱼跃于渊。"(鸢:老鹰。)

【息】

本义指"呼吸"。如《论语·乡党》:"屏气似不息者。"引申指"停止"。如《周易·乾》:"天行健,君子以自强不息。"又引申指"休息"。如《孟子·梁惠王上》:"饥者弗食,劳者弗息。""息"还可指"繁殖、增长"。如《汉书·高惠高后文功臣表》:"流民既归,户口亦息。""息"还可指"子女"。如《战国策·赵策四》:"老臣贱息舒祺,最少,不肖。"

4. 蝜蝂传

柳宗元

作家作品介绍

柳宗元(773—819),字子厚,河东(今山西永济)人,唐代杰出的文学家,与韩愈同为唐代古文运动的领袖。公元805年,柳宗元因参与王叔文的政治改革失败,被贬永州(今湖南永州)。十年后,又调任柳州任刺史,最后死于柳州。在漫长的贬逐生涯中,柳宗元写了许多战斗性很强的哲学、政治论文。其诗文创作具有较高的艺术性,风格独特。他的著作现存于《柳河东集》。

说明

本文是寓言性的小品,作者对自然界的蝜蝂和社会上的腐败官吏的各自特点作了生动形象的刻画,揭示了那些达官贵人为追逐利禄而不顾死活的本性,并指出他们终将同蝜蝂一样难免于死亡。

蝜蝂者[1],善负小虫也。行遇物,辄持取,卬其首负之[2],背愈重,虽困剧不止也[3]。其背甚涩[4],物积因不散,卒踬仆不能起[5]。人或怜之,为去其负[6]。苟能行,又持取如故[7]。又好上高,极其力不已,至坠地死[8]。

注释

[1] 蝜蝂（fù bǎn）：一作"负版",一种擅长背东西的黑色小虫。

[2] 辄：就。卬：通"昂",高高抬起。

[3] 困剧：疲惫极了。剧：至,极。

[4] 涩：不光滑。

[5] 卒：终于,最后。踬仆（zhì pū）：跌倒。

[6] 或：无定代词,有的。为：介词,替。去其负：去掉它背的东西。

[7] 苟：连词,如果。

[8] 上高：往高处爬。极其力：用尽了它的气力。不已：不停止。坠地：坠落在地上。

今世之嗜取者[1],遇货不避[2],以厚其室[3],不知为己累也,唯恐其不积。及其怠而踬也[4],黜弃之[5],迁徙之[6],亦以病矣[7]。苟能起,又不艾[8]。日思高其位,大其禄[9],而贪取滋甚,以近于危坠,观前之死亡不知戒[10]。虽其形魁然大者也,其名人也,而智则小虫也[11],亦足哀夫[12]！

注释

[1] 嗜取者：指贪得无厌的人。

[2] 货：财物。

[3] 厚：用作使动,使……增加。

[4] 怠：懈怠,疏忽。

[5] 黜弃：罢官。

[6] 迁徙：降职,贬谪远方。

[7] 以：通"已"。病：受害。

[8] 艾（yì）：停止,悔改。

[9] 高：用作使动,提高。大：用作使动,加大。

[10] 滋甚：更加厉害。近于危坠：接近摔死。前之死亡：指以前由于极力求官贪财而自取灭亡的人。

[11] 其形：他的形状。魁然：庞大的样子。其名人也：他的名称是人。智则小虫：见识却和小虫一样。

[12] 亦足哀夫：也太可悲了。夫：句尾语气词，表感叹。

本篇选词综述

【取】

"取"字从耳，从又。"又"代表手，本义表示"割去耳朵"。如《周礼·夏官·大司马》："获者取左耳。"引申指"捕获"。如《诗经·豳风·七月》："取彼狐狸，为公子裘。"又引申指"拿"，与"舍"相对。如《孟子·告子上》："二者不可得兼，舍鱼而取熊掌者也。"又引申指"选取"。如李斯《谏逐客书》："今取人则不然。"又引申指"攻取"。如《商君书·去强》："兴兵而伐必取，取必能有人。"还可以指"娶妻"。如《诗经·齐风·南山》："取妻如之何？必告父母。"

【极】

《说文》："極，栋也。"本义指"屋脊"。如张衡《西京赋》："跱游极于浮柱。"（跱：置。游：指凌空的。浮柱：指梁上的柱子。）引申指"最高处"。如《庄子·则阳》："其邻有夫妻臣妾登极者。"又引申指"尽头、极点"。如《诗经·唐风·鸨羽》："悠悠苍天，曷其有极。"又虚化为副词，表示"最、非常"。如《庄子·盗跖》："子之罪大极重。""极"还有"标准，准则"之义。如《诗经·卫风·氓》："士也罔极，二三其德。"在古代汉语中，"极"和"極"是两个字，意义各有不同。以上五种意义，在古汉语中均用"極"表示，而"极"则指"放在驴背上驮物的架子"。汉字简化时，"極"简化为"极"。

【货】

《说文》："货，财也。"本义指"货币，钱财"。如《汉书·叙传》："货自龟取，至此五铢。"《左传·襄公四年》："戎狄荐居，贵货易土，上可贾焉。"引申指以钱财行贿。如《孟子·公孙丑下》："无处而馈之，是货之也。"《后汉书·黄琼传》："诛税民受货者九人。"又引申指"出卖"。如柳宗元《钴鉧潭西小丘记》："货而不售。"蒲松龄《狼》："有屠人货肉归。"

5. 陋室铭

刘禹锡

作家作品介绍

刘禹锡（772—842），字梦得，彭城（今江苏徐州）人，唐中叶思想家、哲学家、优秀的散文作家和杰出的诗人。贞元九年（793）进士，曾与柳宗元等参加以王叔文为首的政治改革运动，失败后被贬朗州司马。晚年曾做过太子宾客，故又名"刘宾客"。刘禹锡的诗歌通俗清新，富有民歌情韵。晚年与白居易为诗友，并称"刘白"。有《刘梦得文集》。

说明

本文选自《全唐文》卷六〇八。

铭，古代文体之一，属箴铭类，多刻于碑石或器物上，用以诫勉自己。本文通过对自己简陋居室的描写，表现了作者孤芳自赏、不与世俗之徒同流合污的思想和志趣。

山不在高，有仙则名[1]。水不在深，有龙则灵[2]。斯是陋室，惟吾德馨[3]。苔痕上阶绿，草色入帘青[4]。谈笑有鸿儒，往来无白丁[5]。可以调素琴，阅金经[6]。无丝竹之乱耳，无案牍之劳形[7]。南阳诸葛庐，西蜀子云亭[8]。孔子云："何陋之有[9]？"

注释

[1] 名：名词用作动词，出名。

[2] 灵：灵验。

[3] 斯：此。德：德行。馨：散发芳香。《左传·僖公五年》："黍稷非馨，明德（完美的德行）惟馨。"惟吾德馨：只有我高尚的品德使之芳香充溢。

[4] 苔藓爬上石阶，染上一层绿色；草色映入竹帘，使室内染上青色。

[5] 鸿儒：大儒，学识渊博的人。白丁：指不学无术或缺乏知识的人。亦指文盲。

[6] 调：调弄，指弹奏。金经：用泥金书写的佛经。

[7] 丝竹：泛指乐器。丝，本指弦乐器；竹，本指管乐器。案牍：指官府文书。劳形：劳累自己的身体。

[8] 南阳诸葛庐：诸葛亮出山前隐居在南阳（今湖北襄阳）茅庐之中，一说在河南。西蜀子云亭：指扬雄的住宅。扬雄字子云，蜀郡成都人。《汉书·扬雄传》说他家"有田一廛（chán），有宅一区，世世以农桑为业"。此扬雄宅，后人称为"扬子宅"。这里说"子云亭"是为了押韵。

[9]《论语·子罕》："子欲居九夷。或曰：'陋，如之何？'子曰：'君子居之，何陋之有？'"

▼ 本篇选词综述

【灵】

本义指"女巫"，如屈原《九歌·东皇太一》："灵偃蹇兮娇服。"引申指"神灵"。如《汉书·礼乐志》："灵之下，若风马。"还特指"灵魂"。如温庭筠《过陈琳墓》："词客有灵应识我。"又引申指"威灵"。如《左传·僖公二十三年》："若以君之灵得反晋国，晋楚治兵，遇于中原，其辟君三舍。"又引申指"人的精神意志"。如刘勰《文心雕龙·情采》："综述性灵，敷写器象。"

【德】

本义指"品德，品行"。如《荀子·王制》："无德不贵，无能不官。"引申指"恩德，恩惠"。如《韩非子·解老》："有道之君，外无怨仇于邻国，而内有德泽于人民。"又可以指"感激"。如《韩非子·外储说左下》："以功受赏，臣不德君。"还可引申指"心意"。如《诗经·卫风·氓》："士也罔极，二三其德。"

6. 郑伯克段于鄢

《左传》

作家作品介绍

《左传》原名为《左氏春秋》，汉代改称《春秋左氏传》，简称《左传》，相传是左丘明所作。左丘明，春秋时期史学家，鲁国人，双目失明。春秋时有称为瞽的盲史官，记诵、讲述有关古代历史和传说，左丘明即为瞽之一。《左传》记述春秋时期的历史，记载时间从鲁隐公元年（前722）到鲁悼公十四年（前453）。它不仅是一部历史著作，也是一部非常优秀的文学著作。《左传》长于记述战争，又善于刻画人物，重视记录辞令。这种叙事方式，对后来的历史、文学著作产生了极为重要的影响。

说明

本文选自《左传·隐公元年》，题目是后加的。

本文叙述了郑庄公与其弟、其母之间争位的故事。郑庄公对他弟弟共叔段姑息养奸，最后设计除掉段，并且把作内应的母亲迁去颍。后来在颍考叔的劝说下，接回母亲，恢复了母子关系。

初[1]，郑武公娶于申[2]，曰武姜[3]，生庄公及共叔段[4]。庄公寤生[5]，惊姜氏，故名曰寤生，遂恶之[6]。爱共叔段，欲立之。亟请于武公[7]，公弗许[8]。

注释

[1] 初：当初。《左传》追述以前的事情常用这个词，这里指郑伯克段于鄢以前。

[2] 郑武公：名掘突，郑桓公的儿子，郑国第二代君主。娶于申：从申国娶妻。申：春秋时国名，姜姓，在现在河南省南阳市北，后为楚所灭。

[3] 曰武姜：叫武姜。武姜，郑武公之妻，"姜"是她娘家的姓，"武"是她丈夫武公的谥号。

[4] 共（gōng）叔段：郑庄公的弟弟，名段。他在兄弟之中年岁小，因此称"叔段"。失败后出奔共，因此又称"共叔段"。共：春秋时国名，在现在河南省辉县市。叔：排行在末的兄弟。

[5] 寤：通"牾"，逆，倒着。

[6] 遂恶（wù）之：因此厌恶他。遂：连词，因而。恶：厌恶。

[7] 亟（qì）请于武公：屡次向武公请求。亟，屡次。于，介词，向。

[8] 公弗许：武公不答应她。弗：不。

及庄公即位[1]，为之请制[2]。公曰："制，岩邑也[3]，虢叔死焉[4]。佗邑唯命[5]。"请京[6]，使居之，谓之京城大叔。祭仲曰[7]："都城过百雉[8]，国之害也[9]。先王之制[10]：大都不过参国之一[11]，中五之一，小九之一。今京不度[12]，非制也[13]，君将不堪[14]。"公曰："姜氏欲之，焉辟害[15]？"对曰："姜氏何厌之有[16]！不如早为之所[17]，无使滋蔓[18]，蔓难图也[19]。蔓草犹不可除，况君之宠弟乎！"公曰："多行不义必自毙[20]，子姑待之[21]。"

注释

[1] 及：介词，到。即位：君主登上君位。

[2] 制：地名，即虎牢，在现在河南省荥（xíng）阳市西北。

[3] 岩邑：险要的城邑。邑：人聚居的地方，大小不定。

[4] 虢（guó）叔死焉：东虢国的国君死在那里。虢：指东虢，古国名，为郑国所灭。焉：相当于"于是""于此"。

[5] 佗：同"他"，指示代词，别的，另外的。唯命：只听从您的命令。

[6] 京：地名，在现在河南省荥阳市东南。

[7] 祭（zhài）仲：郑国大夫。

[8] 都城：都邑的城墙。雉（zhì）：古代城墙长三丈、高一丈为一雉。百雉指城墙的长度达三百丈。

[9] 国：国家。

[10] 制：制度。

[11] 大都不过参国之一：大的城不能超过国都城的三分之一。参，同"三"（因繁体作"叁"）。

[12] 不度：不合法度。

[13] 非制：不是（先王的）制度。

[14] 不堪：受不了。

[15] 焉辟害：怎能躲开这种祸害？焉：疑问代词，哪里，怎么。辟：同"避"。

[16] 何厌之有：等于说"有何厌"，有什么可以满足的。厌：同"餍"，满足。

[17] 早为（wéi）之所：早点给他安排个地方。意思是早点给共叔段换个便于控制的地方。为：动词，这里有"安排"的意思。

[18] 滋蔓：滋生，蔓延。这里指势力发展壮大。

[19] 图：图谋，谋划。

[20] 毙：跌倒，这里指失败。自毙：自取灭亡。

[21] 子：您。古时对男子的尊称。姑：姑且，暂且。

既而大叔命西鄙北鄙贰于己[1]。公子吕曰[2]："国不堪贰，君将若之何[3]？欲与大叔[4]，臣请事之[5]；若弗与[6]，则请除之[7]。无生民心[8]。"公曰："无庸[9]，将自及[10]。"

注释

[1] 既而：不久。鄙：边远地区。西鄙北鄙：指郑国西边和北边的偏远地区。贰于己：贰属于自己。使西鄙、北鄙一方面属于庄公，一方面属于自己，即同时向双方纳贡赋。贰：两属，属二主。

[2] 公子吕：字子封，郑国的大夫。

[3] 若之何：对它怎么办。若：如。之：指"大叔命西鄙北鄙贰于己"这件事。

[4] 欲与（yǔ）大叔：打算把郑国送给大叔。与：给予。

[5] 事：动词，待奉。

[6] 若：如果。

[7] 则请除之：就请除掉他。则：就。

[8] 无生民心：不要使民众（因为有两个政权并存）而生二心。无：同"毋"，不要。

[9] 无庸：不用（管他）。庸：用。

[10] 将自及：将要自取祸殃。及：至。

大叔又收贰以为己邑[1]，至于廪延[2]。子封曰："可矣，厚将得众[3]。"公曰："不义不暱[4]，厚将崩[5]。"

注释

[1] 收贰以为己邑：收取两属的西鄙、北鄙（完全）作为自己的领地。贰：指原来贰属的西鄙、北鄙。

[2] 至于廪延：扩张到了廪延。廪延：地名，在现在河南省延津县北。

[3] 厚：指所占的土地扩大。众：指百姓。

[4] 不义不暱（nì）：对君不义对兄不亲。暱：同"昵"，亲近。

[5] 崩：山塌，这里指垮台、崩溃。

大叔完聚[1]，缮甲兵[2]，具卒乘[3]，将袭郑。夫人将启之[4]。公闻其期[5]，曰："可矣！"命子封帅车二百乘以伐京[6]。京叛大叔段，段入于鄢[7]，公伐诸鄢[8]。五月辛丑[9]，大叔出奔共[10]。

注释

[1] 完聚：修治（城郭），聚集（百姓）。完：修葺（qì）。

[2] 缮甲兵：修整作战用的甲衣和兵器。缮：修理。甲：铠甲。兵：兵器。

[3] 具卒乘（shèng）：准备步兵和兵车。具：准备。卒：步兵。乘：四匹马拉的战车。

[4] 夫人：指武姜。启之：为他（段）开城门，即作内应。

[5] 期：指段袭郑的日期。

[6] 帅：率领。古代每辆战车配备甲士三人，步卒七十二人。二百乘，

共甲士六百人，步卒一万四千四百人。

[7]入于鄢：进入鄢地，意思是逃到鄢地。

[8]诸："之于"的合音字，其中"之"为代词，代共叔段。

[9]五月辛丑：古时用天干地支记日，鲁隐公元年五月辛丑是五月二十三日。

[10]出奔共：出逃到共国（避难）。奔：逃亡。

遂置姜氏于城颍[1]，而誓之曰[2]："不及黄泉[3]，无相见也。"既而悔之。

注释

[1]置姜氏于城颍（yǐng）：把姜氏安置在城颍。城颍：地名，在现在河南省临颍县西北。

[2]誓之：向她发誓。之：代武姜。

[3]黄泉：地下的泉水，这里指墓穴。

颍考叔为颍谷封人[1]，闻之，有献于公[2]，公赐之食[3]，食舍肉[4]。公问之，对曰："小人有母[5]，皆尝小人之食矣[6]，未尝君之羹[7]，请以遗之[8]。"公曰："尔有母遗，繄我独无[9]！"

注释

[1]颍考叔：郑国大夫。为：担任。颍谷：郑国边邑。封人：管理边界的小吏。封：疆界。

[2]有献于公：献物给庄公。

[3]赐之食：请他吃饭。之：代词，代颍考叔。

[4]食舍肉：吃的时候把肉放在一旁。舍：放。

[5]小人：谦称自己。

[6]皆尝小人之食：我的食物她都吃过。尝：品尝，这里是"吃"的意思。

[7]羹（gēng）：有汁的肉。

[8]遗（wèi）：赠，送给。

[9]繄（yī）：语气助词，用在句首。

颖考叔曰："敢问何谓也[1]？"公语之故[2]，且告之悔[3]。对曰："君何患焉[4]？若阙地及泉[5]，隧而相见[6]，其谁曰不然[7]？"公从之。公入而赋[8]："大隧之中，其乐也融融[9]！"姜出而赋："大隧之外，其乐也泄泄。"遂为母子如初[10]。

注释

[1]冒昧地问一下您说的是什么。敢：表谦敬的副词。何谓：等于"谓何"，说的是什么意思。

[2]语：告诉。之：代词，代颖考叔。

[3]悔：后悔。

[4]君何患焉：您忧虑什么呢？患：担心、忧虑。

[5]阙：通"掘"，挖。

[6]隧：隧道，这里用作动词，指挖隧道。

[7]谁说不是这样呢？其：语气助词，加强反问的语气。然：代词，代庄公对姜氏发的誓言。

[8]入而赋：走进隧道，唱着诗。赋：歌吟，唱着。

[9]融融：形容和睦快乐的样子。泄泄：自由自在的样子。

[10]遂为母子如初：于是姜氏和庄公作为母亲和儿子跟从前一样。也就是恢复了母子关系。

君子曰："颖考叔，纯孝也，爱其母，施及庄公[1]。《诗》曰：'孝子不匮，永锡尔类[2]。'其是之谓乎[3]？"

注释

[1]君子：指人格高尚的人。《左传》对所记述的事件或人物进行评论，常采用"君子曰"的形式。施（yì）：延伸，这里有影响的意思。

[2]出自《诗经·大雅·既醉》。匮：空乏，穷尽。锡：通"赐"。

[3]其：语气词。是：这个。

本篇选词综述

【即】

《说文》:"即,即食也。"本义表示"走近、靠近"。如《诗经·卫风·氓》:"匪来贸丝,来即我谋。"引申指"就在(某时、某地)"。如《汉书·高帝纪》:"项伯许诺,即夜去。"后引申作虚词用。作副词用,表示"立即、马上"。如《三国志·蜀志·诸葛亮传》:"即遣兵三万以助备。"(备:刘备。)作连词用,表示"如果、假如"。如《史记·高祖本纪》:"萧相国即死,令谁代之?"作连词用,还可表示"即使"。如《史记·魏公子列传》:"公子即合符,而晋鄙不授公子兵而复请之,事必危矣。"

【邑】

《说文》:"邑,国也。"本义指"国都"。如《诗经·商颂·殷武》:"商邑翼翼,四方之极。"引申指"国家"。如《左传·桓公十一年》:"君次于郊郢,以御四邑。"又引申指"人民聚集的地方"。如《荀子·大略》:"(禹)过十室之邑必下。"还可以指"封地"。如《左传·襄公二十七年》:"公与之邑六十。"古汉语中,"邑"又有"愁闷不安"之义。如《史记·商君列传》:"安能邑邑待数十百年以成帝王乎?"这个意义又写作"悒"。

【都】

本义指"大城市"。如《荀子·富国》:"田畴秽,都邑露。"引申指"首都"。如《三国志·吴志·吴主传》:"秋九月,权迁都建业。"引申指"优美,漂亮"。如《三国志·吴志·孙韶传》:"身长八尺,仪貌都雅。"又引申指"总共"。如《汉书·食货志下》:"置平准于京师,都受天下委输。"在先秦,"京"表示"大","京""师"连用表示"国都","京"后来才有"国都"的意义。"都"在汉代以后可指"国都"。

【厌】

本义指"吃饱"。如《韩非子·解老》:"服文采,带利剑,厌饮食。"引申指"满足"。如《左传·隐公元年》:"姜氏何厌之有?"又引申指"合于心"。如《国语·周语下》:"禹之功度之于轨仪,莫非嘉绩,克厌帝心。"(克:能。)又引申指"讨厌"。如《史记·平津侯主父列传》:"诸公宾客多厌之。""厌"还可以表示"压住"。如《汉书·五行志下之上》:"地震陇西,厌四百余家。"

引申有"堵塞"义。如《荀子·修身》:"厌其源,开其渎,江河可竭。"(渎:沟渠。)在古汉语中,以上意义读音不同。其中前四个意义,读作 yàn,繁体字写作"厴"。后两个意义,读作 yā,也可以写成"压(壓)"。

【毙】

本义指"因病或伤而身体倒下去"。如《左传·哀公二年》:"郑人击简子中肩,毙于车中。"引申指"死"。如《左传·僖公四年》:"与犬,犬毙。与小臣,小臣亦毙。"古汉语中,"毙"表示倒下,与"偃""仆""僵"等意义有别。"偃""僵"指向后倒,"仆"指向前倒。

【完】

《说文》:"完,全也。"本义指"完整、完好"。如《孟子·离娄下》:"故曰城郭不完,兵甲不多。"引申指"使完整、完好"。如《左传·隐公元年》:"大叔完聚,缮甲兵,聚卒乘,将袭郑。"又引申指"修缮"。如《孟子·万章上》:"父母使舜完廪。"又引申指"保全"。如《史记·蔡泽传》:"子胥智而不能完吴。"在古代汉语中,"完"没有"完了""完毕"的意义。

【兵】

《说文》:"兵,械也。"本义指"兵器、武器"。如《诗经·秦风·无衣》:"修我甲兵,与子偕行。"(偕行:同行。)引申指"军事、战争"。如《孙子兵法·计篇》:"兵者,国之大事也。"又引申指"军队"。如曹操《置屯田令》:"夫定国之术,在于强兵足食。"古代汉语中,"兵""卒""士"是有区别的。"兵"一般指武器,可以泛指军队;"卒"是步兵;"士"是战斗时在战车上的战士。

7. 召公谏厉王弭谤

《国语》

> **作家作品介绍**

《国语》的作者,旧说是鲁国史官左丘明,其根据是司马迁在《太史公自序》中说过:"左丘失明,厥有《国语》。"后人据此认为《国语》和《左传》同出左丘明之手。然而《国语》所记内容又多与《左传》重复、抵触，因此"两书同出一人之手"的说法难以令人信服。近人认为是战国时人把各国的史料整理汇编而成。

《国语》是中国最早的一部国别史著作。记录了周王室和鲁、齐、晋、郑、楚、吴、越等诸侯国的历史。上起周穆王西征犬戎（约前947年），下至三晋灭智伯（前453年），历时约五百年。《国语》所载八国史料，详略悬殊，全书共21卷，《周语》3卷，《鲁语》2卷，《齐语》1卷，《晋语》9卷，《郑语》1卷，《楚语》2卷，《吴语》1卷，《越语》2卷。其中《晋语》几近全书之半。《国语》在内容上偏重于记述历史人物的言论，文辞深厚浑朴，但记事不如《左传》生动有趣。《国语》记录了春秋时期的经济、财政、军事、兵法、外交、教育、法律、婚姻等各种内容，对研究先秦时期的历史非常重要。作为史料而言，与《左传》具有同等的价值。

现存的《国语》注本，最早者是三国时吴国韦昭的注本，清人董增龄的《国语正义》和近人徐元诰的《国语集解》亦可参阅。

说明

本文选自《国语·周语上》，题目是后加的。

本篇记叙了周厉王执政时，残暴无道。召公劝说周厉王用善政，周厉王不听，反而采取高压手段堵塞舆论的批评。结果，人民忍无可忍，终于把这个暴君推翻了。全篇文字简洁，叙述有条有理，逻辑性强，很有说服力。

厉王虐[1]，**国人谤王**[2]。**召公告曰**[3]："**民不堪命矣**[4]！"**王怒，得卫巫**[5]，**使监谤者。以告，则杀之。国人莫敢言，道路以目。**

注释

[1] 厉王：指周厉王，他是周夷王之子，名胡，在位三十七年（前878—前842）。

[2] 周厉王残暴无道，老百姓纷纷责骂他。国人：居住在国都里的人，这里指平民百姓。

[3] 召公：名虎，周王朝卿士，谥穆公。

[4] 召公对厉王说："老百姓已不堪忍受暴虐的政令了！"命：指周厉王苛虐的政令。

[5] 卫巫：卫国的巫者。

王喜，告召公曰："吾能弭谤矣，乃不敢言[1]。"召公曰："是障之也[2]。防民之口，甚于防川。川壅而溃，伤人必多，民亦如之。是故为川者决之使导[3]，为民者宣之使言[4]。故天子听政[5]，使公卿至于列士献诗[6]，瞽献曲[7]，史献书[8]，师箴[9]，瞍赋[10]，矇诵[11]，百工谏[12]，庶人传语[13]，近臣尽规，亲戚补察[14]，瞽、史教诲，耆、艾修之[15]，而后王斟酌焉，是以事行而不悖[16]。民之有口，犹土之有山川也，财用于是乎出；犹其原隰之有衍沃也[17]，衣食于是乎生。口之宣言也，善败于是乎兴[18]。行善而备败，其所以阜财用衣食者也[19]。夫民虑之于心而宣之于口[20]，成而行之，胡可壅也？若壅其口，其与能几何[21]？"

注释

[1] 告诉召公说："我能制止毁谤了，老百姓再也不敢吭声了。"弭（mǐ）：消除，止。

[2] 障：堵塞。

[3] 因而治水者只能排除壅塞而加以疏通。为川者：治水的人。

[4] 治民者只能善于开导而让人说话。宣：疏导，放开。

[5] 天子：古代帝王的称谓。

[6] 所以君王处理政事，让三公九卿以至各级官吏进献讽喻诗。公卿：指执政大臣。古代有三公九卿之称。《尚书·周官》："立太师、太傅、太保，兹惟三公。"九卿指少师、少傅、少保、冢宰、司徒、宗伯、司马、司寇、司空。列士：古代官员有上士、中士、下士之分，统称列士。位在大夫之下。诗：指有讽谏意义的诗篇。

[7] 瞽（gǔ）：盲人。

[8] 史官进献有借鉴意义的史籍。史：史官。书：指史籍。

[9] 少师诵读箴言。师：少师，乐官。箴：一种具有规诫性的文辞。

[10] 瞍（sǒu）：没有眼珠的盲人。赋：有节奏地诵读。

[11]矇（méng）：有眼珠的盲人。瞍、矇均指乐师。因古代乐官多由盲人担任，故也称乐官为瞽。无眸子的盲人吟咏诗篇，有眸子的盲人诵读讽谏之言。

[12]百工：周朝职官名。

[13]庶人：平民。

[14]君王的内亲外戚都能补其过失。亲戚：指君王的内外亲属。

[15]年长的师傅再进一步修饰整理。耆（qí）、艾：年六十叫耆，年五十叫艾。这里指年长的师傅。修：整理修饰。

[16]悖（bèi）：违背道理。

[17]原隰（xí）：平原和低湿之地。衍沃：指平坦肥沃的良田。

[18]兴：兴起，表露之义。

[19]人们以为好的就尽力实行，以为失误的就设法预防，这样社会的衣食财富就会日益丰富，不断增加。阜：丰盛。

[20]夫（fú）：发语词，无义。

[21]与：语助词，无义。一说为"偕从"之意，意思是："老百姓跟从你的能有多少？"

王不听，于是国人莫敢出言。三年[1]，乃流王于彘[2]。

注释

[1]三年：周厉王于公元前842年被国人放逐到彘，据此知召公谏厉王事当在公元前845年。

[2]人们终于把这个暴君放逐到彘地去了。流：放逐。彘（zhì）：地名，在今山西省霍州市东北。

本篇选词综述

【谤】

本义指"公开指责别人"。如《战国策·齐策》："能谤讥于市朝，闻寡人之耳者，受下赏。"后引申指"毁谤"。如《史记·屈原贾生列传》："信而见疑，忠而被谤。"此义相当于今天的"诽谤"。在古汉语中，表示"指责别人过错"的还有"诽""讥"等，但这些词有细微差异。"谤"一般指公开指责，"诽"是"背地里议论"，"讥"表示"微言讽刺"。

【监】

《说文》："监，临下也。"本义表示"照影"。如《尚书·酒诰》："人无于水监，当于民监。"引申指"镜子"。如贾谊《新书·胎教》："明监所以照形也。"这个意义又写成"鑑""鉴"等。又引申指"借鉴"。如《论语·八佾》："周监于二代，郁郁乎文哉，吾从周。"表以上意义，"监"读作 jiàn。"监"还可以表示"自上视下"，读作 jiān。如《诗经·大雅·皇矣》："监观四方，求民之莫。"此义引申指"监视"。如《史记·陈涉世家》："监诸将以西击荥阳。"

【兴】

《说文》："兴，起也。"本义表示"起来"。如《尚书·微子》："小民方兴，相为敌雠。"此义可引申指"兴起，建立"。如《史记·文帝本纪》："汉兴，至孝文四十有余载。""兴"还可表示"发动"。如《史记·酷吏列传》："汉大兴兵伐匈奴。"引申指"兴旺，兴盛"。如贾谊《新书·大政》："国以民为兴坏，君以民为强弱。"表示以上意义，"兴"读作 xīng。"兴"还有"兴趣"义。如李白《庐山谣》："好为庐山谣，兴因庐山发。""兴"还是古代诗歌的表现手法之一，比如《诗经》的"赋、比、兴"。表示这两个意义，"兴"读作 xìng。

8. 句践灭吴

《国语》

说明

本文选自《国语·越语上》，题目是后加的。

吴、越两国，是春秋后期我国东南部（长江下游）的两个大国。两国土地相邻，相互之间多次交战，势不两立。鲁昭公三十二年（前510），吴首次伐越。鲁定公五年（前505），越攻入吴。鲁定公十四年（前496），吴再次伐越，吴败，吴王阖庐受伤而死。鲁哀公元年（前494），阖庐子吴王夫差败越，并攻入越国腹地，迫使越王句践退守于会稽山。经过长达二十年的策划和准备，句践最终灭掉了吴国，迫使夫差自杀。本文主要记载了句践如何一方面卑身事吴以麻痹敌国，另一方面实施富国强兵策略以图雪耻灭吴的事迹。文章通过具体事实展示了越所以兴和吴所以亡的原因，具有深刻的历史借鉴意义。

本篇人物形象鲜明。句践为了报仇复国，励精图治，发奋图强，气概悲壮。所记事件虽然繁复，但语言却简朴明洁。文中讽谏应对文辞，能显示人物身份、处境和政治谋略，极富个性化，体现了《国语》记言的特色。

越王句践栖于会稽之上[1]，乃号令于三军曰："凡我父兄昆弟及国子姓[2]，有能助寡人谋而退吴者，吾与之共知越国之政[3]。"大夫种进对曰[4]："臣闻之：贾人夏则资皮，冬则资𫄨[5]，旱则资舟，水则资车，以待乏也[6]。夫虽无四方之忧[7]，然谋臣与爪牙之士[8]，不可不养而择也[9]。譬如蓑笠，时雨既至必求之。今君王既栖于会稽之上，然后乃求谋臣，无乃后乎[10]？"句践曰："苟得闻子大夫之言，何后之有[11]？"执其手而与之谋。

注释

[1] 越王句践：公元前496年即位，卒于公元前464年。句践后常写作"勾践"。句践即位三年，吴王夫差为报父仇，兴兵大败越兵。句践率余部五千退守会稽。栖：驻兵山上。此处指退守。会（kuài）稽：山名，在今浙江省绍兴市南。

[2] 昆弟：兄弟。国子姓：与王同姓的宗族。

[3] 知：主持。

[4] 种：即文种，字子禽，楚国郢人，入越后，与范蠡同助句践，终灭吴。功成，种为句践所忌，赐剑自杀。

[5] 贾人：商人。资：准备、囤积。𫄨（chī）：细葛布。

[6] 旱：指旱灾。水：指水灾。乏：短缺，缺乏。

[7] 四方之忧：指来自敌国的侵扰。

[8] 爪牙之士：指武士，勇猛的将士。

[9] 养：蓄养，培养。择：选拔。

〔10〕无乃：副词性固定结构，相当于"恐怕""岂不"。多与"乎"字配合用在反问句中。后：迟、晚。

〔11〕苟：连词。假如。子大夫：对大夫（文种）的尊称。在"大夫"之前冠以"子"字，表敬称。何后之有：宾语前置句式的一种。代词"之"复指动词"有"前面的宾语"何后"。

遂使之行成于吴[1]。曰："寡君句践乏无所使，使其下臣种，不敢彻声闻于天王[2]，私于下执事曰[3]：寡君之师徒不足以辱君矣[4]，愿以金玉、子女赂君之辱[5]。请句践女女于王[6]，大夫女女于大夫，士女女于士。越国之宝器毕从，寡君帅越国之众，以从君之师徒，唯君左右之[7]。若以越国之罪为不可赦也，将焚宗庙，系妻孥，沈金玉于江[8]，有带甲五千人将以致死，乃必有偶[9]。是以带甲万人事君也，无乃即伤君王之所爱乎[10]？与其杀是人也，宁其得此国也，其孰利乎？[11]"

注释

〔1〕行成：求和并达成协议。

〔2〕无所使：没有可派遣的人。下臣：文种在吴王面前对自己的谦称。彻声：表达意见，即传达越王句践的意见。天王：对吴王夫差的尊称。

〔3〕私：私下。下执事：指吴王左右的下属。

〔4〕师徒：指军队士兵。辱君：屈尊您（亲自来讨伐）。辱：表示谦卑的说法。

〔5〕赂君之辱：酬谢您的辱临。赂：赠送财物。这里是用赠送财物（包括女子）表示酬谢。

〔6〕请：表敬副词，请允许。女（nǜ）于王：给吴王做婢女。此处之"女"活用作动词。下文"女于大夫""女于士"之"女"与此同。

〔7〕左右：活用作动词。处置，调遣。

〔8〕焚宗庙：把宗庙焚毁，表示誓死抵抗。孥（nú）：子女。

〔9〕带甲：披甲的将士。致死：拼死作战。偶：加倍。

〔10〕是：代词，复指前文若不许和则越军将拼死一战的情况。此处用作主语。事君：侍奉吴王。这是外交上的委婉辞令，实际上是说要与吴王决一

死战。即：就要。伤君王之所爱：伤害吴王您所爱的东西。所爱：指金玉、女子等。

[11] 与其……，宁其……：联合复句的关系词语，表示在衡量两项事物得失时加以选择。是人：这些人。其孰利乎：哪种做法有利呢？其：副词，表推测性的反问语气。

夫差将欲听，与之成。子胥谏曰[1]："不可。夫吴之与越也，仇雠敌战之国也。三江环之，民无所移[2]。有吴则无越，有越则无吴，将不可改于是矣[3]。员闻之：陆人居陆，水人居水。夫上党之国[4]，我攻而胜之，吾不能居其地，不能乘其车[5]。夫越国，吾攻而胜之，吾能居其地，吾能乘其舟。此其利也，不可失也已，君必灭之。失此利也，虽悔之，必无及已。"越人饰美女八人，纳之太宰嚭[6]，曰："子苟赦越国之罪，又有美于此者将进之。"太宰嚭谏曰："嚭闻古之伐国者，服之而已[7]。今已服矣，又何求焉？"夫差与之成而去之[8]。

注释

[1] 子胥（xū）：即伍子胥，名员（yún），楚人。其父被楚平王杀害，亡命至吴，为吴王的重要谋臣。吴封之于申，又名申胥。

[2] 这两句的意思是：三江环绕着吴越两国，两国的人民不能向外迁移。三江：指钱塘江、吴淞江、浦阳江（浙江省中部）。之：指吴越两国。无所移：没有可以迁移的地方。

[3] 不可改于是：对于这种局面是不能改变的。是：指代上文"有吴则无越，有越则无吴"这种情况。

[4] 党：所，处。上党之国：即指中原各国。

[5] 不能居其地，不能乘其车：吴国与中原地区的人习俗不同，水土不服，即使占领其地也不能居处。又吴人习于水战，不长于车战。故云。

[6] 纳：致送。太宰嚭（pǐ）：太宰为官名，姓伯名嚭，本楚人，逃奔吴。

[7] 服之：使之降服、屈服。

[8] 去之：离开越国。

句践说于国人曰[1]:"寡人不知其力之不足也,而又与大国执仇[2],以暴露百姓之骨于中原[3],此则寡人之罪也。寡人请更[4]!"于是葬死者,问伤者[5],养生者;吊有忧,贺有喜[6];送行者,迎来者;去民之所恶,补民之不足。然后卑事夫差,宦士三百人于吴,其身亲为夫差前马[7]。

注释

[1] 说:解说。

[2] 执仇:结仇。

[3] 中原:原野之中。

[4] 更(gēng):更改,指改正错误。

[5] 问:慰问。

[6] 吊:吊唁。有忧:指有丧事的人。有喜:指有喜事的人。

[7] 卑:谦卑地,用作状语。宦:宫中服役的小臣。此处用作使动,使……作宦竖。前马:马前卒。

句践之地,南至于句无,北至于御儿,东至于鄞,西至于姑蔑,广运百里[1]。乃致其父兄昆弟而誓之曰[2]:"寡人闻古之贤君,四方之民归之,若水归下也。今寡人不能,将帅二三子夫妇以蕃[3]。"令壮者无取老妇[4],令老者无取壮妻;女子十七不嫁,其父母有罪;丈夫二十不取,其父母有罪。将免者以告,公令医守之[5]。生丈夫,二壶酒,一犬;生女子,二壶酒,一豚[6];生三人,公与之母[7];生二人,公与之饩[8]。当室者死,三年释其政;支子死,三月释其政[9];必哭泣葬埋之,如其子[10]。令孤子、寡妇、疾疹、贫病者,纳宦其子[11];其达士,絜其居,美其服,饱其食,而摩厉之于义[12]。四方之士来者,必庙礼之[13]。句践载稻与脂于舟以行[14],国之孺子之游者,无不哺也,无不歠也,必问其名[15]。非其身之所种则不食,非其夫人之所织则不衣。十年不收于国,民俱有三年之食。

注释

[1] 句(gōu)无:山名,在今浙江省诸暨市南。御儿(ní):在今浙江省桐乡市西南。鄞(yín):在今浙江省宁波市鄞州区。姑蔑:在今浙江省衢

州市北。广运：指土地面积。东西为广，南北为运。

[2] 致：招致，召集。誓之：对他们发誓。

[3] 帅：率领。二三子：春秋时代表复数的习惯用语，大体上相当于"你们"，具体所指随上下文而定。这里指前文的"父兄昆弟"。蕃：繁殖，特指繁殖人口。

[4] 取：指娶妻。这个意义后来写作"娶"。

[5] 将免者：将要分娩的人。免：通"娩"。公：官府。守：守护、看护。

[6] 丈夫：这里特指男孩。豚（tún）：小猪。

[7] 生三人：一胎生三个孩子。母：指乳母。

[8] 饩（xì）：粮食。

[9] 当室者：指负担家务的嫡长子。释：免除。政：通"征"，指赋税徭役。支子：指庶子。

[10] 如其子：像对待自己的孩子一样。

[11] 疾疢（chèn）：有疾病的人。疢：通"疢（chèn）"，热病。纳宦其子："纳""宦"两个动词共带一个宾语"其子"，意为由官府供养教育他们。

[12] 达士：知名之士。絜其居：使其居处洁净。絜：用作使动。下文"美""饱"同此。摩厉：即磨砺。

[13] 必庙礼之：一定在庙堂上款待他们。庙：名词作状语，在庙堂上。礼：动词，礼遇，以礼相待。

[14] 稻与脂：粮食与肉类。

[15] 孺子：年轻人。游者：未仕而游学的人。哺（bǔ）：（给食物）吃。歠（chuò）：（给水）喝。

国之父兄请曰："昔者夫差耻吾君于诸侯之国，今越国亦节矣，请报之[1]。"句践辞曰："昔者之战也，非二三子之罪也，寡人之罪也。如寡人者，安与知耻？请姑无庸战[2]。"父兄又请曰："越四封之内[3]，亲吾君也，犹父母也。子而思报父母之仇，臣而思报君之仇，其有敢不尽力者乎[4]？请复战。"句践既许之，乃致其众而誓之，曰："寡人闻古之贤君，不患其众之不足也，而患其志行之少耻也[5]。今夫差衣水犀之甲者亿有三千[6]，不患其志行之少耻也，而患其众之不足也。今寡人将助天灭之。吾不欲匹夫之勇也，欲其旅进旅退也[7]。

进则思赏，退则思刑，如此，则有常赏[8]。进不用命，退则无耻，如此，则有常刑。"果行，国人皆劝[9]。父勉其子，兄勉其弟，妇勉其夫，曰："孰是君也，而可无死乎[10]？"是故败吴于囿，又败之于没，又郊败之[11]。

注释

[1] 耻吾君：使我们国君蒙受耻辱。耻：用作使动。节：用作动词，有节度。报：报复、报仇。

[2] 像我这样的人，哪里知道耻辱呢？请暂时不要开战。姑：姑且、暂且。无庸：不用。

[3] 四封：四境。封：疆界。

[4] 而：连词。其：句首语气副词，此处表反问语气。

[5] 志行：志向行为。

[6] 衣水犀之甲者：穿水犀皮铠甲的将士。衣：用作动词。水犀：犀牛的一种。亿有三千：十万三千。亿：十万，秦以前十万为亿。有：通"又"。

[7] 匹夫之勇：个人逞强的勇敢。旅：一同。

[8] 常赏：合于常规的赏赐。

[9] 劝：勉励。

[10] 谁有恩惠如是君者，可不为之死乎？孰：谁。

[11] 囿：吴地名。没：吴地名。郊败之：在吴国的城郊打败吴国。郊：名词作状语。

夫差行成，曰："寡人之师徒不足以辱君矣。请以金玉、子女赂君之辱。"句践对曰："昔天以越予吴，而吴不受命；今天以吴予越，越可以无听天之命，而听君之令乎？吾请达王甬、句东[1]，吾与君为二君乎！"夫差对曰："寡人礼先一饭矣[2]，君若不忘周室，而为弊邑宸宇，亦寡人之愿也[3]。君若曰：'吾将残汝社稷，灭汝宗庙。'寡人请死，余何面目以视于天下乎！越君其次也[4]。"遂灭吴。

注释

[1] 达王甬、句（gōu）东：把吴王送到甬、句以东去。达：遣送。甬：甬江。

一说为今浙江省舟山市定海区东之翁山。句：句章，在今浙江省慈溪市西南。

［2］礼先一饭：按礼节说从前有恩于越。礼：名词作状语。先：从前。一饭：指一饭之恩，意谓小小的恩惠。夫差曾经没有消灭越国，今旧事重提，希望越国能同意讲和。

［3］不忘周室：吴与周王朝同姓，所以夫差希望越国看在周王朝的情分上，与己议和。为弊邑宸宇：意思是做吴国的保护人。宸：屋雷。宇：屋檐。

［4］其次也：就进驻（吴国）吧。其：语气副词，表拟测、委婉语气。次：舍，居住。

本篇选词综述

【贾】

本义指"买"。如《左传·昭公二十九年》："平子每岁贾马。"引申指"商人"。如《孟子·梁惠王上》："商贾皆欲藏于王之市。"又引申指"求取"。如《国语·晋语八》："谋于众，不以贾好。""贾"还可指"价格"。如《论语·子罕》："求善贾而沽诸？"这个意义后来写作"價"，简化作"价"。以上意义中，前三个意义，古代读作 gǔ。古代汉语中，"贾"和"商"是有区别的，运货贩卖叫"商"，囤积营利叫"贾"。

【执】

本义指"捉拿、拘捕"。如《公羊传·桓公十一年》："涂出于宋，宋人执之。"又可指"握、持"。如《荀子·哀公》："上车执辔。"引申指"持有某种主张"。如《三国志·吴志·吴主传》："惟瑜、肃执拒之议。"引申指"掌握、控制"。如《韩非子·扬权》："圣人执要，四方来效。"又引申指"主持、主管"。如《淮南子·说山》："执牢狱者无病。"还可以引申指"执行、施行"。如《汉书·哀帝纪》："有司执法，未得其中。"

【偶】

本义指"偶像、木偶"。如《战国策·齐策三》："有土偶人于桃梗相与语。"引申指"双、成双"，与"奇"相对。如《庄子·天下》："以觭偶不忤之辞相应。"（觭：奇。）引申指"配偶"。如《北史·刘延明传》："妙选良偶。"后来又引申有"偶然、碰巧"之义。如嵇康《与山巨源绝交书》："偶与足下相知。"

【伐】

本义指"砍伐"。如《汉书·赵充国传》:"入山伐材木。"引申指"敲打"。如高适《燕歌行》:"摐金伐鼓下榆关。"又引申指"讨伐、进攻"。如《商君书·农战》:"兴兵而伐,必取。"还可引申指"声讨"。如成语"口诛笔伐""党同伐异"等。"伐"还有"功劳"义。如《左传·庄公二十八年》:"且旌君伐。"(旌:表彰。)又可引申指"夸耀"。如《庄子·山木》:"自伐者无功。"

【报】

《说文》:"报,当罪人也。"本义指"断狱、判决罪人"。如《韩非子·五蠹》:"以为直于君而曲于父,报而罪之。"引申指"报答、报复"。如《左传·成公三年》:"无怨无德,不知所报。"又引申为迷信者所称"天"或"鬼神"的报应,如"善报"、"恶报"等。"报"还有"报告、告诉"义。如《史记·蒙恬列传》:"使者还报。"引申指"回信、答复"。如王安石《答司马谏议书》:"故略上报。""报"还有"酬劳"义。如王充《论衡·祭意》:"报功以勉力,修先以崇恩。"

9. 燕昭王求士

《战国策》

作家作品介绍

《战国策》是战国末年或秦汉时编纂的一部国别体史书。记事起于战国初,至六国灭亡时止,共245年。全书共33卷,分东周、西周、秦、齐、楚、赵、魏、韩、燕、宋、卫、中山等12国的策论。《战国策》原名《国策》《国事》《短长》等。原作者不详,后经汉代刘向整理改编,定名为《战国策》。

《战国策》记载了战国时期二百多年间各诸侯国在政治、军事、外交等方面的矛盾斗争以及在这些斗争中游说之士提出的政治主张和斗争策略。该书不仅是一部史学著作,还是一部著名的散文集。其语言生动流畅,人物形象逼真,议论纵横恣肆,善于运用寓言故事来说明抽象的道理,所以对后世文学语言有很大影响。

东汉高诱曾为之作注，到宋初已有残缺。今本是经北宋曾巩校订、南宋姚宏校注、清黄丕烈重刊的，通称姚本。此外，南宋鲍彪也为之作注，元人吴师道又为鲍注作补正，从而纠正了鲍本的失误。今人缪文远有《战国策新校注》，郭人民有《战国策校注系年》。1973年，长沙马王堆汉墓中出土的帛书《战国纵横家书》，对《战国策》的补正具有很大价值。

说明

本文选自《战国策·燕策一》，题目是后加的。

本文记述了郭隗帮助燕昭王定计招揽人才、振兴燕国的故事。燕昭王即位前燕国陷入内乱，后齐国攻入，险些亡国。燕昭王励精图治，招揽贤才，终于使得燕国富强，后攻入齐国，报了齐国破燕杀父之仇。

燕昭王收破燕后即位[1]，卑身厚币以招贤者，欲将以报雠[2]。故往见郭隗先生[3]，曰："齐因孤国之乱而袭破燕[4]。孤极知燕小力少，不足以报[5]。然得贤士与共国，以雪先王之耻[6]，孤之愿也。敢问以国报雠者奈何[7]？"

注释

[1]收：收拾。破燕：残破的燕国。公元前316年，燕王哙让位于燕相子之，燕国大乱。公元前314年，齐宣王乘机伐燕，燕王哙和子之被杀。公元前311年，燕太子平立为王。

[2]燕昭王收拾了残破的燕国以后登上王位，他礼贤下士，用丰厚的聘礼来招募贤才，想要依靠他们来报齐国破燕杀父之仇。卑：形容词用如使动。卑身：降低自己的身份。币：礼物。欲将：打算。

[3]郭隗：燕国贤士。

[4]因：趁着。孤：君王谦称。袭：偷袭。

[5]极知：很清楚，非常知道。

[6]然而如果能得到贤士与我共商国事，以雪先王之耻。与：介词，后面省略宾语。共国：共同治理国家。

[7]这是我的愿望。请问先生要报国家的大仇应该怎么办？"奈何：怎么办。

郭隗先生对曰:"帝者与师处,王者与友处[1],霸者与臣处,亡国与役处[2]。诎指而事之,北面而受学,则百己者至[3];先趋而后息,先问而后嘿,则什己者至[4];人趋己趋,则若己者至[5];冯几据杖,眄视指使,则厮役之人至[6];若恣睢奋击,响籍叱咄,则徒隶之人至矣[7]。此古服道致士之法也[8]。王诚博选国中之贤者而朝其门下[9],天下闻王朝其贤臣,天下之士必趋于燕矣[10]。"

注释

[1] 成就帝业的人与老师相处。帝:名词用如动词,成就帝业。

[2] 亡国之君妒贤忌能,其所信任者只不过是些唯命是听的仆役小人。亡国:亡国之君。与役处:与仆役相处。

[3] 如果能够卑躬屈节地侍奉贤者,屈居下位接受教诲,那么比自己才能超出百倍的人就会光临。诎指:抑制甚至放弃自己的意愿、想法。诎,通"屈",使动用法。指:通"旨"。北面而受学:坐北面南是尊位,是老师的座位,学生应该坐南面北来学习。百己者:才能是自己百倍的人。

[4] 有事奔走在别人前面,休息在别人后面;向人求教发问在别人前面,停止在别人后面。意思是要事师勤劳,求教积极。早些学习晚些休息,先去求教别人,过后再默思,那么才能胜过自己十倍的人就会到来。嘿:"默"的异体字,沉默。

[5] 别人怎么做,自己也跟着做,那么才能与自己相当的人就会来到。人趋己趋:见面时,对方有礼貌地快步迎上来,自己也跟着有礼貌地快步迎上去。趋:见了尊长快步向前,表示尊敬,这是一种礼节。若己者:跟自己水平相同的人。

[6] 如果凭靠几案,拄着手杖,盛气凌人地指挥别人,那么供人驱使、跑腿当差的人就会来到。冯(píng)几:靠着几案。冯:后来写作"凭"。据杖:拄着手杖。眄(miǎn)视:斜视。指使:以手指示意。厮役之人:服杂役的人。

[7] 如果放纵骄横、行为粗暴、吼叫骂人、大声喝斥,那么就只有奴隶和犯人来了。恣睢(zì suī):任意胡为。奋击:用力打人。籍:践踏。叱咄(chì duō):呼喝,大声斥责。徒隶:罪犯奴隶,这里指奴才。

[8] 服道致士:服待有道者,招致贤士。

[9] 诚:假设连词,假使、如果。博:广泛。朝其门下:登门拜见。

［10］趋于燕：疾速到燕国来。

昭王曰："寡人将谁朝而可[1]？"郭隗先生曰："臣闻古之君人[2]，有以千金求千里马者，三年不能得[3]。涓人言于君曰[4]：'请求之！'君遣之。三月得千里马，马已死，买其首五百金。反，以报君[5]。君大怒曰：'所求者生马，安事死马而捐五百金[6]？'涓人对曰：'死马且买之五百金，况生马乎？天下必以王为能市马，马今至矣[7]！'于是不能期年，千里之马至者三[8]。今王诚欲致士[9]，先从隗始。隗且见事[10]，况贤于隗者乎？岂远千里哉[11]？"

注释

［1］我应当先拜访谁才好呢？谁朝：即"朝谁"，拜见谁。可：合适，恰当。

［2］君人：人君，国君。

［3］得：获得，得到。

［4］涓（juān）人：宫中洒扫的人。

［5］以：介词，后面省略宾语。

［6］怎么买一匹死马就花去五百金？捐：舍弃，损失。这里作"花去"解。

［7］买死马尚且肯花五百金，更何况活马呢？天下人一定都以为大王您擅长买马，千里马很快就会有人送来了。今：副词，立即、立刻、很快。

［8］不能：不到。三：表示多数，非实指。

［9］诚：假设连词。

［10］见事：被侍奉。

［11］贤人难道会嫌路程遥远而不来吗？远：形容词用如意动。

于是昭王为隗筑宫而师之[1]。乐毅自魏往，邹衍自齐往，剧辛自赵往，士争凑燕[2]。燕王吊死问生[3]，与百姓同其甘苦。二十八年，燕国殷富，士卒乐佚轻战[4]。于是遂以乐毅为上将军，与秦、楚、三晋合谋以伐齐[5]。齐兵败，闵王出走于外[6]。燕兵独追北，入至临淄[7]，尽取齐宝，烧其宫室宗庙。齐城之不下者，唯独莒、即墨[8]。

注释

［1］宫：房屋，住宅。师之：把他作为老师。师：名词用如意动。

［2］乐毅：魏国名将乐羊的后代，为魏使燕，燕昭王以客礼相待，任为亚卿。后任上将军，率军破齐，封昌国君。燕昭王死，其子惠王立，信齐反间计，罢免乐毅。乐毅奔赵，封望诸君。邹衍：齐人，战国时著名阴阳家。剧辛：赵人，破齐的计谋主要由他策划。后来伐赵失败，为赵所杀。凑：聚集。

［3］昭王又在国中祭奠死者，慰问生者。吊死：悼念死者。问生：慰问活着的人。

［4］乐佚：悠闲安乐。轻：轻视，不害怕。

［5］三晋：指韩、赵、魏三国。

［6］于是昭王用乐毅为上将军，和秦、楚及三晋（赵、魏、韩）联合策划攻打齐国，齐国大败，齐闵王逃到国外。闵王：又作"湣王"，公元前300—前284年在位。出走于外：乐毅攻入临淄，齐闵王出逃至卫、邹、鲁、莒等地。

［7］北：败北之敌。临淄：齐国首都，在今山东省淄博市东北部。

［8］莒（jǔ）：今山东省日照市莒县。即墨：今山东省青岛市即墨区。

本篇选词综述

【雪】

本义指自然界雨雪风霜之"雪"。如《左传·昭公元年》："日月星辰之神，则雪霜风雨之不时，于是乎禜之。"（禜：古代一种祭祀。）引申为动词，指"揩拭"。如杜甫《丈八沟纳凉》："公子调冰水，佳人雪藕丝。"又引申指"洗刷"。如李白《独漉篇》："国耻未雪，何由成名。"

【至】

本义指"到、到达"。如《左传·文公二年》："秦师又至。"虚化引申指"极、最"。如《荀子·正论》："罪至重而刑至轻。"又指"达到顶点"。如《史记·春申君列传》："物至则反。"还可以虚化为介词，表示"至于"。如《墨子·非攻上》："至攘人犬豕鸡豚者，其不义又甚入人园圃窃人桃李。"

【首】

古文字象人头的形状，本义指"头"。如《列子·黄帝》："牛首虎鼻。"引申指"首领"。如钟会《檄蜀文》："叛主雠贼，还为戎首。"又引申指"首先、第一"。如《史记·陈涉世家》："且楚首事，当令于天下。"还可引申指"初始、开头"。如《老子》："夫礼者，忠信之薄而乱之首。""首"还可作动词，表示"自首、服罪"。如《汉书·文三王传》："恐复不首实对。"（恐怕他又不自首，老实答对。）

【市】

本义指"市场"。如《战国策·秦策一》："争利者于市。"《木兰诗》："东市买骏马，西市买鞍鞯。"引申指"买"。如《论语·乡党》："沽酒市脯不食。"又引申指"做买卖、交易"。如《左传·僖公三十三年》："弦高将市于周。"《史记·项羽本纪》："赵亦不杀田角、田间以市于齐。"

【北】

《说文》："北，乖也。"本义指"相背"，读作 bèi。如《尚书·舜典》："庶绩咸熙，分北三苗。"引申指"北方"。如《诗经·邶风·北门》："出自北门，忧心殷殷。"又引申指"打了败仗往回跑"。如《史记·项羽本纪》："吾起兵至今八岁矣，身七十余战，所当者破，未尝败北。"

10. 苏秦始将连横

《战国策》

说明

本文选自《战国策·秦策一》，题目为后人所加。

苏秦，字季子，东周洛阳人，少年时和张仪同学于齐。他策划联合六国抗秦，后被破坏。齐、魏共同伐赵，赵王责备苏秦，苏秦要求赵王派他去联合燕国。后又为燕国到齐国做间谍，骗取齐王的信任，最后在齐国被杀。"连横"，又写作"连衡"，与"合纵"相对。秦处于西，六国在东，且六国土地南北相连。若六国联合结盟抗秦，则称"合纵"；若秦国从西向东收服诸国，则称"连横"。

苏秦初始游说"连横",想得到秦的重用,不料遭遇秦王冷遇,因而怀恨在心,以至于有了后来的"约从散横,以抑强秦"。

苏秦始将连横,说秦惠王曰[1]:"大王之国,西有巴、蜀、汉中之利[2],北有胡貉、代马之用[3],南有巫山、黔中之限[4],东有崤、函之固[5]。田肥美,民殷富[6],战车万乘,奋击百万[7],沃野千里,蓄积饶多,地势形便[8]。此所谓天府[9],天下之雄国也。以大王之贤,士民之众,车骑之用,兵法之教,可以并诸侯,吞天下,称帝而治。愿大王少留意,臣请奏其效[10]!"

注释

[1] 秦惠王:秦国的国君,名驷,谥惠文,亦称惠文君。

[2] 巴、蜀:今四川省及重庆市地区。巴:以重庆为中心的川东地带。蜀:以成都为中心的川西地带。汉中:今陕西省南部地区。

[3] 胡:对北方匈奴少数民族的称呼。貉(hé):兽名,皮可制裘。代马:今山西省北部代县等地所产的马。

[4] 巫山:在今重庆市巫山县东。黔中:黔中郡,在今湖南省西北部和贵州省东部一带。限:古籍中通"险",险隘,险阻。

[5] 崤:又写作"殽(xiáo)",山名,在今河南省洛宁县西北。函:函谷关,在今河南省灵宝市东北。

[6] 殷富:非常富裕。殷:盛。

[7] 奋击:奋勇作战的将士。

[8] 地势形便:地势地形便于攻守。

[9] 天府:物产丰富的地区。府:藏物的处所。

[10] 少:稍微。请:请允许(我)……。奏:恭述,奏明。效:效验,验证。

秦王曰:"寡人闻之[1]:毛羽不丰满者,不可以高飞;文章不成者,不可以诛罚[2];道德不厚者,不可以使民;政教不顺者,不可以烦大臣[3]。今先生俨然不远千里而庭教之[4],愿以异日[5]。"

注释

［1］寡人：寡德之人，君王的谦称。

［2］文章：法令也，指国家法令。诛罚：杀罚也，指实施刑罚。

［3］政教：这里指国政方面的教化或主张。不顺：不合时宜，行不通。烦：烦劳。

［4］俨然：矜庄貌，郑重其事的样子。庭教之：在庭上指教。

［5］愿以异日：希望改日再领教。

苏秦曰："臣固疑大王之不能用也。昔者神农伐补遂，黄帝伐涿鹿而禽蚩尤[1]，尧伐驩兜，舜伐三苗[2]，禹伐共工，汤伐有夏[3]，文王伐崇，武王伐纣[4]，齐桓任战而伯天下[5]。由此观之，恶有不战者乎[6]？

"古者使车毂击驰[7]，言语相结[8]，天下为一，约从连横，兵革不藏[9]；文士并饬，诸侯乱惑，万端俱起，不可胜理[10]；科条既备，民多伪态[11]；书策稠浊，百姓不足[12]；上下相愁，民无所聊[13]；明言章理，兵甲愈起；辩言伟服[14]，战攻不息；繁称文辞[15]，天下不治；舌弊耳聋[16]，不见成功；行义约信，天下不亲[17]。于是乃废文任武，厚养死士[18]，缀甲厉兵，效胜于战场[19]。

"夫徒处而致利[20]，安坐而广地，虽古五帝、三王、五伯、明主贤君[21]，常欲坐而致之[22]，其势不能，故以战续之[23]。宽则两军相攻，迫则杖戟相橦[24]，然后可建大功。是故兵胜于外，义强于内[25]；威立于上，民服于下。今欲并天下，凌万乘[26]，诎敌国，制海内，子元元，臣诸侯[27]，非兵不可。今之嗣主，忽于至道，皆惛于教[28]，乱于治，迷于言，惑于语，沈于辩，溺于辞。以此论之，王固不能行也[29]。"

注释

［1］神农：即炎帝名号。传说中的远古部落联盟领袖。相传他教民做耒耜以兴农业，尝百草而创医药。补遂：部落名。黄帝：古帝名，号轩辕氏。相传蚕桑、舟车、宫室、文字的初创，皆始自黄帝。涿（zhuō）鹿：山名，在今河北省涿鹿县东南。禽：后来写作"擒"。蚩尤：九黎部落之酋长，与黄帝作战，

为黄帝所诛。

［2］尧：古帝名，姓姬，名放勋，国号唐，传位于舜。舜：古帝名，姓姚，名重华，国号虞，传位于禹。驩（huān）兜：尧臣，因作乱被放逐。三苗：古部族名，居住在长江中游以南，后来舜把他们迁至三危（今甘肃敦煌一带）。

［3］禹：古帝名，本舜臣，治水有功，受舜禅，即帝位。共工：古之水官名，极横暴，为禹所放逐。汤：商朝开国君主，本为夏朝诸侯。夏王桀无道，汤起兵攻桀，建立商朝。有夏：指夏王桀。古时于朝代前加"有"，有夏即夏朝。

［4］文王：即周文王，姓姬名昌，殷纣时为西方诸侯首领，又称西伯。崇：国名，崇侯虎为殷纣卿士，助纣为恶，为文王所诛。武王：即周武王，文王之子，名发，灭纣后，即天子位，国号周。纣：即殷纣王，暴虐之君。

［5］齐桓：齐桓公，齐国国君，姓姜，名小白。他联合诸侯，抵抗外族侵扰，为诸侯盟主。任：用。伯：同"霸"。霸天下，即为诸侯盟主。

［6］恶（wū）：疑问代词，哪里。

［7］古者使：古代使臣。车毂击驰：车辆来往奔驰，车毂互相撞击，形容车辆之多，奔驰之急。毂（gǔ）：车轮中心突出部分。

［8］言语相结：商谈结盟。

［9］约从连横：订立合纵条约，订立连横条约。约：约定。从：通"纵"。连：结交。南北曰纵，东西曰横。此处"约从连横"属于泛指，古义为邦交、结盟于四方诸国之事。藏：收存。

［10］文士：辩士。饬：通"饰"，巧饰，花言巧语。指各国使臣或文人说客均用巧饰的语言游说于诸侯之前。乱惑：昏乱疑惑。胜（shēng）理：全部料理。胜：尽。

［11］科条：规章制度。伪态：虚伪态度，即非真心来履行。

［12］书策：法令。稠浊：繁乱。不足：贫困。

［13］君臣上下相互仇怨，百姓无以聊生。

［14］辩言：言辞巧辩。伟服：奇异的服装。

［15］繁称文辞：纷繁的名目，漂亮的文辞。

［16］弊：指疲困，劳累。喻指说得舌头疲累，听得耳朵发聋。

［17］即便（你）行事仁义、诚信守约，天下也无人（与你）亲近。

［18］死士：敢死之士。

[19]缀甲厉兵：制造铠甲，磨砺兵器。厉：通"砺"。效胜：为胜利效力，效命。

[20]徒处：白白地待着。致利：使利至。

[21]五帝：《史记·五帝本纪》中以黄帝、颛顼、帝喾、唐尧、虞舜为五帝。三王：三代的王，指夏禹、商汤和周文王。五伯：指齐桓公、晋文公、宋襄公、秦穆公、楚庄王。

[22]之：代词，承上指代"致利""广地"。

[23]续：替换。

[24]攻：攻击。橦（chōng）：刺杀。

[25]义：正义的力量。

[26]凌：凌驾，统率。万乘：指能出动万辆兵车的大国。

[27]诎（qū）：通"屈"，屈服。这里是使动用法，使……屈服。制：整治。元元：指百姓。子元元：即纳天下百姓为子孙。臣：使……臣服。

[28]嗣主：继位的国君，暗指秦惠王。至道：指上文所言用兵之道。惛：昏暗，不明白。教：指文士们虚夸不实的各种说教。后文"治""言""语""辩""辞"，与"教"同义。

[29]固：副词，就。

说秦王书十上而说不行。黑貂之裘弊，黄金百斤尽[1]，资用乏绝，去秦而归。嬴縢履蹻，负书担囊[2]，形容枯槁，面目犁黑[3]，状有愧色。归至家，妻不下纴[4]，嫂不为炊，父母不与言。苏秦喟然叹曰[5]："妻不以我为夫，嫂不以我为叔，父母不以我为子，是皆秦之罪也。"乃夜发书，陈箧数十，得《太公阴符》之谋[6]，伏而诵之，简练以为揣摩[7]。读书欲睡，引锥自刺其股，血流至足。曰："安有说人主不能出其金玉锦绣，取卿相之尊者乎？"期年[8]，揣摩成，曰："此真可以说当世之君矣。"

注释

[1]裘：皮衣。弊：坏，破。黄金：这里指铜铸的货币。百斤：又写作"白金"，"金"在古代是货币单位，此处"百斤"不是确指，表示数量大。

[2]嬴（léi）：通"累"，缠绕。縢（téng）：绑腿布。履：穿。蹻：

同"屩",草鞋。橐(tuó):一种口袋。

[3]黧(lí)黑:黑而带黄的颜色。

[4]纴(rèn):纺织。

[5]喟(kuì):象声词,叹气的声音。然:词尾。

[6]发:翻找。陈箧(qiè):陈旧的书箱、书箧。太公:姓姜,名尚,周文王臣,佐武王伐纣。阴符:后人托名太公所著的兵法书。

[7]选择其精华,熟练掌握,并且研究其精神实质,结合当时的实际情况来运用。简:通"拣",选择。练:熟练。以为:连词,并且。

[8]期(jī)年:一周年。

于是乃摩燕乌集阙[1],见说赵王于华屋之下,抵掌而谈[2],赵王大悦,封为武安君[3],受相印;革车百乘,锦绣千纯[4],白璧百双,黄金万溢[5];以随其后,约从散横[6],以抑强秦。

故苏秦相于赵而关不通[7]。当此之时,天下之大,万民之众,王侯之威,谋臣之权,皆欲决苏秦之策。不费斗粮,未烦一兵,未战一士,未绝一弦,未折一矢,诸侯相亲,贤于兄弟[8]。夫贤人在而天下服,一人用而天下从。故曰:式于政[9],不式于勇;式于廊庙之内[10],不式于四境之外。当秦之隆[11],黄金万溢为用,转毂连骑,炫熿于道[12],山东之国,从风而服[13],使赵大重。且夫苏秦特穷巷掘门、桑户棬枢之士耳[14]。伏轼撙衔,横历天下[15],廷说诸侯之王,杜左右之口,天下莫之能伉[16]。

注释

[1]摩:《广雅·释诂》:"摩,顺也。"此指顺着……而行。燕乌集阙:宫阙名。燕乌乌鹊汇集宫阙檐下,取名至雅,可惜已无从查考。

[2]赵王:赵肃侯,名语。华屋:华丽的殿堂。抵掌:两人手掌相抵。形容话谈得投机。

[3]武安:赵邑,在今河北省武安市西南。

[4]革车:兵车。纯:量词,束,捆。用于绸帛,相当于段或匹。

[5]溢:通"镒(yì)"。古代重量单位,合二十四两为一镒。

[6]约:邀约,联合。从:同"纵",此指同盟阵营。散:离散、拆散。

横：此指非同盟阵营势力。

[7]关不通：函谷关内和关外的交通隔绝，指秦兵不能出函谷关。

[8]贤于：胜过。

[9]式：用。

[10]廊庙：朝廷。

[11]秦：指苏秦。

[12]转毂连骑：飞驰的车辆一辆接一辆。炫熿：辉煌耀眼。熿：同"煌"。

[13]山东之国：指秦以外的国家，因为这些国家都在崤山以东。从风而服：像草一样随风倒伏。

[14]且夫：连词性结构，用于一段话的开头，表示承上启下，可译为"再说"。特：通"直"，仅仅。穷巷：陋巷，偏僻的地方。掘门：挖墙为门。桑户：用桑树枝条编成门。棬枢：用弯曲的木料作门轴。

[15]伏轼撙（zǔn）衔：俯靠在轼上，拉住马的缰绳。轼：车前横木。撙：操控，控制，节制。衔：马嚼子。横历：游历。

[16]廷说：在朝廷上游说。杜左右之口：使君王的大臣无异议可说。伉：通"抗"，抗衡、抵挡。

将说楚王，路过洛阳。父母闻之，清宫除道，张乐设饮，郊迎三十里[1]。妻侧目而视，倾耳而听[2]；嫂蛇行匍伏，四拜自跪而谢[3]。苏秦曰："嫂，何前倨而后卑也[4]？"嫂曰："以季子之位尊而多金[5]。"苏秦曰："嗟乎！贫穷则父母不子[6]，富贵则亲戚畏惧，人生世上，势位富贵，盖可忽乎哉[7]？"

注释

[1]清宫除道：清理房舍，洒扫街路。宫：先秦时一般房屋也称宫。张乐设饮：摆列乐队，设置酒宴。郊迎：在郊外迎接。

[2]侧目、倾耳：不敢正眼看、正面听。

[3]蛇行匍伏：像蛇那样爬着向前。匍伏：即"匍匐"。谢：谢罪、道歉。

[4]前倨而后卑：先前傲慢而后来谦卑。倨：傲慢。卑：谦卑。

[5]以：因为。季子：年龄最小之子，少子。这里是嫂嫂对小叔的称呼。位尊而多金：地位显赫而多有钱财。

[6]嗟乎：叹词。子：名词的意动用法，以……为子。

[7]盍：古繁体为"蓋"，"蓋"古又作"盍（hé）"，与"何"同义。《庄子·养生主》："技盍至此乎？"忽：忽视，轻视。

本篇选词综述

【限】

《说文》："限，阻也。"本义指"险阻"。如《战国策·秦策一》："南有巫山黔中之限。"引申指"边界、界限"。如谢朓《和王著作八公山》诗："东限琅邪台，西距孟诸陆。"又引申指"限制、限定"。如《世说新语·政事》："敕船官悉录锯木屑，不限多少。""限"还可以指"门槛"。如《后汉书·臧宫传》："夜使锯断城门限。"

【庭】

《说文》："庭，中宫也。"本义指"厅堂"。如《诗经·大雅·抑》："洒埽庭内。"（埽：打扫。）《礼记·檀弓上》："孔子哭子路于中庭。"引申指"庭院、院子"。如《诗经·魏风·伐檀》："胡瞻尔庭有县貆兮！"还可通"廷"，指"朝廷、宫廷"。如《汉书·匈奴传》："群臣庭议。"

【革】

《说文》："革，兽皮治去其毛曰革。"本义指"去了毛的兽皮"。如《诗经·召南·羔羊》："羔羊之革，素丝五緎。"（緎：衣。）引申指"用革制作成的甲胄"。如《礼记·乐记》："贯革之射息也。"又引申指"改变、变革"。如《周易·革》："天地革而四时成。"在古汉语中，"皮"和"革"均指兽皮，但意义有差异。带毛的叫"皮"，去毛的叫"革"。

【去】

本义指"离开"。如《诗经·魏风·硕鼠》："逝将去女，适彼乐土。"引申为"过去的"，如"去年"等。又引申为"除掉、去掉"。如《尚书·大禹谟》："任贤勿贰，去邪勿疑。"又可引申指"距、距离"。如《韩非子·五蠹》："去门十里以为界。"还可表示"前往、到……地方去"。如李白《与史郎中饮听黄鹤楼上吹笛》："一为迁客去长沙，西望长安不见家。"在上古汉语中，"去"是"离开"的意思，而"往"相当于现代的"去"，并且有明确的目的地。

【发】

本义指"把箭射出去"。如《史记·孙子吴起列传》："于是令齐军善射者万弩,夹道而伏,期曰:'暮见火举而俱发。'"引申为量词。如《汉书·匈奴传》:"弓一张,矢四发。"引申为"出发、派遣"。如《史记·秦始皇本纪》:"王知之,令相国昌平君、昌文君发卒攻毐。"又引申为"兴起、产生"。如《韩非子·显学》:"猛将必发于卒伍。"此义还可引申指"发作"。如《后汉书·华佗传》:"此病后三期当发。"(三期:三年。)"发"还可引申为"表现、显露"。如《荀子·礼论》:"歌谣謸笑,哭泣啼号,是吉凶忧愉之情发于声音者也。"引申有"打开、开掘"义。如《韩非子·难一》:"使桓公发仓囷而赐贫穷。"

11. 天下皆知美之为美

《老子》

作家作品介绍

老子(约前571—前471),字伯阳,谥号聃,又称李耳。楚国苦县厉乡曲仁里(今河南省鹿邑县太清宫镇)人。曾做过周朝"守藏室之官"(管理藏书的官员),我国最伟大的哲学家和思想家之一,被道教尊为教祖。

《老子》又名《道德经》,又有一说法为《德道经》。《老子》一书分上下两篇,上篇《道经》,下篇《德经》,共八十一章,五千多字。《老子》一书用"道"解释宇宙万物的演变,认为"道生一,一生二,二生三,三生万物","道"乃"夫莫之命(命令)而常自然",因而"人法地,地法天,天法道,道法自然"。"道"是客观自然规律,同时又具有"独立不改,周行而不殆"的永恒意义。《老子》书中有着朴素的唯物主义的观点。《老子》中还有大量朴素的辩证法观点,如以为一切事物均具有正反两面,"反者道之动",并能由对立而转化,"正复为奇,善复为妖","祸兮福之所倚,福兮祸之所伏"。此外,书中也有大量的民本思想:"天之道,损有余而补不足,人之道则不然,损不足以奉有余";"民之饥,以其上食税之多";"民之轻死,以其上求生之厚";"民不畏死,奈何以死惧之?"其学说对中国哲学、中国文学都产生了极为深刻的影响。

说明 ▶▶

本篇选自《老子》第二章,反映了老子朴素的辩证法思想。

天下皆知美之为美,斯恶已[1];皆知善之为善,斯不善已[2]。故有无相生,难易相成,长短相形,高下相倾,音声相和,前后相随[3]。是以圣人处无为之事,行不言之教[4],万物作焉而不辞[5],生而不有[6],为而不恃[7],功成而弗居[8]。夫唯不居,是以不去[9]。

注释 ▶▶

[1]天下人都知道美之所以为美,恶就产生了。斯:连词,就。已:同"矣",句末语气词。

[2]都知道善之所以为善,不善就产生了。

[3]所以有和无由互相对立而产生,难与易由互相对立而形成,长和短由互相对立而体现,高和低由互相对立而依存,音与声由互相对立而和谐,前与后由互相对立而追随。生:产生、发生。和:应和、调和、和谐。随:跟随、随顺。

[4]因此圣人顺其自然,无为而治,实行身教。是以:因此。圣人:有道、得道之人。不言:不发号施令,不只用政令。

[5]万物兴起而不加干预。作:兴起。

[6]生养万物而不据为己有。有:占有。

[7]不依仗自己对别人有恩惠而达到利己的目的。恃:依恃。

[8]成功了不居功。居:居功夸耀。

[9]只有不占有,才不会失去。夫:句首语气词,表示将发议论。去:离开、丢失。

本篇选词综述

【美】

《说文》："美，甘也。"本义指"味道好"。如《孟子·尽心下》："脍炙与羊枣孰美？"引申指"美好、美丽"。如《左传·昭公二十八年》："娶妻而美，三年不言不笑。"又引申指"善、好"。如屈原《离骚》："世溷浊而不分兮，好蔽美而称恶。""美"还可以表示"赞美"义。如《韩非子·五蠹》："今有美尧、舜、鲧、禹、汤、武之道于当今之世者，必为新圣笑矣。"

【恶】

本义指"罪恶、不良行为"，与"善"相对。如《三国志·蜀志·诸葛亮传》："无恶不惩，无善不显。"还可以指"丑"，与"美"相对。如《韩非子·说林上》："今子美而我恶。"以上意义，"恶"读作 è。古汉语中，"恶"还可以读作 wù，表示"讨厌，不喜欢"。如《荀子·天论》："天不为人之恶寒也辍冬。"古汉语中，"恶"还可以读作 wū，用为疑问代词，表示"哪里、怎么"。如《战国策·赵策三》："先生有恶能使秦王烹醢梁王？"

【为】

本义指"做"。如《论语·为政》："见义不为，无勇也。"引申有"治理"义。如《商君书·农战》："善为国者，仓廪虽满，不偷于农。"又引申指"作为、当作"。如李白《梦游天姥吟留别》："霓为衣兮风为马，云之君兮纷纷而来下。""为"还可以用作系词，相当于现代汉语的"是"。如《左传·宣公三年》："余为伯鯈，余而祖也。"表示以上各义，"为"读作 wéi。"为"虚化为介词，读作 wèi，可以表示"给"。如《庄子·养生主》："庖丁为文惠君解牛。"也可以表示"因为"。如《荀子·天论》："天行有常，不为尧存，不为桀亡。"还可以表示"被"。如《三国志·吴志·吕蒙传》："为张辽等所袭。"

【居】

本义是"坐"。如《论语·阳货》："居，吾语女。"引申指"居住"。如《列子·汤问》："北山愚公者，年且九十，面山而居。"又引申指"停留"。如《左传·僖公二十八年》："不有居者，谁守社稷？不有行者，谁扞牧圉？"还可引申指"占领、占据"。如《老子》："域中有四大，而王居其一焉。"又引申指"积聚"。如《史记·吕不韦列传》："此奇货可居。"古汉语中，

"居"还有"平时、平常"之义。如《论语·先进》:"居则曰:'不吾知也'如或知尔,则何以哉?"

12. 小国寡民

《老子》

说明

本篇选自《老子》第八十章,反映了老子的社会政治理想。

小国寡民[1]。使有什伯之器而不用[2],使民重死而不远徙[3]。虽有舟舆,无所乘之;虽有甲兵,无所陈之[4]。使人复结绳而用之[5]。甘其食,美其服,安其居,乐其俗[6]。邻国相望,鸡犬之声相闻,民至老死不相往来[7]。

注释

[1] 一个国家,疆域不要太大,人口要少。小:使动用法,使……小。寡:使动用法,使……少。

[2] 什伯之器:效率十倍百倍的工具,指当时的机械。什:十倍。伯:通"佰",百倍。

[3] 老百姓就会重视自己的生命,而不会背井离乡,迁徙远方。重死:看重死亡。重:意动用法。

[4] 那些车、船等便利的交通工具,也就没人去乘它了,武器装备,也就派不上用场了。无所:没有什么(地方、东西或原因等)。

[5] 结绳:在文字产生以前,人们用绳子记事。

[6] 使人民对他们的吃食感到香甜,对他们的穿戴感到漂亮,对他们的住宅感到安适,对他们的习俗感到满意。甘、美、安、乐:都是形容词作意动,认为……香甜,认为……美好,认为……安逸,认为……满意。

[7] 时不时还可以看到邻国的老百姓,听到他们鸡犬的叫声,而彼此到死也不互通往来。

本篇选词综述

【舆】

本义指"车厢"。如王符《潜夫论·相列》："曲者宜为轮，直者宜为舆。"也可泛指"车辆"。如《三国志·蜀志·先主传》："出则同舆，坐则同席。""车厢"有承载功能，故可引申指"抬、举"。如《战国策·秦策三》："百人舆瓢而趋，不如一人持而走。"古汉语中，"舆"还可指"众、众人"。如《左传·僖公二十八年》："晋侯患之，听舆人之诵。"现代汉语有双音词"舆论"，其中的"舆"即此义。古汉语中，表示"车子"，可以使用"舆""辇""轺"。"辇"原指人力拉的车，汉代以后指代帝王乘坐的车子。"轺"是指一种轻便、快速的马车。

【陈】

本义指"陈列、陈设"。如《左传·隐公五年》："陈鱼而观之。"引申指"陈述"。如《史记·老子韩非列传》："韩非欲自陈，不得见。"又可指"旧"，与"新"相对。如《荀子·富国》："年谷复熟，而陈积有余。"以上意义，读作 chén。"陈"还可以指"交战时的战斗队列"，读作 zhèn。如《孙子兵法·军争》："勿击堂堂之陈。"这个意义后来写作"阵"。

【闻】

"闻"为形声字，从耳，门声，本义指"听见"。如《诗经·小雅·何人斯》："我闻其声，不见其身。"引申为"听说"。如《左传·隐公元年》："闻之，有献于公。"又引申指"见闻、见识"。如《史记·屈原贾生列传》："（屈原）博闻强志，明于治乱。"还可以引申指"声誉、名声"，读 wèn。如《诗经·大雅·卷阿》："如圭如璋，令闻令望。"汉魏以后，"闻"作动词用，指"用鼻子嗅"。如李商隐《和张秀才落花有感》："落时犹自舞，扫后更闻香。"

13. 秋水（节选）

《庄子》

> **作家作品介绍**

庄子，名周，战国中期宋国蒙（今河南省商丘市）人，生卒年月不详，曾任蒙漆园吏。庄子是道家学派的代表人物，是老子哲学思想的继承者和发展者，他的学说涵盖当时社会生活的方方面面，但根本精神还是皈依于老子的哲学，魏晋以后与老子并称为"老庄"。

庄子的思想包含着朴素辩证法因素，主要思想是"天道无为"，认为一切事物都在变化，他认为"道"是"先天地而生"，是"未始有封"（即"道"是无界限差别）。主张"无为"，放弃一切妄为。又认为一切事物都是相对的，幻想一种"天地与我并生，万物与我为一"的主观精神境界，安时处顺，逍遥自得，倒向了相对主义和宿命论。在政治上主张"无为而治"，反对一切社会制度。

《庄子》一书，《汉书·艺文志》著录有五十二篇，现存三十三篇。其中内篇七篇，外篇十五篇，杂篇十一篇。一般认为内篇是庄周所作，外篇、杂篇是庄周的门人或后学者所作。《庄子》的文章，善于使用寓言故事，想象力很强，文笔变化多端，语言丰富生动、幽默讽刺，具有浓厚的浪漫主义色彩，对后世文学语言有很大影响。

《庄子》通行的注本有王先谦的《庄子集解》和郭庆藩的《庄子集释》。

> **说明**

本篇节选自《庄子·外篇·秋水》，题目是后加的。

《秋水》全文较长，中心思想是论说判断、认识的相对性问题。庄子认为事物的大小、多少、盈虚、始终、贵贱以及生死等都是相对的，其变化是不定的。本文节选了文章的开头两段，通过河伯与北海若的对话，表现了河伯的自以为多和北海若的未尝自多，揭示出人的认识是受"时""空"等局限的；人的认识是无止境的，不能囿于个人有限的见闻而自满自足。

秋水时至[1]，**百川灌河**[2]；**泾流之大**[3]，**两涘渚崖之间**[4]，**不辩牛马**[5]。**于是焉河伯欣然自喜**[6]，**以天下之美为尽在己**[7]。**顺流而东行，至于北海**[8]，**东面而视**[9]，**不见水端**[10]。**于是焉河伯始旋其面目**[11]，**望洋向若而叹曰**[12]："**野语有之曰**[13]：'**闻道百，以为莫己若**'**者，我之谓也**[14]。**且夫我尝闻少仲尼之闻而轻伯夷之义者**[15]，**始吾弗信；今我睹子之难穷也**[16]，**吾非至于子之门则殆矣**[17]，**吾长见笑于大方之家**[18]。"

注释

[1] 时：季节。这里用作状语，是"按季节"的意思。

[2] 灌：流入。河：黄河。

[3] 泾（jīng）流：直流，畅通无阻的水流。泾：通。

[4] 两岸和水中陆洲与岸崖之间。涘（sì）：岸，水边。渚（zhǔ）：水中小块陆地。崖：水边高岸。

[5] 辩：通"辨"，辨识。

[6] 于是焉：在这时。焉：语气助词，无义。河伯：传说中的黄河河神。欣然：高兴的样子。

[7] 认为天下的美景都在自己这里。"以……为……"，可用"认为什么怎么样"的句式理解。

[8] 北海：古时指渤海。

[9] 东面：面向东。"面"是动词，"东"是方位名词用作状语。

[10] 端：尽头。

[11] 旋：掉转，改变。这里指改变原来欣然自喜的神色。

[12] 望洋：迷惘的样子。叠韵联绵词，也作"望羊""望阳"等。向：朝着，对着。若：传说中海神的名字。即下文的北海若。

[13] 野语：俗语。

[14] "听说了很多道理，就以为没有谁能比得上自己"这句话，说的就是我啊。百：泛指很多。莫己若：莫若己。否定句中代词宾语前置。若：像，比得上。我之谓：即谓我。我：前置宾语。之：助词，宾语前置的标志。

[15] 且夫：连词，表示要进一步发表议论。少仲尼之闻而轻伯夷之义者：小看孔子的学问而轻视伯夷的道义的言论。少、轻：这里都是形容词的意动用法，即"以……为少""以……为轻"。闻：前一个是动词，听说的意思；后一个是名词，指见闻，是学问的意思。伯夷之义：指伯夷和他的弟弟叔齐不食周粟，饿死在首阳山之事。

[16] 睹：看见。子：您。指北海若。穷：尽。这里指到达尽头的意思。

[17] 殆：危险。

[18] 我将长久地被有很高道德修养的人耻笑。见：助动词，表示被动。于：介词，引进动作行为的主动者。大方之家：指很有道德修养的人。方：道。

北海若曰："井蛙不可以语于海者，拘于虚也[1]；夏虫不可以语于冰者，笃于时也[2]；曲士不可以语于道者，束于教也[3]。今尔出于崖涘，观于大海，乃知尔丑，尔将可与语大理矣[4]。天下之水，莫大于海，万川归之，不知何时止而不盈[5]；尾闾泄之，不知何时已而不虚[6]；春秋不变，水旱不知[7]。此其过江河之流，不可为量数[8]。而吾未尝以此自多者，自以比形于天地而受气于阴阳[9]。吾在天地之间，犹小石小木之在大山也。方存乎见少，又奚以自多[10]？计四海之在天地之间也，不似礨空之在大泽乎[11]？计中国之在海内，不似稊米之在大仓乎[12]？号物之数谓之万，人处一焉[13]；人卒九州，谷食之所生，舟车之所通，人处一焉[14]。此其比万物也，不似毫末之在于马体乎[15]？五帝之所连，三王之所争，仁人之所忧，任士之所劳，尽此矣[16]。伯夷辞之以为名，仲尼语之以为博，此其自多也，不似尔向之自多于水乎[17]？"

注释

[1] 井中的青蛙不能和它谈到大海，是因为它受到住处的局限。拘：拘束，局限。虚：同"墟"，指所居之地。

[2] 夏虫：生长在夏季的昆虫。笃于时：被季节所限制。笃：固，固定，限制。

[3] 曲士：乡曲之士。即见识鄙陋之人。束：束缚，限制。教：指曲士所受的教育。

[4]尔：第二人称代词，你。丑：不好，鄙陋。大理：大道理。

[5]莫：否定性无定代词，没有什么。万川归之：许多条河流流入大海。止：指河水停止流入。不盈：指海水不满盈。

[6]尾闾（lǘ）：传说为海底泄水之处。泄（xiè）：泄漏，排泄。已：止，指停止泄水。虚：指海水空虚。

[7]这两句是说：海水不因春秋季节的变换而有所变化（指增减），也不受陆地上水灾、旱灾的影响。

[8]大海的水量超过长江、黄河的流水，不能用一般的数字来计算。过：超过。流：指流水。

[9]以此自多：因此而自我夸耀。多：用作动词，夸耀、赞许。自以：自认为。比形于天地：从天地那里具有了形体。比：通"庇"，寄，依附。受气于阴阳：从阴阳那里接受了生气。

[10]方存乎见少：刚刚有了所见甚少的想法。方：正，刚刚。存：存念，有……想法。乎：介词，于。奚以：凭什么。奚：何。

[11]似礨（lěi）空之在大泽：像蚁穴在旷野里。礨空：小孔，指蚁穴。

[12]稊（tí）米：一种形似稗的草，种实如小米。大（tài）仓：储粮的大仓库。

[13]这句是说，称说物类的数目可以说万，而人类只不过是居于万物中的一种。

[14]卒：尽。人：前一个指人类，后一个指个人。这几句意思是：人类遍于九州，凡粮食所生长的地方，车船所通行的地方，个人只是人群中的一员。

[15]人和万物相比，不很像一根毫毛的末梢在马身上吗？此其：指代个人。毫末：毫毛的末梢，极言其为物之小。

[16]五帝：说法不一，一般指黄帝、颛顼（zhuān xū）、帝喾（kù）、唐尧、虞舜。连：续，指禅让帝位。三王：夏禹、商汤、周文王。任士：指以天下为己任的人。尽此也：都是如此而已。此：指毫末。

[17]辞：辞让。之：指君位。以为名：以此取得名声。语之：指游说天下。以为博：以此显示渊博。此其自多也：这就是他们的自满。不似尔向之自多于水乎：不就像你刚才对于河水（上涨）的自满一样吗？向：刚才。

本篇选词综述

【旋】

本义指"转动、旋转"。如《荀子·天论》："列星随旋，日月递炤。"引申指"归、回"。如阮籍《咏怀诗》："晨鸡鸣高树，命驾起旋归。"又引申指"随即"。如《史记·扁鹊仓公列传》："病旋已。"（已：痊愈。）古汉语中，"旋"还有"小便"之义。如《左传·定公三年》："夷射姑旋焉。"

【盈】

《说文》："盈，满器也。"本义指"充满"。如《诗经·小雅·楚茨》："我仓既盈，我庾维亿。"（庾：谷仓。）引申指"富裕、有余"。如《汉书·马援传》："致求盈余。"再引申指"满足、自满"。如《荀子·仲尼》："志骄盈而轻旧怨。"还有"增长"之义。如《史记·范雎蔡泽列传》："进退盈缩，与时变化。"

【比】

《说文》："比，密也。"本义指"并列、挨着"。如刘勰《文心雕龙·情采》："五音比而成韶夏。"作副词用，表示"接连地"。如《汉书·外戚传》："比三年日蚀。"由"并列"之义引申指"勾结"。如《论语·为政》："君子周而不比，小人比而不周。"又可引申指"比较、等同"。如屈原《九章·涉江》："与天地兮比寿，与日月兮齐光。"还可以引申指"比喻"。如白居易《与元九书》："讽君子小人则引香草恶鸟为比。"古汉语中，"比"还引申有"及、等到"之义。如《三国志·蜀志·先主传》："比到当阳，众十余万。"

【末】

《说文》："末，木上曰末。"本义指树木的末梢。如《左传·昭公十一年》："末大必折。"引申指"不重要的事"。如《荀子·议兵》："今女不求之于本而索之于末，此世之所以乱也。"成语有"本末倒置"。又引申指"末了、末尾"。如《战国策·秦策五》："《诗》云，行百里者半于九十。此言末路之难。"还指"粉末"。如《晋书·鸠摩罗什传》："乃以五色丝作绳结之，烧为灰末。""末"还有"无、没有"的意义。如《论语·子罕》："虽欲从之，末由也已。"

14. 五十有五而志于学

《论语》

> 作家作品介绍

孔子（前551—前479），名丘，字仲尼，春秋时期鲁国陬（zōu）邑（今山东曲阜）人，我国古代影响深远的思想家、教育家，儒家学派的创始人。孔子在政治上"宗周"，思想的核心是"仁"，提倡"仁者爱人""克己复礼"，倡导仁礼学说以治天下。在教育方面，他主张"有教无类""因材施教""诲人不倦"，开创私人讲学授徒之风，打破了学在官府的局面，扩大了教育的范围，相传他授徒三千多人，对我国古代教育的发展作出了很大贡献。孔子还搜集和整理了《诗》《书》《礼》《乐》《易》《春秋》等古代文献，对传播和保存我国古代文化作出了重大贡献。

《论语》是我国先秦时期一部语录体散文集，大约成书于战国初期，主要记载孔子及其门人的言语、行事。现在一般认为该书是由孔子弟子及再传弟子记录编纂而成，其内容涉及哲学、政治、教育、伦理、文化等方面，是后人研究孔子学说最基本的资料，在我国古籍中占有重要地位。

《论语》共二十篇，篇名取自各篇开头一句话中的某两个或三个字，如第一篇开头的话是："子曰：'学而时习之，不亦乐乎？'"于是取"学而"为篇名。每篇包括若干章，《论语》共有492章，各章有长有短，章名取自各章第一句话，都是后加的。《论语》的语言虽多为当时口语，但经过加工，简练而又典范，文辞言简意赅、生动活泼，富于哲理和感情色彩，有不少语句已成为格言或成语，对后世文学语言产生了深远影响。

《论语》注本较多，主要通行的有三国魏何晏《论语集解》、南朝梁皇侃《论语义疏》、北宋邢昺《论语注疏》、南宋朱熹《论语集注》、清刘宝楠《论语正义》和近人杨树达的《论语疏证》。今人杨伯峻的《论语译注》对初学者来说是较好的读本。

说明

本篇选自《论语·为政》，题目是后加的。

本篇以孔子的个人生活经历，指出人生境界逐步提高的过程。

子曰："吾十有五而志于学[1]，三十而立[2]，四十而不惑[3]，五十而知天命[4]，六十而耳顺[5]，七十而从心所欲，不逾矩[6]。"

注释

[1] 有：又。古人在整数和零数之间多用"有"字或"又"字，前者用得较多。志：立志。学：学问。

[2] 立：自立。指立于礼，即做事合于礼。

[3] 不惑：不受迷惑。

[4] 天命：指自然的规律、法则。

[5] 耳顺：意即一听他人的言语，便知其用意。

[6] 到了七十岁，便随心所欲，（任何念头）都不会越出常规。逾：超过、越出。矩：法度、常规。

本篇选词综述

【志】

《说文》："志，意也。"本义指"心意"。如《尚书·尧典》："诗言志，歌永言。"又指"志向"。如《史记·陈涉世家》："燕雀安知鸿鹄之志哉！""志"还有"记、记住"之义。如《史记·屈原贾生列传》："（屈原）博闻强志，明于治乱。"引申有"记述"之义。如《庄子·逍遥游》："齐谐者，志怪者也。"古汉语中，"志"还可通"帜"，表示"旗帜"。如《史记·刘敬叔孙通列传》："设兵，张旗志。"

【立】

本义指"站立"。如《庄子·养生主》："提刀而立，为之四顾。"引申指"竖立"。如《荀子·君道》："犹立枉木而求其景之直也。"引申指"设立、建立"。如《论语·学而》:"君子务本,本立而道生。"又引申指"存在、生存"。如《荀子·富国》:"百里之国足以独立矣。""立"还可指"登上帝王或诸侯之位"。如《左传·隐公元年》:"爱共叔段,欲立之。""立"虚化为副词,表示"立刻、马上"。如《史记·项羽本纪》:"立诛杀曹无伤。"

15. 阳货欲见孔子

《论语》

说明

本篇选自《论语·阳货》,题目是后加的。

本文写孔子敷衍季氏家臣阳货的过程,阳货的小聪明和咄咄逼人与孔子行事处世的智慧和高明之处尽览无遗,人物性格鲜明生动。

阳货欲见孔子[1],孔子不见,归孔子豚[2]。孔子时其亡也而往拜之[3],遇诸涂[4]。

谓孔子曰:"来!予与尔言。"曰[5]:"怀其宝而迷其邦[6]。可谓仁乎?"曰:"不可!""好从事而亟失时,可谓知乎[7]?"曰:"不可!日月逝矣,岁不我与![8]"

孔子曰:"诺!吾将仕矣[9]。"

注释

[1]阳货:名虎,季氏家臣中最有权势的人,曾囚季桓子,专鲁国国政,后出逃至他国。欲见孔子:想让孔子谒见他。见(xiàn):使动用法,使……谒见。

[2]归:通"馈",赠送。豚:小猪。这里指做熟了的小猪。

[3]时:通"伺",窥探。亡:指不在家。阳货送孔子豚是打算让孔子回拜他,借此可见到孔子。孔子不愿和阳货见面,趁他不在家时去回拜。

[4]涂:道路。

[5]这里的"曰"和下文的两个"曰",都是阳货的自问自答。

[6] 怀：揣在怀里。宝：宝贝，比喻治国才能。迷：使动用法，使……迷乱。
[7] 好（hào）从事：喜欢从事于政治。亟（qì）：屡次。知：同"智"。
[8] 岁不我与：即"岁不与我"。与：等待。我：代词，作"与"的前置宾语。
[9] 仕：做官。实际情况是孔子在阳货当权之时，并未去做官。

本篇选词综述

【归】

本义指"女子出嫁"。如《诗经·周南·桃夭》："之子于归，宜其室家。"引申指"返回"。如《孙子兵法·军争》："避其锐气，击其惰归。"又引申指"归还"。如《汉书·陈平传》："平惧诛，乃封其金与印，使使归项王。"又引申指"归附"。如《孟子·公孙丑上》："天下归殷久矣。""归"还可通"馈"，表示"赠送"。如《论语·阳货》："归孔子豚。"

【岁】

本义指"岁星"，即木星。如《左传·襄公二十八年》："岁在星纪。"引申指"年"。如《诗经·王风·采葛》："一日不见，如三岁兮。"再引申指"年龄"。如《史记·秦始皇本纪》："年十三岁，庄襄王死，政代为秦王。"还可以指"年成、年景"。如《管子·小问》："厚收善年，以充仓廪。"

16. 子路从而后

《论语》

说明

本篇节选自《论语·微子》，题目是后加的。

本文所记之事大约是孔子及其弟子周游列国过程中，往返叶、蔡时发生的一件事。反映了隐者对孔子到处游说、谋取官位的鄙视和子路对隐者逃避现实、洁身自好的出世思想的批评。

子路从而后[1]，遇丈人[2]，以杖荷蓧[3]。子路问曰："子见夫子乎[4]？"丈人曰："四体不勤[5]，五谷不分[6]。孰为夫子[7]？"植其杖而芸[8]。子路拱而立[9]。止子路宿[10]，杀鸡为黍而食之[11]，见其二子焉[12]。

注释

[1]子路：孔子的学生，名仲由，字子路。从：跟从。后：用作动词，落在后边。

[2]丈人：年长的老者。

[3]以：介词，表凭借，用。荷(hè)：挑着。蓧(diào)：古代锄草的农具。

[4]您看见(我的)老师了吗？子：古代对男子的尊称。夫子：春秋时对长者、大夫等都可称"夫子"，这里指孔子。

[5]手脚懒惰。四体：四肢。勤：劳，辛劳。

[6]五谷：指古代五种谷物，说法不一。一说五谷为：黍（黄米）、稷、菽（豆）、麦、稻。另一说有"麻"无"稻"。

[7]谁是老师！为：动词，认为是。

[8]把自己的手杖立着插在地上去除草。植：插，立着插上的意思。芸：通"耘"，除草。

[9]子路拱着手站在那里。拱：拱手，表示恭敬。而：连词，连接状语和谓语中心词。

[10]留子路（在他家）住宿。止：留止，挽留。

[11]为黍：做黄米饭。食(sì)之：给子路吃。食：及物动词的使动用法，使……食。之：指子路。

[12]让他的两个儿子出来拜见子路。见(xiàn)：使动用法，使……见。焉：兼词，相当于"于之"，"之"指子路。

明日，子路行。以告[1]。子曰："隐者也。"使子路反见之[2]。至则行矣[3]。子路曰："不仕无义[4]。长幼之节[5]，不可废也；君臣之义，如之何其废之[6]？欲洁其身，而乱大伦[7]。君子之仕也，行其义也[8]；道之不行，已知之矣[9]。"

注释

[1] 以告：是"以之告"的省略，把这件事告诉给（孔子）。以：介词。之：指遇见丈人这件事。

[2] 反："返"的古字，返回。见：拜见。

[3] 子路到长者的家，而长者已经出去了。"至"的主语是"子路"，"行"的主语是"丈人"。

[4] 不仕：不做官。无义：不合乎道义。

[5] 长幼之间的礼节是不能废弃的。子路是说丈人"见其二子"，这是没有废弃长幼之节。

[6] 君臣之间的关系又怎么能够废弃呢？君臣之义：君臣之间的关系，指臣应该尽力帮助国君治理国家，不应该当"隐者"，应该出仕，以尽君臣之义，这是对荷蓧丈人的批评。如之何：古代汉语固定结构，表反问。其：句中语气助词，加强反问语气。

[7] 欲洁其身：想使自身清洁。洁：形容词的使动用法，使……洁。乱：这里是"破坏""废弃"的意思。大伦：君臣之间的伦常关系，因在人与人的关系中它是最重要的，所以称"大伦"。伦：伦常，指人与人之间的道德关系。

[8] 有道德修养的人做官，是做他应该做的事。整个句子是古代汉语的判断句。"君子之仕也"中的"之"是结构助词，用在主语和谓语之间，取消句子的独立性，使其变为词组，句中作主语，后文"道之不行"中的"之"用法相同。前一个"也"是句中语气助词，表停顿。后一个"也"是句尾语气助词，加强判断语气。

[9] 道：这里指孔子的政治主张。已知之矣：已经知道儒道不能推行。之：代词，指"道不行"这件事。

本篇选词综述

【遇】

本义指"相遇、遇到"。如《论语·阳货》："孔子时其亡也而往拜之。"引申指"接触、感触"。如《庄子·养生主》："臣以神遇而不以目视。"再引申指"对待"。如《商君书·定分》："吏不敢以非法遇民。""遇"还有"遇合"之义，指得到君主的信任。如《孟子·公孙丑下》："千里而见王，是予所欲也；不遇故去，岂予所欲哉？"此义又引申有"机遇"之义。如应场《侍五官中郎将建章台集诗》："良遇不可值，伸眉路何阶？"

【体】

本义指"肢体、身体的部分"。如《史记·项羽本纪》："王翳取其头……郎中骑杨喜、骑司马吕马童、郎中吕胜、杨武各得其一体。"古人所谓"四体"指四肢和手足。引申指"本体、实体"。如《论衡·自然》："地以土为体。"引申指"根本，主要方面"。如贾谊《陈政事疏》："使少知治体者，得佐下风，致此非难也。"又引申指"准则"。如《荀子·天论》："君子有常体矣。"还可引申指"设身处地为人着想"。如《礼记·中庸》："敬大臣也，体群臣也。""体"还有"实践、体验"之义。如《淮南子·泛论训》："故圣人以身体之。"

【勤】

《说文》："勤，劳也。"本义指"辛苦"，与"逸"相对。如《论语·微子》："四体不勤，五谷不分，孰为夫子？"引申指"努力、尽力"。如《国语·鲁语上》："夫圣王之制祀也，法施于民则祀之，以死勤事则祀之。"又引申指"为……尽力、帮助"。如《左传·僖公三年》："齐方勤我，弃德不祥。"

【废】

《说文》："废，屋顿也。"本义指"崩坏，倒塌"。如《淮南子·览冥训》："往古之时，四极废，九州裂。"引申指"衰败"。如《三国志·魏志·刘放传》："诚识废兴之理，审去就之分也。"（诚：确实。）又引申指"废弃、停止"。如《韩非子·问田》："废先王之教而行贱臣之所取。"此义还可引申指"罢官"。如《管子·明法解》："不胜其任者废免。""废"还可指"残废"。如《盐铁论·诛秦》："无手足则支体废。"

【伦】

本义指"人伦"，人与人之间的道德关系。如《孟子·滕文公上》："教以人伦，父子有亲，君臣有义，夫妇有别，长幼有序，朋友有信。"引申指"事物的条理、顺序"。如《荀子·解蔽》："众异不得相蔽以乱其伦也。"又引申指"类"。如贾谊《过秦论》："吴起、孙膑……之伦制其兵。"此义又引申指"伦比、匹敌"。如扬雄《剧秦美新》:"拔擢伦比,与群贤并。"

17. 弈秋

《孟子》

作家作品介绍

孟子(约前372—前289),名轲,字子舆,战国时期邹(今山东邹城市)人。相传孟子曾受业于孔子之孙孔伋(子思)的弟子。他继承并发挥了孔子的学说,后世将其与孔子并称为"孔孟",且称其为"亚圣",是儒家学派的重要代表人物,我国古代著名的思想家、政治家、教育家。孟子提倡仁爱、礼义,反对暴政与战争,主张施行"王道"与"仁政",提出了"民贵君轻"的民本思想。孟子曾游齐、宋、滕、魏、鲁等诸侯国,宣扬自己的政治主张,但终不为诸侯所用,退而与弟子万章等著书立说。著有《孟子》七篇。

《孟子》一书,一般认为是孟子和他的弟子万章等人作的,主要记述孟子游说各诸侯国以及同当时各学派论辩等的言行。现存七篇,每篇分上、下两卷。篇名取自各篇开头一句中几个重要的字,没有特别的意义。如"梁惠王"是《孟子》七篇第一篇的篇名,取自开篇第一句"孟子见梁惠王";篇下面是章,章名取自各章的第一句话,大多是后加的。《孟子》的文章气势充沛,富于鼓动性,长于辩论,善用比喻,语言生动逼真,对后世散文影响很大。

《孟子》的注本主要有东汉赵岐的《孟子章句》,宋代朱熹的《孟子集注》,清代焦循的《孟子正义》,今人杨伯峻的《孟子译注》等。

说明

本篇选自《孟子·告子上》,题目是后加的。

本篇通过弈秋所教两个学生不同的学习态度,说明即使是再好的老师,当学生不一心向学时,也会一事无成。所以说学习应该专心致志,持之以恒。

弈秋,通国之善弈者也[1]。使弈秋诲二人弈:其一人专心致志,惟弈秋之为听[2]；一人虽听之，一心以为有鸿鹄将至[3]，思援弓缴而射之[4]。虽与之俱学，弗若之矣[5]。为是其智弗若与[6]？曰：非然也[7]。

注释

[1] 弈秋："秋"是人名，因善弈，所以称"弈秋"，这是古人称名的习惯。通国：全国。

[2] 惟弈秋之为听：即"唯弈秋是听"，只听弈秋的。

[3] 鸿鹄（hú）：就是鹄，天鹅。

[4] 援：取过来。缴（zhuó）：系在箭上的生丝线，箭发出去，可以靠它收回来。

[5] 弗若：不及，不如。两个"之"字都指上文专心致志的那个人。

[6] 为：通"谓"，认为。是：这个人。

[7] 这个"曰"字表示同一人自问后的自答。非然：不是这样。

本篇选词综述

【听】

本义指"用耳朵听取声音"。如《荀子·劝学》："耳不能两听而聪，目不能两视而明。"此义引申指"听从"。如《史记·李斯列传》："秦王乃拜斯为长史，听其计。"又可指"耳目、间谍"。如《荀子·议兵》："且仁人之用十里之国，则将有百里之听。""听"还可指"治理、处理"。如《史记·秦始皇本纪》："皇帝并宇，兼听万事，远近毕清。"引申指"听凭、听任"。如成语"听之任之"。"听"还可以表示"允许"。如干宝《搜神记》："父母慈怜，终不听之。"古汉语中，表示以上意义，繁体字写成"聽"。古代还有"听"字，读作yǐn，表示"张口大笑"。

【射】

本义指"射箭"。如《左传·成公二年》："射其左，越于车下。"又可指"射手"。如《孟子·尽心上》："羿不为拙射而变彀率。"引申指"射出、喷射"。如鲍照《代苦热行》："含沙射流影，吹蛊病行晖。"又引申指"猜度"。如《吕氏春秋·重言》："是何鸟也？王射之。"又引申指"比赛、赌博"。如《史记·孙子吴起列传》:"田忌信然之,与王及诸公子逐射千金。""射"还可指"追逐、攫取"。如《新唐书·食货志四》:"江淮豪贾射利。"

18. 齐桓晋文之事

《孟子》

说明

本篇选自《孟子·梁惠王上》,题目是后加的。

齐桓,即齐桓公,名小白,春秋时期齐国国君;晋文,即晋文公,名重耳,春秋时期晋国国君。两人都是春秋时的霸主,与秦穆公、楚庄王、宋襄公合称"五霸"。从本章中可以看出,孟子认为"王道"之未行,不是由于统治者的"不能",而是由于他们"不为"。在他看来,只要统治者把不忍之心推广到百姓身上(即推恩),就可以王天下。本文中孟子以日常习见的小事喻说事理,环环相扣,生动有趣,具有较强的说服力。

齐宣王问曰[1]:"齐桓、晋文之事,可得闻乎[2]?"孟子对曰:"仲尼之徒,无道桓、文之事者[3],是以后世无传焉[4],臣未之闻也[5]。无以,则王乎[6]?"

注释

[1] 齐宣王:姓田,名辟疆,战国初期齐国的国君(前319—前301在位)。

[2] 闻:使……闻。

[3] 仲尼之徒:孔子的门徒。仲尼:孔子的字。徒:门徒,学生。道:述说,谈论。因儒家学派宣扬"先王之道",不主张霸道,所以没人谈论齐桓公、晋文公称霸这类的事。

[4] 是以:因此。传:传述。焉:语气助词。

[5] 未之闻:即"未闻之",没有听说过这事。之:代词,指齐桓公、晋文公之事,是"闻"的宾语,因为用在否定句中,所以放在动词之前。

[6] 无以:即"无已",不停止。意思是说,(如果)不得不说。则王

（wàng）乎：那么还是说说行王道吧。王：动词，王天下，即行王道以统一天下。

曰："德何如，则可以王矣[1]？"曰："保民而王，莫之能御也[2]。"曰："若寡人者，可以保民乎哉[3]？"曰："可。"曰："何由知吾可也[4]？"曰："臣闻之胡龁曰[5]：'王坐于堂上[6]，有牵牛而过堂下者[7]。王见之，曰："牛何之[8]？"对曰："将以衅钟[9]。"王曰："舍之[10]！吾不忍其觳觫[11]，若无罪而就死地[12]。"对曰："然则废衅钟与[13]？"曰："何可废也[14]，以羊易之[15]。"'"不识有诸[16]？"曰："有之。"曰："是心足以王矣[17]。百姓皆以王为爱也[18]，臣固知王之不忍也[19]。"

> **注释**

[1] 何如：固定结构，怎么样。

[2] 保：安，安定。莫之能御：即"莫能御之"，没有谁能阻挡他。莫：否定性无定指代词，没有什么人。之：代词，指"保民而王"者，在否定句中充当"御"的前置宾语。御：阻挡。

[3] 若：像。乎哉：两个疑问语气词连用，加强疑问语气。

[4] 何由：即"由何"，从哪里。由：介词。何：疑问代词，用作介词宾语而前置。

[5] 之：指下面的一番话。胡龁（hé）：人名，齐宣王的近臣。其前省略介词"于"。"闻之胡龁"即"闻之于胡龁"，介宾词组作"闻"的补语，从胡龁那里。

[6] 堂：指朝堂。古代宫室，前为堂，后为室。

[7] 牵牛而过堂下者："者"字词组，牵着牛而从堂下经过的人。

[8] 何之：即"之何"，到哪里去。何：疑问代词，作"之"的前置宾语。之：动词，到……去。

[9] 衅（xìn）钟：古代新钟铸成，宰杀牲口，取血涂钟行祭，叫作"衅钟"。以：介词，后省略宾语"之"，指牛。

[10] 舍之：放开它。

[11] 觳觫（hú sù）：叠韵联绵词，恐惧发抖的样子。

[12] 好像没有罪过的人却走向杀场。若：好像。就：动词，靠近，走向。

[13]然则：既然这样，那么。然：代词，如此，这样。与：句尾语气助词，表反问。

[14]何：疑问代词，哪里，怎么。

[15]易：动词，替换。

[16]识：知道。诸："之乎"的合音词，"之"用作"有"的宾语，指胡龁说的话。"乎"用作句尾语气助词。

[17]是心：这种心。足以王（wàng）：足够用来王天下。

[18]百姓都认为君王是吝啬的。以为：认为……是。爱：吝啬，舍不得。本文中的"爱"均是这个意思。

[19]固：副词，本来，确实。王之不忍：主谓词组，作"知"的宾语。之：结构助词，用在主语和谓语之间，取消句子独立性，并有突出谓语的作用。

王曰："然[1]，诚有百姓者[2]。齐国虽褊小[3]，吾何爱一牛？即不忍其觳觫[4]，若无罪而就死地，故以羊易之也。"曰："王无异于百姓之以王为爱也[5]。以小易大，彼恶知之[6]？王若隐其无罪而就死地[7]，则牛羊何择焉[8]？"王笑曰："是诚何心哉[9]？我非爱其财而易之以羊也，宜乎百姓之谓我爱也[10]。"曰："无伤也[11]，是乃仁术也[12]，见牛未见羊也。君子之于禽兽也[13]，见其生，不忍见其死；闻其声，不忍食其肉。是以君子远庖厨也[14]。"

注释

[1]然：是的，是这样。

[2]的确有这样的百姓！诚：的确，真的。者：句尾语气助词，常用于"有"字句作谓语的句尾。

[3]虽：虽然，尽管。褊（biǎn）：狭窄。

[4]即：副词，就。

[5]君王您对百姓认为您吝啬不要惊异。无：通"毋"，不要。异：动词，惊异，奇怪。

[6]他们怎么了解您的想法呢？彼：代词，他们，这里指百姓。恶（wū）：疑问代词，怎么。

[7] 若：假设连词，如果。隐：心里难过，哀怜。

[8] 何择焉：即"择何焉"，挑选什么呢。何：疑问代词，前置宾语，什么。择：区别，挑选。

[9] 这到底是什么想法呢？是：代词，这。诚：副词，到底，究竟。

[10] 宜乎百姓之谓我爱也：即"百姓之谓我爱宜乎"。宜：应该。用作谓语，为强调而前置。乎：语气助词，表主谓词组"百姓之谓我爱也"是"宜"的主语。

[11] 无伤也：没有伤害，没有关系。伤：伤害，妨碍。

[12] 是：指示代词，这。乃：副词，就是。术：道路，方法。

[13] 君子对于禽兽啊。于禽兽：介宾词组作状语。也：句中语气词，表停顿。

[14] 远：形容词的使动用法，使……远离。庖厨：厨房。

王说[1]，曰："《诗》云：'他人有心，予忖度之[2]。'夫子之谓也[3]。夫我乃行之，反而求之，不得吾心[4]。夫子言之，于我心有戚戚焉[5]。此心之所以合于王者[6]，何也？"曰："有复于王者曰[7]：'吾力足以举百钧[8]，而不足以举一羽；明足以察秋毫之末[9]，而不见舆薪[10]。'则王许之乎[11]？"曰："否！""今恩足以及禽兽[12]，而功不至于百姓者[13]，独何与[14]？然则一羽之不举，为不用力焉[15]；舆薪之不见，为不用明焉；百姓之不见保[16]，为不用恩焉。故王之不王，不为也，非不能也。"曰："不为者与不能者之形[17]，何以异[18]？""曰："挟太山以超北海[19]，语人曰[20]：'我不能。'是诚不能也[21]。为长者折枝[22]，语人曰：'我不能。'是不为也，非不能也。故王之不王，非挟太山以超北海之类也；王之不王，是折枝之类也。""老吾老，以及人之老[23]；幼吾幼，以及人之幼[24]，天下可运于掌[25]。《诗》云：'刑于寡妻，至于兄弟，以御于家邦[26]。'言举斯心加诸彼而已[27]。故推恩足以保四海[28]，不推恩无以保妻子[29]。古之人所以大过人者[30]，无他焉[31]，善推其所为而已矣。今恩足以及禽兽，而功不至于百姓者，独何与？权，然后知轻重[32]；度，然后知长短[33]。物皆然，心为甚[34]。王请度之[35]。抑王兴甲兵[36]，危士臣[37]，构怨于诸侯[38]，然后快于心与？"

注释

［1］说（yuè）："悦"的古字，高兴，喜悦。

［2］别人有什么心思，我能够揣测到。诗句出自《诗经·小雅·巧言》。忖度（cǔn duó）：揣测。

［3］夫子之谓也：即"谓夫子"，说的就是先生您啊。之：代词，复指前置宾语"夫子"。夫子：古代对男子的尊称，这里指孟子。

［4］我就是那样做了，反过来探究这样做的想法，我自己也说不清。

［5］戚戚：内心有所触动的样子。

［6］这种思想符合王天下的原因。所以……者：……的原因。合：符合。王（wàng）：动词，称王天下。

［7］复：报告。

［8］钧：古代重量单位，三十斤为一钧。

［9］明：视力。秋毫：兽类秋天生的新绒毛。末：尖端。

［10］舆薪：整车的柴。

［11］许：相信，认可。

［12］恩：恩惠。及：施及，到达。

［13］功：功德，功绩。

［14］独何与：单单是为什么呢。独：副词，单单、偏偏。

［15］一羽之不举：一根羽毛也举不起来。之：助词，取消句子独立性。下文"舆薪之不见"与本句相同。为：因为。

［16］百姓之不见保：百姓不被安抚。见：助词，表被动。

［17］形：具体表现。

［18］何以异：即"以何异"。何：疑问代词，什么。在句中作介词"以"的前置宾语。异：区别。

［19］挟（xié）：用胳膊夹着。太山：泰山。超：跳过。北海：渤海，在齐之北。

［20］语（yù）：告诉。

［21］诚：的确。

［22］为长者折枝：替年老的人按摩一下肢体。折枝：按摩肢体。枝：通

"肢"，肢体。一说"折枝"就是折取树枝。

[23] 老吾老：尊敬自己的老人。老：第一个用作动词，尊敬；第二个用作名词，指老人。以：介词，表凭借，后面省略宾语"之"，指尊老之心。及：动词，推及，推广到。

[24] 幼：第一个用作动词，爱护；第二个用作名词，指幼儿。

[25] 天下可以在手掌上运转。比喻称王天下很容易。

[26] 诗句引自《诗经·大雅·思齐》。意思是给自己的妻子做榜样，推广到兄弟，进而治理好家和国。刑：通"型"，示范，做榜样。寡妻：寡德之妻，对自己妻子的谦称。御：驾驭，这里指治理。家邦：家和国，大夫的采邑为家，诸侯的封国为邦。

[27] 是说把这种爱自己亲人的心意加到别人身上罢了。斯：指示代词，这。诸："之于"的合音词。而已：罢了。

[28] 推恩：推广恩惠。四海：代指整个天下。

[29] 妻子：指妻子和儿女。子：包括儿子和女儿。

[30] 大过：远远胜过。

[31] 他：代词，别的。

[32] 权：秤锤。这里用作动词，称量。

[33] 度（duó）：用尺量。

[34] 物皆然：事物都是这样。心为甚：心更为厉害。甚：形容词，厉害。

[35] 请：表敬副词，请求。度：考虑。

[36] 抑：连词，还是，或者。兴甲兵：使甲兵兴，即发动战争。兴：使动用法，使……兴起。甲：铠甲。兵：兵器。

[37] 危士臣：使士臣陷于危险的境地。危：使动用法，使……危险。

[38] 构怨：结下仇怨。

王曰："否，吾何快于是？将以求吾所大欲也[1]。"曰："王之所大欲，可得闻与？"王笑而不言。曰："为肥甘不足于口与[2]？轻暖不足于体与[3]？抑为采色不足视于目与[4]？声音不足听于耳与？便嬖不足使令于前与[5]？王之诸臣，皆足以供之，而王岂为是哉[6]！"曰："否，吾不为是也。"曰："然则王之所大欲可知已[7]：欲辟土地[8]，朝秦楚[9]，莅中国[10]，而抚四夷也[11]。以若所为，求若所欲[12]，犹缘木而求鱼也[13]。"

注释

[1] 所大欲：最想得到的东西。

[2] 为（wèi）：因为。肥甘：指肥美香甜的食物。

[3] 轻暖：指轻软温暖的衣服。

[4] 采色：彩色。指服饰、玩好和女色。

[5] 便嬖（pián bì）：君主左右受宠爱的人。

[6] 岂：难道。

[7] 已：同"矣"，句尾语气助词。

[8] 辟：开辟。辟土地：即扩大领土。

[9] 朝：用作使动，使……朝见。朝秦楚：即使秦、楚入朝称臣。

[10] 莅（lì）中国：统治中原地区。莅：临，这里指"统治"。中国：古代指黄河流域的中原地区。

[11] 四夷：指当时四方的少数民族。

[12] 若：指示代词，这样。所为：所做的事情。所欲：所要得到的。

[13] 犹：好像。缘：攀缘，爬。木：树。

王曰："若是其甚与[1]？"曰："殆有甚焉[2]。缘木求鱼，虽不得鱼，无后灾；以若所为，求若所欲，尽心力而为之[3]，后必有灾。"曰："可得闻与？"曰："邹人与楚人战，则王以为孰胜[4]？"曰："楚人胜。"曰："然则小固不可以敌大，寡固不可以敌众，弱固不可以敌强[5]。海内之地，方千里者九[6]，齐集有其一[7]，以一服八[8]，何以异于邹敌楚哉？盖亦反其本矣[9]！今王发政施仁[10]，使天下仕者皆欲立于王之朝[11]，耕者皆欲耕于王之野，商贾皆欲藏于王之市[12]，行旅皆欲出于王之涂[13]，天下之欲疾其君者，皆欲赴诉于王[14]。其若是，孰能御之[15]？"

注释

[1] 若是其甚与：即"其甚若是与"的倒装。它的厉害像这样吗？若是：像这样，为了强调而提前。是：指"缘木而求鱼"。甚：厉害。

[2]殆有甚焉：恐怕比这还厉害。殆：副词，恐怕，大概。焉：兼词，相当于"于是"。

[3]尽心力：用尽心思和力气。

[4]邹：国名，在今山东邹县一带。孰：疑问代词，谁。常用来表示两者之间的选择。

[5]固：本来。小、大、寡、众、弱、强：皆为名词。

[6]海内：四海之内，等于说"天下"。方千里者九：土地面积千里见方的有九块。

[7]齐集有其一：齐国的土地总算起来，也只有其九分之一。集，汇集。

[8]服：使动用法，使……降服。

[9]盖（hé）：通"盍"，何不。亦：句中语气词，用以加强反问的语气。反：同"返"，回到。本：指王道。

[10]发政施仁：发布政令，施行仁政。

[11]仕者：做官的人。仕：动词，做官。

[12]商贾（gǔ）：商人的统称。古代流动贩卖者为商，藏货待卖者为贾。藏：囤积。

[13]行旅：外出行路的人。出："出入"的省略。涂：通"途"，道路。

[14]疾：憎恨。赴诉：跑来申诉。诉：诉说。

[15]其：句首语气词，表示假设，可译为"如果"。御：阻挡。

王曰："吾惛[1]，不能进于是矣[2]！愿夫子辅吾志，明以教我[3]。我虽不敏，请尝试之[4]。"曰："无恒产而有恒心者[5]，惟士为能[6]。若民，则无恒产因无恒心[7]。苟无恒心[8]，放辟邪侈[9]，无不为已[10]。及陷于罪[11]，然后从而刑之[12]，是罔民也[13]。焉有仁人在位[14]，罔民而可为也！是故明君制民之产[15]，必使仰足以事父母，俯足以畜妻子[16]，乐岁终身饱，凶年免于死亡[17]，然后驱而之善[18]，故民之从之也轻[19]。今也，制民之产，仰不足以事父母，俯不足以畜妻子，乐岁终身苦，凶年不免于死亡。此惟救死而恐不赡[20]，奚暇治礼义哉[21]？王欲行之，则盍反其本矣？五亩之宅，树之以桑[22]，五十者可以衣帛矣[23]；鸡豚狗彘之畜[24]，无失其时[25]，七十者可以食肉矣；百亩之田，勿夺其时[26]，八口之家可以无饥矣。谨庠序之教[27]，申之以孝悌之义[28]，颁白者不负戴于道路矣[29]。老者衣帛食肉，黎民不饥不寒[30]，然而不王者，未之有也。"[31]

注释

[1] 惛（hūn）：思想混乱。

[2] 进于是：在这件事上进一步，即深入领会发政施仁的道理。

[3] 明以教我：明白地用王政之道教导我。

[4] 不敏：不聪慧，古人自谦之词。请：请允许我。尝试之：试着这样做。

[5] 恒产：长久可以维持生活的产业，指田地、房屋等。恒心：长久不变的心，这里指善心。

[6] 惟士为能：只有士是能够做到的。士：这里指有志之士。下面的"民"，指一般人。

[7] 若：至于。因：因而。

[8] 苟：如果。

[9] 放辟（pì）邪侈（chǐ）：泛指一切违反当时礼法的行为。放：放纵。辟，同"僻"，指行为不正。邪：不正。侈：过度，指不守法度。

[10] 无不为：没有不做的，即什么坏事都干。已：通"矣"。

[11] 及：等到。

[12] 从：跟着，紧接着。刑之：对他们施加刑罚。刑：名词用作动词。

[13] 罔民：对人民张罗网，也就是使民自陷于罪的意思。罔：同"网"，用作动词，用网捕捉、陷害。

[14] 焉：疑问代词，哪里。

[15] 明君：明智的君主。制：规定。

[16] 仰：对上。事：侍奉。俯：对下。畜（xù）：抚养，养育。

[17] 乐岁：丰年。凶年：收成不好的年份。

[18] 驱而之善：督促他们做好事。驱：驱赶。这里指督促。之：到……去。

[19] 从之也轻：跟着国君走很容易。之：代词，指国君。轻：容易。

[20] 此惟救死而恐不赡：这种情况，就是把自己从死亡中救出来，也怕不足以做到。惟：只。赡（shàn）：充足。

[21] 奚暇治礼义哉：哪里有空闲讲求礼义呢？奚：何。暇：空闲。治：

讲求，从事。

[22] 五亩之宅，树之以桑：给每人五亩地用以建住宅，在宅边种植桑树。五亩：合现在一亩二分多。树：种植。

[23] 衣（yì）：名词用作动词，穿。帛：丝织品。据说上古时百姓一般都穿麻布，如果养蚕，到了五十岁，就可以穿帛。

[24] 彘（zhì）：猪。畜（xù）：畜养。

[25] 无：通"毋"，不要。时：指繁殖的时机。

[26] 勿夺其时：指不因劳役等耽误了农时。时：农时。

[27] 谨：慎重，重视。庠（xiáng）序：古代学校的名称。殷代称序，周代称庠。教：教育，教化。

[28] 申：重复，反复说明。孝：孝敬父母。悌（tì）：顺从兄长。义：道理。

[29] 颁白者：须发花白的人。颁：通"斑"。负：背。戴：头上顶着东西。

[30] 黎民：众民，指百姓。黎：众。

[31] 然而不王（wàng）者：这样还不能统一天下称王的。王：动词，统一天下称王。未之有：即"未有之"，没有这种情况。之：代词，指"然而不王者"，在否定句中作"有"的宾语而前置。

本篇选词综述

【保】

《说文》："保，养也。"本义指"抚养"。如《尚书·康诰》："若保赤子，唯民其康乂。"引申指安抚，安定。如《盐铁论·地广》："以宽繇役，保士民。"又引申指"守住、保住"。如《史记·秦始皇本纪》："阻其山以保魏之河内。"还可引申指"保证、担保"。如《管子·小匡》："故卒伍之人，人与人相保。""保"还可以指"仆役"。如《史记·季布栾布列传》："穷困，赁佣于齐，为酒人保。""保"又可通"褓"，表示"婴儿的被子"。如《后汉书·桓荣传》："昔成王幼小，越在襁褓。"

【爱】

本义指"关心、爱护"。如《史记·陈涉世家》："吴广素爱人。"引申指"怜惜、同情"。如《左传·僖公二十二年》："爱其二毛，则如服焉。"又引申指"吝惜、舍不得"。如本篇"吾何爱一牛？"又如《老子》："甚爱必大费。"

【度】

本义指"量长短的标准"。如《汉书·律历志》："度者，分、寸、尺、丈、引也，所以度长短也。"引申为"限度、尺度"。如贾谊《论积贮疏》："生之有时，而用之亡度，则物力必屈。"又引申指"制度、法度"。如《左传·昭公三年》："公室无度。"还可引申指"度量、气量"。如《汉书·高帝纪》："常有大度，不事家人生产作业。"作动词来用，"度"有"渡过、越过"之义。如贾谊《治安策》："犹度江河亡维楫。"还可表示"丈量长短"，读作duó。如《孟子·梁惠王上》："度，然后知长短。"

【明】

本义指"明亮"。如《荀子·天论》："在天者莫明于日月。"引申指"明白、清楚"。如《老子》："古之善为道者，非以明民，将以愚之。"用作动词，表示"证明、说明"。如《韩非子·难势》："何以明其然也？""明"还有"英明、明智"之义。如《商君书·君臣》："明王之治天下也，缘法而治，按功而赏。"

【白】

本义指"白色"。如《荀子·荣辱》："目辨白黑美恶。"引申指"纯洁、干净"。如《韩非子·说疑》："（其臣）卑身贱体，竦心白意。"又引申指"清楚、明了"。如《荀子·天论》："礼仪不加于国家，则功名不白。"用作动词，表示"下对上告诉、陈述"。如《史记·滑稽列传》："巫妪、弟子是女子也，不能白事，烦三老为入白之。"

【色】

本义指"人的脸色、表情"。如《论语·颜渊》："察颜而观色。"引申指"变色、作色"。如《左传·昭公十九年》："室于怒，市于色。"又可指"自然界的色彩"。如《后汉书·仲长统传》："目能辩色，耳能辩声，口能辩味。"（"辩"，通"辨"。）还可以指代"女色"。如《淮南子·俶真训》："声色不能淫也。"

【年】

《说文》："年，谷孰也。从禾，千声。"本义指"收成、年景"。如《论语·颜渊》:"年饥,用不足。"引申指"十二个月"。如《庄子·秋水》:"汤之时,八年七旱。"又引申指"年龄"。如《论语·阳货》:"年四十而见恶焉,其终也已。"

19. 天论（节选）

《荀子》

作家作品介绍

荀子（约前313—前238），名况，战国末期赵国人，曾到齐国稷下（今山东淄博西北）讲学，去过秦国考察，后到楚国任兰陵（今山东枣庄）令，晚年居兰陵从事著述，被人尊称为荀卿或孙卿，是我国古代著名的唯物主义思想家。

荀子虽受学于儒学，但他对以前各种学派的思想都有所批判、继承和发展，形成了自己独特的思想体系。他反对迷信，批判"天命""天志"等唯心主义思想，否定主宰人间命运的天神的存在；他主张顺应自然的发展规律，进而提出"制天命而用之"的朴素的唯物论观点；针对孟子的"性善论"，荀子提出了"性恶论"，二者虽同属唯心论，但荀子强调教育和后天学习的重要性，则具有进步意义；政治上，荀子主张用礼制兼法治来维持社会秩序。荀子的学说思想对后世产生了极其深远的影响。

《荀子》是荀况所作，现存32篇。其文章善于分析问题，善用比喻说明道理，多用排比句法，音节整齐。

《荀子》通行的注本有唐代杨倞的注，清人王先谦的《荀子集解》，今人梁启雄的《荀子简释》。

说明

本篇选自《荀子·天论》，题目是后加的。

《天论》是反映荀子朴素唯物主义思想的代表性著作。荀子认为自然界的变化是有规律的，不以人的意志而转移；自然界仅是自然之物，不能决定社会治乱与人间祸福，起作用的是人，所以必须"明天人之分"，人可以"制天命而用之"。

天行有常[1]，**不为尧存**[2]，**不为桀亡**[3]。**应之以治则吉**[4]，**应之以乱则凶**[5]。**强本而节用**[6]，**则天不能贫**[7]；**养备而动时**[8]，**则天不能病；修道而不贰**[9]，**则天不能祸。故水旱不能使之饥渴**[10]，**寒暑不能使之疾，祅怪不能使之凶**[11]。**本荒而用侈**[12]，**则天不能使之富；养略而动罕**[13]，**则天不能使之全**[14]；**倍道而妄行**[15]，**则天不能使之吉。故水旱未至而饥，寒暑未薄而疾**[16]，**祅怪未至而凶。受时与治世同**[17]，**而殃祸与治世异**[18]，**不可以怨天**[19]，**其道然也**[20]。**故明于天人之分**[21]，**则可谓至人矣**[22]。……

注释

[1]天：自然界。行：运行变化。常：常规，一定的规律。

[2]为：介词，表原因。尧：传说中的古代帝王，古人常以他作为贤君的代表。

[3]桀：夏代最后一位君主，常作为暴君的代表。

[4]用正确的治理措施应对它就吉利。应：适应。之：指"天"，即自然界的规律。治：治理，这里用作名词，指正确的治理措施。

[5]乱：没有条理，指错误的治理措施。凶：凶险。

[6]强本：使本加强。强：使……加强。本：指农业生产。节用：节约用度。

[7]贫：用作使动，后面省略了宾语"之"，"之"指代人，即使人贫。下文"病""祸"用法同。

[8]养：给养，指衣食等生活资料。备：完备，充足。动时：即"动以时"，按照天时变化来行动。

[9]遵循自然规律行动而没有差错。据王念孙考证，"修"是"循"之误，遵循的意思。"贰"是"貣（tè）"之误。"貣"又同"忒"，差错的意思。

[10]水旱：指水灾、旱灾。据清人刘台拱考订，"饥"应对应繁体字"饑"，指年成不好，荒年。"渴"字是衍文。

[11]祅（yāo）怪：指自然灾异等反常现象。祅：地面的反常变异现象。天反时为灾，地反物为祅。本作"䄏"，通"妖"。

［12］本荒：农业生产荒废。侈（chǐ）：奢侈，浪费。

［13］养略：生活资料缺乏。略：简略，不充足。动罕：活动少，指懒惰而很少从事生产活动。

［14］全：保全，指保全健康。

［15］倍：通"背"，违背。妄行：乱动，乱做，指违背规律的行为。

［16］薄（bó）：迫近，侵袭。疾：动词，生病。

［17］受时：遇到的天时。受：遭受，遇到。治世：指秩序安定的时期。

［18］殃祸：灾祸。

［19］怨：怨恨。

［20］那事物的规律就是这样。其：指示代词，那。

［21］天人之分（fèn）：天和人的职分。天的职分指水旱寒暑等，人的职分指强本而节用等。明：明白，懂得。分：职分，职责。

［22］至人：道德修养极高的人，即圣人。

治乱，天邪[1]？曰：日月星辰瑞历[2]，是禹、桀之所同也[3]；禹以治[4]，桀以乱，治乱非天也。时邪[5]？曰：繁启蕃长于春夏，畜积收藏于秋冬[6]，是又禹、桀之所同也；禹以治，桀以乱，治乱非时也。地邪？曰：得地则生，失地则死[7]，是又禹、桀之所同也；禹以治，桀以乱，治乱非地也。……

注释

［1］社会安定或动乱是上天决定的吗？邪（yé）：通"耶"，疑问语气词。

［2］瑞历：指历象，天体运行的现象。

［3］是：代词，此。这里复指"日月星辰瑞历"，在句中作主语。所同：共同享有的东西。

［4］以：介词，凭借，依靠。

［5］此句的主语"治乱"承前省略。下文"地邪"与此同。时：季节。

［6］（庄稼）在春夏都生长茂盛起来，在秋冬则收获储藏起来。启：萌生。蕃：茂盛。畜：通"蓄"，蓄积。臧：通"藏"，收藏。

［7］得地：指庄稼得到能生长的土地。失地：指庄稼失去能生长的土地。

星队木鸣，国人皆恐[1]。曰：是何也[2]？曰：无何也，是天地之变，阴阳之化，物之罕至者也[3]。怪之可也，而畏之非也[4]。夫日月之有蚀，风雨之不时[5]，怪星之党见[6]，是无世而不常有之[7]。上明而政平[8]，则是虽并世起[9]，无伤也[10]。上暗而政险[11]，则是虽无一至者，无益也[12]。夫星之队，木之鸣，是天地之变，阴阳之化，物之罕至者也。怪之可也，而畏之非也。……

注释

[1]星队(zhuì)：流星坠落地上。队："坠"的本字。木鸣：可能指树木因干燥爆裂而发出的响声。国人：国都里的人。

[2]这是为什么呢？是：代词，指"星队木鸣"等现象，这里充当判断句主语。

[3]变：变异，指非正常现象。化：变化。"天地""阴阳"均指自然界。罕至：很少出现。至：来到，这里有"发生、出现"的意思。

[4]怪：意动用法，以……为怪。之：指"星队木鸣"等罕至现象。非：不对。

[5]蚀：亏缺，这里指"日食""月食"。不时：不合时节。

[6]党(tǎng)见(xiàn)：偶然出现。党：通"倘"，副词，或许，这里是偶然的意思。见："现"的古字。

[7]无世：没有哪个时代。常：通"尝"，副词，曾经。

[8]统治者圣明，政局安定。上：指在上位者，即统治者。明：明察，圣明。平：安定。

[9]这些现象即使同时出现。是：此。指代"日月有蚀，风雨不时，怪星党见"。并：同时，一起。起：出现，发生。

[10]伤：妨害。

[11]暗(àn)：昏暗，愚昧。政险：政局险恶。

[12]这些现象即使没有一样出现，也没益处。益：裨益，益处。

零而雨[1]，何也？曰：无何也，犹不零而雨也[2]。日月食而救之[3]，天旱而零，卜筮然后决大事[4]，非以为得求也[5]，以文之也[6]。故君子以为文，而百姓以为神[7]。以为文则吉，以为神则凶也。

注释

[1] 举行了求雨的仪式而下了雨。雩（yú）：古代为求雨而举行的一种祭祀，这里用作动词。雨：用作动词，下雨。

[2] 犹：如同，像。

[3] 食："蚀"的古字。救：抢救。古人以为日月蚀是日、月被天狗吃掉了，要敲击锣鼓或盆罐等，将天狗吓跑，把日、月抢救回来。

[4] 卜筮（shì）：占卜，古人预测吉凶的一种活动。用龟甲占卜叫"卜"，用蓍（shī）草占卜叫"筮"。

[5] 不是以为能够求得什么。得：能够。

[6] 是用这方法为政事作修饰。以：介词，用，后面省略宾语"之"。文：文饰，修饰。

[7] 君子：指有道德有才学的人。百姓：指一般人。神：神灵。

在天者莫明于日月[1]，在地者莫明于水火，在物者莫明于珠玉，在人者莫明于礼义。故日月不高，则光晖不赫[2]；水火不积[3]，则晖润不博[4]；珠玉不睹乎外[5]，则王公不以为宝；礼义不加于国家[6]，则功名不白[7]。故人之命在天[8]，国之命在礼[9]。君人者[10]，隆礼尊贤而王[11]，重法爱民而霸[12]，好利多诈而危[13]，权谋倾覆幽险而尽亡矣[14]。

注释

[1] 莫明于日月：没有比日月更明亮的。莫：否定性无定指代词，没有什么。于：介词，引进比较对象。

[2] 晖：通"辉"。赫：盛大，显著。

[3] 积：积聚。

[4] 晖：指火的光辉。润：指水的润泽。博：广大。

[5] 珠玉的光彩不显现在外面。睹：王念孙认为当是"睹"之误。睹（dǔ）：显现。

[6] 加：施加，施行。

[7] 功名：功绩和名声。白：显赫。

[8] 人的生命授之于自然。

[9] 国家的命脉决定于礼制。

[10] 君人者：统治人民的人。君：这里用作动词，统治的意思。

[11] 隆礼：推崇礼制。隆：高，指推崇。尊贤：指任用贤人。王：用作动词，做王，称王。

[12] 重法：重视法律。爱民：爱护人民。霸：称霸。

[13] 诈：欺诈，不实。

[14] 使用权术、倾轧、耍阴谋诡计就要彻底灭亡。权谋：指用权术。倾覆：颠覆。幽险：暗中玩弄诡计。

大天而思之[1]，孰与物畜而制之[2]？从天而颂之[3]，孰与制天命而用之[4]？望时而待之[5]，孰与应时而使之[6]？因物而多之[7]，孰与骋能而化之[8]？思物而物之[9]，孰与理物而勿失之也[10]？愿于物之所以生[11]，孰与有物之所以成[12]？故错人而思天[13]，则失万物之情[14]。……

注释

[1] 认为大自然很伟大而仰慕它。大：用作意动，以……为大。思：推崇，仰慕。

[2] 哪里赶得上把它当作物那样蓄养起来并控制它呢？孰与：凝固结构，常用来比较两件事情的利弊，表示反问，如何比得上，哪里赶得上。物：名词作状语，像对待物一样。

[3] 从：听从，顺从。颂：颂扬，赞美。

[4] 制天命：掌握自然规律。天命：自然界的变化规律。用：利用。

[5] 望时：盼望天时。待：等待。

[6] 应时：适应天时。使：役使，驾驭。

[7] 依顺物的自然繁衍而使之增多。因：依顺。多之：使之增多。多：用作使动，使……多。

[8] 骋能而化之：施展人的才能而使它按人的需要来变化。骋：施展。化：用作使动，使……变化。

[9] 思慕万物并使之成为供自己使用的物。物：用作使动，使……为物。

[10] 理物：管理好万物。失：失落，失掉。

[11] 希望万物自然生长。所以生：指自然的生长过程。

[12] 有物之所以成：掌握万物生长的规律。有：占有，这里指掌握。成：成因，规律。

[13] 错人：放弃人的主观努力。错：通"措"，弃置，舍弃。

[14] 失：丧失，指不理解。情：实情，指本性。

本篇选词综述

【亡】

《说文》："亡，逃也。"本义指"逃亡"。如《史记·陈涉世家》："今亡亦死，举大计亦死，等死，死国可乎？"引申指"出外、不在家"。如《论语·阳货》："孔子时其亡也而往拜之。"又引申指"失去、丢失"。如《列子·说符》："人有亡铁者，意其邻之子。"成语"亡羊补牢"也用这一意义。还可以引申指"死亡"。如《论衡·书虚》："夫谶言始皇还，到沙丘而亡。"古汉语中，"亡"还可以通"无"，读作wú，表示"没有"。如贾谊《论积贮疏》："用之亡度，则物力必屈。"

【疾】

本义指"病"。如《尚书·金縢》："武王有疾，周公作《金縢》。"此义后又引申为"痛苦、疾苦"。如《管子·小问》："凡牧民者，必知其疾。"又引申为"缺点、毛病"。如《孟子·梁惠王下》："寡人有疾，寡人好货。""疾"还有"厌恶、憎恨"之义。如《论语·泰伯》："人而不仁，疾之已甚，乱也。"成语有"疾恶如仇"。"疾"还有"嫉妒"之义。如《史记·孙子吴起列传》："庞涓恐其贤于己，疾之。"这一意义后来写作"嫉"。"疾"还可指"快速、急速"。如《周礼·冬官·考工记》："鼓大而短，则其声疾而短闻。"古汉语中，"疾"和"病"有意义上的差别。"病"常指病得很重，"疾"则指一般疾病。"疾病"连用，有时指病得很重，有时相当于现代汉语的意义。

【薄】

本义指"草木丛生的地方"。如屈原《九章·涉江》："露申辛夷，死林薄兮。"此义又引申指"薄",与"厚"相对。如《诗经·小雅·小旻》:"战战兢兢,如临深渊,如履薄冰。"又引申指"微小、少"。如《荀子·非相》:"知行浅薄。"又可以指"不厚道、不浓厚"。如《汉书·艺文志》:"亦可以观风俗,知薄厚云。""薄"还可指"土地贫瘠"。如《三国志·蜀志·诸葛亮传》:"成都有桑八百株,薄田十五顷。""薄"还可指"减轻、减损"。如《孟子·梁惠王上》:"省刑罚,薄税敛。"引申指"轻视、看不起"。如杜甫《戏为六绝句》:"不薄今人爱古人,清词丽句必为邻。"成语有"厚今薄古"。"薄"还有"迫近"之义。如李密《陈情表》:"日薄西山,气息奄奄。"

【文】

本义指"线条交错的图形、花纹"。如《周易·系辞下》:"物相杂,故曰文。"引申指"华美、有文采",与"质"相对。如《论语·雍也》:"文质彬彬,然后君子。"引申指"文化",包含礼乐典章制度。如《论语·子罕》:"文王既没,文不在兹乎?"又引申指"非军事的",与"武"相对。如《史记·郦生陆贾列传》:"文武并用,长久之术也。"又引申指"文字"。如许慎《说文解字·叙》:"罢其不与秦文合者。"又引申指"文章、文辞"。如刘勰《文心雕龙·情采》:"昔诗人什篇,为情而造文。"作动词用,"文"有"文饰、掩饰"之义。如《论语·子张》:"小人之过也必文。"

【错】

《说文》:"错,金涂也。"本义指"镶嵌"。如钟嵘《诗品》:"颜诗如错彩镂金。""错"还可指"磨刀石"。如《诗经·小雅·鹤鸣》:"它山之石,可以为错。"此义引申指"研磨"。如王符《潜夫论·赞学》:"虽有玉璞……不琢不磨,不离砾石。""错"还有"交错、交叉"之义。如《战国策·秦策三》:"秦韩之地,相错如绣。"此义引申指"不合"。如《汉书·五行志上》:"刘向治《谷梁春秋》……与仲舒错。""错"还可通"厝",表示"安置"。如《庄子·达生》:"错之牢策之中。""错"又通"措",表示"废弃、放弃"。如《荀子·天论》:"小人错其在己者,而慕其在天者,是以日退也。"上古汉语中,"错"没有"错误"的意义,魏晋以后在"不合"义的基础上引申出"错误"的意义。

20. 非攻

《墨子》

作家作品介绍

墨子（前468—前376），名翟（dí），春秋末战国初期宋国（今河南商丘）人，一说鲁国（今山东滕州）人，是战国时期著名的思想家、教育家、科学家、军事家、社会活动家，墨家学派的创始人。《墨子》是由墨子的弟子根据墨子的言行和墨家的学说编写的，今存53篇。主要内容有兼爱、非攻、尚贤、尚同、节用、节葬、非乐、天志、明鬼、非命等，以兼爱为核心。

说明

本篇选自《墨子·非攻上》，题目是后加的。

这篇文章体现了墨家反掠夺、反战争的思想。文章通过层层比喻和递进，论证了战争是最大的不义，必须反对。文章首先举出四个容易被大家理解的"不义"事例，指出这些事哪怕再不义，也没有"伏尸百万，流血漂橹"严重。但是，如此不义的战争却得到众人的喝彩，这种逻辑是何等混乱！通过鲜明的对比，文章"非攻"的主旨就更加突出了。

今有一人，入人园圃[1]，窃其桃李，众闻则非之[2]，上为政者得则罚之[3]。此何也？以亏人自利也[4]。至攘人犬豕鸡豚者[5]，其不义又甚入人园圃窃桃李[6]。是何故也[7]？以亏人愈多。苟亏人愈多[8]，其不仁兹甚[9]，罪益厚[10]。至入人栏厩[11]，取人马牛者，其不义又甚攘人犬豕鸡豚。此何故也？以其亏人愈多。苟亏人愈多，其不仁兹甚，罪益厚。至杀不辜人也[12]，扡其衣裘[13]，取戈剑者，其不义又甚入人栏厩取人马牛。此何故也？以其亏人愈多。苟亏人愈多，其不仁兹甚矣，罪益厚。当此[14]，天下之君子皆知而非之[15]，谓之不义。今至大为不义攻国[16]，则弗知非[17]，从而誉之[18]，谓之义，此可谓知义与不义之别乎？

注释

[1]园圃(pǔ)：这里是偏义复词，指果园，"圃"字无意义。园：果园。圃：菜园。

[2]非之：说他不对。

[3]上面执政的人捉获就惩罚他。上为政者：上面执政的人。

[4]以：因为。因为他损人利己。

[5]攘(rǎng)人犬豕(shǐ)鸡豚者：偷窃别人的狗、猪、鸡的人。攘：偷盗。豕：猪。

[6]比进人家果园偷桃李更不义。不义：不正当。

[7]是：代词，这。文言里"是"多用作代词。

[8]苟：假使。

[9]兹：同"滋"，更加。

[10]益厚：更严重。益：更。厚：重。

[11]栏厩(jiù)：养家畜的地方。

[12]不辜：无罪。

[13]剥下人家的衣服皮袄。扡：同"拖"，剥下来。

[14]当此：遇到这种情形。

[15]天下：古人称周朝统治的地区（包括各诸侯国）为天下。

[16]今天最不义的事，是进攻别国。攻国：攻打别国。

[17]却不知道反对。弗：不。

[18]就（这件事情）来称赞他。

杀一人谓之不义，必有一死罪矣。若以此说往，杀十人，十重不义，必有十死罪矣[1]；杀百人，百重不义，必有百死罪矣。当此，天下之君子皆知而非之，谓之不义。今至大为不义攻国，则弗知非，从而誉之，谓之义。情不知其不义也[2]，故书其言以遗后世[3]；若知其不义也，夫奚说书其不义以遗后世哉[4]？

注释

[1] 杀十个人，十倍不义，必定构成十次/重死罪了。重（chóng）：倍。

[2] 这是确实不知道进攻别国是不义的。情：实在。

[3] 所以把称赞的话记载下来传给后世。其言：指君子的错误言论。

[4] 如果知道它是不义的，那还有什么理由记载不义的事传给后世呢？奚说：怎么解说，有什么理由。

今有人于此，少见黑曰黑，多见黑曰白，则必以此人为不知白黑之辩矣[1]。少尝苦曰苦，多尝苦曰甘[2]，则必以此人为不知甘苦之辩矣。今小为非，则知而非之；大为非攻国，则不知非，从而誉之，谓之义：此可谓知义与不义之辩乎？是以知天下之君子也[3]，辩义与不义之乱也[4]。

注释

[1] 辩：同"辨"，分别。

[2] 甘：甜。

[3] 是以知：以是知，因此可以知道。

[4] 在分辨"义"与"不义"上，思想是混乱的。

本篇选词综述

【窃】

本义指"偷"。如《荀子·正论》："窃其猪彘。"虚化为副词，表示"偷偷地、暗中地"。如《韩非子·内储说上》："丽水之中生金，人多窃采金。""窃"还可作谦词用，表示"私下、私自"。如《战国策·赵策四》："老臣窃以为媪之爱燕后，贤于长安君。"

【国】

本义指"国家"。如《尚书·吕刑》："惟吕命，王享国百年。"也可指周代诸侯国及汉以后侯王的封地、食邑。如《左传·僖公二十八年》："楚一言而定三国。"引申指"国都、京城"。如屈原《九章·哀郢》："出国门而轸怀兮，甲之朝吾以行。"

【甘】

《说文》："甘，美也。"本义指"味道好、味美"。如《礼记·月令》："其味甘，其臭香。"引申指"味美好吃的东西"。如《韩非子·外储说右上》："甘肥周于堂。"又引申指"甜美"。如《诗经·邶风·谷风》："谁谓荼苦，其甘如荠。"又引申指"美好、动听"。如《左传·昭公十一年》："今币重而言甘，诱我也，不如无往。"还可引申指"情愿、甘心"。如《诗经·齐风·鸡鸣》："虫飞薨薨，甘与子同梦。"

【乱】

本义指"紊乱"。如《左传·庄公十年》："吾视其辙乱，望其旗靡，故逐之。"引申指"无秩序、不太平"，与"治"相对。如《荀子·天论》："应之以治则吉，应之以乱则凶。"此义引申指"扰乱"。如《韩非子·五蠹》："儒以文乱法，侠以武犯禁。""乱"还可指"叛乱"。如《论语·学而》："不好犯上，而好作乱者，未之有也。""乱"还可指"横渡江河"。如《诗经·大雅·公刘》："于豳斯馆，涉渭为乱。"

21. 五蠹[1]（节选）

《韩非子》

作家作品介绍

韩非生于周赧王三十五年（前281），卒于秦王政十四年（前233），战国末期韩国（今河南省新郑市）人，是中国古代著名的哲学家、思想家、政论家和散文家，法家思想的集大成者，后世称"韩子"或"韩非子"。著有《孤愤》《五蠹》《内外储》《说林》《说难》等十余万言，全面系统地阐述了他的法治思想，抒发了忧愤孤直而不容于时的愤懑。他的著作收集在《韩非子》中，共22卷，计55篇。

> **说明**

本篇选自《韩非子·五蠹》,题目是后加的。

《五蠹》比较全面地反映了韩非子的政治主张。作者通过举古今事例,说明随着社会的变迁,治理社会的措施也要改变的观点。论证了"世异则事异""事异则备变"的道理,为推行变法、实行法治提供了理论依据。

上古之世,人民少而禽兽众,人民不胜禽兽虫蛇[2]。有圣人作[3],构木为巢以避群害,而民悦之[4],使王天下[5],号曰有巢氏[6]。民食果蓏蚌蛤[7],腥臊恶臭而伤害腹胃,民多疾病。有圣人作,钻燧取火以化腥臊[8],而民说之[9],使王天下,号之曰燧人氏。中古之世[10],天下大水,而鲧、禹决渎[11]。近古之世,桀、纣暴乱[12],而汤、武征伐[13]。今有构木钻燧于夏后氏之世者[14],必为鲧、禹笑矣;有决渎于殷、周之世者,必为汤、武笑矣。然则今有美尧、舜[15]、汤、武、禹之道于当今之世者,必为新圣笑矣[16]。是以圣人不期修古[17],不法常可[18],论世之事[19],因为之备[20]。宋人有耕田者[21],田中有株[22],兔走触株,折颈而死,因释其耒而守株[23],冀复得兔[24],兔不可复得,而身为宋国笑[25]。今欲以先王之政,治当世之民,皆守株之类也。

> **注释**

[1]五蠹(dù):指当时社会上的五种人:学者(指战国末期的儒家)、言谈者(指纵横家)、带剑者(指游侠)、患御者(指依附贵族私门的人)、工商之民。韩非曰:"此五者,邦之蠹也。"蠹,蛀虫。韩非认为这五种人无益于耕战,就像蛀虫那样有害于社会。

[2]上古时代,百姓少,禽兽却很多,人类受不了禽兽虫蛇的侵害。不胜:力不能敌。

[3]作:兴起,出现。

[4]悦:喜欢。

[5]王(wàng)天下:统治天下,为天下之王。

[6]有位圣人出现了,在树上架木做巢居住来躲避兽群的侵袭,百姓很

爱戴他，便推举他做帝王，称他为有巢氏。号曰：称之为。

［7］果蓏（luǒ）蚌（bàng）蛤（gé）：野果、瓜类、蚌蛤。蚌：淡水贝类。蛤：蛤蜊，似蚌而圆。

［8］钻燧（suì）取火：钻燧木以取得火种。燧：用以钻火之木材。

［9］当时百姓吃野生植物的果实和蚌肉蛤蜊，有腥臊难闻的气味，伤害肠胃，生病的很多。有位圣人出现了，钻木取火来消除食物的腥臊，百姓很爱戴他，便推举他做帝王，称他为燧人氏。说（yuè）：通"悦"。

［10］中古：指距秦较远之时。

［11］中古时代，天下发大水，鲧和禹疏导了入海的河流。鲧：禹（夏朝开国之君）之父。决：开挖。渎：水道，沟渠。古以江（长江）河（黄河）淮（淮河）济（济水）为四渎。传说鲧治水以堙为主，九年无功，被舜杀死；禹改用疏导之法，十三年水患始息。与本文所记有别。

［12］桀（jié）：夏朝末代之暴君。纣（zhòu）：商朝末代之暴君。

［13］汤：商汤，商朝开国之君。武：周武王，周朝开国之君。

［14］如果有人在夏朝还在树上架木筑巢，还钻木取火，一定会被鲧、禹耻笑了。夏后氏：夏朝开国之君禹。后：君主。

［15］尧、舜：夏朝以前有盛名之二君主，尧传舜，舜传禹。

［16］新圣：新兴帝王。

［17］期：希求。修：习，治。

［18］法常可：效法可恒定不变的法则。常可：指因定不变的制度。

［19］论：研讨。

［20］因此圣人不要求效法古代，不取法所谓永久适用的制度，而应研究当前的社会情况，并根据它制定符合实际的措施。因为之备：依据实际来作准备，采取措施。因：依，按照。备：采取措施。

［21］宋：春秋战国时诸侯国，在今河南省商丘市一带。

［22］株：树橛子。

［23］释其耒（lěi）：放下他手中的农具。释：放下。耒：农具，状如木叉。

［24］冀：希望。

［25］然而兔子不可能再得到，而他本人却被宋国人笑话。身：本身，自己。国：指全国之人。

古者丈夫不耕[1]，草木之实足食也[2]；妇人不织，禽兽之皮足衣也[3]。不事力而养足[4]，人民少而财有余，故民不争[5]。是以厚赏不行[6]，重罚不用，而民自治[7]。今人有五子不为多，子又有五子，大父未死而有二十五孙[8]。是以人民众而货财寡，事力劳而供养薄[9]，故民争，虽倍赏累罚而不免于乱[10]。

注释

[1] 丈夫：指男丁，成年男子。
[2] 野生的果实就足够食用。足食：足够吃。
[3] 妇女不须纺织，禽兽的毛皮就足够穿着。衣（yì）：动词，穿。
[4] 不从事劳动，而衣食充足。养：供养。
[5] 人民少但财物有盈余，所以人民之间不争斗。财：财货，物资。
[6] 厚赏：丰厚之赏赐。
[7] 自治：人民自然而然地安居乐业，社会也随之井井有条。
[8] 大父：祖父。
[9] 供养：享用之物。
[10] 所以人民发生争斗。即使加倍奖赏和加重惩罚，还是不能避免纷乱。倍赏：加倍赏赐。累罚：加重惩罚。

尧之王天下也，茅茨不翦[1]，采椽不斫[2]，粝粢之食[3]，藜藿之羹[4]；冬日麑裘[5]，夏日葛衣[6]；虽监门之服养，不亏于此矣[7]。禹之王天下也，身执耒臿[8]，以为民先[9]，股无胈[10]，胫不生毛[11]，虽臣虏之劳[12]，不苦于此矣。以是言之，夫古之让天子者[13]，是去监门之养，而离臣虏之劳也，故传天下而不足多也[14]。今之县令[15]，一日身死[16]，子孙累世絜驾[17]，故人重之。是以人之于让也，轻辞古之天子[18]，难去今之县令者，薄厚之实异也[19]。

注释

[1] 茅茨（cí）不翦：用茅草覆盖屋顶，而且没有修剪整齐。
[2] 采椽不斫（zhuó）：用柞（zuò）木做屋椽，而且不加雕饰。斫：加工。

[3]粝(lì)粢(zī)之食：粗劣的饭食。粝：粗米。粢：小米。

[4]藜(lí)藿(huò)之羹：野菜汤。藜、藿：皆草名。羹：带汤的蔬菜食品。

[5]麑(ní)：小鹿。

[6]夏天穿葛布做的衣服。葛：麻布。

[7]即使现在的看门人，穿的吃的都不会比这更差了。监门：看门之人。

[8]臿(chā)：掘土工具，似锹。

[9]为民先：带头干。

[10]股无胈(bá)：大腿上没有毛。胈：股上之毛。

[11]胫：小腿。

[12]臣虏：奴隶。

[13]按这样的情况推论，古代让出天子地位的人。让天子：指尧舜禅(shàn)让。

[14]好比是脱离看门人的生活，摆脱奴隶的劳苦，所以把天下传给别人并不值得称赞。不足多：不值得赞扬。多，赞美。

[15]县令：一县之长。

[16]一日身死：一旦死了。

[17]子孙世世代代生活富足，所以人们看重官职。絜(xié)驾：套车，此处指乘车，意为生活富足。絜：约束。

[18]因此人们对于让位的事，可以轻易辞让古代天子的地位。轻辞：轻易辞让。

[19]难以放弃现在县令的地位，其原因是利益大小的实际情况不相同。实：实际情况。

夫山居而谷汲者[1]，膢、腊而相遗以水[2]；泽居苦水者[3]，买庸而决窦[4]。故饥岁之春[5]，幼弟不饷[6]；穰岁之秋[7]，疏客必食[8]。非疏骨肉爱过客也，多少之实异也。是以古之易财，非仁也，财多也[9]；今之争夺，非鄙也，财寡也[10]。轻辞天子，非高也，势薄也[11]；争士橐[12]，非下也，权重也。故圣人议多少、论薄厚为之政[13]。故罚薄不为慈，诛严不为戾[14]，称俗而行也[15]。故事因于世，而备适于事[16]。

注释

[1] 在山上居住却要下到溪谷打水的人。山居而谷汲：住在山中（高处）而自谷中（低处）汲水。谷：山涧。

[2] 在节日里都把水作为礼物相互赠送。媵（lóu）：祭名，二月祭，祭饮食之神。腊：腊月祭，祭百神。遗（wèi）：馈赠。因取水难。

[3] 在沼泽低洼地区居住苦于水患的人。泽居苦水：住在洼地，苦于水涝。

[4] 要雇工开挖渠道排水。买庸工而决窦：雇人掘水道排水。窦：通水之路。

[5] 春：其时青黄不接，为缺粮季节。

[6] 即使是自己的小弟弟也不供饭。幼弟不饷：虽幼弟之亲，亦不予之食。

[7] 穰（ráng）岁：丰年。

[8] 关系疏远的客人也招待他吃饭。疏客：关系不深之客。

[9] 因此古人轻视财物，不是什么仁爱，只是因为财物多。易：轻视。

[10] 现在人们的争夺，也不是小气，只因财物太少。鄙：低下，粗俗。

[11] 古人轻易辞掉天子之位，不是品德高尚，是因为权势微薄。势薄：（天子）权势轻微。

[12] 今人看重并争取做官和依附权势，不是品格卑下，是因为权势太重。土橐（tuó）：高职位。另一说，土应作"士"，同"仕"，做官。橐：通"托"，托身于诸侯。

[13] 圣人要研究财物多少、考虑权势大小来管理天下。为之政：为政。

[14] 所以说古代刑罚轻不算仁慈，现在责罚严也不算残暴。戾（lì）：暴戾，残暴。

[15] 要适应社会习俗而行事。称（chèn）俗：适合世情。称：适合。

[16] 情况因时世不同而改变，措施应适合于当前时世的情况。

古者文王处丰镐之间[1]，**地方百里**[2]，**行仁义而怀西戎**[3]，**遂王天下。徐偃王处汉东**[4]，**地方五百里，行仁义，割地而朝者三十有六国**[5]。**荆文王恐其害己也**[6]，**举兵伐徐，遂灭之。故文王行仁义而王天下，偃王行仁义而丧其国，是仁义用于古不用于今也**[7]。**故曰：世异则事异。**

注释

[1] 丰镐（hào）：二地名，皆在今陕西省西安市附近。

[2] 地方百里：占有之区域，方圆百里。

[3] 施行仁义的政治，用安抚的手段使西戎归附了自己。怀西戎：安抚西方各民族，使之归顺。怀：感化，安抚。

[4] 徐偃王住在汉水以东。徐偃王：西周穆王时徐国国君，据今安徽省泗县一带。汉东：汉水之东。

[5] 土地有五百里见方，施行仁义，向他献地朝贡的国家有三十六个。割地而朝：割地予徐而朝见徐偃王。

[6] 荆文王：楚文王。荆：楚之别称。楚文王在春秋时，与徐偃王不同时，有人认为"荆文王"的"文"是衍文。究竟是哪一个楚王，不可考。

[7] 所以周文王施行仁义终于统治天下，徐偃王施行仁义却丢掉了自己的国家，这说明仁义只适用于古代而不适用于今天。用于古：适用于古代。

当舜之时，有苗不服[1]，禹将伐之。舜曰："不可。上德不厚而行武[2]，非道也。"乃修教三年[3]，执干戚舞[4]，有苗乃服。共工之战[5]，铁铦短者及乎敌[6]，铠甲不坚者伤乎体。是干戚用于古不用于今也。故曰：事异则备变。

注释

[1] 有苗：舜时一部落，亦称"三苗"。有：助词，无义。

[2] 在上位者德行微薄，而使用武力。上：指帝王。

[3] 修教：修明教化，推行仁政。

[4] 执干戚舞：手持干戚而舞。干、戚：都是兵器。干是盾，戚是斧。用干、戚为舞具，表示修德教、不用武力使有苗归顺。

[5] 共工：传说为上古主百工事的官，其后人以官为姓，世居江淮间。战争之史实不详。

[6] 铁铦（xiān）短者及乎敌：短武器亦能伤及敌人之身。

本篇选词综述

【胜】

本义指"能承担、能承受"。如《诗经·商颂·玄鸟》:"武王靡不胜。"引申指"尽"。如《孟子·梁惠王上》:"谷不可胜食也。"成语有"不胜枚举。"又引申指"胜利",与"负"相对。如《孙子兵法·虚实》:"能因敌变化而取胜者,谓之神。"还可引申指"胜过、超过"。如王符《潜夫论·巫列》:"妖不胜德。""胜"还可指"优美的"。如范仲淹《岳阳楼记》:"予观夫巴陵胜状,在洞庭一湖。"成语有"引人入胜",又有"胜地""胜景"等。在古代汉语中,"胜"和"勝"是两个字,以上意义都不能写作"胜"。现代汉语中,"勝"简化为"胜"。

【构】

《说文》:"构,盖也。"本义指"架木"。如《韩非子·五蠹》:"构木为巢以避群害。"引申指"构成、造成"。如《孟子·梁惠王上》:"构怨于诸侯。"又引申指"交接"。如《战国策·秦策四》:"秦楚之兵构而不离。"还可引申指"图谋、谋划"。如《淮南子·说林》:"纣醢梅伯,文王与诸侯构之。"

【作】

《说文》:"作,起也。"本义指"起来、起身"。如《礼记·少仪》:"客作而辞。"又可指"兴起"。如王充《论衡·佚文》:"周秦之际,诸子并作。"引申指"开始"。如《老子》:"天下大事,必作于细。"又引申指"创作、制作"。如《史记·屈原贾谊列传》:"屈平之作《离骚》,盖自怨生也。"还引申指"劳作、劳动"。如杨恽《报孙会宗书》:"田家作苦。"还可指"进行某种工作或活动。"如《后汉书·华佗传》:"体有不快,起作一禽之戏。"还有"充任"之义。如《尚书·舜典》:"汝作司徒,敬敷五教,在宽。"

【毛】

《说文》:"毛,眉发之属及兽毛也。"本义指"鸟兽的毛"。如《左传·僖公十四年》:"皮之不存,毛将焉附?"又指"人的毛发"。如《左传·僖公二十二年》:"君子不重伤,不禽二毛。"引申指"地表生的草木"。如《列子·汤问》:"以残年余力,曾不能毁山之一毛。"又指"庄稼五谷"。如《左传·昭公七年》:"食土之毛,谁非君臣?"又如成语"不毛之地"。古汉语中,"毛"还可表示"无"。如《后汉书·冯衍传》:"饥者毛食,寒者裸跣。"

【权】

本义指"秤、秤锤"。如《论语·尧曰》:"谨权量,审法度。"又指"衡量"。如《荀子·王霸》:"贯日而治平,权物而称用。"(贯日:积累时日。)引申有"权势、权力"之义。如《管子·任法》:"邻国诸侯能以其权置子立相。"又引申指"权变、灵活"。如《孟子·离娄上》:"男女授受不亲,礼也。嫂溺援之以手者,权也。"还可引申指"权且、暂且"。如《南齐书·刘善明传》:"凡诸土木之费,且可权停。"

22. 教学相长

《礼记》

> 作家作品介绍

《礼记》是我国古代一部重要的典章制度方面的书,是孔子的再传弟子直至秦汉间的儒生著述的,因其主要记录了儒家有关礼制方面的见解,所以称为《礼记》,后来被奉为儒家经典之一。《礼记》内容相当庞杂,为研究中国古代的伦理观念、宗法制度、儒家各学派的思想提供了宝贵的资料。

《礼记》有两种本子,都是汉代人辑录的,戴德辑录的叫《大戴礼记》,原有85篇,现存39篇。戴圣辑录的叫《小戴礼记》,最初46篇,汉代马融增补3篇,共49篇,是现在通行的本子。这两种本子各有侧重和取舍,各有特色。

《礼记》的注本以郑玄注、孔颖达疏的《礼记注疏》,陈澔的《礼记集说》和孙希旦的《礼记集解》最为通行。

> 说明

本篇选自《礼记·学记》,题目是后加的。
本文论述了教、学的相互促进关系,特别强调了教促进学的意义。

虽有嘉肴[1]，弗食，不知其旨也[2]。虽有至道[3]，弗学，不知其善也[4]。是故学然后知不足[5]，教然后知困[6]。知不足然后能自反也[7]，知困然后能自强也[8]。故曰教学相长也[9]。《兑命》曰[10]："学学半[11]"，其此之谓乎！[12]

注释

[1] 嘉肴（yáo）：好吃的鱼肉。肴：本指成块的带骨头的熟肉。这里指加工熟了的鱼肉。

[2] 旨：味美。

[3] 至道：最好的学说。道：学说、理论，这里指儒家学说。

[4] 善：美好。

[5] 是故：因此。不足：指不够之处。

[6] 困：困惑，不知晓。

[7] 自反：反过来要求自己。反：反求。

[8] 自强（qiǎng）：自己勉励自己，即自己督促自己。

[9] 教学相长（zhǎng）：教和学互相促进。

[10] 《兑（yuè）命》：又作《说命》，《尚书》中的一篇。

[11] 学（xiào）学（xué）半：教人学习是自己学习的一半。也就是教别人学习对自己学习有十分重要的意义。第一个"学"字，今本《尚书》作"斅"，教人学习。

[12] 大概说的就是这个道理吧。其：表示推测的语气助词。此之谓：即"谓此"，"此"为"谓"的宾语，为突出强调而前置。

本篇选词综述

【旨】

本义指"味美"。如《诗经·小雅·鹿鸣》："我有旨酒，嘉宾式燕以敖。"引申指"意思、意图"。如《周易·系辞下》："其旨远，其辞文。"又引申指"帝王的诏书、命令"。如《新唐书·刘洎传》："陛下降恩旨。"

【教】

本义指"教育、教导"。如《论语·卫灵公》:"子曰:'有教无类。'"《荀子·劝学》:"生而同声,长而异俗,教使之然也。""教"还可指"诸侯王的文告"。如《文选》中有《修张良庙教》。"教"还可指"宗教"。如《新唐书·后妃传上》:"佛老异方教耳。"以上意义,"教"读作 jiào。"教"还可以表示"使,令"。如白居易《琵琶行》:"曲罢曾教善才服。"又引申指"教授、传授"。如《史记·扁鹊仓公列传》:"臣意教以上下经脉五诊。"表示以上两义,"教"读作 jiāo。

23. 大同

《礼记》

说明

本篇选自《礼记·礼运》,题目是后加的。

大同就是高度而普遍的和平,实为古代原始共产社会。文章通过孔子兴叹和答问,形象地描绘了大同与小康社会的差异,表现出作者对现实不满而产生的复古倾向。

昔者仲尼与于蜡宾[1],**事毕,出游于观之上**[2],**喟然而叹**[3]。**仲尼之叹,盖叹鲁也**[4]。**言偃在侧曰**[5]:"**君子何叹**[6]?"**孔子曰:"大道之行也**[7],**与三代之英**[8],**丘未之逮也**[9],**而有志焉**[10]。"

注释

[1] 与(yù)于蜡(zhà)宾:作为陪祭者参加蜡祭。与:参加。蜡:古代年终合祭百神叫蜡。宾:指陪祭者。

[2] 观(guàn):宗庙门外两旁的高台建筑,也叫"阙"。

[3] 喟(kuì)然:叹息的样子。

[4] 盖:副词,大概。孔子在祭祀时看到鲁君的祭礼不合旧章,因而兴叹。

［5］言偃（yàn）：姓言名偃，字子游，孔子的弟子。

［6］君子：指孔子。何叹：即"叹何"，叹息什么。疑问代词"何"作宾语，置于动词"叹"的前面。

［7］大道：指下文谈的原始共产社会的那些礼仪准则。

［8］三代：指夏、商、周。英：杰出的人物，指英明的君主禹、汤、文、武。

［9］未之逮（dài）：即"未逮之"。未：否定副词，没有。逮：赶上。之：指代"大道之行也，与三代之英"，是"逮"的宾语。否定句中代词作宾语，放到谓语动词之前。

［10］可是对它很向往。志：志向，向往。

"大道之行也，天下为公[1]。选贤与能[2]，讲信修睦[3]，故人不独亲其亲，不独子其子[4]，使老有所终[5]，壮有所用[6]，幼有所长[7]，矜寡孤独废疾者皆有所养[8]。男有分[9]，女有归[10]。货恶其弃于地也，不必藏于己[11]；力恶其不出于身也，不必为己[12]。是故谋闭而不兴[13]，盗窃乱贼而不作[14]，故外户而不闭[15]，是谓大同[16]。"

注释

［1］为：成为。公：公共的。

［2］选拔贤德之人，举荐有才能的人。与：同"举"。

［3］讲信：讲求信用。修睦：增进和睦。修：增进，加强。

［4］第一个"亲"和"子"用作动词，以……为双亲，以……为子女。子：包括儿子和女儿。

［5］有所终：有善终的结局。指正常死亡。所：助词。所终：名词性短语，作"有"的宾语。下文三句用法同。

［6］有所用：有用处。指对社会集体有贡献。

［7］有所长（zhǎng）：有成长的条件。

［8］矜（guān）：通"鳏"，老而无妻的人。寡：老而无夫的人。孤：幼而无父的人。独：老而无子的人。废疾：残疾。有所养：有供养的地方。

［9］分（fèn）：职分，职务。

［10］归：女子出嫁叫归。这里作名词用，指归宿、夫家。

[11] 人们厌恶把财物抛弃在地上,但不一定藏在自己家里。货:财物。恶(wù):厌恶,不喜欢。

[12] 人们厌恶力气不出于自身,却不一定是为了自己。身:自身。

[13] 谋:计谋,这里指奸诈之心。闭:闭藏。兴:兴起,出现。

[14] 盗窃、造反、害人的事情不发生。乱:作乱。贼:残害。作:兴起。

[15] 外户:从外面合上门扇。户:单扇门,这里用作动词,合上门。闭:闩上门。

[16] 这就叫作大同。

"今大道既隐[1],天下为家[2],各亲其亲,各子其子,货力为己;大人世及以为礼[3],城郭沟池以为固[4],礼义以为纪[5],以正君臣[6],以笃父子[7],以睦兄弟[8],以和夫妇[9],以设制度,以立田里[10],以贤勇知[11],以功为己[12]。故谋用是作[13],而兵由此起。禹汤文武成王周公,由此其选也[14]。此六君子者,未有不谨于礼者也[15]。以著其义[16],以考其信[17],著有过[18],刑仁讲让[19],示民有常[20]。如有不由此者[21],在执者去[22],众以为殃[23],是谓小康[24]。"

注释

[1] 隐:藏匿,这里有"消逝"的意思。

[2] 天下成了私家的。

[3] 天子诸侯把君位按父子兄弟相传视为常礼。大人:指天子诸侯。世:父子传位。及:兄弟传位。"世及"在这里作介词"以"的宾语,被前置。

[4] 城:城墙。郭:外城。沟池:护城河。固:这里指坚固的防御工事。

[5] 纪:纲纪,准则。

[6] 以:"以之"的省略,"之"指代"礼义以为纪",后七句都是这样。正君臣:使君臣关系端正。

[7] 笃父子:使父子关系纯厚。

[8] 睦兄弟:使兄弟和睦。

[9] 和夫妇:使夫妇和谐。

[10] 立田里:建立土地、闾里制度。

［11］贤勇知（zhì）：以勇知为贤，即认为勇敢有智谋的人贤能。贤：意动用法。知："智"的古字，谋略的意思。

［12］功为己：为自己去立功。功：用作动词，立功。

［13］用是：因此。这里的"是"和下句的"此"都指代上文"今大道既隐……以功为己"。

［14］据此而选拔出来。是说禹、汤、文、武、成王、周公因此而成为选拔出来的杰出人物。

［15］谨：谨慎小心。

［16］用礼表彰他们做对了的事。以："以之"的省略，"之"指代"礼"。下句的"以"字也是这样。著（zhù）：显露，彰明，使动用法。其：指代"民"。

［17］用礼来成全他们讲信用的事。考：成全。

［18］揭露有过错的事。

［19］刑仁：把合乎仁的行为定为法则。刑："型"的古字，法则，典范。这里用作动词，指定为法则。讲：提倡。让：谦让不争。

［20］向人民显示有常规。

［21］不由此者：不用礼的人。由：用。

［22］在执者：居统治地位的人。执：后来写作"势"，势力、权势。去：离，这里是"罢免"的意思。

［23］百姓认为不用礼是祸害。

［24］小康：小安。是与"大同"相对来说的，不及"大同"。

本篇选词综述

【毕】

《说文》："毕，田网也。"本义指"打猎用的有长柄的网"。如王充《论衡·偶会》："雁鹄集于会稽，去避碣石之寒，来遭民田之毕。"引申指"猎取"。如《诗经·小雅·鸳鸯》："鸳鸯于飞，毕之罗之。""毕"还引申指"完毕、结束"。如《左传·僖公二十七年》："楚子将围宋，使子文治兵于睽，终朝而毕,不戮一人。"此义又引申为"用尽、竭尽"。如《列子·汤问》:"吾与汝毕力平险。""毕"还有"都、全部"之义。如《史记·太史公自序》:"天下遗文古事,靡不毕集。"

【和】

本义指"音乐和谐"。如《老子》:"故有无相生,难易相成,长短相形,高下相倾,音声相和,前后相随。"引申指"和睦、协调"。如《左传·襄公二十六年》:"秦、晋不和久矣。""和"还可指"温暖、温和"。如李白《雉朝飞》:"春天和,白日暖。"又引申指"掺和、连带"。如杜甫《岁晏行》:"往日用钱捉私铸,今许铅锡和青铜。""和"还可以用作连词。如岳飞《满江红》:"八千里路云和月。""和"还可用作介词,表示"连……都"。如秦观《阮郎归·湘天风雨破春寒》:"衡阳犹有雁传书,郴阳和雁无。""和"还读作 hè,表示"跟着唱"。如《后汉书·黄琼传》:"阳春之曲,和者必寡。"

【讲】

本义指"和解、讲和"。如《史记·穰侯列传》:"今王背楚赵而讲秦。"引申指"研究、商讨"。如《国语·鲁语上》:"夫仁者讲功,而智者处物。"此义可引申指"练习"。如《国语·周语上》:"三时务农,而一时讲武。""讲"还有"讲解、解释"之义。如干宝《搜神记》:"董仲舒下帷讲诵,有客来谒。"

24. 谏逐客书

李斯

⌄ 作家作品介绍

李斯(前?—前208),战国末期楚国上蔡(今河南省上蔡县)人,受学于荀子,秦王政元年(前246)由楚入秦。先是做秦相吕不韦的门客,后在秦王面前纵论统一六国的意义和措施,受到秦王重用,历任长史、客卿、廷尉等职。李斯对内主张加强中央集权,剥夺宗室的特权;对外主张武力兼并,逐步发展实力,为秦王嬴政统一中国作出了重大贡献。秦统一中国后任丞相,协助秦始皇推行一系列巩固中央集权的措施。秦始皇死后,被赵高陷害,腰斩于咸阳,并夷灭三族。

秦王政初年，韩国派一个名叫郑国的人入秦，游说秦国修建水渠，企图以此来消耗秦国的人力、物力，从而减轻秦国的威胁。事情被发觉后，秦国宗室大臣借机建议驱逐在秦国谋事的其他所有诸侯国的人。秦王接受了这个建议，并在秦王政十年（前237）颁布了逐客令。李斯此时在秦国做客卿，也在被逐之列。于是李斯就写了这篇《谏逐客书》，秦王嬴政采纳了李斯的意见，收回了逐客令，不仅恢复了李斯的官职，不久后又提拔他做了廷尉。

说明

本篇选自《史记·李斯列传》，题目是后加的。

李斯在奏书中用大量事实说明秦国的强盛是因为接纳了天下贤士，秦国的富足是因为搜罗了天下珍宝。"不问可否，不论曲直，非秦者去，为客者逐"的排外主张是错误的，"王者不却众庶"才是正确的用人原则。

文章说理透彻，比喻贴切，气势磅礴，颇具特色。

臣闻吏议逐客[1]，窃以为过矣[2]。昔缪公求士[3]，西取由余于戎[4]，东得百里奚于宛[5]，迎蹇叔于宋[6]，来丕豹、公孙支于晋[7]。此五子者，不产于秦[8]，而缪公用之，并国二十[9]，遂霸西戎。孝公用商鞅之法[10]，移风易俗，民以殷盛[11]，国以富强，百姓乐用[12]，诸侯亲服，获楚、魏之师[13]，举地千里[14]，至今治强[15]。惠王用张仪之计[16]，拔三川之地[17]，西并巴蜀[18]，北收上郡[19]，南取汉中[20]，包九夷，制鄢郢[21]，东据成皋之险[22]，割膏腴之壤[23]，遂散六国之从[24]，使之西面事秦[25]，功施到今[26]。昭王得范雎[27]，废穰侯[28]，逐华阳[29]，强公室[30]，杜私门[31]，蚕食诸侯[32]，使秦成帝业。此四君者[33]，皆以客之功[34]。由此观之，客何负于秦哉[35]！向使四君却客而不内[36]，疏士而不用[37]，是使国无富利之实，而秦无强大之名也[38]。

注释

[1]吏：官吏，在先秦和两汉，大小官员都可称"吏"。议：讨论。客：客卿，指别国在本国做官的人。

[2] 窃：表谦敬的副词，私下。过：错误。

[3] 缪（mù）公：又作穆公，即秦穆公（前659—前621年在位），名任好，春秋五霸之一。士：先秦时期具有某种修养或技能的人，包括文士和武士。

[4] 西：方位名词作状语，在西面。由余：春秋时晋国人，后到西戎做臣子，西戎王派他出使秦国，穆公设法招致他归秦。曾帮助秦国攻灭西戎众多小国，称霸西戎。戎：古代中原人多称西方民族部落为戎，又称西戎。

[5] 百里奚：春秋时楚国人，原为虞国大夫。晋灭虞后，他被作为陪嫁奴仆送往秦国，后又逃到宛，被楚人所执。秦穆公用五张黑公羊皮把他赎回，任为大夫，所以又叫他"五羖（gǔ）大夫"。他曾辅佐秦穆公成就霸业。宛（yuān）：楚地名，在今河南南阳境。

[6] 蹇（jiǎn）叔：岐（今陕西岐山东北）人，曾游于宋，是百里奚的好友，经百里奚推荐，秦穆公把他从宋国请来，委任为上大夫。

[7] 使丕豹、公孙支从晋国来到秦国。来：使动用法，使……来。丕（pī）豹：晋国大夫丕郑之子，因其父被晋惠公所杀而逃到秦国，被秦穆公任为大夫，帮助秦攻打晋国。公孙支：岐人，曾游晋，后返秦任大夫。

[8] 不出生在秦国。产：生，出生。

[9] 并：兼并。

[10] 孝公：秦孝公（前361—前338年在位）。商鞅（前？—前338）：卫国公族，姓公孙，名鞅，因封为商君，故称商鞅，是我国古代著名的政治家。入秦后受到孝公重用，于公元前356年和前350年两次实行变法，奠定了秦国富强的基础。孝公去世后，被秦惠王车裂而死。

[11] 民以殷盛：是"民以之殷盛"的省略。百姓因此富庶兴旺。以：介词，因为，后面省略宾语"之"，"之"指商鞅变法。下文"国以富强"结构同此。殷：殷实，富庶。盛：指人丁兴旺。

[12] 乐用：乐于被使用。

[13] 战胜楚国、魏国的军队。获：俘获，这里指战胜。公元前340年，商鞅设计攻破魏军，俘虏魏军主将公子卬。同年又南攻楚国。

[14] 举：攻取，占领。

[15] 治：指社会太平无事。强：强盛。

[16] 惠王：秦惠文王（前337—前311年在位），名驷，秦孝公的儿子。

张仪（前？—前309）：魏国人，著名纵横家，秦惠王任他为秦相。他提出"连横"的主张，用各个击破的办法来分化其他六国的"合纵"，对秦国最后兼并六国起了很大作用。

［17］拔：攻取。三川之地：在今河南洛阳一带。三川指黄河、洛水、伊水。张仪建议秦惠王出兵三川，实际上到了秦武王时才攻占此地。

［18］巴：古国名，在今重庆市北部。蜀：古国名，在今四川成都一带。

［19］上郡：战国时魏地，在今陕西榆林东南。公元前328年，张仪在秦屡胜魏国后，巧说魏王奉献上郡、少梁等地以谢惠王。

［20］汉中：楚地，在今陕西汉中一带。公元前313年，张仪以割让商於之地诱骗楚怀王与齐绝交，第二年打败楚国并扣留楚怀王，秦国夺取汉中六百里地。

［21］包：囊括，全部占有。九夷：本指我国东部各民族部落，这里指居处在楚地境内的各族。制：控制。鄢（yān）郢（yǐng）：鄢在今湖北宜城，郢在今湖北荆州，二城先后做过楚都城。这里以鄢、郢指代楚国。

［22］据：占据，占有。成皋（gāo）：今河南省荥阳市汜水镇，又称虎牢。地势险要，是当时著名的军事重地。

［23］膏腴（yú）：肥沃。

［24］散：离散，瓦解。六国之从：指六国为抵御秦国而结成的联盟，当时的纵横家苏秦力主六国联盟，共同对付秦国，这就是所谓的"合纵"。从："纵"的古字。

［25］西面：面向西方。西：方位名词用作状语，表示方向，向西。面：用作动词，面向。秦在六国之西，所以称面向西方。事秦：服侍秦国，即臣服秦国。

［26］施（yì）：蔓延，延续。

［27］昭王：秦昭襄王（前306—前251年在位），名稷，秦惠王的儿子，武王的异母弟，武王死后，立为王。范雎（jū）：魏人，字叔游，入秦后受秦昭王信任，为秦相。

［28］穰（ráng）侯：秦昭王养母宣太后的异父弟魏冉的封号。曾拥立秦昭王，任将军，多次为相，受封于穰（今河南省邓州市），故称穰侯。昭王听范雎之言，免去其相职。

[29] 华阳：即华阳君，宣太后同父弟芈（mǐ）戎的封号。曾任将军等职，与魏冉同掌国政，受封于华阳（今河南省新郑市北），故称华阳君。昭王是在宣太后等人拥立下继承武王王位的，实际上是宣太后及其外戚集团的傀儡。范雎协助昭王夺回了政权，所以废黜了穰侯和华阳君等外戚。这里，李斯用同一亲族却怀有夺取王权野心的事实，驳斥"非秦者去"的错误主张。

[30] 公室：王室，这里指秦王室。

[31] 杜：杜绝。私门：王室以外的集团、势力，这里指贵戚。

[32] 蚕食：比喻像蚕吃桑叶那样一点一点兼并各诸侯国。蚕：名词用作状语，表比喻。

[33] 四君：指穆公、孝公、惠王、昭王。

[34] 以客之功：凭借客卿的功劳。以：动词，凭借。

[35] 何负于秦：有什么对不起秦国的地方！负：对不起。于：介词，对。

[36] 向使：假使，倘若。却：拒绝。内（nà）："纳"的古字，接纳。

[37] 疏士：疏远士人。

[38] 这就是国家没有富饶、强大的实际情况，秦国也不会有强大、富饶的名声。富利：富饶好处。实：与"名"相对，指实际情况。

今陛下致昆山之玉[1]，有随和之宝[2]，垂明月之珠[3]，服太阿之剑[4]，乘纤离之马[5]，建翠凤之旗[6]，树灵鼍之鼓[7]。此数宝者，秦不生一焉，而陛下说之[8]，何也？必秦国之所生然后可[9]，则是夜光之璧不饰朝廷[10]，犀象之器不为玩好[11]，郑卫之女不充后宫[12]，而骏马駃騠不实外厩[13]，江南金锡不为用，西蜀丹青不为采[14]。所以饰后宫、充下陈、娱心意、说耳目者[15]，必出于秦然后可，则是宛珠之簪[16]，傅玑之珥[17]，阿缟之衣[18]，锦绣之饰不进于前[19]，而随俗雅化佳冶窈窕赵女不立于侧也[20]。夫击瓮叩缶[21]，弹筝搏髀而歌呼呜呜快耳目者[22]，真秦之声也[23]；郑卫桑间[24]、韶虞武象者[25]，异国之乐也。今弃击瓮叩缶而就郑卫[26]，退弹筝而取韶虞[27]，若是者何也[28]？快意当前[29]，适观而已矣[30]。今取人则不然。不问可否，不论曲直，非秦者去[31]，为客者逐；然则是所重者在乎色乐珠玉[32]，而所轻者在乎人民也。此非所以跨海内、制诸侯之术也[33]。

注释

[1] 陛下：对君主的敬称。致：使……到达，这里有"搜集、网罗"的意思。昆山：在今新疆和田附近，古代以产玉著称。

[2] 随和之宝：随侯珠、和氏璧一样的宝物。随：指随侯珠。据《淮南子·览冥训》所载，春秋时期随国国君曾救活一条受伤的大蛇，后来这条大蛇从江中衔来一颗明珠献给他，后人称这颗宝珠为随侯珠。据《韩非子·和氏》篇所载，春秋时楚人卞和曾在山中寻得一璞（未雕琢的玉石），献给楚厉王，厉王轻易听信玉工说是普通石头的话，砍断了他的右脚。楚武王时，卞和又献璞，仍被认作石头而断其左脚。楚文王即位后，卞和抱着璞痛哭于荆山之下，文王听说后使玉工治璞，果然得到稀世宝玉，后人称这块宝玉为和氏璧。

[3] 垂：垂挂。明月之珠：如同月亮般明亮的大珍珠。

[4] 服：佩带。太阿（ē）之剑：宝剑名，相传是春秋著名工匠干将所铸造的。

[5] 纤离：古代骏马名。

[6] 建：立，竖立。翠凤：一种名贵的鸟，这里指这种鸟的羽毛。

[7] 树：置设。灵鼍（tuó）：指鳄鱼一类的动物，古人把鼍看作神灵，所以叫"灵鼍"，皮可蒙鼓。

[8] 说："悦"的古字，喜爱。

[9] 一定是秦国所生产的东西然后才可以享用。

[10] 夜光之璧：夜里发光的宝玉。璧：平而圆，中间有孔的环状装饰用的玉。饰：装饰。

[11] 犀象之器：指用犀牛角和象牙制成的器物。这些都是珍贵之物。玩好：指玩赏喜爱的东西。

[12] 郑卫之女：郑国和卫国的女子。春秋时期郑国和卫国的女子都能歌善舞，统治者多征集郑卫之女入宫以供娱乐。这里指郑、卫故地的女子。后宫：嫔妃等人所居的宫室。

[13] 駃（jué）騠（tí）：古代骏马名。实：充实，充满。外厩（jiù）：设在宫外的马棚。

[14] 丹青：丹砂和青雘（huò），古代用作颜料。不为采：不能作为彩

饰的颜料。采:"彩"的古字,采饰,这里指采饰用的东西,即颜料。

[15] 用来装饰后宫的美玉和宝珠、站满堂下的美女姬妾、悦娱心意耳目的歌舞弹奏等东西。所以……者:表示"用来……的东西",是全句主语。下陈:堂下,侍妾站立或表演歌舞的地方。

[16] 宛(yuān)珠之簪(zān):用宛珠镶嵌的发簪。宛珠:宛地出产的明珠。簪:固定发髻的长针。

[17] 傅玑之珥(ěr):镶嵌着珍珠的耳饰。傅:附着,这里指镶嵌。玑:不圆的珠子,此泛指珠子。珥:耳饰。

[18] 阿(ē)缟(gǎo):阿地出产的缟。阿:春秋时齐国地名,今山东阳谷县东北。缟:白色的丝织品。

[19] 锦:织有各种花纹的丝织品。绣:用彩丝刺有各种花纹的丝织物。进:进献,这里指呈献。

[20] 随俗雅化:随着时俗善于改变自己的服饰打扮。佳冶:指女子容貌艳丽。窈窕(yǎo tiǎo):指女子身姿苗条美好。赵女:赵国的女子。当时认为赵国的女子多美丽。

[21] 夫(fú):代词,那。击、叩:敲打。瓮(wèng):一种盛水的陶器。缶(fǒu):一种口小腹大的陶器。秦人将瓮、缶当作乐器。

[22] 筝(zhēng):秦人的一种弦乐器。搏髀(bì):拍打大腿,秦人用拍打大腿来应和音乐的节拍。搏:拍打。髀:大腿。歌呼:叫喊着歌唱。呜呜:唱歌的声音。快耳目:使耳朵感到快意,即好听。快:使动用法,使……快意。耳目:偏义复词,指耳朵。

[23] 秦之声:秦国的音乐。声:与下文"乐"相应,指音乐。

[24] 郑:指郑国故地的音乐。卫:指卫国故地的音乐。桑间:卫国地名,在今河南濮阳一带,有男女聚会唱歌的风俗。此指桑间的音乐。

[25] 韶虞:指箫韶,相传是虞舜时的音乐。武象:周武王时的一种歌舞。其乐曲称"武",舞蹈称"象"。

[26] 就郑卫:选用郑卫的流行音乐。就:动词,靠近,这里有"选用"的意思。

[27] 退弹筝:抛弃弹奏筝的音乐。意思是说不听秦国原有的弹筝演奏。

[28] 这样做的原因是什么?若是者:这样做的原因。何:疑问代词作判

断句谓语。

[29] 快意：使心情愉快。当前：在眼前。

[30] 适观：看起来舒服。

[31] 去：离开，这里指离开秦国。

[32] 所重者：所看重的东西，指秦王重视的东西。在乎色乐珠玉：在于女色、音乐、宝珠和美玉。

[33] 跨：占领，据有。术：本义是道路，引申为办法、方法。

臣闻地广者粟多[1]，**国大者人众，兵强则士勇**[2]。**是以太山不让土壤**[3]，**故能成其大**[4]；**河海不择细流**[5]，**故能就其深；王者不却众庶**[6]，**故能明其德**[7]。**是以地无四方，民无异国，四时充美**[8]，**鬼神降福，此五帝三王之所以无敌也**[9]。**今乃弃黔首以资敌国**[10]，**却宾客以业诸侯**[11]，**使天下之士退而不敢西向，裹足不入秦，此所谓"藉寇兵而赍盗粮"者也**[12]。

注释

[1] 粟：小米，这里泛指粮食。

[2] 兵强：军队强大。兵：军队。士：兵士。

[3] 太山：即泰山。太：通"泰"。让：辞让，拒绝。

[4] 成：与下文"故能就其深"句的"就"同义，成就，实现。

[5] 择：挑选，挑剔。

[6] 却：拒绝，推辞。众庶：百姓。

[7] 明其德：使其德望显明。明：使动用法，使……显明。

[8] 四时：四季。充美：富足丰盛。

[9] 这是五帝三王所以无敌于天下的原因。

[10] 黔（qián）首：秦国称百姓为黔首。资：资助。

[11] 业：使动用法，使……成就功业。

[12] 藉（jiè）寇兵而赍（jī）盗粮：借给入侵者兵器，送给偷盗者粮食。这是两个并列的双宾语结构。藉：借。寇：外来的入侵者，外敌。赍：送人财物。盗：偷东西的人。

夫物不产于秦，可宝者多[1]，士不产于秦，而愿忠者众。今逐客以资敌国，损民以益雠[2]，内自虚而外树怨于诸侯[3]，求国无危，不可得也。

注释

[1] 可宝者：可值得宝贵的东西。宝：用作动词，宝贵，成为宝贝。

[2] 损：减少。益雠（chóu）：使仇敌得到好处。雠：通"仇"，仇敌。

[3] 对内自己削弱自己，而对外和各诸侯国树立怨恨。自虚：自我削弱。树怨：树立怨恨。

本篇选词综述

【险】

《说文》："险，阻难也。"本义指"地势不平坦"。如《左传·成公二年》："苟有险，余必下推车。"引申指"险要、险阻"。如《三国志·吴志·吴主传》："蜀军分据险地，前后五十余营。"又引申指"险恶"。如《荀子·天论》："上闇而政险。"又引申指"危险"。如贾谊《吊屈原赋》："见细德之险征兮，遥曾击而去之。"还可指"特殊的、奇异的"。如韩愈《醉赠张秘书》："险语破鬼胆，高词媲皇坟。"

【拔】

《说文》："拔，擢也。"本义指"拔起来、拔出来"。如《三国志·吴志·吴主传》："秋八月朔，大风……松柏斯拔。"引申指"提拔"，如李白《与韩荆州书》："山涛作冀州，甄拔三十余人。"又引申指"突出、超出"。如《孟子·公孙丑上》："出乎其类，拔乎其萃。"成语有"出类拔萃"。"拔"还有"攻取"之义。如《史记·魏公子列传》："拔二十城。""拔"还引申指"动摇、变动"。如《周易·乾》："乐则行之，忧则违之，确乎其不可拔。"成语有"坚忍不拔"。

【收】

本义指"逮捕"。如《后汉书·华佗传》："乃收付狱讯。"引申指"收获"。如《史记·太史公自序》："春生夏长，秋收冬藏。"又引申指"收拢、聚集"。如《史记·秦始皇本纪》："收天下兵，聚之咸阳。"此义又引申指"征收"。

如《盐铁论·非鞅》："收山泽之税。""收"还有"收取"之义。如李斯《谏逐客书》："北收上郡，南取汉中。""收"还引申指"收容、接纳"。如《荀子·王制》："收孤寡，补贫穷。"古汉语中，"收"还有"停止、结束"之义。如《礼记·月令》："是月也，日月分，雷始收声。"

【树】

本义指"种植"。如《诗经·郑风·将仲子》："将仲子兮……无折我树杞。"引申为"竖立、建立"。如《三国志·魏志·武帝纪》："连车树栅，为甬道而南。"比喻培养人。如《韩非子·外储说左下》："吾闻子善树人。""树"还可以指"树木"。如屈原《九章·橘颂》："后皇嘉树，橘徕服兮。"（徕：来。）此义可引申为量词，相当于现代汉语的"株"。如贾思勰《齐民要术·序》："种柑橘千树。"

【玩】

本义指"玩弄、戏弄"。如《尚书·旅獒》："玩人丧德，玩物丧志。"引申指"观赏、欣赏"。如韦应物《月下会徐十一草堂》诗："暂辍观书夜，还题玩月诗。"此义又引申指"供观赏的东西"。如《国语·楚语下》："若夫白珩，先王之玩也。""玩"还有"琢磨、研究"之义。如《周易·系辞上》："居则观其象而玩其辞，动则观其变而玩其占。""玩"还可引申指"轻视、习惯而不经心"。如《左传·僖公五年》："晋不可启，寇不可玩。"

【资】

本义指"资财、钱财"。如《国语·齐语》："正其封疆，无受其资。"引申指"费用"。如《三国志·蜀志·诸葛亮传》："军资所出，国以富饶。""资"还有"积蓄"之义。如《国语·越语》："贾人夏则资皮，冬则资缔。"（缔：细布。）"资"又有"供给、资助"之义。如《韩非子·说疑》："资之以币帛。""资"还可引申指"凭借"。如《三国志·魏志·文帝纪》："昔仲尼资大圣之才，怀帝王之器。"此义又引申为"凭借的条件"。如《老子》："善人者不善人之师，不善人者善人之资。"又引申指"资历、资望"。如《三国志·魏志·荀彧传》："绍凭世资，从容饰智，以收名誉。"还可以指"资质、天生的才能和性情"。如班固《为第五伦荐谢夷吾疏》："英资挺特，奇伟秀出。"

25. 孙膑

《史记》

作家作品介绍

《史记》的作者司马迁（约前145—前90），字子长，夏阳（今陕西省韩城市）人，西汉著名的史学家和文学家。公元前108年任太史令，公元前104年开始编写《史记》。公元前98年因替投降匈奴的李陵辩护，下狱受宫刑。后被任用为中书令（皇帝身边掌文书机要的宦官），继续编写《史记》，大约在公元前93年完成《史记》的编写。

《史记》是我国第一部纪传体通史。记载了上自上古传说中的黄帝时代，下至汉武帝元狩元年（前122）间共3000多年的历史。全书共130篇，有十二本纪、十表、八书、三十世家、七十列传，共52.6万多字。其中的主体是本纪和列传。作者司马迁以其"究天人之际，通古今之变，成一家之言"的史识，使《史记》成为中国历史上第一部纪传体通史。《史记》与后来的《汉书》（班固）、《后汉书》（范晔、司马彪）、《三国志》（陈寿）合称"前四史"。刘向等人认为此书"善序事理，辩而不华，质而不俚"。后人将司马迁的《史记》与司马光的《资治通鉴》并称"史学双璧"。

说明

本篇选自《史记·孙子吴起列传》，题目是后加的。

本篇记叙了孙膑和庞涓一起学习兵法。庞涓做了魏国将军后，自认为才不及孙膑，因此暗中陷害孙膑，断其双足，并在其脸上刺了字，让孙膑困于魏国。后孙膑在齐国使者的帮助下去了齐国。文中记叙了孙膑到齐国后助田忌赛马、围魏救赵、马陵伏兵三件事，突出地表现了孙膑在军事上的才智。

孙武既死，后百余岁有孙膑。膑生阿、鄄之间，膑亦孙武之后世子孙也。孙膑尝与庞涓俱学兵法。庞涓既事魏，得为惠王将军，而自以为能不及孙膑[1]，乃阴使召孙膑[2]。膑至，庞涓恐其贤于己，疾之[3]，则以法刑断其两足而黥之[4]，欲隐勿见[5]。

注释

[1] 认为自己的才能比不上孙膑。能：才能，本领。

[2] 于是暗地里派人请孙膑来。阴：暗中，秘密地。

[3] 疾：妒忌，忌恨。

[4] 根据法律用刑，挖去了他两腿的膝盖骨，并在他脸上刺上字。法刑：假借罪名处刑。黥：即墨刑。用刀刺刻犯人的面额后涂以墨。

[5] 想使孙膑这辈子再也不能在人前露面。见：同"现"，出现，显现。

齐使者如梁[1]，孙膑以刑徒阴见[2]，说齐使[3]。齐使以为奇[4]，窃载与之齐[5]。齐将田忌善而客待之[6]。忌数与齐诸公子驰逐重射[7]。孙子见其马足不甚相远[8]，马有上、中、下辈。于是孙子谓田忌曰："君弟重射，臣能令君胜[9]。"田忌信然之，与王及诸公子逐射千金。及临质[10]，孙子曰："今以君之下驷与彼上驷，取君上驷与彼中驷，取君中驷与彼下驷。"既驰三辈毕，而田忌一不胜而再胜，卒得王千金[11]。于是忌进孙子于威王。威王问兵法，遂以为师[12]。

注释

[1] 如：往，到……去。

[2] 孙膑以一个受过刑的罪犯的身份暗中会见了齐使。刑徒：受过刑的人，即犯人。

[3] 说（shuì）：陈述己见，规劝对方，即游说。

[4] 奇：指难得的人才。

[5] 窃：暗地里，秘密地。

[6] 善：赏识。客待之：像对待宾客一样对待他。

[7] 诸公子：贵族子弟。驰逐：指赛马。

[8] 马足：马的脚力、速度。

[9] 您只管下大赌注，我能够使您获胜。弟：只管，又写作"第"。重射：

押重金赌输赢。

[10] 临质：临场比赛。质：这里指比赛。

[11] 三个等级的马都已比赛完毕，田忌输了一场却胜了两场，终于赢得了齐王的千金赌注。再胜：两次获胜。

[12] 威王向孙膑请教兵法，把孙膑当作老师。以为师：把孙膑当作老师。

其后魏伐赵，赵急，请救于齐。齐威王欲将孙膑，膑辞谢曰："刑余之人不可[1]。"于是乃以田忌为将军，而孙子为师，居辎车中[2]，坐为计谋。田忌欲引兵之赵，孙子曰："夫解杂乱纷纠者不控卷[3]，救斗者不搏撠[4]，批亢捣虚[5]，形格势禁，则自为解耳[6]。今梁赵相攻，轻兵锐卒必竭于外[7]，老弱罢于内[8]。君不若引兵疾走大梁[9]，据其街路，冲其方虚[10]，彼必释赵而自救。是我一举解赵之围而收弊于魏也[11]。"田忌从之。魏果去邯郸，与齐战于桂陵，大破梁军。

注释

[1] 孙膑婉言推辞说："一个受过刑的人不能为将。"刑余之人：受过肉刑身体不完整的人。

[2] 辎车：带有帷帐的车子。

[3] 杂乱纷纠：事情好像纠缠在一起的乱丝，没有头绪。控卷（quán）：不能紧握拳头。控：控制，操纵，引申为握掌。卷：通"拳"。

[4] 搏撠：犹言揪住。

[5] 批亢捣虚：打击敌人的要害处，冲击敌人空虚的地方。批：击，打击。亢：喉咙，这里指要害的地方。

[6] 形势就会被阻遏而发生变化，危急的局面也就因此自行解除了。形格势禁：（敌人的）局势发生了被阻遏的变化，对原来的进攻计划必然有所顾忌。格：被阻遏。禁：顾忌。

[7] 竭：精疲力尽。

[8] 罢：通"疲"，疲劳，疲乏。

[9] 疾：赶快。

[10] 方虚：正当空虚处。

[11]收弊于魏：坐收魏军自行挫败的效果。弊：败。

后十三岁，魏与赵攻韩，韩告急于齐。齐使田忌将而往，直走大梁。魏将庞涓闻之，去韩而归，齐军既已过而西矣[1]。孙膑谓田忌曰："彼三晋之兵[2]，素悍勇而轻齐[3]，齐号为怯，善战者因其势而利导之[4]。兵法，百里而趣利者蹶上将，五十里而趣利者军半至[5]。使齐军入魏地为十万灶，明日为五万灶，又明日为三万灶。"庞涓行三日，大喜，曰："我固知齐军怯，入吾地三日，士卒亡者过半矣[6]。"乃弃其步军，与其轻锐倍日并行逐之[7]。孙膑度其行[8]，暮当至马陵。马陵道狭，而旁多阻隘，可伏兵，乃斫大树白而书之曰[9]："庞涓死于此树之下。"于是令齐军善射者万弩，夹道而伏，期曰："暮见火举而俱发"[10]。庞涓果夜至斫木下，见白书，乃钻火烛之[11]。读其书未毕[12]，齐军万弩俱发，魏军大乱相失[13]。庞涓自知智穷兵败，乃自刭，曰："遂成竖子之名[14]！"齐因乘胜尽破其军，虏魏太子申以归[15]。孙膑以此名显天下，世传其兵法。

注释

[1]这时齐军已经越过了魏国国境而向西行进了。既已过：已经越过国境线。

[2]三晋之兵：这里指魏国的士兵。春秋末年，三家分晋，成为战国时的韩、赵、魏三国，史称"三晋"。

[3]素：一向，向来。

[4]称齐军是胆小的军队，善于用兵的人就可根据这一情势，把战争朝着有利的方向加以引导。因其势而利导之：顺应魏兵认为齐兵胆怯的思想，让齐兵伪装胆怯逃亡，诱导魏军深入。

[5]"百里而趣利"二句：语见《孙子·军争》，意思是说，用急行军奔袭百里去争利的，就会和后续部队脱节，可能牺牲上将军；用急行军走五十里去争利的，因为前后不能接应，部队只有一半能够赶到。与原文有出入。原文是"百里而争利，则擒之将军；劲者先，疲者后，其法十一而至；五十里而争利，则蹶上将军，其法半至。"趣：通"趋"，趋向。蹶：受挫折。

[6]亡：逃跑。

[7]倍日并行：两天的路程一天赶到。

［8］度（duó）：估计，揣测。

［9］就砍下大树刮去外皮露出白木质，并且在上面写着："庞涓死在这棵树下！"白：刮去树皮使白木露出。书：写。

［10］期：约定。

［11］庞涓果然夜晚到了被砍的大树下，见到树干白木上有字，就取火把来照看。钻火烛之：取火照亮树干上的字。钻：古时取火方法。烛：照，照亮。

［12］书：字。

［13］魏军非常混乱，彼此失去了联系。相失：因溃散，彼此不相照应。

［14］竖子：小子。对人的蔑称。按此段段首云"后十三年"，系指齐魏桂陵之战以后十三年。桂陵之战在齐威王二十六年、梁惠王十七年，本段所记马陵之战在齐宣王二年、梁惠王三十年。由齐威王二十六年到齐王二年，或由梁惠王十七年到梁惠王三十年，都刚好十三年。而《史记索隐》引王邵按《纪年》计，则"相去无十三岁"。此盖《纪年》与《史记》纪年有异所致。这种情况，《史记》多有之。

［15］太子申：魏惠王的太子，名申。马陵之役，魏以太子申为上将军，以庞涓为将。

▼ 本篇选词综述

【既】

本义指"完了、终了"。如《庄子·应帝王》："吾与汝既其文，未既其实。"后虚化为副词。可以表示"已经"。如《诗经·周南·汝坟》："既见君子，不我遐弃。"还可表示"不久"。如《左传·文公元年》："既又欲立王子职，而黜太子商臣。"也可表示"既然"。如刘义庆《世说新语·识鉴》："既与人同乐，亦不得不与人同忧。"此为后起意义。

【及】

《说文》："及，逮也。从又、人。"字形表示人被一只手抓住了。本义表示"赶上、追上"。如《左传·成公二年》："故不能推车而及。"引申指"到、至"。如《荀子·王制》："自古及今，未尝闻也。"此义又引申指"涉及、牵扯"。如《论语·卫灵公》："群居终日，言不及义。""及"还引申指"趁着"。如《左传·僖公二十二年》:"彼众我寡,及其未既济也,请击之。"又可引申指"和、与"。如《诗经·豳风·七月》:"女心伤悲,殆及公子同归。"

【如】

《说文》:"如,从随也。"本义指"到……去"。如《管子·大匡》:"公将如齐,与夫人皆行。"引申指"如同、像"。如《孙子兵法·军争》:"侵略如火,不动如山。"成语有"如火如荼"。又可引申指"应当、还不如"。如《墨子·贵义》:"子如劝我者也,何故止我?""如"作连词用。可表示"假如、如果"。如《论语·述而》:"如不可求,从吾所好。"可相当于现代汉语的"而"。如《盐铁论·世务》:"今匈奴……见利如前,乘便而起。"可相当于现代汉语的"或"。如《论语·先进》:"安见方六七十如五六十而非邦也者?""如"还可作介词用,相当于"于"。如《吕氏春秋·爱士》:"人之困穷,甚如饥寒。""如"还可作形容词词尾,表示"……的样子"。如《汉书·诸侯王表》:"海内晏如。"(晏:平安。)

【临】

《说文》:"临,监也。"本义指"从高处往低处看"。如《荀子·劝学》:"不临深溪,不知地之厚也。"引申为"从上监视,统治"。如《谷梁传·哀公七年》:"春秋有临天下之言焉。"引申指"降临、由上而下"。如《史记·淮阴侯列传》:"信尝过樊将军哙,哙跪拜送迎,言称臣,曰:'大王乃肯临臣。'"此义又引申指"到"。如《三国志·吴志·吴主传》:"而曹公已临其境。""临"还可引申指"面对"。如曹操《步战令》:"临战,兵弩不可离阵。"成语有"如临大敌"。古汉语中,"临"还表示"哭吊",读作lìn。如《汉书·高帝纪上》:"于是汉王为义帝发丧,袒而大哭,哀临三日。"

26. 报任安书

司马迁

本文最早见于《汉书·司马迁传》,后又见于《昭明文选》卷四十一。两种本子的文字略有不同,这里以《昭明文选》李善注本为底本,并参校以《汉书》。

本文是司马迁写给任安的一封复信。任安,字少卿,西汉时期荥阳(今河南省荥阳市)人,是司马迁的朋友,年轻时家境贫寒,后来做了大将军卫青的舍人。经卫青推荐,做了郎中,后迁升为益州刺史。汉武帝征和二年(前91),戾太子发兵杀江充等,当时任安担任北军使者护军(监理京城禁卫军北军的官),曾收到戾太子要他发兵的命令,但按兵不动。戾太子事件平息后,任安以"坐观成败"的罪名被捕下狱,判为腰斩。任安生前曾写信给司马迁,希望他"尽推贤进士之义"。司马迁没有立即答复,直到任安临刑前,才写了这封著名的回信。在信中,司马迁以无比悲愤的心情,叙述了自己蒙受的耻辱,倾吐了内心极大的痛苦和愤懑,坦露了自己"隐忍苟活"的原因,表达了他为完成《史记》创作"就极刑而无愠色"的决心,同时也反映了他的文学观和生死观。全文饱含抑郁愤懑之情,思路纵横开阔,气势跌宕起伏,言辞真切感人。

太史公牛马走司马迁再拜言[1]。少卿足下[2]:曩者辱赐书[3],教以慎于接物、推贤进士为务[4],意气勤勤恳恳[5],若望仆不相师[6],而用流俗人之言[7]。仆非敢如此也。仆虽罢驽[8],亦尝侧闻长者之遗风矣[9]。顾自以为身残处秽[10],动而见尤[11],欲益反损,是以独郁悒而谁与语[12]。谚曰:"谁为为之[13]?孰令听之[14]?"盖钟子期死,伯牙终身不复鼓琴[15]。何则?士为知己者用,女为说己者容[16]。若仆大质已亏缺[17],虽才怀随和[18],行若由夷[19],终不可以为荣,适足以见笑而自点耳[20]。

注释

[1] 太史公:即太史令,是司马迁当时的官职。牛马走:"牛"为"先"之误,"先马走"指在马前奔走开道之人,引申为自谦之词。"太史公牛(先)马走司马迁"三词同指,为同位语结构。

[2] 足下:古代下称上或同辈相称的敬词。

[3] 曩(nǎng)者:从前,过去。辱:表敬副词,意思是写信给我,使您蒙受耻辱。书:信。

[4] 接物:待人接物,指交际。为务:当作自己的工作。当时司马迁任中书令,总管宫廷书记并负责推荐人才,所以任安这样说。

〔5〕意气：这里指情意。勤勤恳恳：诚挚恳切。

〔6〕好像抱怨我不遵照您的话。望：怨。仆：自我谦称。相：指代性副词，这里指任安。师：用作动词，遵从，遵照。

〔7〕而采用了世俗庸人的意见。流俗：世俗。

〔8〕罢驽（pí nú）：比喻才能低下。罢：通"疲"，疲弱无力。驽：劣马，引申为"低能"。

〔9〕侧闻：在旁边听到，谦词。长者：指德高望重的人。遗风：遗留下来的风范。

〔10〕顾：转折连词，但，只是。身残：身体残缺，指遭受宫刑。处秽：处在污秽可耻的境地。

〔11〕一行动就遭到指责。动：一行动。见尤：被责备。见：表被动关系的助词。尤：过错。这里用作动词，是"指责、责备"的意思。

〔12〕是以：因此。郁悒（yì）：双声联绵词，忧愁苦闷的样子。谁与语：即"与谁语"，同谁诉说。

〔13〕为了谁而做事呢？谁为（wèi）：即"为谁"。谁：疑问代词作介词宾语而前置。为：介词，为了。为（wéi）之：做事情。为：动词，干，做。

〔14〕让谁听这些话呢？孰：谁，疑问代词作宾语而前置。司马迁引用这两句谚语的意思是：即使我想推贤进士，可是我为谁这样做呢？谁又肯听我的呢？是说没人赏识，尽忠无门。

〔15〕盖：句首语气词，表示推原。复：再。鼓：动词，弹奏。钟子期、伯牙都是春秋时楚人，伯牙善弹琴，钟子期最能领会、欣赏他的琴音，两人成为知己。后来钟子期死了，伯牙认为世上再也没有知音，于是破琴绝弦，终身不再弹琴（事见《吕氏春秋·本味》和《列子·汤问》）。

〔16〕说（yuè）："悦"的古字，喜悦，喜欢。容：用作动词，美容，打扮。

〔17〕大质已亏缺：指身体已遭受宫刑。大质：指身体。

〔18〕随和：随侯珠与和氏璧，都是春秋时代特别贵重的宝物，后来常用以比喻人的才能。

〔19〕由夷：许由和伯夷。许由是传说中的人物。相传尧曾把君位让给他，他逃到箕山下种田自食。后来尧又请他做九州的长官，他却跑到颍水边去洗耳，表示不愿听从。伯夷是商末孤竹国君的长子，曾和他的弟弟叔齐互相推让国君

的继承权,并与之逃离孤竹。后来周武王讨伐商纣王,伯夷又反对,认为臣下不该攻杀君上。武王灭商后,他们逃到首阳山,不食周粟而死。古人认为许由和伯夷不贪富贵,品德高尚。

[20]以:介词,其后省略宾语"之"。见笑:被人讥笑。自点:自取污辱。点:黑点,这里用作动词,玷污。

书辞宜答,会东从上来[1],又迫贱事[2],相见日浅[3],卒卒无须臾之间得竭指意[4]。今少卿抱不测之罪[5],涉旬月[6],迫季冬[7],仆又薄从上雍[8],恐卒然不可为讳[9]。是仆终已不得舒愤懑以晓左右[10],则是长逝者魂魄私恨无穷[11]。请略陈固陋[12]。阙然久不报[13],幸勿为过[14]。

注释

[1]会:副词,适逢,碰巧。东:往东。上:皇上,指汉武帝。这里指征和二年(前91)七月,戾太子举兵后,武帝自甘泉宫(在今陕西淳化县西北)回到长安。司马迁当时任中书令,掌传宣诏命,所以跟随在皇帝左右。

[2]贱事:指自己的事务、工作。贱,谦词。

[3]日浅:指时间短暂。

[4]卒卒(cù cù):通"猝猝",匆忙急迫的样子。无须臾之间:没有片刻的时间。得竭指意:能够倾诉自己的心意。得:能够。竭:竭尽,倾诉。指:通"旨",意旨。

[5]不测之罪:很深的罪。指被判腰斩。不测:指深。

[6]涉旬月:过一个月。旬月:满一月。旬:满,遍。

[7]迫:近。季冬:冬天的第三个月,即夏历十二月。汉代法律规定,十二月处决犯人。

[8]我又临近随皇上到雍地去的日期。薄:迫近,临近。雍:地名,在今陕西省凤翔县南。雍地筑有祭五帝的坛,汉武帝常去祭祀。

[9]担心(您)突然遭到不幸。不可为讳:不能避忌,指任安死。这是一种委婉的说法。

[10]是:代词,这,这样。指任安死所带来的结果。终已:终于。舒:伸展,抒发。愤懑(mèn):忧愤烦闷。以:目的连词。晓左右:使您知晓。左右,

指任安。不直称对方,而称对方左右的人,表示尊敬。

[11]长逝者:死去的人,指任安。私恨:私交上的遗憾。

[12]请:请允许。陈:陈述。固陋:鄙陋,指鄙陋之见,是谦词。

[13]阙然:指时间隔了很久。报:回答,这里指回信。

[14]幸:表敬副词。等于说您"勿为过"是我的荣幸。勿为过:即勿为(之)过,(您)不要因为我没有及时复信而责备我。

仆闻之:修身者,智之符也[1];**爱施者,仁之端也**[2];**取与者,义之表也**[3];**耻辱者,勇之决也**[4];**立名者,行之极也**[5]。士有此五者,然后可以托于世[6],而列于君子之林矣。故祸莫憯于欲利[7],悲莫痛于伤心,行莫丑于辱先[8],诟莫大于宫刑[9]。刑余之人[10],无所比数[11],非一世也,所从来远矣[12]。昔卫灵公与雍渠同载,孔子适陈[13];商鞅因景监见,赵良寒心[14];同子参乘,袁丝变色[15]:自古而耻之。夫以中才之人,事有关于宦竖[16],莫不伤气[17],而况于慷慨之士乎[18]?如今朝虽乏人,奈何令刀锯之余荐天下豪俊哉[19]!仆赖先人绪业[20],得待罪辇毂下[21],二十余年矣。所以自惟[22]:上之不能纳忠效信[23],有奇策才力之誉[24],自结明主[25];次之又不能拾遗补阙[26],招贤进能,显岩穴之士[27];外之不能备行伍[28],攻城野战,有斩将搴旗之功[29];下之不能积日累劳[30],取尊官厚禄,以为宗族交游光宠[31]。四者无一遂[32],苟合取容[33],无所短长之效[34],可见于此矣[35]。向者,仆常厕下大夫之列[36],陪外廷末议[37],不以此时伸引维纲[38],尽思虑,今已亏形为扫除之隶[39],在阘茸之中[40],乃欲仰首伸眉,论列是非[41],不亦轻朝廷,羞当世之士邪[42]?嗟乎!嗟乎!如仆尚何言哉!尚何言哉!

注释

[1]修身:使自身完善。符:信符,引申为凭证、标志。

[2]爱:爱怜,同情。施:施与,给人好处。端:开端,起点。

[3]获取和给予是义的标志。意思是一个人义与不义,可以从对待取和与的态度看出。表:标志。

[4]感到受辱是可耻的,这是勇的先决条件。就是知耻而后勇的意思。耻:意动用法,以……为耻。

［5］建立功名是行为的最高准则。极：本指房屋最高处的屋脊，此指最高准则。

［6］士人具备了这五种品德，然后才能安身处世。托：寄托，安身。

［7］所以祸害没有比贪图私利更惨的。莫：否定性无定指代词，没有什么。憯（cǎn）：通"惨"，悲惨。于：介词，表示比较。欲利：贪图私利。

［8］辱先：污辱祖先。

［9］耻辱没有比遭受宫刑更巨大的了。诟（gòu）：耻辱。宫刑：又叫腐刑，古代阉割男子生殖器的一种刑罚。

［10］受刑后身体残疾的人，这里指宦者。

［11］没有（与他们）比并的，没有（把他们）计算在内的。比：比并，放在一起。数：计算。这句是说受宫刑的人遭到歧视，不能和正常人相提并论。

［12］所从来：指由之而来的时间。远：长久。

［13］卫灵公：卫国国君，公元前534—前493年在位。雍渠：宦者。载：乘车。适：往，到……去。陈：周的封国，都宛丘（今河南省淮阳县）。据《史记·孔子世家》记载：公元前495年，卫灵公和他的夫人同车出游，让宦者雍渠参乘，孔子为次乘，孔子为此感到很耻辱，愤然离开了卫国。

［14］商鞅依靠宦官景监得见秦孝公（而做官），赵良感到寒心。景监：秦孝公宠信的宦官。赵良：当时秦国的贤士。

［15］同子：汉文帝宦官赵谈。"子"是尊称。司马迁为避父司马谈讳，改称"同子"。袁丝：名盎，字丝。汉文帝时任郎中，汉景帝时官至太常。有一天，汉文帝乘车去拜见母亲，袁盎看到赵谈参乘，便伏在车前谏阻说："臣闻天子所与共六尺舆者，皆天下豪英，今汉虽乏人，陛下独奈何与刀锯余人载？"于是文帝笑令赵谈下车。参乘：陪坐在车的右边。变色：变了脸色，指表情变得严肃。

［16］宦竖：指宦官，是对宦官的蔑称。竖，宫廷中被役使的小臣，后凡卑贱者皆称竖。

［17］伤气：挫伤了志气，指感到耻辱。

［18］慷慨之士：具有远大抱负、志气高昂的人。

［19］奈何：凝固结构，怎么能。刀锯之余：指受过刀锯之刑而身体残缺不全的人。这里是作者自指。

［20］绪业：遗业。这里指继承司马谈官职任太史令。

［21］待罪：谦词，指做官。辇毂（niǎn gǔ）下：皇帝近旁。辇：皇帝乘坐的车子。毂：轮辐的中心，用以指代车轮。汉以后"辇毂下"又指代京城。

［22］惟：思考。

［23］纳忠：进纳忠言。效信：献出诚实的心意。

［24］获有足智多谋、才能高超的声誉。奇策：指足智多谋。才力：指才能高超。

［25］结：结交。这里指受到赏识、信任。

［26］拾遗补阙：拾取（人君）遗漏的事情，弥补（人君）缺欠的工作。指进谏。后来唐代用"拾遗""补阙"作为官职的名称。阙：通"缺"。

［27］使岩穴之士显达。岩穴之士：居住在山岩洞穴中的人，指隐士。显：使动用法，使……显达。

［28］备行（háng）伍：在军队中服役。行伍，古代军队编制单位。五人为伍，二十五人为行。

［29］搴（qiān）旗：拔取（敌人的）旗帜。搴：拔。

［30］积日累劳：积累年资和功劳。

［31］把（它）作为宗族、朋友的光耀荣幸。交游：指交游的对象，即朋友。

［32］无一遂：没有一件做成功。遂：成功，实现。

［33］苟合：苟且附和。这里指勉强迎合皇帝的心意。取容：即取悦，指取得皇帝的喜欢。

［34］无所短长：即无所长，没有什么成就。短长：偏义复词，指成就、贡献。效：效果。

［35］即"于此可见矣"。

［36］从前我曾置身于下大夫的行列。向（xiàng）：从前。者：附于时间词后面的助词。常：通"尝"，曾经。厕（cè）：夹杂，指置身其中。下大夫：指太史令职。汉代太史令官禄六百石，相当于周代的下大夫。这里是谦词。

［37］外廷：外朝。汉代把朝廷官员分为中朝和外朝，太史令属外朝。末议：微不足道的议论。这些话都是谦词。

［38］引：申述。维纲：一作"纲维"，指国家的法令、政策。维：系物的大绳。纲：网上的总绳。

[39] 扫除之隶：打扫污秽的仆役，谦词。

[40] 阘茸（tà róng）：庸碌、低劣的人。

[41] 乃：竟然。论列：议论陈述。

[42] 不也是轻视朝廷、羞辱当今的士人了吗？轻：意动用法，以……为轻，即轻视。羞：羞辱。

且事本末未易明也[1]。仆少负不羁之才，长无乡曲之誉[2]，主上幸以先人之故，使得奏薄技，出入周卫之中[3]。仆以为戴盆何以望天，故绝宾客之知[4]，忘室家之业，日夜思竭其不肖之才力，务一心营职，以求亲媚于主上[5]。而事乃有大谬不然者[6]。夫仆与李陵俱居门下[7]，素非能相善也，趣舍异路，未尝衔杯酒，接殷勤之余欢[8]。然仆观其为人，自守奇士[9]：事亲孝，与士信，临财廉，取与义，分别有让，恭俭下人[10]，常思奋不顾身，以徇国家之急[11]。其素所蓄积也，仆以为有国士之风[12]。夫人臣出万死不顾一生之计，赴公家之难，斯已奇矣[13]。今举事一不当，而全躯保妻子之臣，随而媒孽其短，仆诚私心痛之[14]。且李陵提步卒不满五千，深践戎马之地，足历王庭，垂饵虎口，横挑强胡[15]，仰亿万之师，与单于连战十有余日，所杀过当[16]。虏救死扶伤不给，旃裘之君长咸震怖[17]，乃悉征其左右贤王，举引弓之民，一国共攻而围之[18]。转斗千里，矢尽道穷，救兵不至，士卒死伤如积[19]。然李陵一呼劳军[20]，士无不起，躬自流涕，沫血饮泣[21]，更张空拳，冒白刃，北向争死敌者[22]。陵未没时，使有来报，汉公卿王侯皆奉觞上寿[23]。后数日，陵败书闻，主上为之食不甘味，听朝不怡[24]。大臣忧惧，不知所出[25]。仆窃不自料其卑贱，见主上惨怆怛悼，诚欲效其款款之愚[26]，以为李陵素与士大夫绝甘分少，能得人之死力[27]，虽古名将，不能过也。身虽陷败，彼观其意，且欲得其当而报于汉[28]。事已无可奈何，其所摧败，功亦足以暴于天下矣[29]。仆怀欲陈之，而未有路，适会召问，即以此指推言陵之功[30]。欲以广主上之意，塞睚眦之辞[31]。未能尽明，明主不晓，以为仆沮贰师[32]，而为李陵游说，遂下于理[33]。拳拳之忠，终不能自列[34]。因为诬上，卒从吏议[35]。家贫，货赂不足以自赎[36]，交游莫救，左右亲近不为一言[37]。身非木石，独与法吏为伍，深幽囹圄之中，谁可告诉者[38]！此真少卿所亲见，仆行事岂不然乎？李陵既生降，隤其家声[39]，而仆又佴之蚕室，重为天下观笑[40]。悲夫！悲夫！事未易一二为俗人言也[41]。

注释

[1] 且：而且，连词。本末：指从头到尾的经过。

[2] 负：恃。不羁（jī）：不受约束，指才质高远不可羁绊。羁：马笼头。这里用作动词，约束。乡曲：乡里。

[3] 使得奏薄技：使我能够奉献微薄的技艺。"使"后省略兼语"之"，指代司马迁。奏：奉献。周卫：周密的警卫。这里用作名词，指警卫周密的地方，指皇帝的宫禁。

[4] 戴盆何以望天：戴着盆子怎么能够望见天空。是说戴着盆子和望见天空不能同时做到，比喻自己一心供职，无暇他顾。绝：断绝。知：了解，引申为交往。

[5] 竭：竭尽，全使出来。不肖（xiào）：本指儿子不似父亲贤能，这里指不出色。亲媚：亲近喜爱。媚：爱。

[6] 乃：竟然。谬（miù）：错。不然者：不是（自己所想象的）这样的。

[7] 李陵：西汉名将李广的孙子，善骑射，拜为骑都尉。天汉二年（前99）秋，贰师将军李广利出击匈奴，派李陵率五千步卒别道而入，以分匈奴兵。李陵不巧遇匈奴主力，被包围，弹尽粮绝，投降了匈奴（事见《史记·李广利列传》和《汉书·李陵传》）。俱居门下：李陵曾任侍中（皇帝的侍从官），司马迁初任郎中，后任太史令，都属于侍中曹（官署名）的官员，所以有此说。

[8] 素：平素。善：交好。趣舍异路：进取或退止有不同的道路。比喻各人志向不同。趣：通"趋"，趋向，进取。舍：止。衔杯酒：嘴里叼着酒杯，指喝酒。接：交往。殷勤：情意深厚恳切的样子。余欢：与"杯酒"一样，都是言其少。

[9] 自守：指自己能守住节操。在这里"自守"作"奇士"的定语。

[10] 分别有让：指能分别尊卑长幼，具有知礼谦让的态度。恭俭下人：谦逊不放纵，屈己尊人。下人：下于人，即对人谦卑。

[11] 徇（xùn）：通"殉"，为达到某种目的而献身。这里是指李陵可以为国家之急而捐躯。

[12] 所蓄积：所养成的好品德。国士之风：全国杰出人才的风范。

[13] 夫：句首语气词，引发议论。斯：指示代词，这。已：已经。奇：奇特，

难得，一般人做不到。

[14] 举事：行事，做事。当：恰当。全躯：使躯全，使自身保全。妻子：词组，指妻子儿女。媒孽其短：像用酒曲酿酒一样夸大他的过失而酿成大罪。媒：通"酶"，曲饼，用以酿酒的酵母。孽：通"糱"，酒曲。"媒孽"在这里用作动词，像酒曲酿酒那样酿人罪过。诚：的确，确实。

[15] 戎马之地：即战场。王庭：指匈奴单于居住的地方。横（hèng）挑：意外地挑战，指出奇兵诱敌作战。胡：指匈奴。

[16] 仰：仰攻。据颜师古注："汉军北向，匈奴南下，北方地高。"亿万之师：众多的军队。当时匈奴以八万兵力包围了李陵的五千步卒。所杀过当（dāng）：所杀的敌兵超过了自己将士的人数。当：相等的，相当的。

[17] 虏：对敌的蔑称。不给（jǐ）：顾不上，来不及。旃（zhān）裘：匈奴人穿的皮毛衣服，这里指代匈奴人。旃：通"毡"，毛织品。震怖：震惊恐怖。

[18] 征：征调，调集。左右贤王：左贤王、右贤王，都是匈奴单于之下的最高官位。贤王可各统率万余骑兵。举：发动。引弓之民：拉弓射箭的人。

[19] 转斗：辗转战斗。积：积聚，堆积。

[20] 一呼：呼喊一声。劳：慰劳，引申为勉励、鼓励。

[21] 涕：眼泪。沬（huì）血：用血洗脸，意思是血流满面。沬：以手掬水洗脸。

[22] 张空弮（quān）：拉开空弓。箭已射尽，拉空弓表现士卒对敌愤怒之情。弮，弩弓。北向：向北。死敌：为抗拒敌人而死。者：与上文"无不"相呼应，无不……者，没有不……的。

[23] 没：覆没，这里指军队覆没。使有来报：据《汉书·李陵传》记载，李陵出兵后，绘制出部队经过的山川地形图，派骑士陈步乐回去报告，陈步乐被武帝召见，告诉武帝"陵将率（帅）得士死力"，武帝很高兴，拜陈步乐为郎。奉觞（shāng）：举杯。奉："捧"的古字，举着。上寿：献上祝寿词，这里指祝捷。

[24] 陵败书闻：李陵战败的报告被主上知道了。闻：闻知。这里用作被动，特指被皇帝闻知。听朝不怡：在朝廷上听政也不愉快。听朝：听于朝，即上朝听政。怡：愉快。

［25］不知所出：不知道该提出什么办法。

［26］惨怆（chuàng）怛（dá）悼：四字同义连用，都是悲伤的意思。效：献上。款款：忠实诚恳的样子。愚：愚昧之见，谦词，即意见。

［27］绝甘：自己不吃甘美的食物。绝：断绝，指甘美食物自己不接触。分少：分东西的时候自己少分。死力：拼死出力。

［28］且：时间副词，将要。当：适当，指适当的时机。

［29］其所摧败：他所击破的匈奴军队。暴（pù）：显示。

［30］仆怀：我心里。欲：打算，想要。陈：述说。指：通"旨"意思。推言：推论，阐述。

［31］以：介词，后面省略宾语"之"，"以之"即用它，拿这些见解。广：宽慰。睚眦（yá zì）之辞：指怨恨者的话。

［32］沮（jǔ）：诋毁，毁坏。贰师：指贰师将军李广利。其妹是汉武帝的宠妃。"贰师"本是当时大宛国的地名，太初元年（前104），武帝派李广利到贰师夺取良马，因而以该地名作为广利的号。天汉二年（前99），武帝派李广利出击匈奴，令李陵为偏师。李广利出师祁连山，李陵率五千步卒出居延北，以分散匈奴兵力。结果李陵遇到了匈奴主力被围，李广利却按兵不动。这次武帝本想借出征提拔李广利，司马迁极力替李陵表功，因此武帝以为司马迁存心诋毁李广利。

［33］游说（shuì）：这里指为李陵说好话。理：指大理，即廷尉，九卿之一，掌管诉讼刑狱之事，既是官署名，也指官员。秦时称廷尉，汉景帝时改称大理，武帝时又改为廷尉。这里用的是旧名。

［34］拳拳：忠诚恭谨的样子。列：陈述，指分辩。

［35］于是被定为欺骗皇上的罪，（皇上）最终听从了狱吏的判决，处以宫刑。因：连词，于是。为：动词，定为，判断。诬：欺骗。

［36］家境贫困，钱财不够用来为自己赎罪。货赂：财货。依据汉律，可以用钱财赎罪。

［37］交游：指朋友。莫：没有谁。左右亲近：指皇帝身边亲近的人。不为一言：即"不为（之）一言"，不替（我）说一句话。一：表示动量的词放在动词前，语序与现代汉语不同。

［38］独与法吏为伍：独自跟执法之吏在一起。幽：用作动词，囚禁。图

圄（líng yǔ）：监狱。诉：诉说。

[39] 隤（tuí）：败坏。

[40] 佴（èr）：相次，随后。蚕室：指像蚕室那样密封的屋子，即受宫刑的处所。因为刚受宫刑的人害怕风寒，所居之室必须密闭温暖，像养蚕的屋子一样，所以称蚕室。重（zhòng）：深深地。

[41] 这些事情是不容易一桩桩向世俗之人说清楚的。

仆之先非有剖符丹书之功[1]，文史星历近乎卜祝之间[2]，固主上所戏弄，倡优畜之，流俗之所轻也[3]。假令仆伏法受诛，若九牛亡一毛，与蝼蚁何以异？[4] 而世又不与能死节者比，特以为智穷罪极，不能自免，卒就死耳[5]。何也？素所自树立使然也[6]。人固有一死，或重于泰山，或轻于鸿毛，用之所趋异也[7]。太上不辱先，其次不辱身，其次不辱理色[8]，其次不辱辞令，其次诎体受辱，其次易服受辱[9]，其次关木索、被箠楚受辱[10]，其次剔毛发、婴金铁受辱[11]，其次毁肌肤、断肢体受辱，最下腐刑极矣[12]。传曰"刑不上大夫"[13]，此言士节不可不勉励也[14]。猛虎在深山，百兽震恐，及在槛阱之中，摇尾而求食，积威约之渐也[15]。故士有画地为牢，势不可入，削木为吏，议不可对，定计于鲜也[16]。今交手足，受木索，暴肌肤，受榜箠，幽于圜墙之中[17]。当此之时，见狱吏则头枪地，视徒隶则心惕息[18]。何者？积威约之势也。及以至是，言不辱者，所谓强颜耳[19]，曷足贵乎？且西伯，伯也，拘于羑里[20]；李斯，相也，具于五刑[21]；淮阴，王也，受械于陈[22]；彭越、张敖，南面称孤，系狱抵罪[23]；绛侯诛诸吕，权倾五伯，囚于请室[24]；魏其，大将也，衣赭衣，关三木[25]；季布为朱家钳奴[26]；灌夫受辱于居室[27]。此人皆身至王侯将相，声闻邻国，及罪之罔加，不能引决自裁[28]，在尘埃之中，古今一体，安在其不辱也[29]？由此言之，勇怯，势也；强弱，形也[30]。审矣[31]，何足怪乎？夫人不能早自裁绳墨之外，以稍陵迟[32]，至于鞭箠之间，乃欲引节，斯不亦远乎[33]？古人所以重施刑于大夫者，殆为此也[34]。夫人情莫不贪生恶死，念父母，顾妻子，至激于义理者不然，乃有所不得已也[35]。今仆不幸，早失父母，无兄弟之亲，独身孤立，少卿视仆于妻子何如哉[36]？且勇者不必死节，怯夫慕义，何处不勉焉[37]？仆虽怯懦，欲苟活，亦颇识去就之分矣，何至自沉溺缧绁之辱哉[38]？且夫臧获婢妾，由能引决，况仆之不得已乎[39]？所以隐忍苟活，幽于粪土之中而不辞者[40]，恨私心有所不尽，鄙陋没世，而文采不表于后也[41]。

注释

[1] 先：先人。剖符：符是竹制的契约，分剖为二，皇帝和受赐大臣各执其一，作为分封或授官的凭证。丹书：又称"丹书铁券"，是皇帝赐给建有重大功勋的臣子的券契。用铁制成，用朱砂书写誓言，是功臣后代子孙免罪的凭证。

[2] 文史星历：文献、史籍、天文、律历。四者均为太史令掌管，这里指代太史令。卜：指占卜的官。祝：指祭祀时念赞辞的人。

[3] 固：本来。倡优畜（xù）之：像畜养倡优一样畜养他们。倡优：普通名词用作状语，像倡优一样。倡：乐人。优：演戏的人。在封建社会里倡优的地位低下。畜：养。轻：轻视。

[4] 伏法受诛：受到法律制裁被杀。九牛：许多头牛，言牛之多，虚数。亡：丢失。蝼（lóu）蚁（yǐ）：蝼蛄和蚂蚁。何以异：即"以何异"，没什么两样。疑问代词"何"作介词"以"的宾语放在介词之前，这是古代汉语常见的语法现象。

[5] 特：只，只是。卒：终，终于。就：走向，走到。耳：语气助词，罢了。

[6] 即"素所自树立使（之）然也"，兼语结构，省略兼语"之"。素所自树立：指平素用来立身的（职业和地位）。使（之）然：使（世人的看法）这样。之：指代上述世人的看法。然：代词，这样。

[7] 或：肯定性无定指代词，有的。用之所趋异：应用死的地方不同。用：应用。之：指死。所趋：奔向的地方。就是为什么而死，死的目的和意义不同。

[8] 太上：最上等的。理色：指脸面。理：肌理。色：脸上的表情。

[9] 诎（qū）体：指被捆绑。诎：通"屈"。易服：指换上罪人穿的赭（zhě，深红）色囚服。

[10] 关木索：戴上刑具。关：通"贯"，戴上。木：木枷。索：绳。被箠（chuí）楚：遭受杖刑。被：遭受。箠：竹杖。楚：荆条。

[11] 剔毛发：剃光头发，即所谓"髡（kūn）刑"。剔：通"剃"。婴金铁：脖子带上铁链，即所谓"钳刑"。婴：绕。

[12] 毁肌肤：指遭受黥（qíng）刑、劓（yì）刑。断肢体：指遭受膑（bìn）刑、刖刑。腐刑：即宫刑，是仅次于死刑的一种刑罚。

[13] 传（zhuàn）：汉代把阐明经书或与经书有关的著作叫作传。这里

指《礼记》。刑不上大（dà）夫：刑罚不加于大夫以上的官员。上：加于……上。语出《礼记·曲礼上》。

［14］这话是说士大夫的节操不能不勉励。士节：指士大夫的气节。

［15］槛（jiàn）：关野兽的笼子。阱（jǐng）：捕兽的陷阱。积威约之渐（jiān）：指长时间用威力制约逐步形成的结果。积：积久，长期。威约：威力约制。渐：浸渍。这里用作名词，指逐渐浸渍的结果。

［16］所以即使在地上画圈当作监牢，气节之士也势必不肯进入，即使用木头削成狱吏，也不能面对他接受审判，打算在受耻辱以前就自杀。这里是说即使是象征性的刑罚也不能接受。削木：削制个木头人。吏：狱吏。议：指吏议，法官的审讯和判决。对：指犯人回答法官的审讯。鲜：不以寿终为鲜（依沈钦韩说）。

［17］交：交叉。这里是捆绑的意思。暴肌肤：暴露皮肤肌肉，指受刑时剥去衣服。榜：通"棒"，用作动词，棒打。圜墙：指监狱。圜：通"圆"。

［18］枪：通"抢"，触，碰撞。徒隶：服劳役的罪犯，这里指狱中负责犯人部分管理工作的罪犯。心惕息：心惊胆战的意思。惕息：恐惧的样子。

［19］以：通"已"，已经。强（qiǎng）颜：勉强作出欢颜，即厚着脸皮的意思。

［20］西伯：指周文王姬昌。第二个"伯"是方伯的意思，指一方诸侯之长。商末周文王是西方诸侯之长。羑（yǒu）里：殷纣王囚禁周文王的地方，在今河南省汤阴县境内。

［21］李斯：参看本书《谏逐客书》的"作家作品介绍"。具于五刑：备受五种刑罚。具：具备，备受。五刑：据《汉书·刑法志》所载，一是刺额割鼻，二是斩左右脚，三是用竹杖打死，四是割头，五是把尸体剁成肉酱。犯有诽谤罪的，还要先割掉舌头。

［22］淮阴：指淮阴侯韩信。曾被刘邦先后封为齐王、楚王，有人诬告他谋反，刘邦用陈平计，南游至陈（今河南淮阳），韩信来见，刘邦命武士将他捆绑起来，解送洛阳，降为淮阴侯（事见《史记·淮阴侯列传》）。械：枷和镣铐之类的刑具，这里用作动词，戴上脚镣手铐。

［23］彭越：昌邑（今山东省金乡县西北）人，字仲，初事项羽，后降刘邦，被封为梁王。后来被人诬告谋反，夷灭三族（事见《史记·彭越列传》）。张敖：

张耳的儿子,汉高祖的女婿。继承他父亲赵王的爵位,因被人诬告谋反被捕下狱。南面称孤:面朝南称王。南面:动词性偏正词组,向南面对着,即面朝南。"南"是方位名词作状语,向南。"面"是动词,面朝着。系狱:被捆绑下狱。抵罪:定罪。

[24] 绛侯:即周勃,汉初功臣,沛郡沛县(今江苏沛县)人。随刘邦起义,战功卓著,封为绛侯,后来被人诬告谋反,被囚于请室。诸吕:指刘邦之妻吕后的亲族吕产、吕禄等人。刘邦死后,吕后擅权,重用其族人,吕产、吕禄等被封为王,诸吕阴谋颠覆汉朝。吕后死后,周勃与陈平定计诛灭诸吕,迎立代王刘恒为汉文帝。倾:超过。五伯(bà):指春秋时期五位霸主齐桓公、晋文公、秦穆公、楚庄王和宋襄公。伯:后来写作"霸"。请室:官署名,特设的囚禁有罪大臣的监狱。

[25] 魏其(jī):魏其侯窦婴。汉景帝时为大将军,平定吴楚七国之乱有功,封魏其侯。武帝时因救灌夫而下狱,被判死刑。衣(yì):动词,穿衣。赭(zhě)衣:罪人穿的深红色衣服。三木:加在颈、手、足三处的刑具,即枷和桎(zhì)梏(gù)。

[26] 季布:楚人,项羽部将,曾数次困辱刘邦,项羽败亡后,刘邦悬赏重金购求季布。季布于是剃发戴钳,变姓名,卖身鲁人朱家为奴,朱家后来通过汝阴侯夏侯婴劝说刘邦,赦免了季布,季布后官至河东太守(事见《史记·季布列传》)。钳(qián):以铁束颈。

[27] 灌夫:颍阴(今河南省许昌市)人。在平定七国之乱中立有军功,任为中郎将,武帝时任太仆,与魏其侯窦婴关系密切,因侮辱丞相田蚡被囚于居室(事见《史记·魏其武安侯列传》)。居室:官署名,属少府,后更名保宫,是囚禁犯罪官吏的地方。

[28] 罔加:指刑法施加于身。罔:"網(网)"的古字,罗网,这里指法网、刑法。引决:下定决心。自裁:自行裁决,指自杀。

[29] 尘埃之中:指屈辱的境地。一体:一样。安在其不辱也:怎么会不受侮辱呢?

[30] 勇敢和怯懦,强大和弱小,都是由形势所决定的。形:义同"势"。

[31] 审:明白。

[32] 夫:句首语气词,表示要发表议论。绳墨之外:指刑法未加之前。

绳墨：木匠用来取直的工具。这里比喻刑法、法律。稍：逐渐。陵迟：衰败，衰颓，指受挫折。

[33] 鞭箠：鞭打杖击。鞭、箠都用作动词。引节：为名节而引节，即以自杀保住节操。斯：指示代词，这。远：这里指晚、迟。

[34] 重：慎重，指不轻易。殆：副词，大概。

[35] 情：性，性情。念：思念。妻子：妻子和儿女。激于义理者：被道义和真理而激愤起来的人。然：代词，这样。

[36] 您看我对待妻子和儿女怎样呢？何如：凝固结构，等于说"如何"，怎么样。意思是为了节义，我是不顾念妻子儿女的。

[37] 怯懦的人思慕高义，什么地方不自我勉励呢？即处处勉励自己不受辱。

[38] 颇：副词，稍微，略微。去就：指去生就死，即舍生就义。分：分别，界线。沉溺：落到水里，这里指"陷进、遭受"的意思。缧（léi）绁（xiè）：本指捆绑犯人的绳索，这里指被囚下狱。

[39] 且夫：连词，表示推进一层，况且。臧获：古时对奴婢的贱称。由：通"犹"，尚，还。引决：承上文"引决自裁，等于说'自裁'。"后代因此以"引决"表示"自裁"（自杀）。况：连词，何况。

[40] （我）暗暗地忍受，苟且偷生，禁闭在粪土般污秽的监狱中而不肯去死的原因。所以……者：……的原因。

[41] 恨：遗憾。私心：个人心愿。有所不尽：还有没完成的事情。鄙陋：卑贱无知。没世：终了一生，指死。文采：指著作、文章。采：后写作"彩"。表：表现，这里是流传的意思。

古者富贵而名摩灭，不可胜记，唯倜傥非常之人称焉[1]。盖文王拘而演《周易》[2]；仲尼厄而作《春秋》[3]；屈原放逐，乃赋《离骚》[4]；左丘失明，厥有《国语》[5]；孙子膑脚，《兵法》修列[6]；不韦迁蜀，世传《吕览》[7]；韩非囚秦，《说难》《孤愤》[8]；《诗》三百篇，大底圣贤发愤之所为作也[9]。此人皆意有所郁结，不得通其道，故述往事，思来者[10]。乃如左丘无目，孙子断足，终不可用，退而论书策，以舒其愤，思垂空文以自见[11]。仆窃不逊，近自托于无能之辞，网罗天下放失旧闻，略考其行事，综其终始，稽其成败兴坏之纪[12]，上计轩辕，下至于兹[13]。为十表，本纪十二，书八章，世家三十，列传七十，凡百三十篇。亦欲以究天人之际，通古今之变[14]，成一家之言。草创未就，会遭此祸。惜其不成，是以就极刑而无愠色[15]。仆诚以著此书，藏之名山，传之其人，通邑大都[16]，则仆偿前辱之责，虽万被戮，岂有悔哉[17]？然此可为智者道，难为俗人言也[18]！

注释

[1] 摩：通"磨"。胜（shēng）：尽。倜（tì）傥（tǎng）：双声联绵词，卓越。非常：不同寻常。称：称颂，指为世人所知。

[2] 周文王被拘禁而推演出《周易》。盖：句首语气词，引起叙事。文王拘：意念上的被动句，周文王被（纣王）拘禁（在羑里）。演：推演，发展。相传周文王被囚禁后，推演《易》的八卦为六十四卦，即《周易》。

[3] 厄：困厄。这里指处于困境中。据《史记·孔子世家》记载：孔子周游列国，在陈、蔡曾遭到围攻，又断粮挨饿。后回到鲁国，根据鲁国的史册写成了《春秋》。

[4] 屈原被（楚怀王）放逐而创作了《离骚》。放逐：被放逐。赋：创作。

[5] 左丘明眼睛失明，才完成了《国语》的著述。左丘：即左丘明，春秋时鲁国史官。失明：失去视力。厥（jué）：句首语气词。传说《国语》为左丘明所作。

[6] 孙子：这里指孙膑，战国时杰出的军事家。因他受过膑刑，后世就称为孙膑。膑脚：古代挖去膝盖骨的酷刑。修列：撰写出来。

[7] 吕不韦谪迁蜀地，《吕氏春秋》却流传于世。不韦：即吕不韦，战国末期赵国大商人，因秦庄襄王凭借他的力量得以立为秦君，后当了襄王丞相，封为文信侯。秦王嬴政（秦统一后称始皇）即位后尊其为相国，主持秦政。始皇十年，吕不韦因罪免职，后又奉命徙蜀，自杀。吕不韦做相国时曾让他的数千门客人人著其所闻，最后合编为十二纪、八览、六论，共26卷，凡160篇，20余万言，"以备天地万物古今之事，号为《吕氏春秋》"。因书中有"八览"，后人也称这部书为《吕览》。据《史记·吕不韦列传》载，此书是吕不韦任丞相时召集门客编写的，并不是他因罪免职迁蜀后所编写的。

[8] 韩非被囚禁在秦国，才写出《说难》《孤愤》等文章。韩非：战国

末期韩国公子，与李斯同为荀子的学生，多次上书谏韩王，终不能用，于是著书立说，写有《说难》《孤愤》等篇共十余万言，成为法家的代表人物。传说其文章传到秦国，秦王十分欣赏，因而急攻韩，韩于是派韩非出使秦国，被秦王扣留，后被李斯诬陷，下狱而死。韩非的著作，大多非"囚秦"后所作。囚秦：即"囚（于）秦"，被囚禁在秦国。

[9]《诗》三百篇：即后来的《诗经》。《诗经》实为305篇，言三百篇，是取其整数。大底：大抵，大都。底：通"抵"。发愤：抒发愤懑。所为作：即所写作，"为"也是作，"为作"是同义词连属。

[10] 郁结：积聚盘结。思来者：思念将来的人，这里是说想让将来的人了解自己的思想。

[11] 乃如：就像。终不可用：最后不可能再被任用。退：指从政治舞台上退下来。论（lùn）书策：编辑整理书籍。论：编次。策：通"册"。舒：伸展，抒发。思：想要，希望。垂：流传。空文：即文章，因其尚未实行，与其实际功业相比，所以称为空文。自见：等于说见自，再现自己。见："现"的古字。

[12] 托：托付，寄托。无能之辞：没有才能的文辞，指著述《史记》。谦辞。网罗：像网捕鱼、鸟那样，搜集的意思。放失：散失。旧闻：旧说遗闻。略：简要，粗略。行事：指做过的事情。综其终始：综述它的始末，即综述人物事件的始末经过。稽：考察。纪：纲纪，指规律。

[13] 轩辕：即黄帝，我国传说中的远古君王，姓公孙，因居于轩辕丘，所以称"轩辕"。兹：此。指司马迁生活的时代，即汉武帝时期。

[14] 表、本纪、书、世家、列传：为《史记》的五种体例。凡：副词，用在数量词的前面，表示数量的总和，有"总共""一共"的意思。究：穷极，探究。天人之际：天道与人事之间的关系。通：通晓，了解。

[15] 会：副词，恰巧。极刑：指遭受宫刑。愠（yùn）色：愤怒的表情。

[16] 传之其人：把它传给志同道合的人。通邑大都：流传在大都市中。"通邑"和"大都"同义。

[17] 偿：抵偿。前辱之责（zhài）：指因李陵事下狱受宫刑。责："债"的古体。虽：即使。被：遭受。岂：副词，多用在句子开头，表示反问，难道。

[18] 然而这些话只能对有见识的人讲，难以对一般人说。俗人：指一般不理解的人。

且负下未易居,下流多谤议[1]。仆以口语遇此祸,重为乡党所笑[2],以污辱先人,亦何面目复上父母之丘墓乎?虽累百世,垢弥甚耳[3]!是以肠一日而九回,居则忽忽若有所亡,出则不知其所往[4]。每念斯耻,汗未尝不发背沾衣也!身直为闺阁之臣,宁得自引深藏于岩穴邪[5]?故且从俗浮沉,与时俯仰,以通其狂惑[6]。今少卿乃教以推贤进士,无乃与仆私心剌谬乎[7]?今虽欲自雕琢,曼辞以自饰,无益,于俗不信,适足取辱耳[8]。要之,死日然后是非乃定[9]。书不能悉意,略陈固陋。谨再拜[10]。

注释

[1] 负下:负罪之下,即负罪受辱的情况下。未易居:不容易处世。居:处。下流:指处于卑贱的地位。多谤议:常常被诽谤议论。谤:诽谤。议:议论。

[2] 以口语:因为说了几句话,指为李陵辩解。重(zhòng):深深地。乡党:本指上古居民组织。据《周礼》记载:二十五家为闾,四闾为族,五族为党,五党为州,五州为乡。这里指乡里的人。为乡党所笑:被乡里的人嘲笑。"为……所……"构成被动句式。

[3] 即使累积百代,这种耻辱也只会更深重罢了。累:积。垢:耻辱。弥:更加。甚:程度深重。

[4] 肠一日而九回:比喻整天心思重重,痛苦至极。居:待在家里。忽忽:恍恍惚惚。所亡:"所"字词组,表示丢失什么。亡:失掉。

[5] 直:只,仅仅。闺阁(gé)之臣:指宦官。阁:通"阁"。闺、阁,都是宫中的小门,二字连用指宫禁。宁:副词,常与语气助词"邪"相呼应,表示反问,"怎么……呢"。自引:自己引身而退。深藏于岩穴:指过山居穴处的隐士生活。

[6] 从俗浮沉:跟随世俗上浮下沉。与时俯仰:跟着形势走。两句都是与时世随波逐流的意思。以通其狂惑:指用以抒发自己的悲愤。通:达,指抒发。其:代词,自己。狂惑:指内心的悲愤。李善引《鹖(yù)子》说:"知善不行者谓之狂,知恶不改者谓之惑。"

[7] 无乃:常与疑问语气词呼应,表示一种委婉的反问语气,含有"恐怕""未免"的意思。剌(là)谬:违背,相反。

[8] 雕琢:本指加工玉制品,这里泛指修饰、美化。曼辞:美好的言辞。

曼：美。以：介词，"曼辞"是其宾语，因强调而前置。于俗不信：不被一般人相信。

[9] 要之：总之。

[10] 谨再拜：恭谨地再次叩首。这是旧时书信末尾的客套话。

本篇选词综述

【涉】

本义指"趟水过河"。如屈原《九章·哀郢》："惟郢路之辽远兮，江与夏之不可涉。"引申为"渡过"。如屈原《离骚》："麾蛟龙使梁津兮，诏西皇使涉予。"又引申指"进入、到"。如《左传·僖公四年》："不虞君之涉吾地也。"（虞：预料。）还引申指"经历"。如《管子·兵法》："厉士利械，则涉难而不匮。"再引申指"牵涉、牵连"。如刘知几《史通·叙事》："而言有关涉，事便显露。""涉"还有"阅览"之义。如《后汉书·仲长统传》："少好学，博涉书记。"

【论】

本义指"讨论、研究"。如《韩非子·五蠹》："论世之事，因为之备。"引申为"议论、评论"。如诸葛亮《出师表》："每与臣论此事，未尝不叹息痛恨于桓灵也。"又指"辩论"。如《史记·魏其武安侯列传》："今日廷论，局趣效辕下驹。"古汉语中，"论"还有"判罪"之义。如《史记·吕太后本纪》："其群臣或窃馈，辄捕论之。""论"还可以通"伦"，读作 lún，指条理、顺序。如《荀子·性恶》："少言则径而省，论而法，若佚之以绳，是士君子之知也。"古汉语中，"论"和"议"有差别。"议"着重在得失，所以"议"的结果往往是做出决议。"论"着重在是非，所以"论"的结果往往是作出判断。"议"往往是许多人在一起交换意见，"论"不一定要有许多人。

【历】

本义指"经过"。如《战国策·秦策一》："横历天下。"引申指"逐个、一一地"。如《尚书·盘庚下》："今予其敷心腹肾肠，历告尔百姓于朕志。"以上意义，古代写作"歷"（或歴）。"历"还可指"历法、历术"。如《汉书·律历志上》："黄帝调律历。"后来写作"曆"。"歷"和"曆"是古今字，两字简化后都写作"历"。

【当】

本义指"对着、面对"。如《礼记·檀弓上》:"既歌而入,当户而坐。"引申指"挡住"。如《庄子·人间世》:"汝不知夫螳螂乎,怒其臂以当车辙。""当"还指"处在某个地方或某个时候"。如《墨子·兼爱下》:"然当今之时,天下之害孰为大?""当"还有"担当、承担"之义。如《孟子·离娄下》:"不祥之实,蔽贤者当之。"引申为"掌管、主持",如《左传·襄公二年》:"于是子罕当国。""当"还指"判罪"。如《史记·蒙恬列传》:"毅不敢阿法,当高罪死。""当"还指"应当"。如《后汉书·皇甫嵩传》:"苍天已死,黄天当立。"表示以上意义,"当"读作 dāng。"当"可以指"抵押"。如《左传·哀公八年》:"以王子姑曹当之而后止。"又可指"当作"。如《战国策·齐策四》:"安步以当车。"还可指"适当、得当"。如《礼记·乐记》:"古者天地顺而四时当。"表示以上意义,"当"读作 dàng。

【会】

本义指"会合、聚会"。如《尚书·禹贡》:"灉沮会同。"又指"会面",如《史记·留侯世家》:"始臣起下邳,与上会留,此天以臣授陛下。"引申指"相合、符合"。如刘义庆《世说新语·识鉴》:"山涛不学孙、吴,而暗与之理会。"又引申指"时机、机会"。如王充《论衡·命禄》:"逢时遇会。"成语有"适逢其会"。还引申指"领悟、理解"。如陶渊明《五柳先生传》:"好读书,不求甚解。每有会意,便欣然忘食。"作副词,表示"正好、恰好"。如《史记·陈涉世家》:"会天大雨,道不通。"还可指"必然、一定"。如《古诗为焦仲卿妻作》:"吾已失恩义,会不相从许。"

27. 张骞传(节录)

《汉书》

作家作品介绍

《汉书》的主要作者是班固。班固(32—92),字孟坚,扶风安陵(今陕西咸阳市东）人，东汉著名史学家。曾任兰台令史，又任大将军窦宪的中护军，后窦宪谋反，事败自杀，班固受牵连死于狱中。他死时《汉书》尚有八表和《天文志》未完成，后由他的妹妹班昭和马续先后续成。

《汉书》是我国第一部纪传体断代史，记载了从汉高祖元年（前206）到王莽地皇四年（23）的历史，共有十二纪、八表、十志、七十传，共100篇。唐颜师古为之作注时，析为120卷。《汉书》的注本，主要有唐颜师古的《汉书注》、清王先谦的《汉书补注》。

说明

本篇选自《汉书·张骞李广利传》，标题是后加的。

张骞是西汉杰出的外交家。汉武帝时，为了从根本上消除边患，汉王朝迫切希望与西域受匈奴奴役的国家联合起来，切断匈奴的右臂。公元前138年和公元前119年，张骞奉汉武帝之命，两次出使西域，历时17年，虽然未能达到出使的直接目的，却开辟了通往西域的道路，促进了汉朝与中亚、西南亚各国政治、经济、文化的联系，在我国外交史上，写下了光辉的一页。张骞的事迹，散见于《史记·大宛列传》和《史记·卫将军骠骑列传》。班固写《汉书》时，对其事迹加以剪裁归并，使叙事更为系统完整，成为专传。本篇对于研究张骞和汉代的对外关系，具有重要的参考价值。

张骞，汉中人也[1]。建元中为郎[2]。时匈奴降者言匈奴破月氏王[3]，以其头为饮器[4]，月氏遁而怨匈奴，无与共击之[5]。汉方欲事灭胡[6]，闻此言，欲通使，道必更匈奴中[7]，乃募能使者[8]。骞以郎应募，使月氏。与堂邑氏奴甘父俱出陇西[9]。径匈奴[10]，匈奴得之，传诣单于[11]。单于曰："月氏在吾北，汉何以得往使[12]？吾欲使越[13]，汉肯听我乎？"留骞十余岁，予妻，有子，然骞持汉节不失[14]。

注释

[1]汉中：汉代郡名，郡治在南郑（今陕西省汉中市南郑区）。

[2]建元：汉武帝（刘彻）的第一个年号（前140—前135）。郎：帝王的侍从官。

[3] 匈奴：我国古代北方的民族。降者：投降过来的人。月氏（zhī）：我国古代西北部的一个民族。原住敦煌、祁连山一带，汉文帝时被匈奴老上单于（chán yú）击败西走，到达今阿姆河流域（今塔吉克斯坦和阿富汗境内一带）建立王朝，称大月氏。

[4] 饮器：饮酒的器具。

[5] 无与共击之：没有人和他们（月氏）一起打匈奴。

[6] 事：从事。胡：指匈奴。

[7] 道：道路。更：经过。

[8] 募：招募。

[9] 堂邑氏奴甘父：堂邑氏的奴仆，名甘父。陇西：汉代郡名。郡治在狄道（今甘肃省临洮县）。

[10] 径：途径。用作动词，"取道"的意思。

[11] 传（zhuàn）：传车，古代在驿站上设有车马，用来传递公文等，这里是名词用作状语，"用传车送"的意思。诣（yì）：到。单于：汉时匈奴君长的称号，这里指军臣单于，公元前160—前126年在位。

[12] 月氏在我的北边，汉朝人怎么能往那儿出使呢？

[13] 越：指当时的南越（今五岭以南）。

[14] 留骞：扣留了张骞。汉节：汉朝给予使臣的一种出使凭证，用竹作竿，上面饰以羽或毛。

居匈奴西，骞因与其属亡乡月氏，西走数十日，至大宛[1]。大宛闻汉之饶财，欲通不得[2]，见骞，喜，问欲何之。骞曰："为汉使月氏，而为匈奴所闭道，今亡，唯王使人道送我[3]。诚得至，反汉，汉之赂遗王财物，不可胜言[4]。"大宛以为然，遣骞，为发译道，抵康居[5]。康居传致大月氏。大月氏王已为胡所杀，立其夫人为王。既臣大夏而君之[6]，地肥饶，少寇，志安乐，又自以远远汉，殊无报胡之心[7]。骞从月氏至大夏，竟不能得月氏要领[8]。留岁余，还。并南山，欲从羌中归，复为匈奴所得[9]。留岁余，单于死，国内乱[10]，骞与胡妻及堂邑父俱亡归汉。拜骞太中大夫，堂邑父为奉使君[11]。

注释

[1] 亡：逃亡。乡：同"向"。大宛（yuān）：古西域国名，在大月氏东北，今乌兹别克斯坦费尔干纳盆地。

[2] 饶：富饶，多。通：交往，联系。

[3] 闭道：封锁道路，不让通行。唯：句首语气词，表示希望、祈求的意思。道：同"导"，引导。

[4] 诚：果真，表未定事实的假设。反：后来写作"返"。赂：送人财物。遗（wèi）：赠送。胜（shēng）：尽。

[5] 发：派遣。译道：翻译和向导。康居（qú）：西域国名。大约在今巴尔喀什湖和咸海之间。

[6] 已经使大夏臣服而统治着它（大夏）。臣：名词用作使动，"使（大夏）臣服"的意思。大夏：古西域国名，在大月氏南，今阿富汗北部。君：名词用作动词，做君主的意思。之：指大夏。

[7] 寇：侵扰。志：志趣，心意趋向。远：第一个"远"字，"遥远"的意思。第二个"远"字旧读yuàn，"离开"的意思。殊无报胡之心：全没有报复匈奴的意思。

[8] 竟：终，终于。要领：喻事物的重点或关键。这里指明确的表示。

[9] 并（bàng）：通"傍"。挨着，靠近。南山：指昆仑山。羌中：我国古代西部羌族居住的地方，在今甘肃一带。

[10] 内：作状语。

[11] 拜：封建朝廷授予官职。太中大夫：郎中令的属官，主管议论政事。

骞为人强力，宽大信人，蛮夷爱之[1]。堂邑父，胡人，善射，穷急，射禽兽给食[2]。初，骞行时百余人，去十三岁，唯二人得还[3]。

注释

[1] 强力：坚强而有毅力。宽大：度量宽大。信人：对人诚实守信。蛮夷：古代对四方边远地区少数民族的泛称。

[2] 穷急：穷困，急迫。给：供给。

[3] 初：当初。指张骞、堂邑父开始出发的时候。去十三岁：离开汉十三年。自建元三年（前138）至元朔三年（前126）。

骞身所至者[1]，大宛、大月氏、大夏、康居，而传闻其旁大国五六，具为天子言其地形所有[2]。语皆在《西域传》[3]。

骞曰："臣在大夏时，见邛竹杖、蜀布[4]，问安得此，大夏国人曰：'吾贾人往市之身毒国[5]。身毒国在大夏东南可数千里[6]。其俗土著[7]，与大夏同，而卑湿暑热[8]，其民乘象以战。其国临大水焉[9]。'以骞度之[10]，大夏去汉万二千里，居西南。今身毒又居大夏东南数千里，有蜀物，此其去蜀不远矣[11]。今使大夏，从羌中，险，羌人恶之；少北，则为匈奴所得；从蜀，宜径，又无寇[12]。"天子既闻大宛及大夏、安息之属皆大国[13]，多奇物，土著，颇与中国同俗[14]，而兵弱，贵汉财物；其北则大月氏、康居之属，兵强，可以赂遗设利朝也[15]。诚得而以义属之[16]，则广地万里，重九译，致殊俗，威德遍于四海[17]。天子欣欣以骞言为然。乃令因蜀、犍为发间使[18]，四道并出：出駹，出筰，出徙、邛，出僰[19]，皆各行一二千里。其北方闭氐、筰，南方闭嶲、昆明[20]。昆明之属无君长，善寇盗，辄杀略汉使[21]，终莫得通。然闻其西可千余里，有乘象国，名滇越，而蜀贾间出物者或至焉[22]。于是汉以求大夏道始通滇国。初，汉欲通西南夷，费多，罢之。及骞言可以通大夏，乃复事西南夷[23]。

> **注释**

[1] 身：亲身。所至者：所到的地方。

[2] 而传闻其旁大国五六：并且听说了与这些国临近的五六个大国的情况。其旁：指大宛、大月氏、大夏、康居等国的邻近。具：全。所有：指物产。

[3]（张骞当时对汉武帝所说的）话都记载在《汉书·西域传》（见《汉书》卷九十六）中。

[4] 邛（qióng）竹杖：邛崃山出产的竹杖。蜀布：蜀地出产的布。

[5] 贾（gǔ）人：商人。身毒（yuān dú）：印度的古译名。

[6] 可：大约。

[7] 土著：世代定居于一地。

[8] 卑湿：地势低湿。

[9] 大水：指恒河。

[10] 度（duó）：忖度，推测。

[11] 这就表明（身毒）大概离蜀地不远了。其：表推测的语气词。

[12] 少：稍微。得：得到，这里是抓住的意思。宜：应当。径：形容词，径直，道路直而近。

[13] 安息：古国名。在今伊朗和伊拉克一带。

[14] 颇：副词，表程度较大，略等于"相当地"。

[15] 可用赠送财物、施之以利的办法，让他们来朝见。设：施。朝：使动用法，使……朝见。

[16] 得：能够。以义属之：指不用武力而施恩使之归附于汉。属：使动用法，使……归附。之：指上述大宛等国。

[17] 九译：辗转翻译。致殊俗：使不同习俗的人到来。致：招引，使到来。

[18] 因：由。犍（qián）为：汉代郡名，郡治在僰（bó）道（今四川省宜宾市）。间使：秘密使者。

[19] 駹（máng）：古部族名。秦汉时分布于今四川松潘一带。莋（zuó）：古部族名。秦汉时分布于今四川峨眉山以南一带。徙（xǐ）：古部族名，秦汉时分布于今四川省大全县一带。邛：古部族名，秦汉时分布于今四川峨眉山西北一带。僰：古部族名，秦汉时分布于今四川省宜宾市西南一带。

[20] 氐（dī）：古部族名。秦汉时居住在今西北一带。巂（xī）：古部族名，秦汉时分布于今云南保山一带。昆明：古部族名，在今四川盐源县。

[21] 辄：副词，总是。杀略：杀害和抢劫。

[22] 滇（diān）越：古国名，即滇国，故地在今云南东部滇池附近地区。一说滇国在今云南大理。间出物者：偷偷携带货物出去贸易的商人。

[23] 事：从事。此指从事交通、联系的活动。西南夷：我国古代对西南各民族的通称。

骞以校尉从大将军击匈奴[1]，知水草处，军得以不乏。乃封骞为博望侯[2]。是岁，元朔六年也[3]。后二年，骞为卫尉，与李广俱出右北平击匈奴[4]。匈奴围李将军，军失亡多，而骞后期[5]，当斩，赎为庶人[6]。是岁骠骑将军破匈奴西边[7]，杀数万人，至祁连山。其秋，浑邪王率众降汉[8]，而金城、河西并南山至盐泽，空，无匈奴[9]。匈奴时有候者到，而希矣[10]。后二年，汉击走单于於幕北[11]。

注释

[1] 校尉：武官名。汉武帝设置，掌管屯兵。汉代大将军下有五部，每部有一校尉。大将军：最高武官名，掌统兵征战。这里指卫青。

[2] 博望侯：张骞的封爵。博望：县名，在今河南省南阳市东北。

[3] 元朔六年：公元前123年。元朔是汉武帝的年号。

[4] 卫尉：负责宫廷守卫的官，秦时设置，汉代沿袭，为九卿之一。右北平：汉代郡名，在今河北省东北部。

[5] 后期：晚于约定的日期到达。

[6] 赎：用财脱罪或抵免过失。指骞以爵位赎罪。

[7] 骠骑将军：汉代的将军名号，位仅次于大将军，这里指霍去病。

[8] 浑邪王：匈奴王号。

[9] 金城：汉代县名。在今甘肃省兰州市西北。河西：古地区名，指今甘肃、青海两省黄河以西地区。南山：指祁连山。盐泽：又名蒲昌海，即今新疆的罗布泊。

[10] 候者：斥候，侦察的人。

[11] 幕（mò）：通"漠"。

天子数问骞大夏之属[1]。骞既失侯，因曰："臣居匈奴中，闻乌孙王号昆莫[2]。昆莫父难兜靡本与大月氏俱在祁连、敦煌间，小国也[3]。大月氏攻杀难兜靡，夺其地，人民亡走匈奴。子昆莫新生，傅父布就翎侯抱亡[4]，置草中，为求食，还，见狼乳之，又乌衔肉翔其旁，以为神。遂持归匈奴，单于爱养之。及壮，以其父民众与昆莫，使将兵，数有功[5]。时，月氏已为匈奴所破，西击塞王[6]。塞王南走远徙，月氏居其地。昆莫既健，自请单于报父怨，遂西攻破大月氏。大月氏复西走，徙大夏地。昆莫略其众，因留居，兵稍强[7]。会单于死，不肯复朝事匈奴。匈奴遣兵击之，不胜，益以为神而远之[8]。今单于新困于汉，而昆莫地空，蛮夷恋故地，又贪汉物。诚以此时厚赂乌孙，招以东居故地,汉遣公主为夫人,结昆弟,其势宜听[9]。则是断匈奴右臂也。既连乌孙,自其西大夏之属皆可招来而为外臣[10]。"天子以为然,拜骞为中郎将[11],将三百人,马各二匹,牛羊以万数,赍金币帛直数千钜万[12],多持节副使[13],道可,便遣之旁国。骞既至乌孙,致赐谕指[14],未能得其决[15]。语在《西域传》。骞即分遣副使使大宛、康居、月氏、大夏。乌孙发译道送骞,与乌孙使数十人,马数十匹,报谢[16],因令窥汉[17],知其广大。

注释

[1] 数(shuò):屡次。属:类。

[2] 乌孙:古代西域国名,在今伊犁河谷。昆莫:乌孙王的名号,犹匈奴之单于。

[3] 敦煌:汉代郡名。

[4] 傅父:负责教育和奉养王子的人。布就翎(xī)侯:傅父的官号。布就:翎侯中的别号,犹如左将军、右将军。翎侯:乌孙大臣官号,犹如汉将军。

[5] 数(shuò)有功:屡次有功劳。

[6] 塞(sài):古族名,原居住在今伊犁河一带。

[7] 稍:渐渐。

[8] 益:更。远:形容词用作动词,远离。

[9] 昆弟:兄弟。其势宜听:根据乌孙的形势,应当会听从汉朝的招引。

[10] 外臣:犹藩臣。

[11] 中郎将:官职名,位次于将军。

[12] 赍(jī):携带。直:通"值"。钜万:等于说"万万",表示数目大。

[13] 多持节副使:多设置持汉节的副使,即有能代表正使处理事务的副使。

[14] 致赐:把汉武帝赏赐的东西交给乌孙王。谕指:告知皇帝的意旨。谕:告知。

[15] 决:肯定的答复。

[16] 报谢:答谢。

[17] 因:乘机。令:昆莫命令他的使臣们。窥汉:察看,私下探视。

骞还,拜为大行[1]。岁余,骞卒。后岁余,其所遣副使通大夏之属者皆颇与其人俱来，于是西北国始通于汉矣。然骞凿空[2]，诸后使往者皆称博望侯，以为质于外国[3]，外国由是信之。其后，乌孙竟与汉结婚[4]。

注释

[1] 大行：即大行令，九卿之一，汉武帝太初元年（前104）改名大鸿胪，掌接待宾客等事，后渐变为礼仪官。

[2] 凿空：打通，开通。指开辟了通西域的道路。

[3] 为质：取信。

[4] 结婚：结为婚姻，指通婚。

本篇选词综述

【更】

《说文》："更，改也。"本义指"改变"。如《商君书·更法》："贤者更礼。"又指"调换、交替"。如《庄子·养生主》："良庖岁更刀，割也。"引申指"经过、经历"。如《韩非子·外储说左上》："更日久则涂干而椽燥。"又引申指"抵偿"。如《史记·平准书》："悉巴蜀租赋不足以更之。""更"还用作古代夜里的计时单位，一夜分为五更，每一更约二小时。李贺《秦王饮酒》诗："银云栉栉瑶殿明，宫门掌事报一更。"以上意义，读作 gēng。"更"还有"另外"之义。如《后汉书·班超传》："更立元孟为焉耆王。""更"还有"更加"之义。如《战国策·韩策一》："弃前功，而后更受其祸。"以上两个意义，读作 gèng。

【节】

《说文》："节，竹约也。"本义指"植物分枝长叶的地方"。如《诗经·邶风·旄丘》："旄丘之葛兮，何诞之节兮。"引申为人或动物的骨节。如《素问·生气通天论》："五藏十二节。"又引申指"时节、季节"。如《列子·汤问》："寒暑易节，始一返焉。"又引申指"符节"，古代用来作为凭证的东西。如《汉书·苏武传》："杖汉节牧羊。"又引申指"气节、节操"。如《汉书·高帝纪下》："上壮其节，为流涕。"又引申指"节制、节约"。如《荀子·天论》："强本而节用，则天不能贫。""节"还可指古代一种用竹编成的，可起和弦作用的乐器。如左思《蜀都赋》："巴姬弹弦,汉女击节。"此义引申指"节拍"。如屈原《楚辞·九歌·东君》："展诗兮会舞,应律兮合节。"

【要】

《说文》："要,身中也。"本义指"腰"。如《荀子·礼论》："量要而带之。"这一意义后来写作"腰"。引申指"半路拦截"。如《后汉书·班超传》："遣兵数百与东界要之。"又引申指"邀请"。如陶渊明《桃花源记》："便要还家。"又引申指"求取"。如《后汉书·窦融传》："仁者不违义以要功。"又引申指"要挟、威胁"。如贾谊《过秦论》："章邯因以三军之众要市于外。"以上意义读作 yāo。"要"又可引申指"要领、关键"。如《韩非子·扬权》："事在四方,要在中央。"又引申指"概括、总括"。如陆机《五等论》："且要而言之,五等之君,为己思治,郡县之长,为利图物。"又引申指"需要、想要"。如刘义庆《世说新语·文字》："卿试掷地,要作金石声。"以上三种意义读作 yào。

【穷】

《说文》："穷,极也。"本义指"终极,完结"。如《吕氏春秋·下贤》："与物变化,而无所终穷。"引申指"阻塞不通",与"通"相对。如《史记·项羽本纪》："田假为与国之王,穷来从我,不忍杀之。"(与国:同盟国。)引申指"走投无路"。如《吕氏春秋·慎人》："孔子穷于陈蔡之间,七日不尝食。"又引申指"不得志、不显达",与"达"相对。如《孟子·尽心上》："穷不失义,达不离道。""穷"还可指"生活困难"。如《战国策·齐策四》："振困穷,补不足。"引申作动词,表示"穷尽、追究到底"。如《后汉书·济南安王康传》："不忍穷竟其事。"在古代,缺乏衣食钱财一般叫"贫",不得志、没有出路叫"穷"。

【间】

本义指"夹缝、间隙"。如《史记·管晏列传》："晏子为齐相,出,其御者之妻从门间而窥其夫。"引申指"间隔、间断"。如《汉书·西域传》："车师去渠犁千余里,间以河山。"又引申指"隔阂、疏远"。如《左传·哀公二十七年》："三桓亦患公之妄也,故君臣多间。"还可引申指"秘密地、悄悄地"。如《战国策·赵策三》："魏王使客将军辛桓衍间入邯郸。"又引申指"置身其间、参与"。如《左传·庄公十年》："肉食者谋之,又何间焉?"

以上意义读作 jiàn。"间"还可指"中间、期间"。如《论语·先进》："千乘之国，摄乎大国之间。"引申指"近来"。如《汉书·叙传上》："帝间颜色瘦黑。"还引申作量词用。如刘义庆《世说新语·赏誉》："三间瓦屋，士龙住东头，士衡住西头。"以上意义读作 jiān。古汉语中，"间"还有"空闲"义，读作 xián。如《后汉书·东平宪王苍传》："忧念惶惶，未有间宁。"这个意义后来写作"闲"。上古没有"间"，后来写作"间"的意义，上古都写作"閒"。"閒"表示月光从门缝透出，引申出以上意义。"闲"表示栅栏，只有在"空闲"意义上和"閒"通用。

【赂】

《说文》："赂，遗（wèi）也。"本义指"赠送财物"。如《左传·桓公二年》："以郜大鼎赂公。"引申指"财物"。如《荀子·富国》："货赂将甚厚。"引申有"奉送"之义，如《韩非子·说林下》："乃割露山之阴五百里以赂之。"后来引申指"贿赂"。如《后汉书·冯绲传》："不行贿赂。"上古"赂"并不作"贿赂"讲，"贿赂"在上古叫"赇"。"赂"由"赠送"意义引申为"贿赂"是后起的。

28. 艺文志·诸子略（节选）

《汉书》

说明

"艺文志"是《汉书》十志之一，是关于书籍的记载。《汉书·艺文志》主要依据西汉刘歆所作《七略》改编而成。志中将诸子分为十家，每一家首列书目，然后有一段小序，叙述各家的学术源流、特点、得失，对我们了解古代学术的发展是有帮助的。节选时删去书目，只保留其评论部分。

儒家者流[1]，盖出于司徒之官[2]，助人君顺阴阳、明教化者也[3]。游文于六经之中[4]，留意于仁义之际[5]。祖述尧舜[6]，宪章文武[7]，宗师仲尼[8]，以重其言[9]，于道最为高[10]。孔子曰："如有所誉，其有所试[11]。"

唐虞之隆，殷周之盛，仲尼之业，已试之效者也[12]。然惑者既失精微[13]，而辟者又随时抑扬[14]，违离道本，苟以哗众取宠[15]。后进循之，是以五经乖析[16]，儒学寖衰[17]，此辟儒之患也。

注释

[1] 者：这。流：流派。

[2] 司徒：官名，秦以前掌教化之事。

[3] 阴阳：中国古代的哲学概念，原指化生万物的阴阳二气。后来也用于社会政治方面，君臣和谐，刑德适宜，则谓之阴阳和调。所以，掌教化也就是调阴阳。

[4] 游文：钻研文字。游：习。此句是说研习六经。

[5] 留意：犹"着意""用心"。此句是说崇尚仁义。

[6] 祖述：效法。

[7] 宪章：法制，用作动词，是守其法制的意思。文武：指周文王、周武王。语出《礼记·中庸》："仲尼祖述尧舜，宪章文武。"两句意思是说尊奉帝尧、帝舜的主张，谨守文王、武王的法制。

[8] 宗师仲尼：尊敬仲尼，以之为师。宗：尊崇。

[9] 以重其言：以此来加重其学说的分量。

[10] 道：此处泛指各家学说。

[11] "如有"二句：见《论语·卫灵公》，意谓如果我对某人有所称誉，那一定是我试用过他。

[12] 这几句是说：唐尧虞舜、殷周时的太平盛世和孔子的业绩，就是儒家学说经过试用而表现出来的成效。

[13] 惑者：糊涂的人。精微：指儒家学说的精深细微之处。

[14] 辟（pì）者：邪僻不正的人。辟：后来写作"僻"。抑：压抑。扬：指高。

[15] 哗众取宠：使众人轰动，以取得尊荣。苟：苟且，随意地。哗：喧哗。宠：尊荣。

[16] 乖：背离。析：支解。这句是说五经被弄得背离原意，支离破碎。

[17] 寖（jìn）：通"浸"，逐渐。

道家者流，盖出于史官[1]。历记成败、存亡、祸福、古今之道，然后知秉要执本[2]。清虚以自守[3]，卑弱以自持，此君人南面之术也[4]。合于尧之克攘[5]，《易》之嗛嗛[6]，一谦而四益[7]，此其所长也。及放者为之[8]，则欲绝去礼学[9]，兼弃仁义[10]；曰：独任清虚，可以为治。

注释

[1] 史官：古代史官负责记言和记事。《礼记·玉藻》："动则左史书之，言则右史书之。"

[2] 秉要执本：掌握要旨和根本。这几句是说史官因为了解历史发展的情况和规律，因而知道治国的根本。

[3] 清虚：清静虚无。自守：指保住自己。"下句"自持"同。

[4] 君人：做百姓的君主。君：用如动词。南面：面朝南方。古以坐北朝南为尊。泛指统治人。

[5] 克攘：能谦让。攘：通"让"。《尚书·尧典》称尧之德曰"允恭克让"。

[6] 嗛（qiān）：通"谦"，谦虚。《周易·谦卦》："谦谦君子。"这是说谦而又谦，极言其谦退。

[7] 四益：指在天、地、鬼神、人道四方面都有益。《周易·谦卦》："天道亏盈而益谦，地道变盈而流谦，鬼神害盈而福谦，人道恶盈而好谦。"

[8] 放：放纵，指过分。

[9] 绝去：摒弃。

[10] 兼弃：并弃，同时摒弃。

阴阳家者流[1]，盖出于羲和之官[2]。敬顺昊天，历象日月星辰，敬授民时[3]。此其所长也。及拘者为之[4]，则牵于禁忌[5]，泥于小数[6]。舍人事而任鬼神[7]。

注释

[1] 阴阳家：研究阴阳消长、四时变化的一个学派。

[2] 羲和之官：羲氏、和氏，相传为古时掌天地四时的官。

[3] "敬顺"三句：语出《尚书·尧典》"乃命羲和，钦若昊天，历象日月星辰，敬授人时"。敬顺：敬重顺从。昊（hào）天：即天。昊：大。历：

记载历法的书。象：观测天文的仪器。这里"历""象"都用作动词，指推历观象。

［4］拘：拘泥。

［5］牵：指拘束。禁忌：有关吉凶的忌讳。后来阴阳家更讲择日占星等迷信的事，禁忌很多。

［6］泥（nì）：拘泥。小数：有关禁忌的小术。数：术数。

［7］任：听凭。

法家者流，盖出于理官[1]**。信赏必罚**[2]**，以辅礼制。《易》曰："先王以明罚饬法**[3]**。"此其所长也。及刻者为之**[4]**，则无教化**[5]**、去仁爱，专任刑法，而欲以致治**[6]**；至于残害至亲，伤恩薄厚**[7]**。**

注释

［1］理官：审理狱讼的官，即法官。

［2］信赏必罚：有功必赏，有罪必罚。信：守信。

［3］"先王"句：语出《周易·噬嗑（shì hé）卦》，意为先王以严明刑法来整顿法度。

［4］刻：刻薄。

［5］无教化：无视教化。

［6］致治：使国家在政治上安定清平。

［7］伤恩：伤害有恩之人。薄厚：亏待有深厚情谊之人。

名家者流[1]**，盖出于礼官**[2]**。古者名位不同，礼亦异数**[3]**。孔子曰："必也，正名乎？名不正则言不顺，言不顺则事不成**[4]**。"此其所长也。及警者为之**[5]**，则苟钩𬭁析乱而已**[6]**。**

注释

［1］名家：战国时一个研究"名""实"关系的学派。他们在逻辑的研究方面有贡献，但也有诡辩的倾向。

［2］礼官：古代掌礼仪的官。

[3]异数：不同的等级。语出《左传·庄公十七年》："王命诸侯，名位不同，礼亦异数。"

[4]见《论语·子路》。

[5]訐（jiào）：揭发别人隐私。一说通"缴"，缴绕，纠缠不清。

[6]苟：随便地。钩釽析乱：意为对名实关系穿凿附会，肆意割裂，肢解得支离破碎、混乱不堪。钩：探索，发掘。釽（pī）：裁截，分割。

墨家者流，盖出于清庙之守[1]。茅屋采椽[2]，是以昭俭；养三老五更，是以兼爱[3]；选士大射[4]，是以上贤[5]；宗祀严父[6]，是以右鬼[7]；顺四时而行，是以非命[8]；以孝视天下[9]，是以上同[10]。此其所长也。及蔽者为之[11]，见俭之利，因以非礼[12]；推兼爱之意，而不知别亲疏。

注释

[1]墨家：墨翟开创的学派。清庙：宗庙，宗庙肃然清静，所以称为清庙。守："官"的误字（依余嘉锡说）。

[2]采：通"棌"，木名，即栎树。是一种粗劣的木材。椽（chuán）：放在檩上架着屋顶的木条。

[3]三老五更：据说古代天子以父兄之礼养三老、五更各一人。见《礼记·文王世子》。"更"当作"叟"。兼爱：《墨子》有《兼爱》，主张天下的人"兼相爱"。

[4]选士：《礼记·王制》曰："命乡论秀士，升之司徒，曰选士。"大射：古代天子、诸侯为祭祀而举行的一种射礼。群臣及各地所贡之士射中多者可参与祭祀。按：选士、大射均有选拔人才的性质。

[5]上：通"尚"，崇尚、推崇。

[6]宗祀：对祖宗的祭祀。严父：父亲。旧谓父严母慈，故称。

[7]右鬼：崇尚鬼神。按：古代以右为上。

[8]非命：反对儒家的命定之说。

[9]视：通"示"。

[10]上同：指与在上者取得一致，然后天下太平。墨子主张上同于乡长、国君、天子，最后同于天。

[11] 蔽：见解不全面。
[12] 非礼：反对礼制。

从横家者流，盖出于行人之官[1]。孔子曰："诵《诗》三百，使于四方，不能专对，虽多，亦奚以为[2]？"又曰："使乎！使乎[3]！"言其当权事制宜[4]，受命而不受辞[5]。此其所长也。及邪人为之，则上诈谖而弃其信[6]。

注释

[1] 从(zòng)横家：战国时的策辩之士。从横：合纵和连横。行人：官名。《周礼》有大行人、小行人，掌朝觐宗庙会同的礼仪，也充当外交使节。

[2] 见《论语·子路》。专对：独自应对。奚以为：有什么用。这几句是说：如果出使时不能随机应变独自应对，背诵的《诗经》句子再多也无用。古代在外交场合，使者常要引用《诗经》的句子来表达自己的意思，所以这样说。

[3] 见《论语·宪问》。使乎：意思是说"好一位使者"。

[4] 权事制宜：权衡事实以制订恰当的应对策略。

[5] 从国君那里接受使命而不接受应对的具体言辞。《公羊传·庄公十九年》："聘礼，大夫受命不受辞。"

[6] 上：通"尚"。谖(xuān)：诈。

杂家者流，盖出于议官[1]。兼儒墨，合名法，知国体之有此[2]，见王治之无不贯[3]，此其所长也。及荡者为之[4]，则漫羡而无所归心[5]。

注释

[1] 杂家：杂采诸家之说的一个学派。议官：谏议之官。

[2] 国体：治国之法。此：指儒、墨、名、法诸家的学说。

[3] 这句是说：有了杂家，可以表现出明主之治能兼容诸家之说，无不贯通。

[4] 荡：指学识浮泛。

[5] 漫羡(yǎn)：即"漫衍"，水溢出横流的样子，这里指牵涉面广而抓不住要点。无所归心：心没有归宿。这句是说杂家博采众说而没有自己独立

的见解。

农家者流,盖出于**农稷之官**[1]。播百谷,劝耕桑,以足衣食。故八政一曰食,二曰货[2]。孔子曰:"所重民食[3]。"此其所长也。及鄙者为之,以为无所事圣王[4],欲使君臣并耕,**悖上下之序**[5]。

注释

[1]农家:先秦时的一个学派。主张人人都要从事农业生产。稷:农官之名。

[2]八政:指古代国家八个方面的政事。《尚书·洪范》称"八政"是:"一曰食(教民勤于农耕),二曰货(掌货物流通),三曰祀(掌祭祀),四曰司空(掌使民安居),五曰司徒(掌百姓教育),六曰司寇(掌司法),七曰宾(掌接待宾客),八曰师(掌军事)。"

[3]语出《论语·尧曰》:"所重:民、食、丧、祭。"意为执政者应重视百姓、粮食、丧葬、祭祀。

[4]鄙者:鄙陋的人。事:动词,从事。

[5]悖:扰乱。

小说家者流[1],盖出于**稗官**[2]。街谈巷语、道听涂说者之所造也。孔子曰:"虽小道,必有可观者焉,致远恐泥,是以君子弗为也[3]。"然亦弗灭也[4]。闾里小知者之所及,亦使缀而不忘[5]。如或一言可采,此亦刍荛狂夫之议也[6]。

注释

[1]小说:指杂记文字,与现代所言"小说"含义不同。

[2]稗(bài)官:负责记载闾巷风俗的官。稗:稗草,比喻微小或非正式的。

[3]小道:小技艺。《汉书》引用时,指小说家的小道理。

[4]灭:抹杀。

[5]闾里小知者之所及:指闾巷里知识浅薄的人所看到的道理。缀:连缀。这里指连缀词句,即写文章。

[6]刍荛:割草打柴,这里泛指一般平民。狂夫:狂愚之人。

凡诸子百八十九家,四千三百二十四篇。

诸子十家[1],其可观者九家而已[2]。皆起于王道既微,诸侯力政[3],时君世主,好恶殊方[4]。是以九家之说,蜂出并作[5],各引一端[6],崇其所善,以此驰说[7],取合诸侯[8]。其言虽殊,辟犹水火[9],相灭亦相生也。仁之与义,敬之与和,相反而相成也。《易》曰:"天下同归而殊涂,一致而百虑[10]。"今异家者,各推所长,穷知究虑,以明其指[11],虽有蔽短,合其要归[12],亦六经之支与流裔[13]。使其人遭明王圣主,得其所折中[14],皆股肱之材已[15]。仲尼有言:"礼失而求诸野[16]。"方今去圣久远,道术缺废,无所更索[17],彼九家者不犹瘉于野乎[18]?若能修六艺之术[19],而观此九家之言,舍短取长,则可以通万方之略矣[20]。

注释

[1]十家:《汉书·艺文志·诸子略》共收儒、道、阴阳、法、名、墨、纵横、杂、农、小说等十家之书。

[2]九家:指除小说家之外的九家。因为小说家不是一个学派。

[3]力政(zhēng):以武力相征伐。政:通"征"。

[4]殊方:旨趣不同。

[5]蜂出:如群蜂般涌现。并作:并起。

[6]各引一端:犹言各执一词。引:征引,援引。

[7]驰说(shuì):游说。

[8]取合:寻求认同。

[9]辟:通"譬",比喻。

[10]见《周易·系辞下》。致:目的。虑:考虑。

[11]穷知(zhì)究虑:用尽心思的意思。穷、究,都是穷尽。知、虑,都指思虑。知:后来写作"智"。

[12]蔽短:弊病、缺点。要归:要旨。

[13]支:分支。与:从属。流:支派。裔:衣边,引申为边裔。这两句是说:如果合诸子之要义旨归而观之,那么它们也可以说是六经演变而成的。

[14] 折中：调节偏颇之处使合正道。

[15] 股肱之材：比喻辅佐之臣。股：大腿。肱（gōng）：手臂。

[16] 野：指民间。

[17] 更索：另求。

[18] 瘉：通"愈"，胜过。

[19] 修：研习。

[20] 万方之略：天下的学说。

本篇选词综述

【际】

本义指"交界、边缘"。如《左传·定公十年》："居齐鲁之际而无事，必不可矣。"引申指"先后交接的时候"。如《史记·秦楚之际月表》："太史公读秦楚之际。"此义可引申指"时候"。如《论语·泰伯》："唐、虞之际，于斯为胜。"又引申指"彼此之间"。如《韩非子·难一》："君臣之际，非父子之亲也。"还可引申指"交会、交际"。如《周易·坎》："刚柔际也。"又引申指"到"。如《汉书·严助传》："际天接地。"

【本】

《说文》："本，木下曰本。"本义指"草木的根或茎干"。如《国语·晋语一》："伐木不自其本，必复生。"引申指"根源、来源"。如《礼记·乐记》："乐者，音之所由生也，其本在人心之感于物也。"此义又引申指"根本、基础的东西"。如《论语·学而》："君子务本。"成语"本末倒置"即用此意义。还可引申特指"农桑业"。如《商君书·壹言》："能事本而禁末者，富。"又引申指"本来的、原来的"。如萧统《文选序》："变其本而加厉。"还可引申指"自己一边的、现今的"。如《淮南子·氾论》："立之于本朝之上，倚之于三公之位。"又如"本年""本月"等。"本"还可以作动词用，表示"根据、掌握"。如《周易·乾》："本乎天者亲上，本乎地者亲下。"

【理】

本义指"加工玉石、雕琢"。如《韩非子·和氏》："使玉人理其璞而得宝焉。"引申指"治理、整理"。如《荀子·天论》："本事不理……夫是之谓人祆。"

又引申指"纹理、条理"。如《荀子·儒效》:"井井兮其有理也。"又引申指"道理、规律"。如《孟子·告子上》:"故理义之悦我心,犹刍豢之悦我口。"

【鄙】

本义指"周代的基层行政区划,五百户为鄙"。如《周礼·地官·遂人》:"五家为邻,五邻为里……五鄙为县。"引申指"边疆、边远的地方"。如《左传·僖公二十六年》:"齐孝公伐我北鄙。"又引申指"庸俗、浅陋"。如《论语·子罕》:"吾少也贱,故多能鄙事。"又引申指"轻视、看不起"。如《左传·宣公十四年》:"过我而不假道,鄙我也。"古汉语中,"鄙"还可以作谦词,谦称自己。如《战国策·齐策一》:"鄙臣不敢以死为戏。"

29. 华佗传(节选)

《三国志》

作家作品介绍

《三国志》作者陈寿(233—297),字承祚,巴西安汉(今四川省南充市)人,三国时在蜀国做观阁内史。蜀亡后,做晋朝的著作郎。

《三国志》是一部记载魏、蜀、吴三国鼎立时期的纪传体国别史书,包括《魏书》30卷,《蜀志》15卷,《吴志》20卷,最初各自成书,北宋时合成一书定名《三国志》,共65卷。本书详细记载了从魏文帝黄初元年(220)到晋武帝太康元年(280)六十年间的历史,史料考核严谨,记事翔实,文笔简洁,受到后人推崇。

南朝宋裴松之为《三国志》作注,引用了大量的历史资料,是较好的注本。

说明

本文选自《三国志·魏书·方技传》。

华佗(约145—208),字元化,沛国谯(今安徽省亳州市谯城区)人,东汉医学家,精内、妇、儿、针灸各科,尤其擅长外科。他曾用"麻沸散"麻醉病人后再实行剖腹手术,是世界医学史上最早应用全身麻醉进行手术治疗的医学家。华佗对养生和预防保健尤为注重，并身体力行，编创了一套"五禽戏"，模仿鹿、熊、虎、猿、鸟的动作，时常操练，以强身除病。

本文通过一系列医案，着重表现了华佗精湛的医技。全文叙事简洁，每一段落皆见作者对华佗医技的赞扬，栩栩如生地描绘出一代神医的肖像。

华佗字元化，沛国谯人也，一名旉[1]。游学徐土，兼通数经[2]。沛相陈珪举孝廉，太尉黄琬辟，皆不就。晓养性之术，时人以为年且百岁而貌有壮容。又精方药[3]，其疗疾，合汤不过数种，心解分剂[4]，不复称量，煮熟便饮，语其节度，舍去辄愈[5]。若当灸[6]，不过一两处，每处不过七八壮，病亦应除[7]。若当针，亦不过一两处，下针言："当引某许，若至，语人。"病者言"已到"，应便拔针，病亦行差。若病结积在内，针药所不能及，当须刳割者[8]，便饮其麻沸散，须臾便如醉死，无所知，因破取。病若在肠中，便断肠湔洗，缝腹膏摩[9]，四五日，差，不痛，人亦不自寤，一月之间，即平复矣。

注释

［1］旉（fū）：同"敷"。

［2］离开家乡，到徐州地区求学，通晓数种经书（指《诗》《书》《礼》《易》《春秋》等儒家经典）。经：经书，指《诗》《书》《礼》《易》《春秋》等。

［3］方：处方，药方。

［4］心里明了药物的分量、比例。心解：熟悉、明白。分：分量。剂：药剂，指各种药物配合的比例。

［5］（华佗）离开后，病就痊愈了。舍去：离开。舍，放弃，这里的意思是"离开"。

［6］灸：艾灸。

［7］应：随即。

［8］如果病患集结郁积在体内，扎针吃药都不能奏效，应须剖开割去的。刳（kū）：剖开，开刀。

［9］缝腹膏摩：缝合刀口，用药膏敷上。

府吏儿寻、李延共止，俱头痛身热，所苦正同。佗曰："寻当下之，延当发汗。"

或难其异。佗曰:"寻外实,延内实,故治之宜殊。"即各与药,明旦并起[1]。

佗行道,见一人病咽塞[2],嗜食而不得下,家人车载欲往就医。佗闻其呻吟,驻车往视[3],语之曰:"向来道边有卖饼家,蒜齑大酢[4],从取三升饮之,病自当去。"即如佗言,立吐蛇一枚[5],县车边,欲造佗。佗尚未还,小儿戏门前,逆见[6],自相谓曰:"似逢我公,车边病是也。"疾者前入坐,见佗北壁县此蛇辈约以十数。

注释

[1] 明旦:第二天早晨。

[2] 看见一个人患咽喉堵塞的病。塞:患……病。

[3] 让车马停下去诊视。驻车:停车。

[4] 酢:同"醋"。

[5] 蛇:这里是指一种形状像蛇的寄生虫。

[6] 逆见:迎面看到。

广陵太守陈登得病,胸中烦懑,面赤不食。佗脉之曰[1]:"府君胃中有虫数升[2],欲成内疽,食腥物所为也。"即作汤二升,先服一升,斯须尽服之[3]。食顷,吐出三升许虫[4],赤头皆动,半身是生鱼脍也,所苦便愈。佗曰:"此病后三期当发[5],遇良医乃可济救[6]。"依期果发动,时佗不在,如言而死。

注释

[1] 脉:名词用作动词,意思是"为……切脉"。

[2] 府君:对太守的敬称。

[3] 须:须臾,一会儿。

[4] 吐出三升许:吐出了大约三升小虫。

[5] 三期(jī):三年。期,也写作"朞",满一年。

[6] 这种病三年后应该会复发,碰到良医才可以救活。济救:这里意思是"救活"。济:救助。

太祖闻而召佗[1],佗常在左右,太祖苦头风,每发,心乱目眩。佗针鬲,随手而差。……

佗之绝技，凡此类也。然本作士人，以医见业，意常自悔[2]。后太祖亲理，得病笃重，使佗专视[3]。佗曰："此近难济，恒事攻治，可延岁月。"佗久远家思归，因曰："当得家书，方欲暂还耳[4]。"到家，辞以妻病，数乞期不反。太祖累书呼，又敕郡县发遣。佗恃能厌食事，犹不上道[5]。太祖大怒，使人往检[6]：若妻信病[7]，赐小豆四十斛[8]，宽假限日；若其虚诈，便收送之[9]。于是传付许狱[10]，考验首服。荀彧请曰："佗术实工，人命所县，宜含宥之[11]。"太祖曰："不忧，天下当无此鼠辈耶？"遂考竟佗，佗临死，出一卷书与狱吏，曰："此可以活人[12]。"吏畏法不受，佗亦不强[13]，索火烧之。佗死后，太祖头风未除。太祖曰："佗能愈此，小人养吾病，欲以自重，然吾不杀此子，亦终当不为我断此根原耳。"及后爱子仓舒病困，太祖叹曰："吾悔杀华佗，令此儿强死也。"

注释

［1］太祖：魏武帝曹操。

［2］然而他本是读书人，以医术养活自己，心里常感懊悔（中国封建社会中，医生属于"方技"，被视为"贱业"，所以华佗时常"自悔"）。士人：读书人。

［3］后来曹操亲自处理（国事），病情沉重，让华佗专为他个人治病。笃重：深重，特别严重。

［4］刚才收到家中来信，正要短期回家一趟呢。当：刚才，适才。

［5］华佗自恃有才能，厌恶吃侍候人的饭，还是不上路。厌食事：厌恶吃侍奉人的饭。

［6］检：考验，考查。

［7］信：确实。

［8］斛（hú）：古时称量粮食的一种容器，一斛等于十斗。

［9］收送：逮捕下狱。收：拘捕、逮捕。送：交付官府治罪。

［10］传付：递解，交付。传：递解。付：交给。

［11］华佗的医术确实高明，关系着人的生命，应该包涵宽容他。含宥（yòu）：宽容，原谅。

[12] 此书可以用来救活人。活：使……活，这是动词的使动用法。

[13] 强（qiǎng）：勉强。

本篇选词综述

【就】

本义指"接近、靠近"。如《荀子·劝学》："金就砺则利。"现代汉语有"就医"一词。引申指"完成、达到"。如《战国策·齐策四》："三窟已就，君姑高枕为乐矣。"又引申指"即使"。如《三国志·魏志·荀彧传》："就能破之，尚不可有也。"

【除】

《说文》："除，殿陛也。"本义指"台阶"。如张衡《东京赋》："乃羡公侯卿士，登自东除。"引申指"清除、去掉"。如《史记·秦始皇本纪》："诛乱除害。"又引申指"修治、修缮"。如《左传·昭公十三年》："将为子除馆于西河，其若之何？"还可引申指"任命、授职"。如李密《陈情表》："寻蒙国恩，除臣洗马。"

【汤】

《说文》："汤，热水也。"本义指"热水、开水"。如屈原《九歌·云中君》："浴兰汤兮沐芳，华采衣兮若英。"成语有"赴汤蹈火"。引申指"汤药"。如《三国志·魏志·华佗传》："其疗疾，合汤不过数种。"又引申指"菜汤"，这一意义后起。如王建《新嫁娘》："三日入厨下，洗手作羹汤。"在古汉语中，"羹"和"汤"有区别。"羹"在上古指用肉或菜做成的带汁的食物。"汤"在唐以前一般只指"开水"。另外，古汉语中有"汤汤"一词，表示水势浩大的样子，其中的"汤"读作 shāng。

【信】

《说文》："信，诚也。"本义指"言语真实"。如《老子》："信言不美，美言不信。"引申指"讲信用"。如《论语·子路》："言必信，行必果。"引申指"实在、的确"。如《吕氏春秋·爱类》："闻大王将攻宋，信有之乎？"又引申指"相信"。如王充《论衡·问孔》："世儒学者，好信师而是古。"又可指"信物"。如《史记·刺客列传》："今行而毋信，则秦未可亲也。"

（毋：无，没有。）还可指"送信的人、信使"。如刘义庆《世说新语·雅量》："谢公与人围棋，俄而谢玄淮上信至，看书竟，默然无言。""信"还有"音讯、消息"之义。如杜甫《喜达行在所》："西忆岐阳信，无人遂却回。"又可指"书信"。如元稹《书乐天纸》："不忍拈将等闲用，半封京信半题诗。""信"还可用作副词，表示"随意、随便"。如白居易《琵琶行》："低眉信手续续弹，说尽心中无限事。"古汉语中，"信"还可通作"伸"，读作 shēn，表示"伸展"。如《周易·系辞下》："屈信相感而利生焉。"

30. 情采

《文心雕龙》

作家作品介绍

《文心雕龙》作者刘勰（约 465—520），字彦和，南北朝齐梁时人，原籍东莞莒（今山东省莒县），世居京口（今江苏省镇江市），是中国历史上著名的文学理论家。入梁后官至步兵校尉兼东宫通事舍人。晚年出家为僧，改名慧地。

《文心雕龙》是中国文学理论批评史上第一部有严密体系的、"体大而虑周"的文学理论专著，成书于公元 501—502 年。全书 50 篇，分为上下两部分。在《序志》篇中作者自叙了《文心雕龙》一书的体例。"文之枢纽"：《原道》《宗经》《征圣》《正纬》《变骚》，是全书的纲领，提出文学创作要本之于道，稽之于圣，宗之于经。"论文序笔"：《明诗》到《书记》的 20 篇，对各种文体源流及作家、作品逐一进行研究和评价。"文"指有韵文，"笔"指无韵文。下部"剖情析采"：包括从《神思》到《物色》的 20 篇，主要谈有关创作过程中各个方面的问题，是创作论。《时序》《才略》《知音》《程器》等 4 篇，则主要是文学史论和批评鉴赏论。通行本有清人黄叔琳本，今人范文澜《文心雕龙注》，杨明照《文心雕龙校注》及《文心雕龙校注拾遗》，周振甫《文心雕龙注释》，王利器《文心雕龙校证》等。

说明

本篇选自《文心雕龙》的第 31 篇。全篇分 3 个部分。第一部分论述内容和形式的相互关系：形式必须依附于一定的内容才有意义，内容也必须通过一定的形式才能表达出来，二者实际上是一个相依相存的统一体。刘勰认为文学作品必然有一定的文采，但文和采是由情和质决定的。第二部分从文和情的关系讲到两种不同的文学创作道路：一种是《诗经》以来"为情而造文"的优良传统，一种是后世"为文而造情"的不良倾向。前者是"吟咏情性，以讽其上"，因而感情真实，文辞精练。后者是无病呻吟，夸耀辞采，因此感情虚伪而辞采浮华。刘勰在重点批判了后世重文轻质的倾向之后，进一步提出了"述志为本"的文学主张。第三部分讲"采滥辞诡"的危害，提出正确的文学创作道路是首先确立内容，然后造文施采，使内容与形式密切配合，而写成文质兼备的理想作品。本篇是针对当时"体情之制日疏，逐文之篇愈盛"的创作风气而发的。

圣贤书辞，总称"文章"[1]，非采而何[2]？夫水性虚而沦漪结[3]，木体实而花萼振[4]，文附质也[5]。虎豹无文[6]，则鞟同犬羊[7]；犀兕有皮[8]，而色资丹漆[9]，质待文也[10]。若乃综述性灵[11]，敷写器象[12]，镂心鸟迹之中[13]，织辞鱼网之上[14]，其为彪炳[15]，缛采名矣[16]。故立文之道[17]，其理有三：一曰形文，五色是也[18]；二曰声文，五音是也[19]；三曰情文，五性是也[20]。五色杂而成黼黻[21]，五音比而成《韶》《夏》[22]，五情发而为辞章[23]，神理之数也[24]。《孝经》垂典[25]，丧言不文[26]；故知君子常言[27]，未尝质也[28]。老子疾伪[29]，故称"美言不信"[30]；而五千精妙[31]，则非弃美矣。庄周云"辩雕万物"[32]，谓藻饰也[33]。韩非云"艳采辩说"[34]，谓绮丽也[35]。绮丽以艳说，藻饰以辩雕，文辞之变，于斯极矣。研味《李》《老》[36]，则知文质附乎性情[37]；详览《庄》《韩》，则见华实过乎淫侈[38]。若择源于泾渭之流[39]，按辔于邪正之路[40]，亦可以驭文采矣。夫铅黛所以饰容[41]，而盼倩生于淑姿[42]；文采所以饰言，而辩丽本于情性[43]。故情者[44]，文之经；辞者，理之纬[45]。经正而后纬成，理定而后辞畅，此立文之本源也[46]。

注释

[1] 古代圣贤的著作，都叫作"文章"。文章：《论语·公冶长》："子贡曰：'夫子之文章，可得而闻也。'"何晏注："章，明也；文，彩。形质著见，可以耳目循。"

[2] 这不是由于它们都具有文采吗？采：文采。本篇多用以泛指艺术形式。

[3] 性：性质，特征。沦漪（lún yī）：水的波纹。

[4] 萼（è）：花朵下的绿片。

[5] 这句说明内容和形式关系的一个方面。文：即采。质：即情。

[6] 文：这里指虎豹皮毛的花纹。

[7] 鞟（kuò）同犬羊：《论语·颜渊》："文犹质也，质犹文也；虎豹之鞟，犹犬羊之鞟。"鞟：去了毛的皮革。

[8] 犀兕（xī sì）：即犀牛，都是似牛的野兽（犀是雄的，兕是雌的），皮坚韧，可制铠甲。

[9] 资：凭借。

[10] 虚柔的水可以产生波纹，坚实的树木便能开放花朵：可见文采必须依附于特定的实物。虎豹皮毛如果没有花纹，就看不出它们和犬羊的皮有什么区别；犀牛的皮虽有用，但还须涂上丹漆才美观：可见物体的实质也要依靠美好的外形。质待文：这说明内容和形式关系的又一个方面。

[11] 综：交织，这里是加以组织的意思。性灵：指人的思想感情。

[12] 敷写：即描写。敷：铺陈。

[13] 镂（lòu）心：精心推敲。镂：雕刻。鸟迹：指文字。相传黄帝时，仓颉受鸟兽足迹的启发而造文字。

[14] 织辞：编织文辞。鱼网：指纸。《后汉书·蔡伦传》说蔡伦开始用树皮、鱼网等造纸。

[15] 彪炳：光彩鲜明。

[16] 缛（rù）：繁盛。名：《释名·释言语》："名，明也，名实使分明也。"

[17] 道：道路，途径。

[18] 五色：青、黄、赤、白、黑，指作品的形象描写。《诠赋》："写物图貌，蔚似雕画。"《物色》："凡摛表五色，贵在时见，若青黄屡出，则

繁而不珍。"

[19] 五音：宫、商、角、徵（zhǐ）、羽，指作品的声韵。包括《乐府》篇"声为乐体""诗声曰歌"的"声"和《声律》篇讲的宫商声韵。

[20] 五性：指从心、肝、脾、肺、肾产生出来的五种性情。晋代晋灼《汉书音义》说："肝性静"，"心性躁"，"脾性力"，"肺性坚"，"肾性智"。（《汉书·翼奉传》注引）这里指作者的思想感情。

[21] 黼黻（fǔ fú）：古代礼服上绣的花纹。黼：白与黑相间的花纹。黻：黑与青相间的花纹。

[22] 比：缀辑。《韶》（sháo）：舜时的乐名。《夏》：禹时的乐名。

[23] 文学艺术创作的道路有三种：第一是表形的创作，是依靠各种不同颜色而成的；第二是表声的创作，是依靠各种不同的声音而成的；第三是表情的创作，是依靠各种不同的性情而成的。各种颜色互相错杂，就构成鲜艳的花纹；各种声音互相调和，就构成动听的乐章；各种性情表达出来，就构成优美的作品。情：当作"性"。

[24] 神理：神妙的道理。从《文心雕龙》全书多次所用"神理"一词的意义来看，所谓神妙的道理，就是《原道》篇所说的"自然之道"。数：定数。

[25] 《孝经》：孔门后学所著儒家"十三经"之一。垂：留传下来。典：法度。

[26] 丧言不文：指为父母服丧期间，说话不加文采。《孝经·丧亲》："孝子之丧亲也，哭不偯（yǐ），礼无容，言不文。"

[27] 常言：指不是哀伤父母的话。

[28] 未尝质：并不朴质。

[29] 老子：姓李，名耳，春秋时期的思想家。著有《老子》81章，亦称《道德经》。疾：憎恶。

[30] 美言不信：这是《老子》最后一章中的话，是针对某些虚华不实的文辞说的。

[31] 五千：即《道德经》，因它共有五千多字。

[32] 庄周：即庄子，战国时期的思想家，著有《庄子》。辩：巧言。《庄子·天道》："辩虽雕万物，不自说（悦）也。"

[33] 藻：辞藻。

［34］韩非：战国时期的思想家，著有《韩非子》。采：当作"乎"。《韩非子·外储说左上》："夫不谋治强之功，而艳乎辩说文丽之声，是却有术之士，而任坏屋折弓也。"

［35］绮（qǐ）：有花纹的丝织品。

［36］体会《孝经》《老子》等书中的话，可知文章的形式是依附于作者的情感的。《李》：当作《孝》，指《孝经》。《老》：指《老子》。

［37］文质：本指形式和内容，这里是复词偏义，只指形式。

［38］细看《庄子》《韩非子》等书中的话，就明白作品的华丽是过分淫侈了。华实：复词偏义，这里只指华。淫：过分。

［39］泾渭：泾水和渭水，一清一浊，二水会合于陕西省西安市高陵区。这里用以喻"文质附乎性情"和"华实过乎淫侈"两种创作倾向。

［40］辔（pèi）：马缰绳。

［41］铅：铅粉。黛（dài）：古代女子画眉用的青黑色颜料。

［42］盼：美目。倩（qiàn）：动人的笑貌。《诗经·卫风·硕人》："巧笑倩兮，美目盼兮。"淑：美好。

［43］情性：指作品中所表达的作者的思想感情。

［44］情：这里泛指作品内容。

［45］理：和上句"情"字意义相近。

［46］本源：根本，这里指文学创作的根本原理。

昔诗人什篇[1]，为情而造文；辞人赋颂，为文而造情[2]。何以明其然？盖《风》《雅》之兴[3]，志思蓄愤，而吟咏情性，以讽其上，此为情而造文也[4]。诸子之徒[5]，心非郁陶[6]，苟驰夸饰[7]，鬻声钓世，此为文而造情也[8]。故为情者要约而写真，为文者淫丽而烦滥[9]。而后之作者，采滥忽真，远弃《风》《雅》，近师辞赋，故体情之制日疏[10]，逐文之篇愈盛[11]。故有志深轩冕[12]，而泛咏皋壤[13]。心缠几务[14]，而虚述人外[15]。真宰弗存[16]，翩其反矣[17]。夫桃李不言而成蹊，有实存也[18]；男子树兰而不芳[19]，无其情也。夫以草木之微，依情待实；况乎文章，述志为本：言与志反，文岂足征[20]？

注释

[1] 从前《诗经》的作者所写的诗歌。诗人：《诗经》的作者，同时也指能继承《诗经》优良传统的作家。什：诗篇。

[2] 为了表达思想情感而写成的；后代辞赋家所写的作品，则是为了写作而捏造出情感来。辞人：辞赋家，同时也指某些具有汉赋铺陈辞藻的特点的作家。扬雄《法言·吾子》："诗人之赋丽以则，辞人之赋丽以淫。"

[3] 《风》《雅》：指《诗经》中的《国风》《小雅》等代表作品。

[4] 因为像《诗经》中《国风》《小雅》等篇的产生，就是由于作者内心充满了忧愤，才通过诗歌来表达这种感情，用以规劝当时的执政者，这就是为了表达思想情感而写文章。讽：婉言规劝。上：指统治者。

[5] 诸子：这里指汉以后的辞赋家。

[6] 郁陶（yáo）：忧思郁积。《楚辞·九辩》："岂不郁陶而思君兮，君之门以九重。"王逸注："愤念蓄积盈胸臆也。"（《文选》卷三十二）

[7] 苟：姑且，勉强。

[8] 后来的辞赋家们，本来心里没有什么愁思哀感，却勉强夸大其词，沽名钓誉，这就是为了写文章而捏造情感。鬻（yù）：卖。声：名声。钓：骗取。

[9] 为了表达情感而写出的文章，一般都能做到文辞精练而内容真实；仅仅为了写作而勉强写成的文章，就往往是过分华丽而内容杂乱空泛。滥：不切实。

[10] 体：体现。制：作品。

[11] 逐文：单纯地追求文采。逐：追逐。

[12] 轩冕（miǎn）：指高级官位。轩：有屏藩的车。冕：礼冠。

[13] 皋（gāo）壤：水边地，指山野隐居的地方。

[14] 心缠几务：嵇康《与山巨源绝交书》："机务缠其心，世故繁其虑。"几务：即机务，指政事。

[15] 人外：指尘世之外。

[16] 宰：主，这里指作者的内心。

[17] 但是后代的作家，大都爱好虚华而轻视真实，抛弃古代的《诗经》，而向辞赋学习。于是，抒写情志的作品日渐稀少，仅仅追求文采的作品越来越多。

有的人内心深深怀念着高官厚禄,却满口歌颂着山林的隐居生活;有的人骨子里对人间名利关心之至,却虚情假意地来抒发尘世之外的情趣。既没有真实心情,文章就只有相反的描写了。翩(piān):疾飞。《诗经·小雅,角弓》:"翩其反矣。"郑注:"翩然而反"。

[18]桃李从来不说话,但有果实吸引着人们,很多人来采摘,在树下走出了一条路。蹊:小路。

[19]男子种的兰花即使好看,却没有香味。男子树兰:《淮南子·缪称》:"男子树兰,美而不芳。"芳:花的香气。这个说法当然不可信,刘勰借用此话意在强调真实感情在文学创作中的重要性。

[20]如果作家所写的和自己的情感不一致,这种作品又有什么意义呢?征:征验。

是以联辞结采,将欲明经[1];采滥辞诡[2],则心理愈翳[3]。固知翠纶桂饵[4],反所以失鱼。"言隐荣华"[5],殆谓此也[6]。是以"衣锦褧衣"[7],恶文太章[8];《贲》象穷白,贵乎反本[9]。夫能设谟以位理[10],拟地以置心[11];心定而后结音,理正而后摛藻[12];使文不灭质[13],博不溺心[14];正采耀乎朱蓝[15],间色屏于红紫[16],乃可谓雕琢其章[17],彬彬君子矣[18]。

注释

[1]因此,写文章时运用辞藻,目的是要讲明事理。经:王利器校时改作"理"。理:指作品的思想内容,和上文所说"情者文之经,辞者理之纬"中的"情""理"义同。

[2]诡:反常。

[3]如果文采浮泛而怪异,作品的思想内容就必然模糊不清。心理:作者内心所蕴蓄的道理,表达而为作品的思想内容。翳(yì):隐蔽。

[4]翠纶:用翠鸟羽毛做的钓鱼线。桂:肉桂,喻珍贵食物。饵(ěr):引鱼的食物。《太平御览》卷八三四录《阙子》:"鲁人有好钓者,以桂为饵,黄金之钩,错以银碧,垂翡翠之纶,其持竿处位即是,然其得鱼不几矣。故曰:钓之务不在芳饰,事之急不在辩言。"

[5]《庄子·齐物论》中说"言辞的涵义被过繁的文采所掩盖了"。言

隐荣华：这是《庄子·齐物论》中的话。隐：埋没。《庄子》原文"隐"下有"于"字。

[6] 指的大约就是这类事情。殆（dài）：几乎，大约。

[7] 因此《诗经》中说"穿着锦衣，外面再罩一件单衣"。《诗经·卫风·硕人》："衣锦褧衣。"衣（yì）锦：穿着锦衣。褧（jiǒng）：一种套在外面的单衣。

[8] 是不喜欢文采太显著。章：显著，鲜明。

[9]《周易》中讲文饰的《贲卦》，最终还是以白色为正，可见采饰仍以保持本色为贵。贲（bì）：《易经》中的卦名，文饰。穷白：最终是白色。《贲卦》的最后说："白贲无咎。"王弼注："处饰之终，饰终反素，故在其质素，不劳文饰而无咎也。"

[10] 谟（mó）：王利器校作"模"，规范的意思。

[11] 心：指作品的思想内容。进行创作应该树立一个正确的规范来安置作品的内容，拟定一个适当的基础来表达作家的心情。地：底子，这里指文章的基础。《文心雕龙》"定势"篇中曾说："譬五色之锦，各以本来为地矣。"

[12] 摛（chī）：舒展，发布。

[13] 文：指作品的文采。质：指思想内容。

[14] 博：指辞采的繁盛。溺（nì）：淹没。《庄子·缮性》："知而不足以定天下，然后附之以文，益之以博。文灭质，博溺心。"

[15] 正采：即正色。《礼记·玉藻》："衣正色，裳间色。"疏引皇氏云："正，谓青、赤、黄、白、黑，五方正色也；不正，谓五方间色也，绿、红、碧、紫、聊黄（即留黄）是也。"朱：属赤色；蓝：属青色，都是正色。《说文》："蓝，染青色也。"

[16] 间色：由正色相间杂而成的杂色。屏：弃。红紫：红色和紫色都属杂色。

[17] 章：文采。

[18] 彬彬（bīn）：指文质兼顾，内容和形式结合得恰当。《论语·雍也》："质胜文则野，文胜质则史；文质彬彬，然后君子。"以上四句意为：要使赤、青等正色发扬光大，而把红、紫等杂色抛弃不用，这才是既能美化作品，又能使内容形式都符合理想的作家。

赞曰：言以文远，诚哉斯验[1]。心术既形[2]，英华乃赡[3]。吴锦好渝，舜英徒艳[4]。繁采寡情，味之必厌[5]。

注释

[1] 语言要有华美的文采才能流传久远，这确是不错的。赞：古代一篇文章末尾用来概括全篇大意或表明作者观点的一段话。赞或为散文，或为韵文。《文心雕龙》的赞是韵文。远：指流传久远。《左传·襄公二十五年》："言之无文，行而不远。"

[2] 心术：运用心思的道路，这里指写作的方法。形：显著，明确。《礼记·乐记》："应感起物而动，然后心术形焉。"孔颖达疏："术，谓所由道路也；形，见也；以其感物所动，故然后心之所由道路而形见焉。"

[3] 运用文思的方法既然明确，作品中的文采就能适当丰富了。赡（shàn）：富足。

[4] 吴地出产的锦绣容易变色，木槿花虽美而不能持久。渝：变。舜英徒艳：木槿花朝开暮落，有花无实。舜：木槿（jǐn）花。英：花。

[5] 味：动词，品味。指分析欣赏文章。

本篇选词综述

【写】

本义指"倾注、倾泻"。如《周礼·地官·稻人》："以浍写水。"这个意义后来写作"泻"。引申指"宣泄、消除"。如《诗经·邶风·泉水》："驾言出游，以写我忧。"又引申指"模仿"。如《韩非子·十过》："有鼓新声者，使人问左右，尽报弗闻。其状似鬼神。子为我听而写之。"此义引申为"抄写、誊写"。如《晋书·左思传》："于是豪贵之家竞相传写，洛阳为之纸贵。"又引申指"书写、写字"。如吴文英《莺啼序·春晚感怀》："殷勤待写，书中长恨。"表达"书写"的意义，唐代以前用"书"，不用"写"。古人说的"作书"就是"写字"的意思。

【经】

织布的纵线叫"经"，横线叫"纬"。如刘勰《文心雕龙·情采》："经正而后纬成,理定而后辞畅。"引申指"常规、原则"。如《尚书·大禹谟》:"与其杀不辜,宁失不经。"又引申指"经典"。如《荀子·劝学》:"其数则始于诵经,终乎读礼。"又引申指"经过"。如《汉书·五行志中之上》:"还经鲁地。"还引申指"度量、划分"。如《周礼·天官·冢宰》:"体国经野。""经"在古汉语中还有"上吊"之义。如《史记·田单列传》:"经其颈于树枝。"

【造】

本义指"到……去"。如《战国策·宋卫策》:"造大国之城下。"成语有"登峰造极"。引申指"制造、制作"。如《诗经·郑风·缁衣》:"缁衣之好兮,敝予又改造兮。"又引申指"开始"。如《吕氏春秋·大乐》:"万物所出,造于太一,化于阴阳。""造"还有"成就、成绩"之义。如《诗经·大雅·思齐》:"肆成人有德,小子有造。"

31. 答李翊书 [1]

韩愈

作家作品介绍

韩愈(768—824),字退之,河南省南阳市人。因昌黎韩氏是望族,所以后人又称他为韩昌黎。韩愈是古文运动的倡导者。他主张文章要阐明孔孟之道,以此来反对当时单纯追求形式的骈文。他的"古文"理论与创作成就足以"为后世法",对后世散文家的影响是极其深远的。韩愈的作品现存有《韩昌黎文集》。

说明

本篇选自《韩昌黎文集》。

本篇是唐德宗贞元十七年韩愈写给李翊的回信,是一篇书信体论说文。文中围绕"无望其速成,无诱于势力",叙述了自己治学为文的经历,提出了"气盛言宜""惟陈言之务去"的文学主张,表现了作者抨击世俗的勇气和顽强进取的精神。

六月二十六日，愈白[2]。李生足下[3]：生之书辞甚高，而其问何下而恭也[4]。能如是，谁不欲告生以其道[5]？道德之归也有日矣，况其外之文乎[6]？抑愈所谓望孔子之门墙而不入于其宫者，焉足以知是且非邪[7]？虽然，不可不为生言之。

注释

[1] 李翊（yì）：中唐时人，唐德宗贞元十八年（802）中进士。

[2] 六月二十六日：指贞元十七年（801）六月二十六日。白：禀告，陈述。这里用作谦词。

[3] 生：前辈对年轻读书人的称呼。

[4] 辞甚高：文辞很好。其问：指信中向韩愈请教问题的态度。下：谦下，这里指李翊来信中言辞谦虚。

[5] 道：指儒家的仁义之道。

[6] 归：归属。有日：指日可待，言为期不远。其外之文：其，指道德。作者认为文是道德的外在表现，故言"其外之文"。

[7] 抑：转折连词，如同现代汉语中的"不过""可是"。"望孔子"句：意谓自己只是望见了孔子的门墙却还没有登堂入室。这是作者自谦的话，说自己的道德学问还未修养到家。《论语·子张》："子贡曰：'譬之宫墙，赐之墙也及肩，窥见室家之好。夫子之墙数仞，不得其门而入，不见宗庙之美，百官之富。'"

生所谓"立言"者，是也[1]；生所为者与所期者，甚似而几矣[2]。抑不知生之志，蕲胜于人而取于人邪[3]？将蕲至于古之立言者邪？蕲胜于人而取于人，则固胜于人而可取于人矣！将蕲至于古之立言者，则无望其速成，无诱于势利，养其根而俟其实，加其膏而希其光[4]。根之茂者其实遂，膏之沃者其光晔[5]。仁义之人，其言蔼如也[6]。

注释

[1] 你所说的"立言"这句话，是对的。立言：指人的言语文辞能够流传后代。《左传·襄公二十四年》："太上有立德，其次有立功，其次有立言。"

[2] 所为者：所做的事情，指写的文章。所期者：希望达到的目的，指"立言"。几：近，接近。

　　[3] 蕲（qí）：同"祈"，求。胜于人：胜过人。取于人：被人取而用之，被人学习。

　　[4] 俟：等待。实：果实。膏：脂。希：希望，盼望。光：光亮。

　　[5] 遂：成熟。沃：肥美，这里指油脂多而好。晔（yè）：明亮。

　　[6] 蔼如：温顺和善的样子。

　　抑又有难者。愈之所为，不自知其至犹未也[1]；虽然，学之二十余年矣。始者，非三代两汉之书不敢观，非圣人之志不敢存[2]。处若忘，行若遗[3]，俨乎其若思，茫乎其若迷[4]。当其取于心而注于手也[5]，惟陈言之务去，戛戛乎其难哉[6]！其观于人，不知其非笑之为非笑也[7]。如是者亦有年，犹不改[8]。然后识古书之正伪，与虽正而不至焉者，昭昭然白黑分矣，而务去之，乃徐有得也[9]。当其取于心而注于手也，汩汩然来矣[10]。其观于人也，笑之则以为喜，誉之则以为忧，以其犹有人之说者存也[11]。如是者亦有年，然后浩乎其沛然矣[12]。吾又惧其杂也，迎而距之，平心而察之，其皆醇也，然后肆焉[13]。虽然，不可以不养也。行之乎仁义之途，游之乎诗书之源[14]，无迷其途，无绝其源，终吾身而已矣。

注释

　　[1] 至：指达到"古之立言者"的境界。

　　[2] 三代：夏、商、周。圣人之志：指儒家思想，孔孟之道。存：存留，保存。

　　[3] 静处时好像忘掉了什么，外出时好像丢失了什么。处（chǔ）：居住。

　　[4] 俨乎：庄重的样子。茫乎：不清楚的样子。迷：迷惑。以上四个分句形容作者开始学习时冥思苦想、专心致志的样子。

　　[5] 意思是当自己把心中所想写出来时。注：灌注。这里是撰写的意思。

　　[6] 陈言：指陈旧的言词，即陈词滥调。务：必，力求做到。戛戛乎：困难的样子。

　　[7] 这句是说不怕别人非难讥笑自己的文章不合时俗。观于人：指写成

的文章让人观看。非笑：非难讥笑。

[8] 有年：多年。不改：指不改学习方法和对待世人非笑的态度。

[9] 正伪：指与"圣人之志"相合的与不相合的。不至：没有达到顶点。昭昭然：明白的样子。去之：去掉古书之伪和虽正而不至者。徐：慢慢地。

[10] 汩汩然：水流迅急的样子，比喻文思涌动。

[11] 这是因为自己的文章中还有世人的见解存在。说：意见，指世人的观点。

[12] 浩乎：水势广大的样子。沛然：水势汹涌的样子，比喻文笔奔放。

[13] 杂：不纯。迎：迎上去。距：通"拒"。察：考虑。醇（chún）：纯正。肆：指放手去写。

[14] 诗书：《诗经》和《书经》。这里泛指古代儒家经典。

气，水也[1]；言，浮物也。水大而物之浮者大小毕浮[2]。气之与言犹是也，气盛则言之短长与声之高下者皆宜[3]。虽如是，其敢自谓几于成乎？虽几于成，其用于人也奚取焉[4]？虽然，待用于人者，其肖于器邪[5]？用与舍属诸人[6]。君子则不然。处心有道，行己有方[7]，用则施诸人，舍则传诸其徒[8]，垂诸文而为后世法[9]。如是者，其亦足乐乎？其无足乐也？

注释

[1] 气：作者的思想情感灌注在文章里而产生的气势。

[2] 毕：尽，完全。

[3] 这句是说气盛了就能驾驭语言，运用自如。言之短长：语句的长短。声之高下：声调的抑扬。

[4] 其用于人：言被人用时，不一定就有可取之处。

[5] 其：语气词，表示反诘。肖：像。器：器物。

[6] 用与不用都由别人决定。属诸人：取决于别人。

[7] 这两句是说，使自己的思想不离于道，使自己的行动合乎原则。

[8] 被用时就（把自己的道德学问）在世人之间施行开来，不被用时就把它传授给自己的弟子。

[9] 垂诸文：指把自己的"道"写成文章流传下去。

有志乎古者希矣，志乎古必遗乎今[1]。吾诚乐而悲之[2]。亟称其人，所以劝之[3]，非敢褒其可褒而贬其可贬也[4]。问于愈者多矣，念生之言不志乎利，聊相为言之[5]。愈白。

注释

[1] 遗乎今：被今人遗弃。

[2] 我确实为此而高兴，也为此而悲愤。

[3]（我）屡次称赞那种（志于古的）人，是要以此勉励他们。亟(qì)：屡次。劝：勉励。

[4] 意思是不敢有所褒贬。

[5] 姑且为你讲了这些话。聊：姑且。相为：指为李翊。

本篇选词综述

【宫】

本义指"房屋、住宅"。如《墨子·号令》："父母妻子，皆同其宫。"又特指"帝王的房屋、宫殿"。如《史记·秦始皇本纪》："作宫阿房，故天下谓之阿房宫。""宫"还指"宗庙"。如《公羊传·文公十三年》："周公称大庙，鲁公称世室，群公称宫。""宫"又指"古代阉割男性的刑罚"。如司马迁《报任安书》："诟莫大于宫刑。"在先秦时代，"宫"和"室"是同义词。后来"宫"专指宫殿，与"室"的意义就不同了。

【膏】

本义指"油脂、脂肪"。如《诗经·桧风·羔裘》："羔裘如膏，日出有曜。"引申指"药膏"。如《后汉书·华佗传》："既而缝合，傅以神膏。"又引申指"肥沃"。如《史记·货殖列传》："膏壤沃野千里。"以上意义，"膏"读作gāo。"膏"还可作动词，表示"滋润"，读作gào。《诗经·曹风·下泉》："芃芃黍苗，阴雨膏之。"

【遂】

本义指"前进"。如《周易·大壮》："不能退，不能遂。"又引申指"田间水沟"。如《周礼·地官·遂人》:"凡治野,夫间有遂,遂上有径。"引申指"通、达"。如《国语·周语下》:"节之鼓而行之,以遂八风。"还可引申指"成就、顺利地做到"。如司马迁《报任安书》:"四者无一遂。"又引申指"于是、就"。如《韩非子·说林上》:"乃掘地,遂得水。"又引申指"终于"。如《汉书·梅福传》:"灾异数见,群下莫敢正言,福复上书……上遂不纳。""遂"还可指古代取火的工具。如《周礼·秋官·司烜氏》:"掌以夫遂取明火于日,以鉴取明水于月。"这个意义后来写作"燧"。

【注】

本义指"倒入、灌入"。如《庄子·齐物论》:"注焉而不满。"引申指"流入",如《诗经·大雅·文王有声》:"丰水东注,维禹之绩。"又引申指"附着"。如《尔雅·释天》:"注旄首曰旌。"(把牦牛尾附着在旗杆头上,这种旗叫旌。)还引申指"记载"。如《三国志·蜀志·刘禅传》:"国不置史,注记无官。"又引申指"注释"。如刘义庆《世说新语·文学》:"郑玄欲注《春秋传》。"

【肆】

本义指"散开"。如傅亮《芙蓉赋》:"徵旭露以滋采,靡朝风而肆芳。"又引申指"陈设"。如《诗经·大雅·行苇》:"肆筵设席,授几有缉御。"引申指"作坊"。如《论语·子张》:"百工居肆以成其事。"又引申指"放肆"。如《左传·昭公十二年》:"昔穆王欲肆其心。"成语有"肆无忌惮"。还可引申指"尽、极"。如《三国志·魏志·钟毓传》:"开荒地,使民肆力于农。"又引申指"延伸"。如《左传·僖公三十年》:"既东封郑,又欲肆其西封。"还可引申指"减缓、赦免"。如《尚书·舜典》:"眚灾肆赦。"

【徒】

本义指"徒步、步行"。如《韩非子·外储说左下》:"班白者多徒行。"引申指"徒党、同一类的人"。如《韩非子·五蠹》:"其带剑者,聚徒属,立节操,以显其名,而犯五官之禁。"此义又引申指"门徒"。如王充《论衡·问孔》:"孔门之徒、七十子之才胜今之儒。""徒"还指"被罚服劳役的人"。如《史记·陈涉世家》:"秦令少府章邯免骊山徒。"又可引申指"空"。如刘禹锡《天论上》:"夫实已丧而名徒存。"引申指"只、仅仅"。如桓宽《盐铁论·结和》:"用兵,非徒奋怒也。"

32. 吐蕃传（节选）

《新唐书》

作家作品介绍

欧阳修（1007—1072），字永叔，号醉翁，吉州庐陵（今江西吉安）人。北宋政治家、文学家、史学家。宋仁宗庆历年间，参与范仲淹推行的"庆历新政"活动，任谏官。"新政"失败后遭贬。至和初年，召为翰林学士，加龙图阁学士，卒谥文忠。《新唐书》是欧阳修、宋祁主编的官修纪传体断代史书，共225卷，是在《旧唐书》基础上削删增补而成的。其史料来源包括《旧唐书》所录和重新搜集到的唐代史事文献，并以金石铭刻证史，重视野史、笔记的利用，因其史料来源广泛而记事更为充实。

说明

《吐蕃传》是《新唐书》中的篇目，上下两卷，记述了有唐一代吐蕃与唐的和战关系，包括其民族渊源、地域疆界、气候物产、风土人情及政治、军事、经济、文化等方面的情况。在史料的记载上，对《旧唐书·吐蕃传》有所补充。本篇所录文字据中华书局点校本，内容上有删节。

吐蕃本西羌属[1]，盖百有五十种，散处河、湟、江、岷间。有发羌、唐旄等[2]，然未始与中国通[3]。居析支水西[4]。祖曰鹘提勃悉野[5]，健武多智[6]，稍并诸羌[7]，据其地。蕃、发声近，故其子孙曰吐蕃，而姓勃窣野[8]，或曰南凉秃发利鹿孤之后[9]，二子，曰樊尼，曰傉檀。傉檀嗣，为乞佛炽盘所灭[10]。樊尼挈残部臣沮渠蒙逊[11]，以为临松太守[12]。蒙逊灭，樊尼率兵西济河[13]，逾积石[14]，遂抚有群羌云。

注释

[1] 西羌：西汉对羌人的泛称。属：族属。

[2] 发羌：古族名。汉时西羌的一支。分布于今青海西部、西藏北部。在吐蕃建立政权前，与唐旄同为青藏高原上的大部落。唐旄：古部落名，西羌的一支。

[3] 未始：还没有开始。

[4] 析支水：河名，在今青海省海南藏族自治州境内。

[5] 祖：始祖。鹘提勃悉野：传说为吐蕃第一位赞普，生卒年代说法不一。

[6] 健武：强健勇武。

[7] 稍：副词，逐渐。

[8] 勃窣（sù）野：吐蕃姓。

[9] 秃发利鹿孤（？—402）：十六国时期南凉国君，为秃发乌孤弟，太初三年（399）继位，谥康王。秃发乌孤为南凉的建立者，秃发即"拓跋"的异译，秃发氏为鲜卑族拓跋部的一支。

[10] 乞佛炽盘：十六国时期西秦君主。

[11] 臣：名词用作动词，臣服。沮渠蒙逊（368—433）：十六国时期北凉的建立者，公元401—433年在位。临松（今甘肃肃南）卢水人，后称凉王。

[12] 临松：指临松郡，北凉所置，在今甘肃省张掖市南。

[13] 济：渡。河：这里指黄河。

[14] 积石：山名，在今青海循化。

其俗谓强雄曰赞，丈夫曰普，故号君长曰赞普[1]，赞普妻曰末蒙[2]。其官有大相曰论茝[3]，副相曰论茝扈莽[4]，各一人，亦号大论、小论；都护一人，曰悉编掣逋[5]；又有内大相曰囊论掣逋[6]，亦曰论莽热；副相曰囊论觅零逋[7]，小相曰囊论充[8]，各一人；又有整事大相曰喻寒波掣逋[9]，副整事曰喻寒觅零逋，小整事曰喻寒波充[10]。皆任国事，总号曰尚论掣逋突瞿[11]。

注释

[1] 赞普：藏语音译，吐蕃君长的称号。

[2] 末蒙：藏语音译，吐蕃君后的称号。

[3] 论茝（chǎi）：藏语音译，吐蕃官名。亦称大论、大相。为大相，亦即下文"论掣逋"的对音缩写。

[4] 论莒扈莽：藏语音译，吐蕃官名。亦称作小论，为副相、副首领。

[5] 悉编掣逋：藏语音译，吐蕃官名。为大指挥官。

[6] 囊论掣逋：藏语音译，吐蕃官名。为内大相，即内务大臣。

[7] 囊论觅零逋：藏语音译，吐蕃官名。为副相，是内务中等大臣。

[8] 囊论充：意为小相。

[9] 喻寒波掣逋：藏语音译，吐蕃官名。为咨询大臣。

[10] 喻寒波充：藏语音译，吐蕃官名。地方政府中低级别的大臣。

[11] 尚论掣逋突瞿：藏语音译，为九位重要大臣。

地直京师西八千里[1]，距鄯善五百里[2]，胜兵数十万[3]。国多霆、电、风、雹、积雪，盛夏如中国春时，山谷常冰。地有寒疠[4]，中人辄痞促而不害[5]。其赞普居跋布川[6]，或逻娑川[7]，有城郭庐舍不肯处，联毳帐以居[8]，号大拂庐[9]，容数百人。其卫侯严[10]，而牙甚隘[11]。部人处小拂庐，多老寿至百余岁者。衣率毡韦[12]，以赭涂面为好[13]。妇人辫发而縈之。其器屈木而韦底[14]，或毡为槃，凝秒为碗，实羹酪并食之[15]，手捧酒浆以饮。其官之章饰[16]，最上瑟瑟[17]，金次之，金涂银又次之，银次之，最下至铜止，差大小，缀臂前以辨贵贱。屋皆平上，高至数丈。其稼有小麦、青稞麦、荞麦、豍豆。其兽，犛牛、名马、犬、羊、彘，天鼠之皮可为裘，独峰驼日驰千里。其宝，金、银、锡、铜。其死，葬为冢，墼涂之。其吏治，无文字，结绳齿木为约。其刑，虽小罪必抉目，或刖、劓，以皮为鞭抶之[18]，从喜怒，无常算。其狱，窟地深数丈，内囚于中[19]，二三岁乃出。其宴大宾客，必驱犛牛，使客自射，乃敢馈。其俗，重鬼右巫，事羱羝为大神[20]。喜浮屠法，习咒诅[21]，国之政事，必以桑门参决[22]。多佩弓刀。饮酒不得及乱。妇人无及政。贵壮贱弱，母拜子，子倨父，出入前少而后老。重兵死，以累世战没为甲门，败懦者垂狐尾于首示辱，不得列于人。拜必手据地为犬号，再揖身止。居父母丧，断发、黛面、墨衣[23]，既葬而吉。其举兵，以七寸金箭为契。百里一驿，有急兵，驿人臆前加银鹘[24]，甚急，鹘益多。告寇举烽。其畜牧，逐水草无常所。其铠胄精良，衣之周身，窍两目[25]，劲弓利刃不能甚伤。其兵法严，而师无馈粮[26]，以卤获为资[27]。每战，前队尽死，后队乃进。其四时，以麦熟为岁首。其戏，棋、六博[28]。其乐，吹螺、击鼓。其君臣自为友，五六人曰共命[29]。君死，皆自杀以殉，所服玩乘马皆瘗[30]，起大屋冢颠[31]，树众木为祠所。赞普与其臣岁一小盟[32]，用羊、犬、猴为牲[33]；三岁一大盟，夜肴诸坛[34]，用人、马、牛、驴为牲[35]。凡牲必折足裂肠陈于前，使巫告神曰："渝盟者有如牲[36]。"

注释

[1] 直：当。

[2] 鄯善：唐时在今新疆东南的若羌地区。七世纪后半叶，鄯善成为吐蕃进出西域的交通孔道。

[3] 胜兵：指能充当兵士参加作战的人。

[4] 寒疠：指寒地的疫病。疠：疫病。

[5] 中：侵袭；伤害。痞：胸腹内郁结成块的病。"痞促而不害"是说胸闷气短却没有妨害。

[6] 跋布川：公元七世纪吐蕃迁都逻些的旧都，迁都后仍为赞普夏令牙帐所在。即今西藏自治区山南市乃东区昌珠镇。

[7] 逻娑川：《资治通鉴·唐纪十七》"高宗咸亨元年四月"条胡三省注："逻娑川，吐蕃赞普牙在焉，有逻些城。"即今拉萨河流域的拉萨平原。

[8] 毳（cuì）帐：游牧民族所居毡帐。

[9] 拂庐：上层吐蕃人居住的毡帐。

[10] 卫：防守，卫护。侯：伺望，侦察。"卫侯严"意思是警卫严密。

[11] 牙：古代对西北少数民族王庭的称呼。

[12] 毡：用羊毛等动物毛压制成的块片状材料。韦：熟牛皮，代指用毛毡和皮革做的衣服。

[13] 赭（zhě）：赤红如赭土的颜料，可用以饰面。

[14] 屈：弯曲。这里用作使动。

[15] 麨：米、麦等炒熟后磨粉制成的干粮。

[16] 章饰：表示职位高低的似近代军队官员的肩章，这是吐蕃官职制度在服饰上的一个反映。

[17] 瑟瑟：碧色宝石。

[18] 扶（chì）：用鞭、杖或竹板打。

［19］内：通"纳"。

［20］羱（yuán）：羱羊，产于我国西部和北部的野生羊。羝：公羊。游牧民族对羊特别重视，故崇敬其神。

［21］咒诅：念咒语。

［22］桑门："沙门"的异译，即僧人。上文"喜浮屠法"，即指信奉佛教，因以僧人为国师。

［23］断发：剪短头发。黛面：把面涂成青黑色。墨衣：黑衣。古代藏族丧服。断发、黛面、墨衣均为唐代吐蕃居丧风俗。

［24］臆：胸。鹘：鸟类的一种，飞得很快，也叫隼。银鹘：银质鹘形牌符。驿人胸前悬挂银鹘，取其最速之义。

［25］窍两目：指在两目处开洞。窍：这里用作动词，开窍（洞）。

［26］馈粮：运送军粮。

［27］卤获：掳掠。卤，通"掳"。这两句是说，军队没有粮食储备，主要靠掠夺解决军粮问题。

［28］六博：古代一种掷采下棋的比赛游戏。

［29］共命：命运与共，同生死。

［30］瘗（yì）：埋葬。

［31］颠：顶端，上端。

［32］盟：盟誓。

［33］牲：供祭祀用的家畜。

［34］夜肴诸坛：夜晚在各坛设供。

［35］闾（lǘ）：古代兽名。一说即"驴"。

［36］渝：变更，改变。

其后有君长曰瘕悉董摩[1]，董摩生佗土度[2]，佗土生揭利失若[3]，揭利生勃弄若[4]，勃弄生讵素若[5]，讵素生论赞索[6]，论赞生弃宗弄赞[7]，亦名弃苏农，亦号弗夜氏。其为人慷慨才雄，常驱野马、氂牛，驰刺之以为乐，西域诸国共臣之[8]。

注释

[1] 疲悉董摩：藏文文献作"弃脱赞"，为松赞干布的六世祖，第二十六代赞普。

[2] 佗土度：吐蕃赞普。

[3] 揭利失若：即赤聂赞普。

[4] 勃弄若：又称勃弄若德如，吐蕃赞普。

[5] 讵素若：吐蕃赞普。松赞干布的祖父。

[6] 论赞索：吐蕃赞普。松赞干布之父。

[7] 弃宗弄赞：今译松赞干布。他创建了统一的吐蕃政权，是我国历史上的杰出人物。

[8] 臣：臣服。名词用作动词。

太宗贞观八年[1]，始遣使者来朝，帝遣行人冯德遐下书临抚。弄赞闻突厥、吐谷浑并得尚公主[2]，乃遣使赍币求昏[3]，帝不许。使者还，妄语曰："天子遇我厚，几得公主。会吐谷浑王入朝，遂不许，殆有以间我乎[4]？"弄赞怒，率羊同共击吐谷浑[5]。吐谷浑不能亢[6]，走青海之阴，尽取其赀畜。又攻党项、白兰羌[7]，破之。勒兵二十万入寇松州[8]，命使者贡金甲，且言迎公主，谓左右曰："公主不至，我且深入。"都督韩威轻出觇贼[9]，反为所败，属羌大扰，皆叛以应贼。乃招吏部尚书侯君集为行军大总管，出当弥道；右领军大将军执失思力出白兰道[10]，右武卫大将军牛进达出阔水道[11]，右领军将军刘兰出洮河道[12]，并为行军总管，率步骑五万进讨。进达自松州夜麾其营[13]，斩首千级。

注释

[1] 贞观八年：即公元634年。

[2] 弄赞：即松赞干布。突厥：古代民族名，国名。广义包括铁勒、突厥各部落，狭义指突厥汗国。吐谷（yù）浑：古鲜卑族的一支。本居辽东，西晋时在首领吐谷浑的率领下西徙至甘肃、青海间，至其孙叶延时，始号其国曰吐谷浑。后为吐蕃所并。尚公主：娶公主为妻。因尊帝王之女，不敢言娶，故云。

尚：承奉、奉事或仰攀之意。

［3］赍（jī）：持，带，送。币：泛指车马、皮帛、玉器等礼物。昏：后来写作"婚"。

［4］间：非难，毁谤。

［5］羊同：古代羌人的一支，有大小羊同之分，在今青海西部和西藏北部。

［6］亢：同"抗"。

［7］党项：亦称"党项羌"。古族名，西羌的一支。南北朝时，分布在今青海、甘肃、四川边缘地带，从事畜牧。唐时迁居今甘肃、宁夏、陕北一带。北宋时其族人李元昊称帝，建立以党项族为主的地方政权，史称西夏。白兰羌：早期羌人部落之一，初期居住在青海柴达木盆地之南。

［8］勒兵：指挥军队。寇：侵略，侵犯。松州：在今四川省松潘县。

［9］觇（chān）：窥视，侦察。

［10］白兰道：指今青海西南。

［11］阔水道：指今四川省松潘县一带。

［12］洮河道：指今甘肃西南洮河流域一带。

［13］鏖：激战，苦战，激烈地战斗。

初东寇也，连岁不解，其大臣请返国，不听，自杀者八人。至是弄赞始惧，引而去[1]，以使者来谢罪，固请昏[2]，许之。遣大论薛禄东赞献黄金五千两，它宝称是[3]，以为聘。十五年[4]，妻以宗女文成公主[5]，招江夏王道宗持节护送[6]，筑馆河源王之国[7]。弄赞率兵次柏海亲迎[8]，见道宗，执婿礼恭甚，见中国服饰之美，缩缩愧沮[9]。归国，自以其先未有昏帝女者，乃为公主筑一城以夸后世，遂立宫室以居。公主恶国人赭面[10]，弄赞下令国中禁之。自褫毡罽、袭纨绡[11]，为华风。遣诸豪子弟入国学[12]，习《诗》《书》。又请儒者典书疏[13]。

注释

［1］引：率领。去：离开。"引而去"意即率领部队退去。

［2］昏：后来写作"婚"。

［3］称是：谓与此相称或相当。

[4]十五年：指唐太宗贞观十五年，即公元641年。

[5]妻（qì）：嫁给。宗女：君主同宗的女儿，即宗室之女。

[6]道宗：毕王李璋子李道宗，封江夏郡王。

[7]河源王：即吐谷浑王诺曷钵，他于贞观十年（636）被封为河源郡王。

[8]弄赞：吐蕃赞普，也作"松赞干布"。次：谓军队驻扎。柏海：地属今青海。

[9]缩缩：羞愧貌。

[10]赭面：以赤色涂脸。

[11]褫：脱去。毡罽：毡和毛毯。纨绮：泛指轻薄的丝织物。

[12]豪：首领。

[13]典：主持，掌管。书：书籍，装订成册的著作，这里指《诗》《书》等儒家著作。疏：阐释经书及其旧注的文字。

本篇选词综述

【稍】

《说文》："稍，出物有渐也。"引申指"小"。如《周礼·天官·膳夫》："凡王之稍事，设荐脯醢。"又引申指"略微、稍微"。如归有光《项脊轩志》："余稍为修葺，使不上漏。"又引申指"逐渐、渐渐"。如《史记·项羽本纪》："项王乃疑范增与汉有私，稍夺之权。""稍"又可以通"梢"，表示"树枝的末端"。如欧阳修《生查子》词："月上柳稍头，人约黄昏后。"

【任】

本义指"抱"。如《国语·齐语》："负任担荷，服牛轺车，以周四方。"引申指"负荷，担子"。如《商君书·弱民》："背法而治，此任重道远而无马牛。"此义又引申指"责任、职责"。如《韩非子·难三》："中期善承其任，未慊昭王也。"（中期，人名。慊，音qiè，满足。）又引申指"担负，担任"。如《孟子·万章上》："其自任以天下之重如此。"又引申指"信任"。如《史记·屈原贾生列传》："王甚任之。"又引申指"任用"。如《吕氏春秋·乐成》："此二君者，达乎任人也。"还引申指"听凭"。如陶渊明《归去来兮辞》："曷不委心任去留？"

【谢】

本义指"道歉"。如《战国策·赵策四》:"入而徐趋,至而自谢。"引申指"推辞"。如《史记·吕太后本纪》:"太后使使告代王,欲徙王赵,代王谢,愿守代边。"又引申指"辞别"。如李白《留别金陵崔侍御》诗:"因之出寥廓,挥手谢公卿。"又可引申指"感谢"。如《韩非子·外储说左下》:"解狐举邢伯柳为上党守,柳往谢之。"又引申指"衰落,凋落"。如范缜《神灭论》:"形谢则神灭。"

【典】

本义指"书籍,文献"。如《尚书·五子之歌》:"有典有则,贻厥子孙。"引申指"制度,法规"。如《吕氏春秋·孟春》:"乃命太史,守典奉法。"又引申指"前代的文物、制度、故事"。如《左传·昭公十五年》:"数典而忘其祖。"又引申指"典礼、仪式"。如沈约《宋书·蔡廓传》:"朝廷仪典,皆取定于亮。""典"还可引申指"典当"。如白居易《杜陵叟》:"典桑卖地纳官租,明年衣食将何如?"

33. 赤壁之战

《资治通鉴》

作家作品介绍

司马光(1019—1086),字君实,陕州夏县(今山西省闻喜县)人,著名的政治家,史学家。历仕宋仁宗、英宗、神宗三朝,做过天章阁待制兼侍讲知谏院、翰林学士等官。因反对推行新法,与王安石政见不合而离开朝廷,专力主编《资治通鉴》。哲宗即位后,召他入京主国政,次年任尚书左仆射兼门下侍郎。在他主持朝政期间,新法全部废止。

《资治通鉴》是司马光和他的助手刘攽、刘恕、范祖禹、司马康等人历时十九年编纂的一部规模空前的编年体通史巨著。全书共294卷,约300多万字。其所记载的历史,上起周威烈王二十三年(前403),下迄后周显德六年(959),历时1362年。司马光作《资治通鉴》的目的是"鉴前世之兴衰,考当今之得失"。

书名原名《通志》，后宋神宗制序赐名《资治通鉴》，意为吸取历史上兴衰成败的经验教训，作为封建统治者治理国家的借鉴。

比起司马迁的《史记》，《资治通鉴》在文采上或略逊，但是在史料的选择和写作的严谨程度上都有过之。南宋史学家王应麟评价说："自有书契以来，未有如《通鉴》者。"后世将二者并列为中国史学的不朽巨著，有"史学两司马"之说。

《资治通鉴》对后世历史编纂的影响极大。宋时已经有人为其作注，而以宋元之际的胡三省的《资治通鉴音注》最为出色。此外，历代都有《资治通鉴》一书的续撰、改编、评论、校补等著作问世。比较著名的有南宋时李焘的《续资治通鉴长编》、袁枢的《通鉴纪事本末》、朱熹的《通鉴纲目》，清王夫之的《读〈通鉴〉论》、毕沅的《续资治通鉴》等传世。

说明

本篇选自《资治通鉴》第六十五卷，题目是后加的。

赤壁之战，是中国历史上以少胜多的著名战争之一。汉献帝建安十三年（208）曹操率领水陆大军，号称百万，先讨荆州，后伐东吴。孙权和刘备组成联军，由周瑜指挥，在长江赤壁（今湖北省赤壁市西北）一带大破曹军，从此奠定了三国鼎立格局。赤壁之战是第一次在长江流域进行的大规模江河作战，也是三国时期"三大战役"中最为著名的一场。

赤壁之战，曹操自负轻敌，指挥失误，加之水军不强，终致战败。孙权、刘备在强敌面前，冷静分析形势，结盟抗战，扬水战之长，巧用火攻，创造了中国军事史上以弱胜强的著名战例。

初[1]，鲁肃闻刘表卒[2]，言于孙权曰："荆州与国邻接，江山险固，沃野万里，士民殷富，若据而有之，此帝王之资也[3]。今刘表新亡，二子不协，军中诸将，各有彼此[4]。刘备天下枭雄，与操有隙[5]，寄寓于表，表恶其能而不能用也[6]。若备与彼协心，上下齐同，则宜抚安，与结盟好；如有离违，宜别图之，以济大事[7]。肃请得奉命吊表二子，并慰劳其军中用事者，及说备使抚表众，同心一意，共治曹操，备必喜而从命[8]。如其克谐，天下可定也。今不速往，恐为操所先[9]。"权即遣肃行。

注释

[1] 当初,原先,早先。叙事中追溯以往之词。

[2] 鲁肃:字子敬,孙权的重要谋士和将领。刘表:时为荆州(现在湖北、湖南一带)牧。州牧是东汉后期一个州的长官。

[3] 国:指孙权统治的地区。帝王之资:(开创)帝王事业的凭借。资:凭借。

[4] 二子不协:指刘表的两个儿子刘琦和刘琮(cóng)不和。协:和睦。各有彼此:意思是有的拥护刘琦,有的拥护刘琮。

[5] 枭(xiāo)雄:豪杰。枭:骁勇,豪雄。与操有隙:跟曹操有仇。汉献帝的亲信受密诏要杀曹操,刘备曾参与其事。隙:嫌怨、感情上的裂痕。

[6] 寄寓于表:指刘备当时率领所部人马暂时依附于刘表。寄寓:寄居。恶(wù)其能:嫉妒他的才能。

[7] 彼:他们,指原属刘表手下的人。离违:离、违同义词连用,背离的意思。指刘备和荆州将领不能合作。别图之:另外筹划这个(事情)。图:图谋、打算。

[8] 吊:慰问(死者亲属)。用事者:掌权的人。治:这里是对付的意思。

[9] 克谐:能够成功。克:能。谐:和谐,这里有圆满、顺利的意思。为操所先:被曹操占了先机。

到夏口[1],闻操已向荆州,晨夜兼道,比至南郡[2],而琮已降,备南走,肃径迎之,与备会于当阳长坂[3]。肃宣权旨,论天下事势,致殷勤之意[4],且问备曰:"豫州今欲何至[5]?"备曰:"与苍梧太守吴巨有旧[6],欲往投之。"肃曰:"孙讨虏聪明仁惠,敬贤礼士,江表英豪,咸归附之,已据有六郡,兵精粮多,足以立事[7]。今为君计,莫若遣腹心自结于东,以共济世业[8]。而欲投吴巨,巨是凡人,偏在远郡,行将为人所并,岂足托乎[9]!"备甚悦。肃又谓诸葛亮曰:"我,子瑜友也。"即共定交。子瑜者,亮兄瑾也,避乱江东,为孙权长史[10]。备用肃计,进住鄂县之樊口[11]。

注释

[1] 夏口：地名，今湖北省武汉市。

[2] 晨夜兼道：日夜赶路。兼道：也作"兼程"，以加倍速度赶路。比至南郡：等到了南郡。南郡：郡名，故城在今湖北省荆州市江陵县。

[3] 径：直接。当阳：现在湖北省当阳市。长坂：就是长坂坡，在当阳市东北。

[4] 宣：说明，传达。旨：意旨，意思。致殷勤之意：表示恳切慰问的心意。

[5] 豫州：这里是鲁肃对刘备的称呼，刘备曾做豫州（现在河南省东部、安徽省北部一带）牧。

[6] 苍梧：郡名，现在广西壮族自治区梧州市一带。有旧：有老交情。

[7] 孙讨虏：即孙权。曹操曾以汉献帝的名义授给他讨虏将军的名号。礼：动词，以礼相待。江表：长江以外，指江南。从中原（黄河流域）说，江南在长江以外。表：外。六郡：会稽、吴、丹阳、豫章、庐陵、新都（现在江苏省、浙江省、江西省一带）。

[8] 腹心：也作"心腹"，最亲信的人。世业：世代相传的事业。

[9] 托：托身。

[10] 长（zhǎng）史：官名。

[11] 鄂县：现在湖北省鄂州市。樊口：地名，现在鄂州市西北。

　　曹操自江陵将顺江东下[1]。诸葛亮谓刘备曰："事急矣，请奉命求救于孙将军。"遂与鲁肃俱诣孙权[2]。亮见权于柴桑[3]，说权曰："海内大乱，将军起兵江东，刘豫州收众汉南[4]，与曹操共争天下。今操芟夷大难，略已平矣[5]，遂破荆州，威震四海。英雄无用武之地，故豫州遁逃至此，愿将军量力而处之。若能以吴、越之众与中国抗衡[6]，不如早与之绝；若不能，何不按兵束甲，北面而事之[7]！今将军外托服从之名而内怀犹豫之计，事急而不断，祸至无日矣[8]。"权曰："苟如君言，刘豫州何不遂事之乎？"亮曰："田横，齐之壮士耳，犹守义不辱[9]；况刘豫州王室之胄，英才盖世，众士慕仰，若水之归海。若事之不济，此乃天也，安能复为之下乎！"权勃然曰："吾不能举全吴之地[10]，十万之众，受制于人。吾计决矣！非刘豫州莫可以当曹操者[11]，然豫州新败之后，安能抗此难乎？"亮曰："豫州军虽败于长坂，今战士还者及关羽水军精甲万人[12]，刘琦合江夏战士亦不下万人[13]。曹操之众，远来疲敝，闻追豫州，轻骑一日一夜行三百余里[14]，此所谓'强弩之末势不能穿鲁缟'者也[15]，故兵法忌之，曰'必蹶上将军'[16]。且北方之人，不习水战；又，荆州之民附操者，逼兵势耳[17]，非心服也。今将军诚能命猛将统兵数万，与豫州协规同力[18]，破操军必矣。操军破，必北还；如此则荆、吴之势强，鼎足之形成矣[19]。成败之机[20]，在于今日！"权大悦，与其群下谋之。

注释

[1] 江陵：现在湖北省荆州市。

[2] 诣：拜见。

[3] 柴桑：古地名，在现在江西省九江市附近。

[4] 收众：招收人马。汉南：汉水以南。

[5] 芟（shān）夷大难：削平大乱，指消灭各地割据势力。芟：除草，这里是削除的意思。难：灾难。略：大致。

[6] 吴、越：指江东地区，春秋时吴国和越国在这里建国。中国：中原地区，当时曹操占据的地方。抗衡：对抗。

[7] 按兵束甲：放下武器，捆起铠甲，意思是停战言降。北面而事之：意思是向曹操投降。北面：北向。古代君主面南而坐，臣子面北朝拜。事：服侍，侍奉。

[8] 外托服从之名：表面上假托服从（曹操）的名义，指孙权接受讨虏将军的称号。外：表面上。无日：没有多少时日，很快。

[9] 田横：秦末人，秦亡后自立为齐王。刘邦统一天下，他带着部下五百余人逃到海岛。后来刘邦召他入朝做官，他认为是一种耻辱，走到洛阳附近就自杀了。

[10] 勃然：发怒的样子。举：以，拿。

[11] 莫可以当：没有人可以抵挡。

[12] 关羽：字云长，刘备的将领。精甲：精兵。甲：铠甲，这里指兵士。

[13] 合：集合。江夏：郡名，刘琦时任江夏太守，驻军在这里。

[14] 疲敝：疲劳不堪。敝：坏，这里是疲劳的意思。轻骑：轻装的骑兵。

[15]强弩(nǔ)之末势不能穿鲁缟(gǎo):强弓射出的箭到了射程的尽头,力量不能穿透鲁地的薄绢。鲁缟:鲁地出产的绢,最为轻细。鲁:山东。缟:未经染色的绢。

[16]兵法:指《孙子兵法》,相传为春秋时军事家孙武所著。忌之:忌讳这种(情况)。必蹶(jué)上将军:一定会使主帅(遭到)挫败。蹶:跌倒,这里是挫败的意思。

[17]逼兵势:"逼于兵势"的省略。逼:迫。

[18]协规:协同规划,合谋。

[19]鼎足之形:指三国分立的形势。

[20]机:关键。

是时,曹操遗权书曰:"近者奉辞伐罪,旌麾南指,刘琮束手[1]。今治水军八十万众,方与将军会猎于吴[2]。"权以示群下,莫不响震失色。长史张昭等曰:"曹公,豺虎也,挟天子以征四方,动以朝廷为辞[3];今日拒之,事更不顺。且将军大势可以拒操者,长江也。今操得荆州,奄有其地[4],刘表治水军,蒙冲斗舰乃以千数,操悉浮以沿江[5],兼有步兵,水陆俱下,此为长江之险已与我共之矣,而势力众寡又不可论[6]。愚谓大计不如迎之[7]。"鲁肃独不言。权起更衣,肃追于宇下[8]。权知其意,执肃手曰:"卿欲何言?[9]"肃曰:"向察众人之议,专欲误将军,不足与图大事。今肃可迎操耳,如将军不可也。何以言之?今肃迎操,操当以肃还付乡党,品其名位,犹不失下曹从事[10],乘犊车,从吏卒,交游士林,累官故不失州郡也[11]。将军迎操,欲安所归乎[12]?愿早定大计,莫用众人之议也!"权叹息曰:"诸人持议,甚失孤望。今卿廓开大计[13],正与孤同。"

注释

[1]奉辞伐罪:奉(皇帝的)命令讨伐有罪(的人)。旌麾(huī):军旗。束手:捆起手来,意思是投降。

[2]治:这里是部署的意思。会猎:一同打猎。这里是会战的委婉说法。

[3]动以朝廷为辞:动不动拿朝廷(的名义)说话。

[4]奄(yǎn)有:完全占有。奄:覆盖、包住。

[5]蒙冲斗舰:大小战船。蒙冲:一种蒙盖着生牛皮的小型战船,行动迅速,用来袭击敌船。斗舰:大战船。乃:乃至,甚至。悉浮以沿江:把(战船)全部沿江摆开。浮:泛,开动船只的意思。

[6]此为长江之险已与我共之矣:这表明长江险要的形势已经同我方共同占有了。共:动词,共有。之:指长江之险。不可论:不能相提并论。

[7]迎之:意思是投降曹操。

[8]更(gēng)衣:上厕所的委婉说法。宇:屋檐。

[9]卿:古代上级对下级的称谓。

[10]还付乡党:送回乡里。付:交给。乡党:乡里。品:品评,评定。犹不失下曹从事:还少不了(让我做个)低级的从事。曹:古代官署内分科办事的单位。从事:官职名。

[11]从吏卒:意思是带着吏卒。从:使……随从。交游士林:与士大夫们交往。士林:士大夫们。林:表示数量多。累(lěi)官:逐步升官。累:积累。故:仍然。州郡:指州郡长官。

[12]欲安所归:要回到哪里,意思是想要得到什么结局。安:哪里。

[13]廓开:扩开,阐明。

时周瑜受使至番阳[1],肃劝权召瑜还。瑜至,谓权曰:"操虽托名汉相,其实汉贼也。将军以神武雄才,兼仗父兄之烈[2],割据江东,地方数千里,兵精足用,英雄乐业[3],当横行天下,为汉家除残去秽[4];况操自送死,而可迎之邪?请为将军筹之[5]。今北土未平,马超、韩遂尚在关西[6],为操后患;而操舍鞍马,仗舟楫,与吴、越争衡[7]。今又盛寒,马无藁草[8]。驱中国士众远涉江湖之间,不习水土,必生疾病。此数者用兵之患也,而操皆冒行之[9]。将军禽操[10],宜在今日。瑜请得精兵数万人,进住夏口,保为将军破之[11]!"权曰:"老贼欲废汉自立久矣,徒忌二袁、吕布、刘表与孤耳[12];今数雄已灭,惟孤尚存。孤与老贼势不两立,君言当击,甚与孤合,此天以君授孤也[13]。"因拔刀斫前奏案[14],曰:"诸将吏敢复有言当迎操者,与此案同!"乃罢会。

注释

[1]周瑜:字公瑾,时任吴中郎将。番(pó)阳:现在江西省鄱阳县。

[2] 烈：功业。

[3] 足用：物资充足。用：器用、物资。乐业：这里是乐意效力的意思。业：职守。

[4] 为汉家除残去秽：替汉朝除去坏人。残：残暴。秽：丑恶。这里都指坏人。

[5] 筹：谋划。

[6] 指当时马超、韩遂割据凉州（现在甘肃省一带）。关西：函谷关以西。

[7] 舍：丢弃，放弃。争衡：比高下。

[8] 藁（gǎo）草：禾秆做的饲料。藁：禾秆。

[9] 患：忧虑，这里是顾忌的意思。冒行之：不加考虑地去做。冒：鲁莽、轻率。

[10] 禽：通"擒"。

[11] 保：保证。

[12] 二袁、吕布：袁绍、袁术、吕布，都是东汉末年的割据者。

[13] 这（是）天把你交给我，意思是天叫你帮助我。

[14] 斫（zhuó）：砍。前奏案：面前放奏议的几案。案：几案，长方形的桌子。

是夜，瑜复见权曰："诸人徒见操书言水步八十万而各恐慑，不复料其虚实，便开此议，甚无谓也[1]。今以实校之，彼所将中国人不过十五六万，且已久疲[2]；所得表众亦极七八万耳[3]，尚怀狐疑。夫以疲病之卒御狐疑之众[4]，众数虽多，甚未足畏。瑜得精兵五万，自足制之，愿将军勿虑[5]！"权抚其背曰："公瑾，卿言至此，甚合孤心。子布、元表诸人，各顾妻子，挟持私虑[6]，深失所望；独卿与子敬与孤同耳，此天以卿二人赞孤也[7]。五万兵难卒合，已选三万人，船、粮、战具俱办[8]。卿与子敬、程公便在前发[9]，孤当续发人众，多载资粮，为卿后援。卿能办之者诚决，邂逅不如意[10]，便还就孤，孤当与孟德决之[11]。"遂以周瑜、程普为左右督，将兵与备并力逆操[12]；以鲁肃为赞军校尉，助画方略[13]。

注释

[1] 水步:水军和步兵。料:估计。开此议:提出这种(迎降的)主张。甚无谓也:(是)很没有道理的。

[2] 以实校(jiào)之:按照实际情况察核敌情。校:核对。之:指敌情。

[3] 极:至多,最多。

[4] 御:驾驭,控制。

[5] 虑:忧虑,担心。

[6] 子布:张昭的字。元表:应作"文表",秦松的字。挟持私虑:怀着个人打算。

[7] 赞:辅助,协助。

[8] 难卒(cù)合:难以在仓促之间集合起来。卒:通"猝"。办:齐备。

[9] 程公:程普,东吴老将。

[10] 办:这里是对付的意思。诚决:确实(可以同他)决一胜负。邂逅(xiè hòu):这里是万一的意思。不如意:指战事不利。

[11] 孟德:曹操的字。

[12] 左右督:正副统帅。逆:迎,这里是迎击的意思。

[13] 赞军校尉:官名。画:谋划,筹划。方略:(作战的)策略。

……

进,与操遇于赤壁。时操军众已有疾疫,初一交战[1],操军不利,引次江北。瑜等在南岸,瑜部将黄盖曰[2]:"今寇众我寡,难与持久。操军方连船舰,首尾相接,可烧而走也。"乃取蒙冲斗舰十艘,载燥荻枯柴[3],灌油其中,裹以帷幕,上建旌旗,豫备走舸[4],系于其尾。先以书遗操,诈云欲降。时东南风急,盖以十舰最著前[5],中江举帆,余船以次俱进[6]。操军吏士皆出营立观,指言盖降。去北军二里余[7],同时发火,火烈风猛,船往如箭,烧尽北船,延及岸上营落[8]。顷之,烟炎张天[9],人马烧溺死者甚众。瑜等率轻锐继其后,雷鼓大震,北军大坏[10]。操引军从华容道步走[11],遇泥泞,道不通,天又大风,悉使羸兵负草填之,骑乃得过。羸兵为人马所蹈藉[12],陷泥中,死者甚众。刘备、周瑜水陆并进,追操至南郡。时操军兼以饥疫,死者太半[13]。操乃留征南将军曹仁、横野将军徐晃守江陵，折冲将军乐进守襄阳[14]，引军北还。

注释

[1] 初：刚开始。

[2] 黄盖：字公覆，东吴老将。

[3] 荻（dí）：类似芦苇的一种草本植物。

[4] 走舸（gě）：轻快的小船。

[5] 最著前：排在最前头。著：居于。

[6] 中江：江中心。以次：按次序。

[7] 去：距离。

[8] 延及：蔓延到。营落：营盘，军营。

[9] 炎（yàn）：通"焰"，火焰。张（zhàng）天：布满天空。

[10] 轻锐：轻装的精锐部队。雷：通"擂"，敲击。坏：溃败。

[11] 华容道：通往华容县的路。华容：故城在现在湖北省监利市西北。步走：步行逃跑。

[12] 蹈藉：践踏。

[13] 太半：大半。

[14] 襄阳：现在湖北省襄阳市。

本篇选词综述

【隙】

本义指"墙交界处的裂缝"。如《左传·昭公元年》："人之有墙，以蔽恶也。墙之隙坏，谁之咎也？"引申指"感情上的裂痕"。如《三国志·蜀志·先主传》："嫌隙始构矣。"引申指"一般物体的裂缝"。如徐宏祖《徐霞客游记·楚游日记》："石隙低而嗌。"又引申指"空闲"。如《左传·隐公五年》："皆为农隙以讲事焉。"还可引申指"邻近、接近"。如《汉书·地理志》："北隙乌丸、夫余。"

【济】

本义指"过河、渡河"。如《公羊传·僖公二十二年》:"楚人济泓而来。"引申指"成"。如《左传·文公十八年》:"世济其美,不陨其名。"又引申指"帮助、接济"。如《后汉书·何颙传》:"为求援救,以济其患。"还可引申指"停止"。如《淮南子·天文训》:"故日有四十六日而立夏,大风济,音比夹钟。"

【机】

本义指"弓弩上发射箭的机关"。如《韩非子·说林下》:"操弓关机。"此义引申指"织布机",如《史记·樗里子甘茂列传》:"其母投杼下机。""机"还可引申指"关键、要点"。如王符《潜夫论·本政》:"故国家存亡之本,治乱之机,在于明选而已矣。"又引申指"时机,机会"。如《三国志·蜀志·诸葛亮传》:"成败之机,在于今日。"古汉语中,"机"还可以通"几(幾)",表示"事情的苗头或征兆"。如《三国志·蜀志·先主传》:"睹其几兆,赫然愤发,与车骑将军董承同谋诛操,将安国家,克宁旧都。"

【料】

本义指"计算、统计"。如《国语·周语上》:"宣王既丧南国之师,乃料民于太原。"引申指"估计、料想"。如《史记·项羽本纪》:"料大王士卒足以当项王乎?"又引申指"收拾、料理"。如《三国志·吴志·陆逊传》:"其所生得,皆加营护……将家属来者,使就料视。""料"还可以读作liáo,表示"触碰、挑逗"。如《庄子·盗跖》:"疾走料虎头,编虎须,几不免于虎口哉!"

【次】

本指"军队临时驻扎和住宿"。如《左传·僖公四年》:"师退,次于召陵。"又可以指"临时住宿之处"。如《周易·旅》:"旅即次。"引申指"按顺序排列,等次"。如《荀子·王制》:"贤能不待次而举。"又可引申指"在排列上次一等"。如《孙子兵法·谋攻》:"凡用兵之法……全军为上,破军次之。"后引申用作量词,表示动作行为的次数。如张籍《祭退之》诗:"三次论诤退,其志亦刚强。"

34. 西藏赋（节选）

和宁

> **作家作品介绍**

和宁，又名和瑛（？—1821），字润平，号太庵，乾隆辛卯（1771）进士。官四川按察使、西藏办事大臣、山东巡抚等职。《清史稿·和瑛传》记其"久任边职、有惠政"。作为诗人和学者，和宁喜好吟诗作赋，考察边疆历史、地理、物产。著有《西藏赋》《回疆通志》《三州辑略》《易简斋诗钞》等。

> **说明**

《西藏赋》是和宁任驻藏大臣八年期间，以自身经历，耳闻目睹并参考图经地志、文献典籍等撰写而成的地理大赋，其中记载了西藏土地沿革、风俗习惯、达赖班禅世系、职官驻兵以及山川、人物、佛教、寺庙、物产、钱币等情况。《西藏赋》有清光绪八年（1882）元尚居刻本、《榕园丛书》本、《舟车所至丛书》本等。本篇文字主要依据《西藏图考》本，内容上有删节。

粤坤维之奥域[1]，**实井络之南阡**[2]。**风来阆阖**[3]，**日跃虞渊**[4]。**斗杓东偃**[5]，**月窟西联**[6]。**三危地广**[7]，**五竺名沿**[8]。**吐蕃别种，突厥流延**[9]。**乌斯旧号**[10]，**拉萨今传。其阳则牛魔僧格，摩云蔽天；扎拉罗布，俯麓环川**[11]。**其阴则浪荡色拉，精金韫其渊**[12]；**根柏洞噶，神螺现其巅**[13]。**左脚孜而奔巴，仰青龙于角箕之宿**[14]；**右登龙而聂党，伏白虎于奎觜之躔**[15]。**夷庚达乎四维**[16]，**羌蛮兑矣**[17]；**铁围周乎百里**[18]，**城郭天然**。

> **注释**

[1]粤：助词，用于句首。表示审慎的语气。坤维：指西南方。因《易·坤》有"西南得朋"之语，故以坤指西南。奥域：腹地。

[2]井络：井宿的分野，这里泛指蜀地。阡：道路。

[3]阊阖：天门。屈原《离骚》："倚阊阖而望予。"注："阊阖，天门也。"

[4]虞渊：亦称"虞泉"。传说为日没处。

[5]斗杓：即斗柄。

[6]月窟（cuì）：月窟，指极西之地。

[7]三危：我国古代西部边疆山名。关于"三危"的位置，说法不一。

[8]五竺：作者自注："天竺国有东南西北中五天竺。"

[9]作者自注："西藏皆名唐古特。唐古特者，即唐突厥之遗种也。"

[10]乌斯：即"乌斯藏"，元明时对西藏的称谓。

[11]摩：隐，倚仗。作者自注："前藏南面山高二百余丈，名牛魔山，连冈环抱者名僧格拉山。唐古特谓狮曰僧格，以山形似狮，故名。与僧格拉相连者名札拉山，又西名罗布岭冈，藏布江绕其下西流。"

[12]韫：藏。作者自注："前藏北面山名浪荡山……其东名色拉山。唐古特谓金曰色，山曰拉，以山产金，故名。"

[13]作者自注："根柏山为布达拉北屏障，其西北三十里相连，名洞噶拉山，高四百余丈。唐古特谓海螺曰洞噶，以山形似海螺，故名。"

[14]青龙：东方七宿的总称。作者自注："前藏东北脚孜拉山，极高峻，山背建呼正寺。东南奔巴拉山，高出群山，唐古特谓瓶曰奔巴，以山形似瓶，故名。东方七宿曰角、亢、氐、房、心、尾、箕。"

[15]躔：日月星辰在黄道上的运行轨迹，亦指其运行的轨迹。白虎：西方七宿的总称。

[16]夷庚：平坦大道。四维：指四方。

[17]兑：通达。蛮：我国古代对长江中游及其以南地区少数民族的泛称。

[18]铁围："铁围山"的省称。梵语"柘迦罗"的意译。佛经称四洲中心为须弥山，山下大海之边有八山，其外有咸海，围此海之山外山名"铁围山"。

藏布衍功德之水[1]，机楮涌智慧之泉[2]。池映禄康，插木于后[3]；蜂拥磨盘，笔洞于前[4]；普陀中突，布达名焉[5]。厥为沙迦吐巴绰尔济，传写贝多[6]；江来孜格陀罗尼，降摄妖魔[7]。泥梨速招五戒[8]，闻思修入三摩[9]。聚顽石而点头[10]，风行身毒[11]；放屠刀而摩顶[12]，花雨曼陀[13]。四十二章流传震旦[14],三十二相化本修罗[15]。遂有宗喀巴雪窦潜修,金轮忏悔[16];无上空称,剌嘛缮改[17]。持团堕之盐,披忍辱之铠[18]。紫祴韬光,黄冠耀采[19]。萨迦开第一义天[20],拉萨涨其三昧海[21]。龙象遴于沙门[22],衣钵传诸自在。此达赖传宗,班禅分宰,拟北山之二圣[23],化西土于千载也。

注释

[1] 作者自注:"布达拉河自东而西南流,名藏布江。……八功德水,一澄净,二清冷,三甘美,四轻软,五润泽,六安和,七除饥渴,八长养诸根。"衍:引进。

[2] 机楮:指拉萨河。作者自注:"唐古特谓水曰楮,一曰机。"智慧之泉:作者自注:"五祖偈云:巍巍七宝山,常出智慧泉。"

[3] 作者自注:"布达拉后有池,周约四、五里,中筑高台,下建八角琉璃阁三层,中供龙王,为祈雨处。唐古特谓龙曰禄康,插木名之。"

[4] 作者自注:"布达拉西南孤峰耸出,名招拉笔洞。……其西连冈,稍低平,名磨盘。"

[5] 布达:即布达拉,或译为"普陀",梵语意为"佛教圣地"。

[6] 作者自注:"唐古特谓释迦牟尼佛曰沙迦土巴绰尔济,通经典之称,俗名曲结。"贝多:又称"贝叶",即贝多树叶,印度人往往用来写经文。这里代指经文。

[7] 作者自注:"唐古特谓观音菩萨曰江来孜格。按佛经,陀罗尼,总持之义。谓持善不失,持恶不生也。"

[8] 泥梨:亦作"泥犁"。梵语音译词,意为地狱。五戒:佛家有五戒:不杀生,不偷盗,不淫邪,不妄语,不饮酒。

[9] 闻思修:即佛教"三慧"。"慧"即梵语"般若",意译为慧,智慧。三摩:即"三昧"。"三昧"是佛教用语,梵语音译词,又译为"三摩地",意译为"正定",谓屏除杂念,心不散乱,专注一境。

[10] 语本晋《莲社高贤传·道生法师》:"师被摈,入虎丘山,聚石为徒。讲《涅槃经》,至阐提处,则说有佛性,且曰:'如我所说,契佛心否?'群石皆为点头。旬日,学众云集。"后因以"顽石点头"比喻道理讲得透彻,说服力强,足以使人信服。

[11] 风行：本义为风吹，此处形容德化广备。

[12] 放屠刀：即佛教语"放下屠刀，立地成佛。"谓停止作恶，立成正果。摩顶：《法华经》谓释迦牟尼以大法付嘱大菩萨时，用右手摩其顶。后为佛教授戒传法时的仪轨。

[13] 作者自注："《法华经》云：天雨曼陀罗花。"天雨曼陀罗花，用以形容说经讲法之妙。

[14] 作者自注："《括地志》：土舍国有灵鹫山，山有小姑石，石上有石室，佛坐其中，天帝释以四十二事问佛，一一以指画石。其迹尚存，即四十二章经也。《楼炭经》：葱岭以东名震旦，盖西域称中国之名。又考，汉明帝时白马驮经，即四十二章经也。"

[15] 作者自注："按（佛经）如来具足三十二相，谓眼、耳、鼻、舌、身各具六波罗密，故成三十；又意根中修无住无为二行，故共成三十二也。梵语修多罗，译言契经也。"

[16] 作者自注："明番僧宗喀巴，名罗布藏札克巴，生于永乐十五年，幼而神异，精通佛法，号甲勒瓦宗喀巴，在大雪山修苦行，著《穆隆经》。"金轮：佛教语，"轮"是印度古代战争中用的一种武器。印度古传说中征服四方的转轮王出生时，空中自然出现此轮宝，预示他将来的无敌力量。忏悔：佛教语，梵文音意兼译词。佛教规定，出家人每半月集合举行诵戒，给犯戒者以说过悔改的机会。后遂成为自陈己过、悔罪祈福的一种宗教仪式。

[17] 作者自注："（梵书）释子勤佛行者曰德士，又曰无上士，谓空也。唐古特谓上曰喇，谓无曰嘛；喇嘛者，无上也。"

[18] 作者自注："释氏团堕，言食堕在钵中也。……忍辱铠，袈裟也。"

[19] 祴（gé）：僧道所着的法衣。韬光：敛藏光彩。耀采：光彩照耀。作者自注："宗喀巴衣紫衣，其受戒时染僧帽，诸色不成，惟黄色立成，遂名黄教。"

[20] 作者自注："宗喀巴初出家时，学经于撒加庙之胡土克图。"据《涅槃经》，天有五种，佛为第一义天，为天中之最尊者，故称。

[21] 三昧海：作者自注："按三昧，译言正定也。凡佛经言海，取深广之义。"

[22] 作者自注："（《传灯录》）水中行，龙力大；陆中行，象力大；负荷大法者，比之龙象。"

[23]作者自注:"(《魏书》)僧法度、法绍游学北山,综习三藏灵迹异事,皆得见闻于世。时号北山二圣人云。"

于是金妆宝像,玉缀珠联,示相如来[1],本今皆觉;现身菩萨,普济为缘。拈花仗剑之殊观,金刚救度[2];五台二眉之异品[3],曼殊普贤。德木楚克乃阴阳之秘密[4],雅满达噶实心性之真筌[5]。桑堆满座[6],天王接肩[7],盖奇颜谲状,累盈万千。名不可以阐述,义不可以言传也。其寺则两昭建自唐朝,丰碑矗矗[8];万善兴于公主,古柳娟娟[9]。填海架梁,西开梵宇[10];背山起阁,东望云天。鸟革翚飞[11],范金作瓦[12];莲花地涌,罘铁为帘[13]。不尽灯铜釭酥点,无碍香鹊尾螺煎[14]。禅关寂寂[15],梵呗渊渊[16];佛心无漏于恒沙,奚止九百六十[17];法会皈依于狮座,能容三万二千[18]。

注释

[1]作者自注:"按《金刚经》,如来者,无所从来,亦无所去,故名如来。[疏]云,如其所本来也。"

[2]作者自注:"金刚力士皆怒目仗剑,若救度佛母则拈花善相也。"

[3]二眉:依文中自注,"二眉"即峨眉。

[4]德木楚克:作者自注:"阴阳佛也。"

[5]雅满达噶:作者自注:"护法佛也。"

[6]桑堆:作者自注:"安乐佛也。"

[7]天王:印度宗教传说中的天界之王。佛教称护法神为天王。

[8]昭:藏族对寺庙的称谓。丰碑:纪功颂德的高大石碑。矗矗:高峻貌。

[9]娟娟:飘动貌。

[10]梵宇:佛寺。

[11]革:鸟张翼。翚(huī):野鸡,羽毛很美。"鸟革翚飞"形容宫室壮丽。

[12]范金:用模子浇铸的金属。范:浇铸用的模子。

[13]罘(fú):捕兔网。"罘铁为帘"指门前挂铁网以为帘。

[14]无碍:佛教语。谓通达自在,没有障碍。鹊尾:"鹊尾炉"的略称,长柄香炉,僧徒用以烧香礼佛。螺:指螺甲,古代的一种香品。煎:甲煎,香料名,以甲香和沉麝诸药的花物制成。

[15]禅关：禅门。寂寂：寂静无声貌。

[16]梵呗（bài）：佛教谓做法事时的歌咏赞颂之声。渊渊：象声词。

[17]作者自注："（佛书）心窍九百六十，毛孔八万四千。按佛法以无漏为上乘，犹言无尽无余之义。佛祖尝以恒河沙数为喻。"

[18]狮座："狮子座"的略称。指佛所坐之处，亦泛指高僧说法的坐席。作者自注："每年孟春，集喇嘛三万余众在大招诵摩罗木经，名曰攒招。（《维摩经》）文殊师利来，见其室中无有床座，维摩现神通力，须弥灯王遣三万二千狮子座来，入维摩方丈室。"

尔乃桑鸢、色拉、别蚌、甘丹[1]，垂仲神巫，木鹿经坛[2]，沙弥班第[3]，尊者阿难[4]，骈头猡狓[5]，钉坐团圞[6]。醍醐夕瓮[7]，麨麨朝盘[8]，礼雪岩之弥勒[9]，拜海屿之旃檀[10]。锫锁阿閦[11]，宝供珠鬖，玉耶阿魃[12]，雨集云罢[13]，莫不画花刻楮[14]，镂蛤雕蚶[15]。蛙噪牟尼[16]，鳖语和南[17]，火宅居塞夷两两，头陀住前后三三[18]。衍六通之法[19]，播五印之谈[20]，皆由创三身之偈诵[21]，启四大之伽蓝也[22]。

注释

[1]桑鸢、色拉、别蚌、甘丹：作者自注："为前藏四大寺。"

[2]垂仲：指垂仲寺。木鹿：指木鹿寺。

[3]沙弥：梵语音译的略称，出家未受大戒的男佛教徒。班第：藏语音译，刚入学的沙弥。

[4]尊者：佛教语。梵语"阿梨耶"意译为尊者、圣者。亦泛指具有较高的德行、智慧的僧人。阿难：作者自注："佛之弟子。"

[5]骈：罗列，凑集。猡（luó）狓（pǒ）：弯腰而行。《龙龛手鉴·犬部》："猡狓，谓偻腰（腰）而行也。在《树提伽经》中。"作者自注："音裸颇，曲腰行也。"

[6]钉坐：即"钉坐梨"：指座席上受人敬慕者。《旧唐书·崔远传》："远文才清丽，风神峻整，人皆慕其为人，当时目为'钉坐梨'，言席上之珍也。"团圞（luán）：团聚。

[7]醍（tí）醐（hú）：饮中上品，是用牛奶精炼而成的。瓮：一种陶制盛器。

［8］麨麪：作者自注："音热沙，碎麦也。出释典。"

［9］弥勒：作者自注："亦佛名。"

［10］旃檀：即檀香。

［11］鋡锁：作者自注："音钩锁，千佛名，见《贤愚经》。"阿閦（chù）："阿閦婆"的省称。意译为无动、不动、无嗔恚。佛名。

［12］玉耶：作者自注："佛经名。"阿魃（bá）：阿罗汉的别译。

［13］云曇：云彩密布。

［14］刻楮：《列子·说符》："宋人有为其君以玉为楮叶者，三年而成……乱之楮叶中而不可别也。列子闻之曰：'使天地三年而生一叶，则物之有叶者寡矣。'"后因以喻技艺工巧。

［15］镂蛤（gé）雕蚶（gān）：雕刻成各种花纹样式的蚶子肉和蛤蜊肉，指异常精致而奢侈的菜肴。这里是指藏传佛教寺庙的华美。

［16］牟尼：梵语音译。意为寂静。多指释迦牟尼。

［17］和南：佛教语。佛门称稽首、敬礼为和南。

［18］作者自注："《番禺记》僧有室家者名火宅僧，（梵书）优婆塞，善男也，优婆夷，善女也。无着问文殊：众几何？曰：前三三，后三三。盖九九八十一也。头陀者，抖擞也，言抖擞凡尘也。"

［19］作者自注："僧肇谓骋六通之神骥，乘五衍之安车。按：（佛经）[疏]六通，一天眼通，二天耳通，三知他心通，四宿命通，五身如意通，六漏尽通。"

［20］作者自注："五印度，佛国名。唐扶诗云：沙弥去学五印度，静女未悬手足幡。按：五印当以观自在经五印心陀罗尼为解，所谓心印、身印、前印、后印、降魔印也。"

［21］作者自注："《传灯录》六祖曰：三身者，清净法身，汝之性也；圆满报身，汝之智也；千百亿化身，汝之行也。若悟三身，即名四智。"偈诵：又作"偈颂"，梵语"偈佗"的又称，即佛经中的唱颂词。每句三字、四字、五字、六字、七字以至多字不等，通常以四句为一偈。

［22］伽蓝：梵语僧伽蓝摩译音的略称。意为众园或僧院，即僧众居住的庭院。后因称佛寺为伽蓝。作者自注："（梵书）圆觉以地、水、风、火为四大。"

若夫达赖之居于布达拉也[1]**，丰冠山之层碉**[2]**，奥转螺之架阁**[3]**。**浩劫盘空[4]，埤堄错落[5]。路转千迷之道，心入摩提[6]；人登百丈之梯，神栖般若[7]。妙高峰顶，远著声闻[8]；离垢幢前，近销魔恶[9]。食则麦屑毡根[10]，饮则鸠盘牛酪[11]，衣则黄毳紫驼[12]，居则彩甍丹雘[13]。优钵净瓶[14]，玉盂金杓[15]，三幡比以离离[16]，百玩灿其愕愕[17]。须菩提译语将将[18]，阇黎耶念呋各各[19]。兜罗哈达，讯檀越如何[20]；富珠礼翀，答兰奢遮莫[21]。山无蜂子投窗，塔有孟婆振铎[22]。鹿野华池[23]，鸡园花萼[24]，浴象游鱼，语鹦舞鹤。静观抚序，顽空即是真空[25]；与物皆春，行乐岂如胜乐[26]。

注释

[1] 达赖：蒙古语音译，意指大海，是西藏佛教对于密宗方面取得最高成就的僧人的尊称。

[2] 丰：增大，扩大。冠：覆盖。层碉：重叠的碉楼。

[3] 奥：深，这里用作动词。架阁：层出高耸的楼阁。

[4] 浩劫：大台阶。

[5] 埤（pì）堄（nì）：城上呈凹凸形而有射孔的矮墙。错落：参差不齐。

[6] 作者自注："《梁书》：昙鸾见梁武帝于殿中，曲曲二十余门，一一无错。帝曰：'此千迷道也，何乃一度遂尔无迷也。'（佛书）一切禅定摄心者，皆云三摩提。"

[7] 般若：作者自注："（梵书）般若音钵惹，犹言智慧也。"

[8] 妙高峰：在江苏镇江金山最高处，上有妙高台，宋僧人了元所建。此处借指布达拉山最高处。声闻（wèn）：名声。"远著声闻"是说名声传播于远方。

[9] 作者自注："有一菩萨名离垢幢，佛法降伏恶魔。"

[10] 麦屑毡根：作者自注："糌粑牛羊。"

[11] 鸠盘牛酪：作者自注："茶块酥油。"

[12] 毳：僧服的一种。紫驼：即"紫驼尼"。用骆驼毛织成的呢料，多用为冬衣。

[13] 甍：屋脊，屋栋。丹雘（huò）：可供涂饰的红色颜料。

[14] 优钵：梵语"优昙钵"的略称，即无花果树。净瓶：藏传佛教器物之一。净瓶是《律经》所说比丘日常用以盛漱口水的长嘴小瓶。出家人常把它

挎在腰间，一般以金属制作。

［15］盂（yú）：盛汤浆或饭食的圆口器皿。

［16］三幡：佛教用语，指色、空、观。离离：盛多貌。

［17］灿：鲜艳貌，鲜明貌。愕：惊讶。

［18］须菩提：梵语音译，释迦牟尼佛的十大弟子之一。他诞生时家中困乏贫穷，故取名须菩提，意为"空生"。在佛陀的弟子中，须菩提被称为"解空第一"。译语：经翻译的语言。将将：同"锵锵"。

［19］闍（dū）黎耶：梵语音译，意谓高僧，亦泛指僧人。吽（hōng）：梵语音译，佛教六字真言之一。

［20］作者自注："唐古特礼，凡宾主相见俱手持白绢哈达，互相慰问。兜罗绵，极细软之物。檀越，施主也。檀谓能施，越谓能越贫穷海也。"兜罗绵：佛经中称草木的花絮。

［21］富珠礼翀：字子翚，道学家，仕于元文宗朝，官江浙行省参知政事，曾与帝师（喇嘛教主）抗礼而扬名。兰奢：亦作"兰闍（shé）"，梵语或伊朗语音译，为褒赞之辞。遮莫：犹"这么"。

［22］孟婆：风神。

［23］鹿野：即鹿野苑，佛教地名。华池：景色佳丽的池沼。

［24］鸡园：指鸡头摩寺。佛教传说中的圣地。

［25］作者自注："（梵书）贵真空不贵顽空。顽空者，木石是也。惟真空乃不坏。"

［26］作者自注："（梵书）行乐不如苦住，富客不如贫主。南方胜乐国。"

班禅之居于札什伦布也[1]，招提结蟹螯之穴[2]，祖山依龙背之阳。沙明远岸，雪冒连冈。智水环流，浪纡徐而练净[3]；幻峰囲野，形岿巍以绵长[4]。金刹青鸳，占仍仲宁翁之脉[5]；石门宝塔，韫额尔德尼之光[6]。月昼隐而故蹰留，寸丝不挂[7]；树秋凋而真实在，拳枣应尝[8]。既无生而无灭，爰非寿而非殇，怀莲焚乎龙脑[9]，圆泽识夫锦裆[10]。肩浮戒衲之绿[11]，事非悠谬；掌握明珠之衬[12]，说岂荒唐。刀剑一挥，禅座讵伤乎法济；金衣两设，邪人何畏乎初昌[13]。法嗣横枝，声传绝幕[14]；大师还竺，辉生道场[15]。乌尼子之孟年，已具食牛之量[16]；迦陵山之妙韵，定知吞象之王[17]。

注释

[1] 班禅：藏传佛教首领的一种尊号。"班"为梵文"班智达"（学者）的略称，"禅"，藏语意为"大"，"班禅"即大学者。

[2] 招提：寺院的别称。作者自注："后藏寺名扎什伦布，头辈达赖喇嘛根敦珠巴所建，其寺依山麓起阁，山形如蟹螯夹抱，其后山自西北来，蜿蜒隆突，如蜀栈之龙洞背也。"

[3] 智水：《论语·雍也》："知者乐水。"谓智者达于物理，周流不滞，故乐水。"智水"这里用作对水的美称。练：白，素色。

[4] 幻：变化。逦（lǐ）迤（yǐ）：迤逦，连续不断貌。

[5] 金刹：亦称"黄金刹"，寺院。青鸳：亦称"青鸳刹"，谓佛寺。寺宇建筑屋顶两角高翘似青鸳鸟（类凤凰），因称。仲宁翁：指仲宁翁结巴寺。

[6] 韫（yùn）：藏，蕴藏。额尔德尼：作者自注："其下有地穴，前数辈班禅圆寂，金塔列其中，最为华丽。"

[7] 寸丝不挂：佛教禅宗用以比喻心无挂碍。

[8] 作者自注："《涅槃经》：娑罗林中有一树，一百年，其树皮肤枝叶悉皆脱落，惟真实在。《高僧传》：洛阳香山寺镜空游钱塘，至孤山寺西，夜馁甚，有梵僧顾空探囊探出一枣，大如拳，曰：食之者上智，知过去未来事；下智只知前生事耳。空因啖枣，枕石而卧，乃悟前生如昨日事。"

[9] 作者自注："（苏东坡《宸奎阁碑》）卢山僧怀琏，持律甚严，上尝赐以龙脑钵。琏对使焚之曰：吾法以戈铁食，此钵非法也。"

[10] 作者自注："（《僧圆泽传》）李源居洛，与圆泽约游青城、峨眉，至南浦，见妇人锦裆负罂而汲者，泽望而泣曰：吾当为此妇人子，孕三月矣，今既见，无可逃者。后十二年仲秋夜月，杭州天竺寺外当与公相见。至暮，泽亡而妇乳。后十二年，源自洛至吴赴其约，闻噶洪川有牧童叩牛角而歌，乃圆泽也。源问：泽公健否？答曰：李公真信士，然俗缘未尽，慎勿相近也。"

[11] 作者自注："《高僧传》：天竺辨才，姓徐氏名元汉，字无象，杭之于潜人，生而左肩肉起袈裟绦，八十一日乃灭。"

[12] 作者自注："《传灯录》廿四祖师比丘，有长者引一子曰：此子生当便觉拳左手，愿闻宿因。师以手接曰：还我珠来。童子遽开手奉珠。师曰：

吾前生有童子名婆舍，吾赴西海斋，受衬珠付之，今见还矣。遂为法嗣。"

[13] 作者自注："乾隆五十六年，廓尔喀犯顺扰后藏，班禅移住前藏，贼入扎什伦布，掠财物以归。《高僧传》法济大师名洪諲，姓吴，乌城人。迁黄巢之乱，偏帅率卒千人，而见师宴坐不起，以剑挥禅座者再，师神思湛然，乃异之，献金宝再拜而去。今禅座尚在，二剑迹犹存。六祖传衣为天下所宗，有张初昌受嘱，潜怀刀入室，将欲加害，置金衣两于方丈，张挥刀者三，都无所损。祖曰：正剑不邪，邪剑不正，只负汝金，不负汝命。张惊仆久乃苏，求哀，祖与金乃去。"

[14] 作者自注："《传灯录》禅家旁出谓之横枝，黄梅谓道信师云：死后横出一枝，法是也。"绝幕：极远的沙漠地区。

[15] 作者自注："乾隆五十七年五月，班禅额尔德尼仍还扎什伦布住锡。（苏子由《辨才塔碑》）沈公遘治杭，以师住天竺灵感观音院，有僧灵捷者夺而有之，迁师于下天竺，又逐师于潜，逾年而捷败，复以上天竺与师。赵公抃赞之曰：师去天竺，山空鬼哭；天竺师归，道场生辉。"

[16] 作者自注："（野鹊子《传灯录》）二十四祖母，梦吞明暗二珠而孕，一罗汉曰当生二子，一即祖，二即刍尼。昔如来在雪山修炼，刍尼巢于顶上，佛成道，刍尼受报为那提国王。佛记曰：汝后与圣同脱，今不爽矣。"刍尼：梵语，喜鹊。

[17] 作者自注："（《楞严经疏》）迦陵水界仙禽，在鸟卵壳中鸣，音已压众鸟。"

　　至于牙简书名，根尘寂静；金瓶选佛，意想空无[1]。赤子征祥字阿练，曰呼毕勒罕[2]；修因智果号苾刍，曰胡图克图[3]。名冠元班，练心摈影；学通神讲，续祖希卢。诺们罕转全藏之秘奥[4]，沙布咙达一度之迷途[5]。文咱特乌毂音洪[6]，牛呼牟而驼鸣圆[7]；温郁逊石屏咒显[8]，山入芥而海成酥[9]。堪布掌赤华佛事[10]，托音充香界浮图[11]。乃有岁本森本[12]，巢释门之鸠鹊；曲本孜仲[13]，结法侣之鸳鸿[14]。卓尼尔效茶斋之奔走[15]，罗藏娃司喉舌之异同[16]。此皆持瓶竖子，捧钵财童，侍维摩于七宝[17]，等觉善之二空者也[18]。

> **注释**

　　[1]根尘：佛教语。佛家谓眼、耳、鼻、舌、身、意为六根，色、声、香、味、触、法为六尘。色之所依而能取境者谓之根，根之所取者谓之尘，合称根尘。空无：佛教语。谓一切事物从因缘生，唯心所造，了无自性。

　　[2]字阿练：作者自注："《冥祥记》：晋王珉，有番僧及门曰：若我后生得为此人子，足矣。顷之，僧病卒，珉生一子，始能言，便解外语及识外国珠，故珉字曰阿练。"呼毕勒罕：蒙古族佛教中对高级僧人的称谓。蒙古语呼毕勒罕是对"转世"与"化身"者的称呼。

　　[3]作者自注："《善觉要览》僧曰苾刍。注：苾刍，草名，体性柔软，引蔓旁布，馨香远闻不借日光，故以喻出家人，又名比丘。今唐古特语名格隆，盖戒僧也。唐古特称胡图克图，不迷性之谓也。"修因：修行的原因、内因，即本身所具备的修行条件。智果：涅槃为断果，菩提为智果。胡图克图：亦作"呼图克图"。蒙古语音译。蒙古族和藏族佛教中高级僧人的封号。《大清会典》规定："喇嘛之最高者曰呼图克图。"

　　[4]诺们罕：作者自注："蒙古语，诺们，经也；罕，王也。盖通经典之称。"

　　[5]沙布咙：藏语音译，藏传佛教用语，侍从活佛或大活佛的小活佛，是活佛中地位最低者。

　　[6]文咱特：作者自注："诵经声音最洪大者。"

　　[7]圔（yà）：骆驼叫声。

　　[8]温郁逊：作者自注："精通梵典者。"石屏咒显：作者自注："《广舆记》僧惠崇谒径山钦法师，自谓诵观音咒，功无比。师曰：吾座后石屏能咒之令破否？曰：可。遂叱之，石屏裂为三片。"

　　[9]山变成草芥，海水变成牛奶。

　　[10]堪布：藏语音译。蒙古族和藏族佛教中僧职人员名称。大寺院的扎仓（僧院）和小寺院的最高主持人，如内地汉僧之方丈。赤华：僧房的别名。

　　[11]托音：蒙古族佛教僧人名称。

　　[12]岁本：藏语音译，藏传佛教僧职人员名称之一，掌管贵族和喇嘛膳宿等事宜的人员。作者自注："岁本，近侍之最大者，森本次之。"

　　[13]作者自注："曲本司经卷作佛事，孜本服役及奉差委各庙宇作佛会。"

［14］鸳鸿：鹓雏和鸿雁。比喻同僚。

［15］卓尼尔：作者自注："司商上用度者。"

［16］罗藏娃：蒙古族和藏族佛教活动中专门从事口头与文字翻译者的名称。

［17］七宝：即佛教传说中的七样宝物，说法不一。

［18］作者自注："《鹤林玉露》：裴休访潭州善觉禅师，问侍者有否。师曰：有一两个，唤大空小空。二虎从庵后出，师曰有客且去。"

本篇选词综述

【郭】

本义指"城外围加筑的一道城墙"。如《管子·度地》："内有之城，城外为之郭。"引申指"物体的四周"。如《汉书·食货志下》："卒铸大钱，文曰'宝货'，肉好皆有周郭。"（肉：指钱边。）在古汉语中，"城"和"郭"并称时，"城"指内城，"郭"指外城。"城""郭"连用时，泛指城。

【奥】

本义指"屋子里的西南角"。如《荀子·非十二子》："奥窔之间，簟席之上。"此义可引申指"隐蔽、机密的地方"。如《三国志·魏志·董昭传》："往来禁奥。"引申指"深"。如陆机《塘上行》："沾润既已渥，结根奥且坚。"此义引申指"深奥"。如《宋史·蔡元定传》："遂与对榻讲论诸经奥义，每至夜分。""奥"还可通作"燠"（yù），表示"温暖"。如《诗经·小雅·小明》："昔我往矣，日月方奥。""奥"还可通作"澳"（yù），表示"水涯深曲处"。如《诗经·卫风·淇奥》："瞻彼淇奥，绿竹猗（yī）猗。"

【披】

本义指"分开、裂开"。如《史记·项羽本纪》："哙遂入，披帷西向立。"此义可引申指"披露，表露"。如邹阳《狱中上梁王书》："披心腹，见情素。"引申指"翻阅"。如韩愈《进学解》："手不停披于百家之编。"又引申指"披、穿"。如韦应物《寄冯著》诗："披衣出茅屋，盥漱临清渠。"

35. 清代咏藏诗二首

宁静山是西藏分界处

孙士毅

作家作品介绍

孙士毅（1720—1796），字智治，浙江仁和（今杭州）人。乾隆二十六年（1761）进士，授内阁中书、军机章京。以督运入藏反击廓尔喀之军粮有功，升文渊阁大学士。善诗文，著有《百一山房诗集》。乾隆五十六年（1791），廓尔喀大举入侵后藏，清朝派部队入藏反击。此次战役中，孙士毅主持军需运输，往来于康藏线上，写下了数百首歌咏西藏山川地理、民族风俗、宗教寺院、地方物产的诗作，具有较高的文学价值。

说明

这首诗选自赵宗福所编《历代咏藏诗选》。

这首诗是孙士毅咏藏诗中的一首。宁静山在西藏东部，逶迤连绵，南延入云南称云岭，是金沙江与澜沧江的分水岭，也是清代川藏的分界处，所以诗人称"宁静山是西藏分界处"。诗中描写了宁静山逶迤如蜕骨蛇的自然景象，也表达了诗人积极进步的看法，即西藏和中原早已成为一家。

不断天山蜕骨蛇[1]，却从只堠问龙沙[2]。
何须苦说华严界[3]，中外于今久一家[4]。

注释

[1]天山：指西藏大山。蜕骨蛇：脱骨之蛇。这句是说，宁静山连绵起伏，逶迤不断，如同脱骨的蛇屈伸长躯。

[2]只堠：五里之程。龙沙：古代塞外的通称。

[3] 苦说：苦苦言说。

[4] 中外：中原与边疆地区。

游龙王潭

恭格班珠尔

作家作品介绍

恭格班珠尔，藏族诗人，生平不详。他在与孙士毅的唱和中，曾用汉文写了两首诗，本篇是其中一首。孙士毅在《百一山房诗集》的藏事诗中，有一首诗的题目这样写道："西藏士人恭格班珠尔能诗，同人偶游达赖喇嘛园池遇之，命之赋诗，颇成篇什，因为和之。"

说明

《游龙王潭》是恭格班珠尔陪同孙士毅赏游达赖喇嘛园池时的即兴之作，原诗无题。此诗运用夸张、比喻，道出了园池的佳丽，又切合诗人释子的身份；音节流转，读之琅琅上口；文字凝练，韵调流畅，是一首纪游佳作。反映了康乾之际藏族知识分子高度的汉文化修养，这是汉藏民族团结和文化交流的结果。

龙王初造龙宫成[1]，忽然移入人间住。
琉璃四照映日华，遍彻毫光明处处。
周围海水清且浅，迦陵之鸟流好音[2]。
游人闻之大欢喜，恍如仙乐凌风起。
而今春正到花时，结果成阴定有期。
万事有因皆有果，众生那识化工奇。

注释

[1] 龙王潭为布达拉宫后山的一处园林，半岛上建有龙宫。

[2] 迦陵之鸟：鸟名，梵语音译"迦陵频加"的省称，意译为好音声鸟，

佛教传说中的妙禽。《正法念处经·观天品》云："（天予）复诣昔林，其普林中，有七种鸟……珊瑚银宝，为迦陵频加，其声美妙，如婆求鸟音，众所闻乐，翱翔空中，游戏自如。"

本篇选词综述

【断】

本义指"截断、断开"。如《史记·文帝本纪》："刑至断支体，刻肌肤。"此义引申指"断绝、中止"。如李白《大堤曲》："不见眼中人，天长音信断。"引申指"判断、决断"。如《国语·晋语九》："及断狱之日，叔鱼抑邢侯。"成语有"当机立断"。还可引申指"绝对、一定"。如李商隐《无题》诗："曾是寂寥金烬暗，断无信息石榴红。"

【期】

本义指"约会"。如《诗经·鄘风·桑中》："期我乎桑中，要我乎上宫。"此义可引申指"预定的时间、一定的时间期限"。如《左传·隐公元年》："大叔完聚，缮甲兵，具卒乘，将袭郑。夫人将启之，公闻其期，曰：'可矣！'""期"还可引申指"期望、要求"。如《韩非子·五蠹》："是以圣人不期修古，不法常可。""期"还读作 jī，表示"满一年或一月"。如《左传·襄公九年》："行之期年，国乃有节。"此义还可写作"朞"。

下编 通论部分

第一章 文字

文字是记录和传达语言的书写符号，是语言的辅助工具，人类有了文字，就扩大了语言在时间和空间上的交际功用。大量的民俗学和考古学资料证明，世界上最早出现的文字有三种：一是西亚两河流域的古苏美尔人创造的楔形文字，二是北非尼罗河流域的古埃及人创造的圣书字，三是东亚黄河流域的古中国人创造的古汉字。古苏美尔楔形文字和古埃及圣书字早已消亡，只有古汉字经过字形的一系列演变，一直使用至今。

汉字是记录汉语的文字，是世界上唯一使用数千年从未间断、也未突变、至今仍然生机勃勃的自源文字。汉字具有鲜明的特色，不仅完整地记录了汉语，传承了中华民族丰富灿烂的文化，而且汉字本身就蕴涵着丰富的文化内容，体现了先民们的生活、生产及思想观念等。如今汉字与现代科技的融合，已使汉字的作用日益突出，并将焕发出旺盛的生命力。

第一节 汉字的产生

一、汉字的起源

近百年来的考古发掘表明，汉字的创制和使用大约已有五六千年的历史，而现今我们所知的最早的汉字形体甲骨文，距今只有三千三百多年的历史。甲骨文是十九世纪末在河南安阳西北小屯村发现的，单字大约有4500多个，已经能够完整地记录当时的语言，是一种相当成熟的文字体系了。汉字从产生之初到成为成熟的文字体系定是经历了漫长的发展演变过程，所以说，甲骨文只是汉字的流，而不是汉字的源。那么，汉字的源头在哪里呢？汉字又是怎样起源的呢？

由于考古资料缺乏，文献不足，关于汉字起源的问题学术界至今尚未得出大家公认的结论。尽管如此，有限的文献资料以及考古资料，还是为我们提供了一些有关汉字起源的信息。

从古至今，关于汉字的起源，流传较广、影响较大的有结绳说、八卦说、仓颉造字说等。

（一）结绳说

大量的人类社会学、民俗学材料证明，在文字被发明以前，人类采用结绳之类的原始记事方法来帮助记忆、提示事情、交流情况。结绳是世界上众多原始民族曾经使用的一种记事方法。我国古代文献中有许多关于结绳的记载：《老子·八十章》"使民复结绳而用之"，《庄子·胠箧》"当是时也，民结绳而用之"，《易经·系辞下》"上古结绳而治，后世圣人易之以书契"，《说文解字·叙》"及神农氏结绳为治而统其事"，孔安国《尚书序》"古者伏羲氏之王天下也，始画八卦，造书契，以代结绳之政"，等等。还有关于如何结绳的记载，东汉郑玄注《周易正义》："结绳为约，事大，大结其绳；事小，小结其绳。"唐人李鼎祚在《周易集解》中引《九家易》云："古者无文字，其约誓之事，事大大其绳，事小小其绳。"宋代朱熹曾说："结绳，今溪洞诸蛮尤有此俗。"严如煜《苗疆风俗考》云："苗民不知文字，性善记，惧有忘，则结于绳。"我国的藏族、怒族、高山族、独龙族、哈尼族等，也都流行结绳记事，且都有实例可考，这一方面表明中国上古无文字时代确实有过结绳记事，另一方面表明中国从中古至近现代都还保留着结绳记事的遗俗。从史料和遗俗看，结绳只是用来帮助记忆、作契约凭证、传递信息，起记事符号的作用。结绳只是在个人或某些人之间为了某种记忆或行为而确定的记号，它既没有社会意义，也不是以语言的语音单位为基础的，没有和语言中固定的词联系起来，不具备音、形、义三个要素，同一个结绳可以作多种理解。因此结绳不是文字，与汉字的起源没有直接关系。

结绳既然是先民们创造文字之前曾一度使用的记事方法，那么它在我们的祖先后来造字构形的过程中或多或少地留下了某些痕迹。在近世出土的甲骨文材料里，发现了一些颇为特别的符号，如：像结绳架，学者们认为与结绳有关。甲骨文、金文中这三组符号表示"十"、"二十"、"三十",大多数学者认为即是取象于上古的结绳,但是不能由此得出整个汉字体系都起源于结绳的结论。

(二)八卦说

《易经·系辞》和《说文解字·叙》都提到八卦为伏羲氏所作。不过许慎虽认为在汉字产生之前先有八卦和结绳,却也并未明言汉字起源于八卦,更没有认为八卦就是文字。到了宋代,将八卦附会于汉字起源的说法开始普遍起来,如郑樵就将☵(坎)、☲(离)、☷(坤)三个卦象看成是水、火、巛三字的原型。纬书《乾坤凿度》则直接把☰(乾)、☷(坤)、☳(震)、☴(巽)、☵(坎)、☲(离)、☶(艮)、☱(兑)八个卦象说成是天、地、雷、风、水、火、山、泽八个汉字的古文。这类看法,在学术界始终有一定的影响。如清代学者段玉裁就认为"庖犠作八卦","即文字之肇端"。近代学者刘师培认为:"大约《易经》六十四卦,为文字之祖矣。"黄侃认为:"八卦为有限之符号,文字则为无限之符号,以八卦为文字起源,似也。"

其实八卦是古代筮占的符号,单卦有八个,任意两卦相叠合,便可得八八六十四重卦。筮者根据重卦的卦象爻象分析,并结合《易辞》以占测吉凶祸福。考古发现表明,从商代、西周到春秋战国,筮占是用一、二、三、四、五、六、七、八、九等数字表示的,后来用一、八来表示,一演变成了阳爻,八演变成了阴爻。由此可见,八卦的卦爻与数有关,八卦只不过是三个奇数或偶数的排列符号,是原始社会数占术的一种记事符号,从其来源和用途可知,不是记录语言的文字,与汉字的起源无关。

然而,八卦作为一种文化产物,必然要反映到人们的头脑中来,在个别与原始筮占术有关的汉字上留下痕迹。例如"爻""学"等字。但个别汉字的起源与整个文字体系的起源之间是不能画等号的。比较而言,八卦说与汉字的起源相去稍远。有限的卦爻符号,无论是八卦还是六十四卦,都难以演化出成百上千的原始汉字,而绝大多数汉字的形体特征,与八卦符号并没有任何近同的地方。八卦不是文字,汉字体系也不可能导源于爻象,但据一些学者看来,八卦说反映了古人契刻记事的踪迹,八卦爻象在文化方面与汉字构形存在着某些联系。

(三)仓颉造字说

战国两汉时代,普遍流传着仓颉造字的传说。在史籍中最早提到仓颉的是战国时代的荀卿。《荀子·解蔽》:"故好书者众矣,而仓颉独传者,一也。"当时,荀子认为仓颉只是众多"好书者"之一,并不认为文字是仓颉一人所造,仓颉的"独传"是因其对文字进行了规范、统一的工作。其后文献的有关论述,不言"好书者众",而只讲"仓颉作书"了。如《吕氏春秋·审分览·君守》:"奚仲作车,仓颉作书,后稷作稼,皋陶作刑,昆吾作陶,夏鲧作城。此六人者,所作当矣,然而非主道者。"《韩非子·五蠹》:"古者仓颉之作书也,自环者谓之'厶',北厶谓之'公',公厶之相背也,乃仓颉固以知之矣。"李斯《仓颉篇》:"仓颉作书,以教后诣。"有的文献甚至将仓颉作书神化。如《淮南子·本经训》:"昔者仓颉作书,而天雨粟,鬼夜哭。"《论衡·骨相篇》:"仓颉四目,为黄帝史。"宋人罗泌著《路史》,也把仓颉说成"龙颜侈侈,四目灵光"。

文字是施用于语言的约定俗成的书写符号,数以千计的古汉字形体及众多异体字的存在,充分说明汉字不是一人所独创;古汉字只能是我们祖先群体智慧的结晶,是先民们在长期的生产与生活当中,因时因地因事,不断地观察、思考和创制,才逐渐积累而形成的一种文字体系。传说仓颉是黄帝时期的史官,古时巫和史都是接触文字的人,他们掌握着文化知识,是社会的精英,随着社会分工的发展而脱离了体力劳动以后,就有时间和物质条件专门搜集大众创造的文字,进行加工整理,使之完整化、系统化。所以上古时期,不能排除有个别仓颉那样的史官,对汉字体系的初步形成曾作出过特殊的贡献。凡是较有系统的文字,总是要经过一定专业人士的整理,然后由一定的群体力量来推广应用,才能成为社会的一种交际工具。这大概就是仓颉造字传说的历史事实吧。

古代有关汉字起源的传说,只能为探讨汉字的起源提供若隐若现的线索,真正要了解汉字产生的实际过程,还应进一步去考察和研究考古发掘所得的原始汉字或记事符号的材料。

二、汉字产生的途径

从考古发现的汉字原始资料来看,汉字产生的主要途径可能有两个:一是来自记号,一是来自图画。

在汉字产生以前,汉民族经历了漫长的原始记事时期,其记事的方法,通过梳理我国古籍文献的记载,可知除了结绳之外,还有契刻等。《易经·系辞下》:"上古结绳而治,后世圣人易之以书契",《释名·释书契》:"契刻也,刻识其数也。"契刻就是在竹、木、骨、陶等材料上刻画记号,其作用主要是用来计数、提示事件等。发展到后来,契刻之物还用作人们经济交往中的凭证。如《列子·说符》:"宋人有游于道得人遗契者,归而藏之,密数其齿,告邻人曰:'吾富可待也!'"这个宋国人拾得的"契",便是债权凭证,上面所刻的"齿",便是钱财的数目。

根据考古资料,在黄河中游地区,出土的原始社会晚期的有刻画符号的陶器的遗址就有近十处,其中西安半坡、临潼姜寨两处遗址发现的刻画符号最为丰富:

西安半坡陶器刻画符号

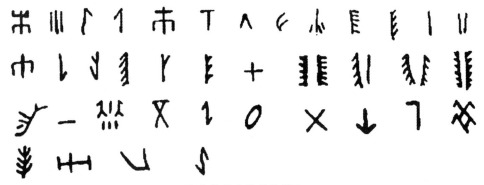

临潼姜寨陶器刻画符号

考察这些陶器刻画符号,可以发现许多共同的特点,如符号大都于陶器焙烧之前刻画而成,而且仅见于陶钵一类特定器种,符号位置一般都固定在陶器口沿外面的黑色带缘上,一件陶器一般仅有一个刻画符号,出土于不同地点的陶器上曾出现过相同的符号,等等。很显然,这些陶器刻画符号在当时可能有某种特定的意义。但这种意义究竟是什么,学术界意见不一。目前多数学者认为这些陶器上的刻画符号尚不是文字,但对于汉字的起源曾产生过影响。

在山东莒县陵阳河大汶口文化遗址一个灰陶缸上发现了四个刻画符号:

这几个符号多数学者认定是文字,许多古文字学家还作了考释隶定,认为它们由左向右分别像甲骨文的"戉"、"斤"、"旦"、"炅"等字。

汉字吸收某些契刻符号的过程,就是把它们或承继下来,或改造并定型为文字的过程。在被吸收为文字之前,记号不等于文字,因为它们所具有的含义不一定是固定的,它们更没有被赋予群体大众所共同识读的语音。只有当这些记号在有规则的长期使用过程中,经过社会的约定俗成,记号的形式跟一定的音义关系相对稳固地结合起来,它们才脱离契刻的原始记事方式而进入文字的行列中。

在结绳、契刻之外,古代人类还普遍使用原始绘画来帮助记忆、表达思想、交流情况。现在看来,由图画发展为文字,其演化的途径似乎比契刻符号演化为文字的途径更宽广,其历程尤其具有人类文化学、民俗学的特质。在我国,很早就有"书画同源"的观念。宋代郑樵《通志·六书略》:"书与画同出……六书也者皆象形之变也。"

图画起源很早,从图画到文字,同契刻到文字一样,是一个漫长的质变过程,只有当图画逐渐失去图画的性质,发展出符号的性质,才有可能成为文字。那么图画是如何与语言中的词语结合起来的呢?图画与词语结合的契机,来自原始人类的群体生活及习俗观念,族名族徽就是途径之一。裘锡圭先生在《汉字形成问题的初步探讨》中说:"用象形符号表示族名,很可能是原始表意文字产生的一个重要途径。在商代文字里写法特别古老的族名,金文大量存在的事实,对我们的这个推测是有力的支持。"因为原始社会中图腾崇拜的习俗是普遍存在的。当时人们常把某种动物或植物等当作本氏族的祖先,或看成与本氏族命运休戚攸关的吉祥之物，从而将它们当作本氏族的象征和守护神来崇拜。他们把这种动物或植物的名称当作本氏族的名称，并往往在日常器物甚至每个人的身上，把它的形状刻画出来当作徽帜，用以维护本氏族的团结，并藉以区别于其他氏族。如一个以"牛"为名号的氏族，用一个描绘着牛的图形来作为本氏族名号的标识，在属于这个氏族的人，以及熟悉这个氏族的人之间，必然常常指图呼名，"牛"这一图形就通过族名这个环节跟语言里的"牛"这个词稳固地联系到一起了，图形便成了文字。所以，一个图形只要被用作族名的徽帜，就带来了成为文字的机缘，很快就会成为代表一定语词的书写符号。原始社会里氏族林立，这样，就有上百个或数百个不同的族名徽帜陆续转变为文字。随着社会的进化，思维能力的不断提高，族名徽帜的习得经验又会进一步启迪先民们的心智，促使更多的非族名徽帜的图形或符号转化为文字，使文字由自发产生进入文字的自觉创造，并被自觉地使用，从而促成了汉字体系的形成。

三、汉字产生的时代和汉字体系的形成

汉字产生的确切年代，由于资料不足，现在还很难断定。目前我们见到的最早的成批汉字资料，是距今三千多年殷商时期的甲骨文。甲骨文已具备相当完备的文字体系，已经是能够完整地记录汉语的成熟的汉字。在此之前，汉字必定还有一个相当长的产生和发展过程。那么，比较原始的汉字究竟是什么时候产生的呢？

由于缺乏必要和足够的资料，目前文字学界对于汉字到底是什么时候产生的看法还不一致。

1958年发现了甘肃秦安大地湾遗址，经同位素碳14测定，遗址最早距今有近8000年，从遗址一期出土的陶器上共发现了十几种彩绘符号，这些符号比过去国内最早发现的西安半坡陶器刻画符号的时间早了1000多年，且有一些符号与半坡符号基本一样。虽然这些神秘符号的意义至今未能破解，但专家们认为，它们可能就是中国文字最早的雏形。1954年陕西西安半坡的仰韶文化遗址出土了一批彩陶和黑陶，上面有若干刻画符号，经同位素碳14测定，半坡遗址的年代约在6000年前，处在我国新石器时代的晚期，有的学者认为这些符号正是我国较早的原始汉字，但有的学者则认为不是。大汶口文化距今约

4500年至5000年，属于这一文化时期的山东莒县陵阳河遗址出土的灰陶缸上，发现有四个同早期汉字结构颇相似的象形符号，对此，学者们的意见基本倾向于一致，认为它们是原始汉字。我们把地下出土文物、学者们的理论推测、古代造字传说，及中国从黄帝开始有五千年左右的文明史等情况综合考察，认为汉字的最初发生是在新石器时代的晚期，即距今大约五六千年的上古时期，这个推断是不会过分的。

对一种完全是本民族独立创造出来的文字来说，从第一批文字的出现到能够完整地记录语言的文字体系的形成，不仅要经历漫长的历史岁月，还需具备有合适的社会条件。当某个图形或记号被比较固定地用于语言里某个词的符号的时候，它就初步具有了文字的性质。但要做到使语言里的每一个词都有记录它的符号，则需要一个很长的过程。在这个过程的初期，那些已经产生的文字，必定还不能完整地把语言记录下来，因此也就不能完全排除非文字的原始图画式的表意手法，这样文字与图画可能会混在一起使用。所以，文字体系的形成过程，实际上就是造字标词的思维方法不断提高、不断充实完善的过程，就是文字的使用与图画词彻底分道扬镳的过程。换言之，文字体系的形成是在文字的继续被创造和文字本身被使用的历史过程中完成的。对于汉字来说，跟图画有着明确界限的假借字和形声字的出现，是汉字体系形成的标志。甲骨文和金文中已有不少的假借字和形声字，说明它们早已是体系成熟的文字了。那么，汉字体系的形成究竟是在什么时候呢？从现有材料来看，据学者推测，汉字体系大概形成于宗法传位制国家建立的时期，相当于历史上的夏代。据古书记载，夏桀将亡时，其史官"执其图书而奔于商"，夏末朝廷已建有图书档案，说明汉字体系至迟在夏代中期甚至更早的时期便已基本形成。

综上所述，汉字大约产生于原始社会晚期，如果把仰韶文化和大汶口文化的刻画符号和图形符号看作是原始汉字，则距今已有五六千年的历史。汉字形体基础的源泉有两个：一个是由结绳和契刻演化而成的记号体系，一个是包括了由图画形成的图腾族徽在内的图画体系。至迟在夏代中期，即距今约三千八九百年的时候，汉字体系便已基本形成。

第二节　汉字的形体结构

汉字的形体结构，是指汉字的构造方式，即体现造字意义的字形结构。我们可以从不同的角度去分析汉字的结构，如"章"字，从书写结构讲，分为立、早两部分，就是人们通常所说的"立早章"。古汉语讲汉字的结构，主要是从造字角度讲的。章是由音、十两部分组成，如东汉许慎的《说文解字》云："乐竟为一章。从音，从十。十，数之终也。"书写结构只能告诉人们一个字的写法，造字结构则能体现一个字的本来意义。"乐竟"是指音乐告一段落。先民造字之初，就是根据事物的一定意义来造字的。如清代王筠在《说文释例》中说："许君之立说也，推古人造字之由，先有字义，继有字声，乃造字形，故其说义也，必与形相比附。"这就是说，在人们的头脑中，先有对某种事物形成的观念，即意义；然后有词的语音形式，即字的读音；最后才依据意义和读音造字，即字的形体结构。所以，汉字的形体、读音和意义，都是有一定的内在联系的。

关于汉字的形体结构，传统有"六书"之说。"六书"的名称最早见于《周礼·地官·保氏》："保氏（古代职掌教育贵族子弟的官员）掌谏王恶，而养国子（公卿大夫的子弟）以道。乃教之六艺：一曰五礼，二曰六乐，三曰五射，四曰五驭，五曰六书，六曰九数。"《周礼》是儒家十三部经书之一，成书大约在战国之际，这说明远在先秦时期就已有"六书"的概念了。到了西汉末年，"六书"理论臻于成熟，有可能才有了"六书"的细目。东汉时期，解说"六书"内容的主要有三家：一是班固在《汉书·艺文志》中的解说："古者八岁入小学，故周官保氏掌养国子，教之六书，谓象形、象事、象意、象声、转注、假借，造字之本也"；二是郑众在给《周礼·地官·保氏》作注时明确了"六书"内容，即"六书，象形、会意、转注、处事、假借、谐声也"；三是许慎在《说文解字·叙》中的解说："周礼八岁入小学，保氏教国子先以六书：一曰指事，二曰象形，三曰形声，四曰会意，五曰转注，六曰假借。"

这三家所讲的"六书"，名称大同小异，排列次序也不尽一致，其中以许慎的定义与解说最为见长。他不仅列出了六书的细目，而且给每一书下了定义，作了解说，并举出了例字，使六书理论臻于完备，从而使人们对汉字形体的构造有了规律性的认识。许慎的解说，已涉及汉字产生和发展的理论问题，奠定了传统文字学的基本理论,即六书说。自清代以后,人们讲六书,一般采用许慎的名称、班固的次序,即:象形、指事、会意、形声、转注、假借。下面就依次逐一进行介绍。

一、象形

许慎《说文解字·叙》:"象形者,画成其物,随体诘诎,'日''月'是也。"象形就是描摹物体的具体形象,随着物体形状曲折变化,日、月就是这样的字。

象形就是通过描摹词所概括的客观外物来表达词义的一种造字法。象形又可分为两类:

1. 独体象形

指用简洁的线条笔画把语词所指称的物体形象地描绘下来,以表示该事物。通常所说的象形字,其绝大多数都是这种独体象形字,这种字的全部线条笔画都是描绘所指事物本体形状的,其形体不能再分拆。它们所代表的词,也是造字之时所象之物的通用名称。如:

人　女　目　牛　犬　止　首　自

2. 合体象形

指一方面把需要造字的那个词所指称的物体用简洁的线条笔画勾勒出来,另一方面把某种相关的物体,如所附着的主体,经常发生关系的东西,周围的环境等,也连带描绘下来,作为烘托陪衬,以彰显该物体。如:

页　眉　须　文　聿

牢　果　瓜　血　州

页：本体是人头，下面的人身是相关的事物。眉：本体是眉毛，下面的"目"是相关事物。须：本体是胡须，旁边的"页"是相关事物。文：本体是文身的花纹图案，人体是相关的事物。聿：本体是"笔"，旁边的手（又）是相关的事物。牢：本体是栏圈，里面的"牛"是相关的事物。果：本体是树上结的果实，下面的"木"是相关事物。瓜：本体是藤类草本植物的果实，架及藤是相关的事物。血：本体是血液凝结物，器皿是相关的事物。州（洲）：本体是江河中的陆地，河岸和流水是相关的事物。

用象形造字法所造的字，具有明显的直观性，形象、好记。象形造字法是造字的基础，被称为"根字"或"基础字"，为指事字、会意字、形声字的构成奠定了基础。但不是所有的事物和概念都是有形可象的，复杂的事物更难以象形，所以用这种方法造字有很大的局限性，不能满足记录语言的需要。

二、指事

许慎《说文解字·叙》："指事者，视而可识，察而见意，'上''下'是也。"指事字就是初看这个字就能够识别它的形体，需要仔细审视，才能够发现它所表示的意义，上、下就是这样的字。指事字就是运用指示性符号来指称物体中的一部分或表现抽象概念的造字法。指事字的结构是由象征性的符号或在象形字的基础上添加一些指示性的符号组成。指事字可分为独体指事字和加体指事字两类。

1. 独体指事字

这类指事字由纯符号组成。在汉字中，纯符号性的表意字大多来自上古时代原始记事方式中的契刻记号，有些则可能取象于结绳之法。如：

2. 加体指事字

是在象形字的基础上加指事性的符号表示意义所在。如：

本　末　朱　刃　亡　亦　叉　左

本：树根。是在"木"根部加一指示符号表示树根所在。

末：树梢。是在"木"顶端加一指示符号表示树梢所在。

朱：即"株"，指树的树干。是在"木"的中间代表树干的部分加指示符号，表示树干位置。

刃：刀锋。是在"刀"的刀口部分上加一指示符号，表示刀锋所在。

亡：指锐利之器的芒刃。是在"𠤎"（与"刀"形似，代表锐利之器）的锋芒部分加一指示符号，表明芒刃。

亦：是"腋"的初文，指人体的臂腋。是在"大"（代表人形）的两臂腋下部分分别加上指示符号，以指示腋下。

叉：指手指的爪甲部分。是在"又"（代表手形）的手形指端部分加上指示符号表明爪甲所在。

左：是"肱"的初文，指人的手臂。字形利用"又"代表整个上肢，在手部以上的部分加上指示符号，来指明手臂所在。

指事字虽然可以表示某些抽象的概念，但是也有很大的局限性，所以汉字中指事字最少。

象形字、指事字有一个共同特点，即它们不能分拆为两个或几个独立成字的部分，若强行分拆，其中至少有一部分不成字。所以象形字、指事字是独体字。独体字是一切汉字的基本字，因为其他绝大多数的字都是以它们作为基本成分拼合而成的。

三、会意

许慎《说文解字·叙》："会意者，比类合谊，以见指㧑，'武''信'是也。"会意就是比并两字或数字，会合其意合成新意，由此看出造字者的意向，武、信就是这样的字。

会意是组合两个或两个以上代表某种物体的图形以表示新义的造字法。因此，会意字一般是由两个或两个以上表意图形所组成的复合体，构成生动的画面，以表达词所概括的行为动作、生活方式及抽象观念等。会意字的两个或两个以上的部分不是量的组合，而是质的结合，体现了一个新字的意义，需要细细去体会。会意字可分为比形象事和合字会意两类。

1. 比形象事

就是把两个或两个以上代表着某些客观物体的图形按照事理关系形象地比配在一起，构成某种事物过程的表象，以表示某一语词的意义内容。如：步、立、从、比、休、艺、尽、采。

2. 合字会意

就是把两个或两个以上的字组合在一起，构成一个新字，借助于构件字意义内容上的关联性，会合出某种新的意义内容，以代表语言中的某个词。如：武、信、占、名、吠、炎、焱、森、林。

会意字是以象形字为基础来表示新义的，但两者又有所区别：象形字常表示具体的事物，而会意字则表示抽象而又复杂的概念。

四、形声

许慎《说文解字·叙》："形声者，以事为名，取譬相成，'江''河'是也。"形声就是以表事类的字为形符，取音同或音近的字为声符，合形与声为新体，江、河就是这样的字。

形声就是以声符表示词的声音，以形符表示词义类属的兼表声义的造字法。形符（也叫意符）表示意义范畴，声符表示读音。例如：杞、问、物、江、裹、风等。

形声造字法的产生与运用，突破了纯表意造字的局限。语言中凡是无物可指、无形可象、无意可会的词，都可用形声造字法造出新字来记录。形声字的产生使汉字的性质发生了重大变化：汉字由表意文字过渡到表意兼表音的文字了。形声字后来已经占到汉字的百分之八十以上。

形声字的结构形式归纳起来主要有六种，即：

左形右声——江棋诂超　　　　　　左声右形——攻期胡邵

上形下声——空箕罟茗　　　　　　上声下形——汞基辜照

内形外声——辩衷问闽　　　　　　内声外形——阁国固裹

其中"左形右声"是基本结构形式。

还有一些形声字，形符或声符只占一个角或者一个很小的位置，如：勝（从力朕声，简化为胜），徒（从辵土声），寶（从宀玉贝，缶声，简化为宝）。

用形声组合方式造字，虽然最容易造新字，但也有不少缺陷：（1）形符和声符的位置不固定，因而难以确定哪个是形符，哪个是声符；（2）声符缺乏明显标志，因而容易和会意字混淆；（3）有时声符只取近似的音，因而失去准确表音的作用。

五、转注

许慎《说文解字·叙》："转注者，建类一首，同意相受，'考''老'是也。"除"考""老"两个例字外，由于许慎在《说文》正文没有一字注明属于转注，造成后人对转注的理解众说纷纭。归纳起来，对转注的解释，大致有形转、义转、音转三说。

1. 形转

南唐徐锴和清代江声是形转说的代表。他们认为《说文解字》五百四十个部首中，同部而义近的字，都是转注。江声《六书说》："凡五百四十部，其分部即建类也；其始一终亥五百四十部之首，即所谓一首也，下云凡某之属皆从某，即同意相受也。"他们认为"建类一首"是建立五百四十个部，每一部有一个部首，"同意相受"是同部之字均依部首之义辗转递增，因此，所谓"转注"，就是同一部首的字可以互相训释。此说专注于字形，有一定的道理，但是《说文》中同一部首的字并不全都意义相同、相近。

2. 义转

清代戴震、段玉裁是义转说的代表。他们认为"建类一首"是分别事物名称的义类，每类以一字训释，"同意相受"是同一义类的字均可互训，因此，所谓"转注"就是指同义字互训。此说专注于字义，有一定的道理，但是互训应属训诂学，不是造字法，无法纳入"六书"之中。

3. 音转

清代章炳麟、黄侃是音转说的代表。二人主张从字音方面解释转注。他们认为"建类一首"的"类",是指声韵之类,"首"是指语根,因此所谓"转注"就是指声音相同相近、字义相类的同族字。此说专注于字音,有一定的道理,但是章氏的声韵之类与许慎《说文解字》中以形为纲的基本精神不符,而且因文言不同而分化出来的字,其字形结构也不能做到是同一部首。

三种说法各有一定道理,但也存在着不足。转注字是文字孳乳和应用的法则,转注字的产生,可能是由于方言不同而产生的。同一事物,甲乙两地异名异音,反映在文字上就出现了异形异音而意义相同或相近的字。

六、假借

许慎《说文解字·叙》:"假借者,本无其字,依声托事,'令''长'是也。"就是说语言中有某个词,但是没有专门用来记录这个词的字(本无其字),便根据这个词的读音,找一个音同或者音近的字来寄托这个词的意义(依声托事)。新事物不断产生,新词不断出现,但创造文字来记录新词总是跟不上新词的产生。为了书面表达的需要,有时便借用已有的字来记录新词。这就是"本无其字的假借",即不受文字本义的限制而根据以音晓义的原则用字。如"求",本义指皮衣。"要求"的"求"无法造字,便借它来表示。"求"既用来表示"要求"的"求",而本义则另造"裘"字来表示。又如"族"本指箭头,借作"族类"之"族";"戚"本指一种大斧,借作"亲戚"之"戚";"来"本指小麦(甲骨文、小篆都像麦形),借作"来往"之"来";"而"本指颊毛(像胡须的形状),借作连词或代词;"之"本指"往""到……去",借作助词或代词;"亦"本指腋下的部位,借作副词。上述假借,都属于"本无其字的假借"。至于本来已经给某词造了某字,但写字人临时找一个读音相同或相近的字来代替,则属本有其字的假借,一般叫作"用字通假"。

许慎以"令""长"作为假借的例字,学者一般认为与"本无其字,依声托事"的定义矛盾。汉代县一级行政长官,管辖万户以上的称"令",管辖万户以下的称"长"。《说文》:"令,发号也","长,久远也"。令,本指命令,引申指发令的人,即长官。长,本是短长的长,引申指长久、生长、增长,再引申为年长、尊长、长上。一县之中的长上则为县长,这样辗转引申为长官。所以令、长是引申并非假借。许慎解说假借,举"令、长"二字为例是欠妥当的。

六书是在对大量汉字形体的结构作分析后归纳出来的六种条例。班固认为六书是"造字之本",清代学者戴震、段玉裁以及王筠等认为六书中的"象形、指事、会意、形声"与汉字形体结构有关,是汉字的构造原则,"转注、假借"只是用字之法,这就是"四体二用说",广为学术界所接受,至今仍有较大影响。

六书理论的建立,把人们对汉字字形的感性认识提高到了理性认识的高度,开辟了科学认识汉字形体的途径,为我国文字学理论的建立,打下了很好的基础,并在中国文字学史上产生了极其深远的影响。学习古代汉语,熟悉传统的六书理论是十分必要的。

六书中以象形、形声、假借三类最为重要,因为象形是汉字造字的基础,会意字、形声字和一部分指事字都是在它的基础上制造出来的。这类字在汉字总数中所占比例虽小,只有几百个,却是造字的基础,是组成千万个汉字的元素。如象形字"人",可组成从、比、北、休、卧、及、众等字,由这些字又可以组成更多的字。

六书中形声是最能产的造字方法,汉字中形声字的数量最多。《说文解字》9353个字中,指事字129个,象形字264个,会意字1254个,形声字达7700个,占82.3%以上;在《康熙字典》所收的47035个字中,形声字已占90%以上。

假借扩大了字的使用范围,特别是在造字初期,汉字字数少,倘若没有假借方法,汉字就难以发挥它记录汉语的作用。据统计,在甲骨文时期,按假借的办法来用字竟占90%;同时,它又是创造新字的桥梁,如"其"本为名词,指"簸箕"。当它借作代词或语气助词之后,只好为本义再造一个"箕"字。

第三节 汉字的性质及形体的演变

一、汉字的性质

关于汉字的性质,历来有种种不同的说法,比较典型的有表意文字、意音文字、词素—音节文字(或语词—音节文字)几种说法。

意音文字的说法着重于汉字80%以上都是形声字这一客观事实。实际上现代汉字中真正称得上是形声字的已经很少了,大部分形声字或者意符不表意,或者音符不表音,从现代汉字的角度看,这样的字不应该再当作是形声字,所以真正意义上的形声字不多,一个比较肯定的数据是,现代形声字,音符和字音完全相同的只占全部形声字的20%，如果这20%的形声字再用意符和字义的联系情况加以考察，估计又得排除一些形声字，这样就所剩无几了。由此可见，把汉字称为意音文字并不合适。

也有人将构成汉字的符号分为意符、音符和记号三类，而根据符号所能表示的语言结构层次来看，汉字有些字符只跟语素这个层次相联系，有些字符则起音节符号的作用，因此把汉字看作是语素—音节文字，而且认为这个名称适用于古代汉字和现代汉字。不过，音节文字现在一般专指拼音文字的一种，用来指称汉字容易引起混淆。尽管汉字是代表音节的，但是其结构中并没有严格意义上的专职的表音成分，因此用音节文字这种名称是否合适值得斟酌。

汉字是表意体系的文字。汉字是为适应汉语的需要而产生的，是适合汉语结构特点的文字。汉语是一种非黏着的孤立型语，或称作单音节语，它的结构单位本身没有语法的变化。汉语的音节，与印欧语不同，是直接与意义相联系，是表意的语音单位，汉民族语音感知单位是声韵调而不是音素，声韵调是能够区别意义的。汉语的这种语言结构特点决定了汉字的性质。因此，汉字是发展成熟的完善的表意文字。

二、汉字形体的演变

汉字形体的演变，总的来说可分为古文字和今文字两大阶段。

古文字阶段：时间从商代中期一直到秦汉之际。主要字体有甲骨文、金文、六国古文（又叫简帛文字）、大篆和小篆。

今文字阶段：时间从汉代以后一直到今天。主要字体有隶书、楷书、草书、行书。

就现有资料来看，汉字在殷商王朝中后期已经是自成体系的文字了，在距今三千多年的发展过程中，形体发生了很大变化。

1. 甲骨文

甲骨文是指用刀刻在龟甲或兽骨上的古汉字。龟甲兽骨上所刻的文字其内容大多是关于占卜的，因此又叫甲骨卜辞。甲骨文出土于商代故都殷墟（今河南安阳西北小屯村一带）。甲骨文从殷商中后期殷高宗武丁时期一直使用到殷商灭亡，约公元前十四世纪至公元前十一世纪左右，主要在殷商中后期。所以，甲骨文可看作是殷商中后期文字的代表。不过，在周原也出土了一些西周初期的甲骨文，但字数较少。甲骨文已经是相当成熟的文字了，自1899年首次被发现迄今，出土的甲骨已有十五万片以上，分别藏于中国大陆、台湾省和港澳地区以及日本、韩国、美国、英国、加拿大、法国、俄罗斯、德国、瑞士、比利时、荷兰、瑞典等国家。其单字数量约有4500多个，迄今已识读的大约近2000个，还没识读的大多是一些古代氏族名、人名或地名。甲骨文是一种自成体系的文字，它的构字方式相当完备，汉代人所总结的象形、指事、会意、形声、转注、假借六种造字方式全都具备。特别是后期甲骨文中形声字占20%左右，说明汉字向表音化方向发展的趋势，体现出文字记录语言、表现语言的基本性质。从语法上看，甲骨文中有名词、代词、动词、形容词等，其句子形式、结构序位也与后代语法基本一致。

甲骨文的基本特点，一是象形意味很浓，写字就像是画画，但也已经线条化；二是笔画较纤细，圆笔少而直笔多，这是因为甲骨文是用刀在龟甲和兽骨上刻画的缘故；三是异体较多，同一个字往往有几种乃至多种写法，但直接表现字义的基本部分是不可少的；四是偏旁不固定，款式自由灵活，随意性大。

2. 金文

无论是古代文献传说，还是考古发掘，都证明我国从夏王朝时期就已有青铜器了。到殷商王朝的中期，青铜器上开始出现极少的文字，古人把铜叫作金，所以铸在青铜器上的文字就叫作金文。古人又把铜称为吉金，因此金文又称为吉金文，如罗振玉编的金文著作就叫作《三代吉金文存》。商周时期青铜器以钟和鼎居多，所以金文又叫钟鼎文。因为大多数青铜器用于祭祀，是宗庙常器，古代称彝器，所以金文又叫彝器文字。青铜器上的金文文辞习惯上称为铭文，多为记事或表彰功德的内容。铭文有长有短，短的寥寥数字，长的洋洋大观，如西周时的毛公鼎铭文，长达497字。铭文内容也相当广泛，是研究西周、春秋历史的重要文献。

金文从商代中期开始出现，到西周时就成为当时通行的主要文字了，一直沿用至秦、汉。甲骨文和金文是就书写材料而言的，它们是同一系统的文字，在殷商晚期和西周早期同时并用。后来，金文完全取代甲骨文，成为西周时期文字的代表。就现有材料来看，商代早期金文的某些写法，甚至比甲骨文还要早，其象形意味更浓厚。文字学家认为甲骨文是当时的俗体，金文是当时的正体。

金文单字约有 3500 个，可识读的约 2000 字。早期的金文象形意味很浓，商代晚期开始线条化，西周以后则完全线条化。金文的异体字同样很多，但组成文字的基本部分则是不可缺少的。由于金文是先用毛笔书写在蜡模子上的，所以笔画多笔锋和捺笔，字体结构也潇洒大方、雄浑有力，且有圆弧笔。金文的象形意味比甲骨文还浓烈，与金文先写后铸有直接的关系。

3. 六国古文

六国古文是指战国时期东方地区的齐、燕、赵、韩、魏、楚等诸侯国的文字，即战国古文。因为这一时期的字是写在竹简和布帛上，所以又称简帛文字。竹简和布帛是古代重要的书写材料，最早发现在竹简上写字是在汉代，也就是鲁恭王坏孔子宅所得到的壁中书。其次是在晋武帝太康年间，盗发汲郡魏安釐王冢，得竹简十数车，其中有《逸周书》和《穆天子传》等先秦古籍。20 世纪 30 年代后期，又在长沙子弹库一古墓中发现了帛书。帛书的中间写字，周边绘有神话故事的彩色图案。以后又陆续出土不少秦汉时期的竹简和帛画，如长沙马王堆汉墓出土帛书《周易》，山东银雀山汉墓出土古本《老子》，近年在湖南里耶出土的大批秦简，都是极珍贵的文物。

春秋战国时期，各国之间忙于战争，政治、文化、经济上的交往少了，使得各国在法令、制度、风俗、文字等方面产生了很大的差异。文字方面，韩、赵、魏文字纤巧细腻，楚文字疏阔遒劲，燕文字笔画硬直，齐文字喜用修饰，书体很是不一，有些近似小篆，有些篆法近于奇古，更有似蝌蚪，因有蝌蚪文之称。六国古文尽管都是同源汉字，但由于地域差异，它和现今能见到的最早的汉字甲骨文有许多不同，和钟鼎器物上的铭文差异也相当大。反之，它和当时东方六国流通的货币文字以及兵器、陶器及木简上的文字却十分相近。学术界普遍认为这是介于甲骨文、钟鼎文和秦小篆之间的一种字体。经过整理，已发掘的简帛文字大约有 1900 多个。这种简帛文字与在西北居延、敦煌等地出土的用隶书写的汉简不同。

4. 大篆

大篆有广义和狭义之分。广义的大篆，是与小篆相对而言的。凡是秦始皇统一文字、推行小篆以前的汉字的书体形态都可以叫大篆。狭义的大篆是指春秋到战国初期的秦国文字，这里所说的大篆是指狭义的大篆。其材料有三个：一是指《史籀篇》十五篇里所收的文字，又叫籀文，据说是周宣王时太史籀所作。《史籀篇》今已亡佚，其字大多收在许慎《说文解字》重文里。二是指唐初发现的以石鼓文为代表的一种字体。石鼓文是指刻在十个馒头形石块上的文字。因石形似鼓，所以叫石鼓，也有叫石碣的。十个石鼓上刻有十首古诗，是歌颂君主田猎生活的四言诗。原来有600多个字，由于年代久远，辗转搬迁，几经磨损，现在只剩下300多个字了。三是宋代发现的由巫咸文、大沉久湫文、亚驼文三种石刻文辞组成的"诅楚文"，是战国后期秦国人诅咒楚人的，这种字体也是大篆的代表。一般认为，籀文、石鼓文、诅楚文都是春秋战国之际西方秦国文字的代表，讲究字体的匀称规矩、端庄凝重，完全线条化，但字形结构比较繁复。

5. 小篆

小篆是相对于大篆而言的。春秋战国之际，周王室的统治力量衰微，出现了"诸侯力政，不统于王，恶礼乐之害己，皆去其典籍。分为七国，田畴异亩，车涂异轨，律令异法，衣冠异制，言语异声，文字异形"（许慎《说文解字·叙》）的局面。在秦始皇统一中国以后，针对当时"文字异形"现象，"丞相李斯乃奏同之，罢其不与秦文合者"，开始了我国历史上第一次用行政命令的方式进行整理规范文字的工作，将当时众态纷呈的汉字形体统一于小篆。作为一项文化事业，这是值得肯定的伟大举措。

小篆是对大篆进行省减、改造而形成的。小篆的字体特点是：字形进一步趋于规整匀称，图画性大大减弱，线条化、符号化进一步增强；笔画粗细一致，线条圆匀；字形结构定型规范，形体简化，废除了许多复杂的异体。小篆的字数，据许慎的《说文解字》所收，有9353个，比起金文来说数量大大增加了，表明当时的社会生活已极大丰富。小篆主要通行于秦汉之际。不过，在当时另一种字体——隶书也已形成。

6. 隶书

隶书是在小篆的基础上经过改进而形成的一种字体。据说秦王朝时有一个叫程邈的人，因得罪了秦始皇而被囚禁在云阳狱中。程邈擅长大篆，他在狱中对大篆的书体进行改造，删去繁复的部分，改变大篆的书写体式，使之书写起来更加快捷实用，因而得到秦始皇的赏识。于是赦免了程邈，还让他担任御史之职。程邈创制的这种字体就叫隶书。其实，隶书早在战国末期就已开始出现。隶书经过秦隶和汉隶两个阶段的演进，才成为一种正式的字体。

秦隶又称古隶，汉隶又称今隶。

古隶是把篆文的圆弧笔写成平直，把篆体的长方体写成扁平，而且字体笔画更趋于简易，但还没有完全脱离篆文的体式，只是一种尚未完全成熟的隶书。因而后世称之为古隶，主要通行于秦汉之际。今隶是西汉以后在古隶基础上进一步简省，改变某些偏旁的书写样式，注意字体的波势笔画而形成的。今隶的特点是笔画方折，字形一般比较扁，笔画向两旁伸展，势成"八"字分散而有偃波，毛笔的运笔痕迹比较明显，而且几乎完全丧失了原始汉字的图画性。今隶主要通行于汉代到魏。

汉字由篆书到隶书的演变称为"隶变"，也叫"隶定""隶古定"等。隶变之前的汉字称为"古文字"，隶变之后的汉字称为"今文字"。隶变是汉字形体演变史上的重要转折点，是古文字与今文字的分水岭。隶变使汉字形体发生了质的变化。它把小篆圆转的曲线变成了方折的笔画，使汉字的形体变得平直方正，并大量改造并简化汉字的形体，彻底改变了古汉字的象形面貌，使汉字进一步声化和符号化。

7. 草书

从广义上讲，自有汉字以来，任何字体的草率写法都可称之为草书，但作为一种专门字体的草书，在汉代才形成。草书有章草、今草、狂草之分。章草是从隶书演变来的，实际是隶草，东汉章帝时把这种隶草叫作"章草"。为了书写迅速，章草将隶书字形常作简省改变，横面挑法减少，且多行连笔，一些点画仍保留着较重的隶书味。

今草是由章草演变而来，它去掉了章草的隶书味，笔画更简省，书写也更方便。今草的每一个字的笔画相连比章草多，字与字之间也常有游丝相牵连。今草从东汉末年一直流传至今。东汉的张芝擅长今草，号称"草圣"。

狂草是由今草演变来的，它兴起于唐代。被称为"颠张狂素"的张旭、怀素，在今草的基础上任意增损笔画，随势勾连，形成"狂草"。狂草书写疾速，往往一笔而成，血脉不断，但诡奇难认，因此只能作为一种书法艺术而供人欣赏，没有实际的实用价值。

8. 楷书

楷书又叫真书或正书，是由汉隶直接演变而来。在字的结构方面与隶书没有大的区别，在用笔方面，楷书把隶书的波势挑法、笔画的平直方整，进一步固定下来并略有改进。楷书的笔画不像隶书那么柔绵，而显得坚挺硬朗。汉字自从魏晋时期形成楷体以后，迄今近2000年，再也没有发生根本的变化。

9. 行书

行书是简化楷书笔画，兼采草书连绵笔法，介于草、楷间的一种字体。因行书书写比楷书自由，又不像今草难以辨认，有很高的实用价值，事实上我们平时书写的多半是行书。行书没有规范统一的书写规则，常因人而异。写得稍规矩些，接近楷书，叫行楷；写得放纵些，接近草书，叫行草。由于行书书写方便，又容易辨认，所以直到今天，还是应用最广泛的字体。

第四节　古书中的用字

汉字是记录汉语的符号，在汉字几千年的发展历史中，随着汉语词的孳乳分化，汉字也必然相应地增加或调整。另外，使用汉字的人数多、地域广，在长期的发展中也会出现一字多词或一词多字的复杂现象，这些都会给阅读古代文献带来一定困难。因此，我们除了掌握前面所介绍的汉字基本知识以外，还应当了解并掌握汉字记录汉语的特殊现象和规律，也就是了解并掌握古书中的古今字、异体字、繁简字和通假字问题。

一、古今字

字是记录词的，字和词的关系，最理想的状态是一字写一词。但在古代，尤其是上古时代，汉字数量不能充分满足词的需要，许多汉字常常"身兼数职"，一个字往往要顶好几个字来使用，也就是一字写多词，这就使得不同的词在书写形式上没有区分，影响书面交际。后代为了加以区别，让使用频率高的常用词占据原字形，给非常用词另造新字，于是原字和后起的新字之间便形成了古今字的关系。所谓古今字，就是古今分化字，我们把分化前一字写多词的字称为"古字"，分化后记词各有专司的字称为"今字"。总的来说，古今字主要有两个来源：一是词义分化所形成的古今字；一是同音假借而形成的古今字。

（一）词义分化形成的古今字

语言里的词不断发展，使词由单义变成多义。其中有的词义为适应交际的需要，就从母体中分化出来，独立成词，为了相互区别，要求专有字形表达，以便使形义关系更加明确。然而新字的创造又常在新词产生之后，在一定时期内，仍维系一字写多词的局面。如：

责毕收，以何市而反？《战国策·齐策》

这句中的"责"是债务义，分化后写作"债"，"责、债"就是古今字。如果用分化后的"责"字的责任、责备义去理解，就不符合文意。这句末尾的"反"是返回义，分化后写作"返"，"反、返"就是古今字。如果用分化后的"反"字的反正、翻转义理解就会文意不通。

词义分化所形成的古今字数量很多，为了掌握这一类古今字的对应关系，下面再举几组词义分化的古今字。如：

益溢　昏婚　景影　止趾　共供　见现　田畋　知智　队坠　弟悌
奉捧　奉俸　禽擒　唱倡　取娶　竟境　受授　章彰　内纳　火伙

（二）同音假借形成的古今字

汉语中有些词（尤其是虚词）由于意义比较抽象，不好造字，没有自己的书写形式，就借用同音字来表达，于是就产生了一字写多词的问题，为解决这一问题，便采取分化同音字的方法，另造新字，于是就形成了古今字。如指示代词"其"，意义抽象，不好造字，就借用簸箕义的"其"，这样，"其"就兼写了两个词。在使用中指示代词"其"使用频率高，占据了原字形，便为簸箕义另造了"箕"字。"其、箕"就是古今字。又如疑问代词"何"，难以为其造字，就借用担负义的"何"字，而且久借不归，担负义只好另造"荷"字，"何、荷"就是古今字。

同音假借现象在上古时比较多，因而同音分化形成的古今字也不少，下面再举几组这类古今字。如：

自鼻　莫暮　要腰　求裘　孰熟　然燃　孙逊　免娩　匡筐　暴曝
云雲　顷倾　须鬚　度渡　它蛇　皇凰　辟避　辟僻　辟壁　辟臂

古字和今字绝大多数是一对一的关系，但有的古字兼义较多，所以和它相对应的今字往往也就不只一个。如"奉"与"捧、俸","采"与"採、綵、彩","辟"与"避、僻、闢、嬖",等等。

从形体结构的关系来看,古今字的今字通常是在古字的基础上构造的,包括三种情况:一是在古字上增加意符,如在古字"益""莫""取"的基础上分别增加意符"氵""日""女",构成今字"溢""暮""娶";二是更换古字的意符,如将古字"说"的"讠"旁改为"忄",构成今字"悦",将古字"赴"的"走"旁改为'讠'旁,构成今字"讣";三是在古字上增加声符,如今字"鼻",就是在古字"自"上增加声符"畀"构成的。此外,也有另起炉灶重造今字的,如"身"的妊娠义,另造以"女"为意符、"辰"为声符的"娠"字;再如"不"与"柎","罷"与"疲"等。这类古今字为数不多。

古今字是特定历史时期形成的一种文字现象,对后世使用汉字一直有着较大的影响。按理说,今字被造出来后,古字和今字的使用就应该彼此分明,但实际情况却很复杂,后世许多作者在写作时往往不用今字而用古字。另外,由于我国历史悠久,文献典籍几经传抄刻印,后人又往往喜欢按照当时的用字习惯而把古书中的古字改为今字,这样就使得古今字的历史面貌呈现出某些混乱状况。因此,我们对待古今字,应当顺应文字发展的历史,不可偏爱古字,排斥今字。

二、异体字

异体字又叫或体字,是两个或两个以上形体不同而读音和意义完全相同,在任何情况下都可以互相替代的一组字。如"迹"和"跡","岳"和"嶽","唉"和"啗",就是这样的异体字。

异体字是汉字在其漫长的历史发展过程中形成的。汉字历史悠久,使用地域广,人数多,人们在不同时代、不同地域造字,而且汉字的构字方法比较多,因而记录同一个词的书面符号就可能有两个或两个以上的不同形体。商周时代的甲骨文、金文中就有大量的异体字,战国时代,更是"言语异声,文字异形",秦统一中国后,在全国范围内推行"书同文"政策,以小篆为规范字体,废除了不少异体字,但也未能阻止异体字的继续产生和使用,汉魏以后,历代也都产生了不少异体字。异体字的存在,成为阅读古书的障碍。因此,我们应当了解并掌握有关异体字方面的知识。

异体字之间形体的差异大致有以下几种情况：

1. 造字法不同而产生的异体字。如"伞"（象形字）与"繖"（形声字）、"岳"（会意字）与"嶽"（形声字）、"冪"（指事字）与"綮"（形声字）等。因造字方法不同而产生的异体字，在古文献中比较常见，其他如：泪淚、岩巖、羴羶、乃迺、埜野、凭凴等。

2. 意符不同造成的异体字。如"畔"和"泮"是异体字，"畔"从田半声，"泮"从水半声，是声符相同而意符不同的异体字。其他如：杯盃、歎嘆、睹覩、遍徧、驱敺、咬齩等。

3. 声符不同造成的异体字。如"蚓"和"螾"是异体字，"蚓"从虫引声，"螾"从虫寅声，是意符相同而声符不同的异体字。其他如：唊唊、咽嚥、线線、烟煙、粮糧、泄洩等。

4. 意符声符都不同的异体字。如"诉"和"愬"是异体字，"诉"从言斥声，"愬"从心朔声，是意符声符都不同的异体字。其他如：俯頫、趟蹚、村邨、剩賸等。

5. 偏旁位置不同造成的异体字。如"群"和"羣"是异体字，都是由相同的构字部件"君"和"羊"组成，但因偏旁位置不同而形成了异体字。其他如：够夠、和咊、惭慚、匯滙、略畧等。

异体字的数量并不都是两个，有的是三个或者多个。如：迹跡蹟、绔袴裤、脉脈衇脈、鹅鵞䳘䳛等。

异体字是音、义完全相同，在任何情况下都可以互相替代的一组字。而有些字，他们的用法和意义最初是完全相同的，是异体字。但到了后世，用法和意义逐渐有了分工，那就不再是异体字而是两个不同意义的字了。如"谕"和"喻"，先秦两汉时期，无论是表"譬喻"义还是表"晓谕"义，都可以任意使用这两个字，但到了后来，"喻"字专用于表"譬喻"义，而"谕"字专用于表上对下的"晓谕""诏谕"义了，不能随意互换使用，成了两个分工不同的字，不再是异体字了。有些字，虽然读音相同，但意义广狭不同，也不是异体字。如："酤"和"沽"都念 gū，都是"买"的意思，但"酤"只能用作买酒，而"沽"既可以指买酒、买玉，还可以指买其他东西。

1955 年 12 月，我国公布了《第一批异体字整理表》，宣布淘汰了 1055 个异体字。现在重印古籍，一般不再使用已经废除的异体字，而改用统一规定的字体。

三、繁简字

一个字的繁体与简体合称为"繁简字"。繁简是相对而言的，笔画多的是繁体，笔画少的是简体。从形体不同的角度来看，繁体和简体也是一种异体字。在汉字发展历史中，由繁趋简是汉字发展的总趋势。远从甲骨文时代起汉字已经开始简化，后历朝历代均出现了大量的简体字，尤其中华人民共和国成立后，对汉字进行了简化。1956年1月，国务院公布了《汉字简化方案》，后来分四批公布500多字和54个偏旁，1964年编印的《简化字总表》中共收简化字2238个，1986年重新发布《简化字总表》时，对个别字作了调整，简化字总数为2235个。这里所说的简化字特指《汉字简化方案》《简化字总表》中规定的简体字。虽然我们使用简化字至今已经有60多年，我们这本古汉语教材也采用简化字编排，但要学好古代汉语，只认识简化字是不够的，还要掌握繁体字。因为古籍都是使用繁体字刻印或编排的，而且繁体字在形、声、义方面都比简化字更多地透露出古汉语的讯息。

分析《简化字总表》公布的简化字，可以发现，简化汉字的方法主要有以下几种：

1.用繁体字的一部分来代替繁体字，即简化字是繁体字的某一部分。如：竞競、声聲、广廣、虽雖、厂廠、开開、奋奮、标標、与與、独獨。

2.同音替代，即用读音相同的笔画少的字替代笔画多的字。如：谷穀、后後、仆僕、几幾、丑醜、斗鬭、征徵、叶葉。

3.草书楷化，就是用规整的书写正楷的笔法来写繁体字的草书体。如：学學、报報、东東、当當、韦韋、为爲、兴興、书書、尽盡、乐樂、头頭。

4.用简单符号代替笔画较多的偏旁或原字的一部分。如：汉漢、观觀、办辦、对對、戏戲、区區、风風、邓鄧、凤鳳、赵趙。

5.将繁体字中的复杂声旁改成简单声旁。如：拟擬、种種、犹猶、药藥、拥擁、灯燈、坟墳、胆膽、侨僑。

6.用会意或形声的方法另造新字。如：尘塵、灶竈、帘簾、宝寶、惊驚、护護、忧憂。

简化汉字的目的是便于人们易认易写，使用简便。我们知道，草书楷化形成的简化字，确实笔画大大减少，易认易写，方便人们使用，但这类简化字只略存原字形的轮廓，打破了汉字原来形体构造的方式，完全看不出原字形当初造字构形的意义了，因此就不能再用六书的原则进行分析；还有，用简单符号代替笔画较多的偏旁或原字的一部分所形成的简化字，一个符号可以代替许多不同的偏旁，也就不能用六书的原则进行分析。

学习繁简字时，绝大多数的简化字和繁体字是一对一的对应关系，如上文所举例字"灶（竈）、办（辦）、对（對）、宝（寶）、灯（燈）"等，这类繁简字掌握起来并不困难，只要记住相应的繁体字就可以了。但有少数简化字对应了二个或三个，甚至四个繁体字，如征（征徵）、复（復複覆）、台（台臺檯颱）等，这种情况就需要引起特别注意。学习时，不仅要掌握相对应的几个繁体字的形体，还要了解各个繁体字的不同含义，这样才能在阅读时正确理解文意。如简化字"征"兼代了繁体字"征"和"徵"。繁体"征"的意义是征伐、出征、远行，"徵"的意义是征召、征收。在古籍中二者一般不通用。《左传·齐桓公伐楚》："尔贡苞茅不入，王祭不共，无以缩酒，寡人是征。"这里的"征"是"徵"的简化字，意思是征收，如果理解为征伐、出征、远行义就不符合文意了。

总之，汉字在其漫长的发展历史中，形成了一套字形复杂、体系纷繁的符号系统，大家在学习过程中，在掌握了一定简化字知识的基础上，还要掌握繁体字相关知识。为方便大家学习，教材后面附录了国家语言文字工作委员会1986年公布的《简化字总表》。

四、通假字

古代汉语书面语中，借用音同或音近的字来代替另一个字的现象，就是通假现象，也叫用字通假。其中所借用的那个音同或音近的字就是通假字，而被通假字所代替的字习惯上称为本字或正字。如《史记·项羽本纪》"项伯许诺，谓沛公曰：'旦日不可不蚤自来谢项王。'"一句中，把早晚的"早"写成了跳蚤的"蚤"，这里"蚤"就是通假字，而"早"是本字。古代汉语书面语中有很多这类通假现象。东汉训诂学家郑玄曾在《经典释文·叙录》中说："其始书之也，仓卒无其字，或以音类比方假借为之，趣于近之而已。"这就是说，古人在写作时，仓卒之间临时借用了一个音同或音近的字来代替本来要写的字。

这种情况，按我们现在的说法就是写别字，但古人这种写"别字"与我们今天写别字的性质并不完全相同，今人写别字，是个人用了没有得到社会认可的、不合乎规范的字；而古人写的这种"别字"，虽然是"仓卒"之中的误写，但后来更多的是一种有意识的仿效并相沿成习，成为古代社会认可的约定俗成的字。

用字通假的基本原则是同音替代，即通假字与本字之间必须音同或音近，否则不能通假。所谓音同，就是通假字和本字之间声和韵都相同，通假字和本字是同音通假字。如"蚤"和"早"。所谓音近，就是通假字和本字之间或者声同韵近，或者韵同声近。声同韵近就是双声通假字。如《汉书·张骞传》"后二年，汉击走单于于幕北"一句中，借用表示幕布义的"幕"，通作表示沙漠的"漠"，"幕"和"漠"是声母相同、韵母相近的双声通假字。韵同声近就是叠韵通假字。如《史记·陈涉世家》"发闾左適戍阳渔阳九百人"一句中，借用表示前往义的"適"，通作表示罚、强迫义的"谪"，"適"和"谪"是声母相近、韵母相同的叠韵通假字。这里所说的音同、音近指的是上古音，由于语音的发展演变，今天看来，有许多通假字与本字已经不同音了，有的甚至相差很远，通假字与本字声和韵完全不相同。如贾谊《论积贮疏》"罷夫羸老易子而咬其骨"一句中，"罷"通"疲"，今音声韵都不同，但在上古"罷""疲"声纽同属"并"母，韵部同属"歌"部，是声和韵都相同的同音通假字；又如《史记·滑稽列传》"巫妪何久也？弟子趣之"一句中，"趣"通"促"，今音声韵都不同，但在上古"趣""促"声纽同属清部，韵部"趣"属侯部，"促"属屋部，是声母相同而韵部不同的双声通假字。所以，对于古书中的通假字与本字的语音关系，我们不能简单地根据今天的汉字读音来衡量。

通假字与本字之间，一般是一对一的对应关系，且用某个字借用某个字，通常有一定的约定俗成性，不是凡有音同或音近的字都可通假。另外，通假字与本字之间是不能逆推互通的。如与"早"同音的有"蚤、枣、澡、藻、璪"等字，但一般只有"蚤"可通"早"，其他字不能通作"早"，而"早"也不能通"蚤、枣、澡、藻、璪"等字。只有少数通假字与本字之间是可以互为通假的，如《国语·越语上》"命壮者无取老妇，令老者无取壮妻"，句中两个"无"字均可通"毋"；《史记·秦始皇本纪》"身自持筑臿，胫毋毛"，句中"毋"也可通"无"。有些通假字可以分别代替好几个本字，如"適"可通"谪"（见前文举例）；《公羊传·隐公元年》"立適以长不以贤"，句中"適"也可通"嫡"；《史记·范雎列传》"攻適伐国"，句中"適"还可通"敵（现简化为敌）"。也有好几个通假字分别可以代替同一个本字，如《史记·苏秦列传》"于是乎详僵而弃酒"，句中"详"通"佯"；《史记·吕太后本纪》"齐王怪之，固不敢饮，佯醉去"，句中"佯"也通"佯"；《汉书·李广传》"广阳死，睨其旁有一胡儿骑善马"，句中"阳"也通"佯"。都是"假装"的意思。

以前，古人把用字通假也叫作假借，虽然用字通假和假借都是借用音同音近的字来代替，都是依声托事、借音表义，但二者还是有明显不同。首先，假借是"六书"之一，是"本无其字，依声托事"，即借用一个音同音近的字来书写未造的词，特点是本无其字；通假则是已有本字，却用另一个音同音近的字来代替，特点是本有其字。其次，假借是造字代词方面的问题，是语言中某一个词尚无文字可代表，但又难于为之造字构形，于是从已有的文字中找出一个读音与需要造字的那个词的语音相同的字，让它充当该词的书写符号，所以又叫"造字假借"；通假是汉字使用方面的问题，是人们书写时本有其字而不用，却借用一个音同或音近的字来替代，所以又叫"用字通假"。最后，假借字对所借字形往往是长期甚至是永久占用；而通假则是一段历史时期的暂时的替代，当字词关系确定后，一般就不再使用通假字而只使用本字了。

古书中通假现象比较普遍。我们阅读古书，首先要准确辨识通假字，既要有声韵上的依据，也要有确凿的古代文献例句、古注材料、同类例证等来佐证；其次，还要通过利用古今的注解、勤查工具书等掌握常见的通假字。这样，我们就能更好地阅读和理解古书文意，学好古代汉语。

第二章 词汇

词汇是一种语言里所有的词和固定词组的总汇，是构成语言的建筑材料。词汇的组成部分，可分基本词汇和一般词汇。在语言的发展过程中，基本词汇比较稳定，而一般词汇则很敏感地反映社会的发展和人们生活的变化，几乎处在经常的变动之中。

随着社会的发展，新词不断产生，旧词不断消亡，词汇也不断地丰富和充实起来。我们阅读古书，往往看不懂，主要原因就是词汇问题，而不是生僻字，生僻字毕竟是有限的。

《史记·项羽本纪》里写项羽建议上将军宋义立即进军攻秦救赵，却遭到宋义的拒绝："因下令军中曰：猛如虎，很如羊，贪如狼。强不可使者，皆斩之。"这条军令，没有什么生僻字，语法结构同现代汉语也基本一样，但"很如羊"却令人费解。不少注本和教材的解释都不准确。有人说，"很"同"狠"，于是解为"凶狠"，但羊并不凶狠。有人把"狠"引申为"好斗"，但"狠"作"好斗"解，恐怕很难举出别的例证来，何况羊虽然有时也打架，却并不以好斗著称。有人把"很"引申为"倔强"，还把羊说成是"野羊"，"如野羊那样好斗""倔强得像野羊"等等。"倔强"之义虽然近似，但它不应该是从"狠"字引申出来的，更不是用来说野羊的。再说，将"羊"释为"野羊"又有什么根据呢？难道那时还没有驯养的家羊吗？把"很如羊"理解为"狠如羊"也与"猛如虎"的意思重复。其实"很"虽然同"狠"，但"很"与"狠"并非同一个字，《说文解字》："狠，吠斗声""很，不听从也"，而"很如羊"的"很"用的正是它的本义。人不听劝告，可以叫"很"；兽不听使唤，也可以叫"很"。这里是用不听从使唤的羊来比喻不听劝告的人。"很如羊"，即不听从指挥如羊那样。这样，再看宋义下的军令，含义就明确了，三个比喻都是针对项羽而言的，"猛如虎"是指斥他为人凶狠蛮横；"很如羊"是指斥他秉性难移，不听军令；

"贪如狼"是指斥他一味贪功求胜，居然想一口吃掉秦军主力。可见，如何准确地理解词义，是我们阅读古书常常遇到的难题。

学习词汇的基本知识，掌握一定数量的常用词，是我们阅读文言文的基础。

第一节 古汉语词汇的特点及构成

一、古汉语词汇的特点

与现代汉语相比，古代汉语词汇有其明显的特征。古代汉语词汇单音词占优势，并向双音词发展，另外，一词多义的现象极为普遍。

（一）古汉语词汇中单音词占优势

古汉语词汇，特别是先秦到魏晋南北朝的书面语言词汇，单音词占大多数。如《左传·庄公十年》："既克，公问其故。对曰：'夫战，勇气也。一鼓作气，再而衰，三而竭。彼竭我盈，故克之。'"

这段话有30个字，29个词，其中单音词占28个，双音词只有1个。同篇的"夫大国难测也，惧有伏焉。吾视其辙乱，望其旗靡，故逐之"，全部由单音词组成，22个字就是22个词。

据统计，《庄子·逍遥游》全文用单字1465个，复音词只占80多个；《离骚》用字2470个，复音词只有140多个。《诗经》中单音词占总量的90.8%，《左传》中占89%，《史记》《尔雅》中占80%。

这足以说明古代汉语词汇中单音词占优势的情况。古代汉语的词往往就是一个个的字，所以前人研究古代汉语常以字为单位。"字"与"词"也不严格区分，"虚词"也被称为"虚字"，"名词""动词"也被称为"名字""动字"。有人做过大致统计，古代汉语词汇中单音词占80%—90%，而现代汉语词汇中双音词占80%—90%。

（二）单音词向双音词发展

汉语词汇的发展趋势，主要是从单音节词向双音节词发展。秦汉时期，单音词占绝对优势。秦汉以后，复音词尤其是双音词逐渐发展。从唐宋以后直到现在，双音词占绝对优势，而单音词则退居次要地位。由单音词发展为双音词，大致有三种方式：

（1）换一双音词。即改换一种说法，用另外的字构成双音词。如：日——太阳；目——眼睛。

（2）加一实词素。即加上一个实词素（等义或近义的词素），与原来的单音词构成双音词。如：月——月亮。

（3）加一虚词素。即加上一个虚词素，作为前缀或后缀构成双音词。如：阿——阿母、阿爷、阿姊、阿谁；老——老杜、老刘、老虎、老鼠；尔——率尔；如——宴如。

"阿"作为附加词（即虚词素）出现于汉代，南北朝最为盛行，唐代以后就不通行了。"老"作为附加词，大约兴起于唐代，如"老杜（杜甫）、老刘（刘梦得）、老元（元微之）"之类。"尔、如、若、然"等作为附加词，唐宋以后仿古作品里还有出现，但在口语里几乎失去构词能力，唯独"然"字频率很高，现在仍然使用，如"果然、居然、当然、必然、依然"等等。

汉语词汇由单音词占优势发展到双音词占优势，大大减少了同音词和一词多义的现象，使语言日益精密、细致、明确，增强了语言的表达效果。

值得注意的是，并不是说，古代汉语的单音节词，发展到现代汉语才变成了双音节词。在古代汉语自身的发展过程中，有许多单音词已经发展为双音词了。比如秦代有"黔首"一词表示"民"；《诗经·秦风》中已有"权舆"一词表示"始"。《汉书·匈奴传》中的"兼并"，汉代《十五从军征》中的"阿谁"，唐代王惲诗中的"老虎"，杜甫诗中的"燕子"，宋代王安石《上仁宗皇帝言事书》中的"弈棋"，梅尧臣诗中的"船儿"等，都可以说明这一点。当然，由单音词发展为双音词，并不意味着这些单音词都被双音词取代了，如"虎"与"老虎"仍然并用；也不能说产生了双音词，这些双音词就一定能长久沿用，如"黔首"现在就不用了。词汇的发展，是一种复杂的新陈代谢现象。

（三）一词多义的现象极为普遍

古代单音词居多，音节有限而词义无穷。词汇和词义不断发展的结果，形成了一词多义的现象。如"解"，新版《辞源》收了三个读音，列21个义项：1.剖开，分割肢体；2.分散，分裂；3.解开，消散；4.脱去，排除；5.分析，解释；6.晓悟，理解；7. 值得，知道；8. 通达；9. 排泄；10. 乐曲的章节；11. 武术用语；12. 文体的一种；13. 发送，解送；14.《易》卦名；15. 怠忽，松弛；等等。（第四册，2865页）这表明在古汉语中，一个词常常具有许多义项，并兼属许多词类，比现代汉语中一词多义的现象要复杂得多。

一个词在某一处究竟表示什么意义，是什么性质的词，一时难以弄明白。有的词，多少年来大家理解得都不一致。如屈原长篇诗名"离骚"二字，有人认为是"遭遇着忧愁"，这是把"离"字理解为"罹"（遭遇、遭受）；有人认为是"离别的忧愁"，这是把"离"字理解为"离别"；有人认为是"被离间的忧思"，这是把"离"字理解为"离间"；还有人认为是"发牢骚"；等等。这都是由于一词多义、大家认识不一而造成的。古代汉语词汇是很值得我们学习和研究的。

二、古汉语词汇的构成

（一）古汉语词的分类

古代汉语词的分类可以从语音、语素、词义、语法这些角度进行划分。

1. 从语音的角度来看，按词汇含有音节的多少，可以将古汉语词分为单音词和复音词（多音词）。

2. 从语素的角度来看，按词汇含有语素的多少，可以将古汉语词分为单纯词和复合词。

单纯词分为单音和复音两类。所有单音词都是单纯词。复音单纯词包括叠音词、联绵词、音译外来词。

3. 从词义的角度来看，按词汇含有义项的多少，可以将古汉语词分为单义词和多义词。单义词只有一个义项。多义词有两个或两个以上的义项，并且这些义项有的是词的本义，有的是词的引申义。

4. 从语法功能的角度来看，可以将古汉语词分为实词和虚词。实词包括名词、动词、形容词、数词、量词、代词。虚词包括副词、介词、连词、语气词等。

（二） 古汉语单纯词

1. 单音词

所有的单音词都是只有一个音节，并且只有一个语素的单纯词。

2. 叠音词

由两个相同音节重叠而成的双音词叫叠音词，又叫"叠字"或"重言"。

其作用有：

①模仿自然界和人类生活中的各种声音

如："关关雎鸠，在河之洲"中的"关关"模拟雎鸠的鸣叫声。

此外还有：丁丁、坎坎、辚辚、唧唧、淙淙、喈喈、霍霍等。

②描绘事物的形貌状态

如："桃之夭夭，灼灼其华"中的"夭夭""灼灼"分别描绘桃树枝叶茂盛和桃花鲜艳的样子。

此外还有：依依、盈盈、冉冉、历历、萋萋、浩浩汤汤等。

3. 联绵词

由两个字联缀在一起，组成一个不可分割的整体，同表一义的复音单纯词。又叫"联绵字""连语"或"链语"。

联绵词的特点：一个语素，词形多样，相同相近的读音。

根据联绵词两个音节在语音上的关系，可以分为四种形式：

①双声联绵词；②叠韵联绵词；③双声叠韵联绵词；④非双声叠韵联绵词。

4. 音译外来词

其意义与用以对译的汉字意义无关，同样不能拆开来理解，这一点与复音单纯词相类似。如：葡萄、苜蓿、浮屠、罗汉、琵琶、月氏、袈裟、天竺等。

（三）古汉语复合词

复合词是由两个语素组合而成的词。这类词构词能力强，组合方式多样，经过长期孕育、凝结，不断加大比重，最终在汉语词汇中占据优势。有如下几种类型：

1. 专名复词

这类词多属人名、地名、国名、官职名、年号，以及其他一些名号。

2. 加缀复词

是黏附式的复合词，其中以一个语素表示概念，另一个是附加成分，黏附在实语之前或之后，充当词的前缀或后缀，它们只是为合成复合词而增添一个音节，并不表示实在意义。

如前"古汉语词汇的特点"中第二点中的（2）（3）所述。

3. 偏义复词

是由两个意义相反或相互对举的语素组合而成，其中只有一个语素有意义，而另一个语素只起充当一个音节的陪衬作用。如《史记·廉颇蔺相如列传》："先以国家之急而后私仇也。"此处"国家"只取"国"义。

4. 同义复词

是由两个意义相同或相近的语素构成。如《战国策·齐策一》："能谤讥于市朝，闻寡人之耳者，受下赏。""谤"和"讥"意义相近，都是批评、指责的意思。

5. 其他形式

并列式、偏正式、动宾式、主谓式。

（四）单音词与复合词的辨别

复合词的形成有一个长期凝结的过程。最初只是两个单音词的临时组合，其结合很不稳固，常常合而又分，时分时合，带有很大的游动性。那么这类词究竟是单音词，还是复合词，要在具体的上下文中加以分辨。大致有两个标准：一是从词的内容即词义角度考察，由两个单音词组成的复合词，一般具有指物的单一性和概念的单纯性，如果拆开，意义就发生了变化；二是从词的形式，即词的构成方面分析，复合词的两个音节结合紧密，在句子中能自由运用，不能插入其他成分，否则意义也会发生变化。符合这两个标准的就是复合词，否则便是两个单音词。因此，在阅读文言作品时，要正确辨别，避免两种倾向：

1. 将已经凝结成复合词的拆为单音词。如：俊杰、豪杰。
2. 将尚未凝结成复合词的两个单音词，误认为是现代汉语的复合词。如：

消息　古：消减与增长。贾谊《鵩鸟赋》："合散消息，安有常则。"今：音信、新闻。

睡觉　古：睡醒。白居易《长恨歌》："云鬓半偏新睡觉，衣冠不整下堂来。"今：睡着了。

知道　古：知晓道理。《论语》："人不学，不知道。"今：知晓，了解。

扫除　古：打扫台阶。《史记·信陵君列传》："赵王扫除自迎。"今：打扫卫生。

第二节　古今词义的异同

一、古今词义异同的基本情况

从古代汉语到现代汉语的发展演变中，古今汉语的词义也出现了变化。古今词义的异同，概括起来主要有四种情况：

1. 古用今废词

是指汉语发展过程中被淘汰了的词。如：古代祭祀频繁，各类祭祀名目很多，"祠"是春祭，"礿"是夏祭，"祓"是除恶祭，"禅"是祭天，"社"是祭地，这些表示神事活动的词，后被废弃。

2. 古今词义基本未变的

这些是语言中的"基本词汇"，其作用是在提供较高能产性的同时，保证了汉语的稳定性。如：马、牛、山、人、手。

3. 古今意义完全不同的词

这些词古义与今义的巨大差异，通常来说是由于古义的消亡和新义的产生造成的，此类词在学习古汉语中应引起注意。如：

绸——古：缠绕。《尔雅·释天》："素锦绸杠。"今：丝绸。

该——古：完备。《楚辞·招魂》："招具该备。"今：应当。

其他如：毙、厌、丈夫、亲戚、卑鄙等。

4. 古今词义有同有异

此类词是学习古汉语的重点词汇。如：

"爱"，古今都有"喜欢""亲爱"的意思，但在上古"爱"字还有一个常用的意义项，是"吝惜""舍不得"的意思。《老子》："甚爱必大费。"《孟子·梁惠王上》："吾何爱一牛？"这是现代汉语所没有的。

"恨"，古今都有"不满意"的意思，但是古今词义所表示的轻重程度不同。

古代汉语的"恨"主要表示"遗憾"的意思,程度轻。《史记·陈涉世家》:"辍耕之垄上,怅恨久之。"诸葛亮《出师表》:"先帝在时,每与臣论此事,未尝不叹息痛恨于桓灵也。"(痛恨:痛心和遗憾。)现代汉语的"恨"却表示"仇恨"的意思,程度重。

"骤",古今都有"急速"的意思,但在古代汉语中,主要用来表示"屡次"的意思。《楚辞·九歌·湘夫人》:"时不可兮骤得,聊逍遥兮容与。"《吕氏春秋·适威》:"骤战而骤胜。"故段玉裁《说文解字注》云:"今之'骤'为暴疾之词,古则为屡然之词。凡《左传》《国语》言'骤'者,皆与'屡'同义。"而现代汉语主要用来表示"骤然""突然"的意思。

又如"池",古今都是"池塘"的意思,而古代还有"护城河"的意思,这为现代所无。

"国",古今都有"国家"的意思,而古代还有"首都"的意思,这为现代所无。

"色",古今都有"女色"的意思,而古代还有"脸色""表情"的意思,这为现代所无。

"树",古今都有"树木"的意思,而古代还有"种植"的意思,这为现代所无。

"馆",古今都有"宾馆"的意思,而古代还有"宫殿""教学场所"的意思,这为现代所无。

"除",古今都有"除去"的意思,而古代还有"宫殿台阶""任命官吏"的意思,这为现代所无。

池、国、色、树、馆、除等,都是古今词义有同有异的词。

学习古汉语词汇,要特别注意古今词义的异同。在异同的问题上,难处不在同而在异;不在"迥别"而在"微殊"。我们要在古今词义的"微殊"上狠下功夫。

二、古今词义在范围上的差异

古今词义的变化不仅体现在古义的消亡和新义的产生,还体现在词义范围上的变化和差异。古今词义在范围上的差异,有三种情况:

1．词义扩大

一个词的今义范围比古义大就是"词义扩大"。是指词所代表的概念由下位概念变为上位概念，内涵进一步抽象，外延进一步扩大。

菜——古：蔬菜。今：与"饭"相对。

睡——古：瞌睡。今：泛指睡觉。

脸——古：目下颊上。今：面部。

皮——古：带毛的兽皮。今：物体表层。

词义扩大是词义发展的重要途径。

2．词义缩小

一个词的今义范围比古义小就是"词义缩小"。是指词所代表的概念由上位概念变成下位概念，内涵进一步具体，外延进一步缩小。

宫——古：房屋。今：指某些文化娱乐场所。

瓦——古：陶器。今：盖屋顶的建筑材料。

臭——古：气味。今：臭味。

丈人——古：老人。今：岳父。

3．词义转移

一个词的词义由原来的范围转移到新的范围叫作"词义转移"。是指词义的内涵和外延发生了转变。

暂——古：突然。今：时间短。

汤——古：热水。今：菜汤、米汤。

领——古：脖子。今：领子。

忙——古：心中烦乱。今：工作多。

三、古今词义感情色彩的差异

古今词义感情色彩的差异表现在褒贬与轻重两个方面。

1.褒贬不同

　　古义褒今义贬的　复辟——古：恢复君位。今：开历史的倒车。

　　　　　　　　　　爪牙——古：得力助手。今：坏人的帮凶。

　　古义贬今义褒的　锻炼——古：玩弄法律进行诬陷。今：经过实践使之提高或变好

古义中性今义贬的　谤——古：批评议论。今：诽谤。
　　古义中性今义褒的　客——古：外地人。今：宾客。
2. 轻重不同
　　古义轻今义重的　诛——古：责备。今：诛杀。
　　古义重今义轻的　感激——古：愤激。今：感谢。
　　　　　　　　　　饿——古：比"饥"重。今：与"饥"同。
　　　　　　　　　　病——古：比"疾"重。今：与"疾"同。

四、分析古今词义的异同应注意的问题

1. "古"与"今"的历史性

在分析古今词义的异同时，"古"与"今"是个历史概念。先秦为古，两汉则为今；两汉为古，则六朝是今。古与今不是一刀分开的。

　　币：（本义）丝织品→（先秦）礼物→（秦汉以后）货币。

2. 古今汉语词汇构成特点

古汉语的词以单音词为主，现代汉语是以双音节词为主。因此不要将貌似现代汉语双音节词的两个古汉语单音词，按现代汉语的双音词来理解，这一点在前面已有论述。

第三节　词的本义与引申义

一、本义及其本义的探求

所谓词的本义，就是词的本来意义，但不一定都是原始意义，是与词形书写形式相应并有文献资料证明的词的最古意义。

　　益：本义是水溢出。字形从水从皿。《淮南子》："澭水暴益。"

1. 探求词的本义的意义

一个词常常有许多意义，许多意义之间往往是互相联系着的，而且大都是环绕一个中心。探求词的本义，是分析词义内在联系的关键。具体地说，探求本义的意义有三：

　　第一，释词有据。

本义是引申义发展的基础。探求词的本义，就能对词的引申义解释得确切而有根据。如"间"，《正字通》："从门从月"，是一个会意字，表示月光从门缝中照进来。本义是指间隙、隙缝。《史记·管晏列传》："晏子为齐相，出，其御之妻从门间而窥其夫。""门间"就是门缝。这是本义。《庄子·养生主》："彼节者有间。"就是牛的骨节有缝隙。《左传·庄公十年》："肉食者谋之，又何间焉？"指参与，这是引申义。

第二，能加深对词义的理解。

探求本义，有助于透彻地理解词义。如"绥"的本义指车上的绳带。《论语·乡党》："升车，必正立，执绥"。"绥"是供人上车时作拉手用，以保持身体稳定的带子。所以引申出"安""安抚"的意思。《左传·僖公四年》："君若以德绥诸侯，谁敢不服？""以德绥诸侯"，就是"用恩德来安抚诸侯"。《三国志·蜀书·诸葛亮传》："思靖百姓，惧未能绥。""未能绥"就是"未能安抚"。现在的"绥宁""绥怀""绥远"等复音词的"绥"都是安、安抚的意思。"固"，《说文》："四塞也。"是个形声字，本义是四面闭塞。《列子·汤问》"汝心之固"的"固"，是指智叟思想固塞鄙陋，所以下文接着说"固不可彻，曾不若孀妻弱子"，这就有助于我们深刻体会愚公对智叟的批判锋芒和愚公移山的决心。掌握"四面闭塞"是"固"的本义，对"固"的"坚固""稳固""固执"等其他意义，就会有深刻的理解。

第三，便于掌握词义，利用本义分析词义。

掌握词的本义，可以从纷繁的词义中理出头绪，从而提纲挈领，以简驭繁，使纷杂的词义条理清晰，脉络分明。如"果"，《中华大字典》列有31个义项，其中本义和引申义有17项：1. 本实也；2. 信也；3. 定也；4. 诚也；5. 成也；6. 能也；7. 克也；8. 终也；9. 美也；10. 决也；11. 勇决也；12. 必行也；13. 敢行其志也；14. 杀敌成果；15. 犹济也；16. 犹遂也；17. 犹竟也。《说文》："果，从木，象果形在木之上。""果"是一个合体象形字，字形本身表示"果实"，本义为"木实"；因为果实是由树木开花而长成的，开花结果是必然规律，所以引申出"信""定""诚""决"等义；由开花长成果，所以引申出"成"义；开花能长成果，所以引申出"能""克"义；结果是开花的终了，所以引申出"终了"义；果实味美，所以引申出"美"义；果实要被破开，所以引申出"杀敌"义；"果"有"坚决"义，所以又引申出"勇决""必行""敢行其志"等义；

"果"与"济""遂""竟"等词都有终了、完成义,所以"果"在"终了""完成"义上,可作"济""遂""竟"用,尽管义项如此之多,只要利用本义进行分析,就能若网在纲。

2. 探求词的本义的方法

在古汉语中,多数情况下一个字就是一个词。这是古汉语的特点之一。由于汉字是形、音、义的统一体,因此我们可以根据形、音、义统一的原则,从分析字形、考究语音、考核文献等方面入手,来了解词的本义。

第一,分析字形。

(1)利用"六书"理论分析汉字的形体;(2)结合甲骨文、金文、小篆等分析汉字的形体。

汉字是表意体系的文字,一个字的构造往往能够反映出它的本来意义。六书中的象形、指事、会意、形声等都可以作为分析本义的手段。如:

"州",是个象形字。本义是水中陆地。而"洲"是后起的形声字,取代了"州"的本义。现在地球上的大陆称"洲",就是因为地球上的大陆是被大洋包围着的。

"斤",是个象形字,表示斧刀,本义是砍伐树木的工具。

"戒",是个会意字。"廾"表示双手聚拢,戈是古代的一种兵器,双手持戈,表示警戒、戒备的意思。

概括起来说,象形字是由字形本身表示本义,指事字则是由抽象的符号来提示本义,会意是由几个字组合起来表示本义,形声字通常凭借形符来确定本义所属的范畴。

需要指出的是,字形分析的主要材料是古文字而不是现代汉字。因为现代汉字是经过长期历史演变而成的,它的形体同汉字的本来面貌相比,已变化很大,并且向表音方向发展,字形体现词义已不明显,已经难以看出造字的本义了。在古文字中,又以小篆资料最为齐备,它完整地保存在许慎的《说文解字》里。同时,小篆又是从甲骨文、金文向隶书、楷书变化的桥梁。辨认考释甲骨文、金文,常常要借助于小篆。因此,一般是以小篆为基础,结合甲骨文、金文来分析字形、考察本义。字形越早,越能体现造字的本义。

第二,考核文献。

向:根据字形分析,其本义是朝北的窗子。

文献　《说文》："北出牖也。"《诗经·豳风·七月》："塞向墐户。"

毕（畢）：根据字形分析，其本义是以网捕鸟兽。

文献　《说文》："田网也。"《诗经·小雅·鸳鸯》："鸳鸯于飞，毕之罗之。"

二、引申义及其引申义的分析

（一）引申义

就是从本义演化发展来的意义。它是造成一词多义的根本原因。

如何分析一个字词的引申意义呢？应当从本义与引申义的关系上去分析，根据引申义与本义距离的远近，可以把引申分为直接引申与间接引申两类。

1. 直接引申：是指由本义直接派生出意义，是词义引申的第一步。

如：月（月亮）→月份　　　城（城墙）→城市

2. 间接引申：是由直接引申义而再引申派生新的意义。

如：朝（早晨）→朝见（《左传》："朝而不夕。"）→朝廷→朝代

任 ┬ （rèn）担子→责任、任务→委任、任用→听凭
　 └ （rèn）担当→担保→信任

词义的引申是一种相当复杂的语言现象，但它又是有一定的途径、方式和规律可循的。

（二）词义引申的途径

1. 从词义所概括的事物的特性（包括性质、形状、颜色、味道、用途等）来引申。例如：

"引"，象引弓之形，是指事字。《说文》："引，开弓也。"本义是"开弓"，即"拉开弓"。《孟子·尽心上》："君子引而不发。"是说君子张满了弓却不放箭。开弓是以弦带箭导向后方，所以引申出"导""领"的意义。《史记·项羽本纪》："汉王则引兵渡河。"开弓是把弓拉开，形状变长了，所以引申出"延长""伸长"的意义。《孟子·梁惠王上》："天下之民皆引领而望之矣。""引领而望之"是说伸长脖子期待他。开弓是把弦和箭向后拉，

所以引申出"引退"的意义。《战国策·赵策》："秦军引而去。"马中锡《中山狼传》："引避道左,以待赵人之过。""导""引领""延长""伸长""引退"等意义,都是从"开弓"的形状直接引申而来的。

"素",是个会意字。本义是未染色的丝织品。这种织品柔软光洁,色白。《孟子·滕文公上》："冠素",就是戴着用未染色的丝布做的帽子。从丝织品的颜色引申出"白色"的意义。《诗经·召南·羔羊》"素丝五纪",就是"白色丝五条"。把丝织品的颜色用在抽象意义上,引申出"白白""空"的意义。《诗经·魏风·伐檀》："彼君子兮,不素餐兮。""不素餐"就是"不白吃闲饭"。"素"未着色,体现了丝织品的本色,所以引申出"朴素"的意义。《淮南子·本经》："其事素而不饰。""白的""白白""空""朴素"等意义,都是从"素"的本义所概括的颜色引申而来的。

2. 用比喻的方法引申。

这种引申途径是由于修辞上的比喻(隐喻和换喻)而导致的词义的引申。古代汉语中,常以"肺腑"喻至亲关系,"鱼肉"喻被宰割凌辱,"根本"喻根源,"心腹"喻亲信,"手足"喻兄弟,"草芥"喻微不足道之物,"坎坷"喻不得其志,"咽喉"喻要害之处,"弹丸"喻狭小之地,"风霜"喻阅历世故。

用比喻的方法引申与修辞上的比喻不同。修辞上的比喻是临时用来打比方的一种方法,而用比喻的方法产生的引申义却成了词的一种固有意义。两者有联系,但又有区别。

(三)词义引申的方式

了解词义引申的方式,有助于分析引申义与本义的关系。从引申义与本义之间的关系看,词义引申的方式有两类:一类是并列式,一类是串联式。

1. 并列式(辐射式引申)

以本义为中心,直接而并列地引申出几个词义。例如:

"兵",是会意字。双手持斧,本义是兵器。《说文》："兵,械也。"《楚辞·九歌·国殇》："车错毂兮短兵接。"成语"厉兵秣马"。贾谊《过秦论》："斩木为兵,揭竿为旗。"以本义为中心,直接引申出持兵器的人——"士兵""军队"。《资治通鉴·吴纪》："瑜得精兵五万,自足制之。"苏洵《六国论》："起视四境,而秦兵又至矣。"以本义为中心,直接引申出与兵器有关的事——

"军事""战争"。《孙子兵法·计篇》:"兵者,国之大事。"《左传·隐公四年》:"夫兵,犹火也。"

图示如下:

兵:兵器─┬─士兵、军队
　　　　└─军事、战争

"节",从竹即声,是形声字。《说文》:"节,竹约也。"段玉裁解释"竹约"说:"约,缠束也。"竹节如缠束之状,所以本义是"竹节"。左思《吴都赋》:"苞笋抽节。"

以"竹节"为中心,直接引申为以下的引申义:用于树木,则为木节。用于动物,则指关节。"彼节者有间,而刀刃者无厚。"用于时日,则为节气。用于音乐,则为节奏。陆机《拟古》诗:"长歌赴促节。"用于社会政治生活,则为法度。用于人的操守,则为节操。文天祥《正气歌》:"时穷节乃见。"用于动作,则为节制、节省。

图示如下:

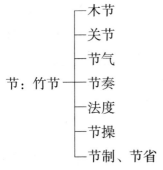

这类引申又称为"直接引申""辐射式引申"。引申的方式很灵活,同一个本义可以从各种不同的角度去联想,因而就有各种不同的引申义。

2. 串联式(链条式的引申)

由本义产生一个引申义,再由这个引申义产生另一个引申义,接连引申,成为连锁形式。例如:"朝",《说文》:"旦也。"本义是"早晨"。《楚辞·离骚》:"朝饮木兰之坠露兮,夕餐秋菊之落英。"

由于古代臣子要在早晨拜见君主,便引申出"朝见""朝拜"。《韩非子·五蠹》:"割地而朝者三十有六国"。古代诸侯见天子,臣子见君主,儿子见父母,通称"朝"。

由"朝见"引申出朝见的地方"朝廷"。《战国策·齐策》"入朝见威王。"

由一个接一个的帝王居于朝廷,又引申出表示时间的"朝代"。杜甫《蜀相》:"三顾频烦天下计,两朝开济老臣心。"(两朝:指蜀先主刘备、后主刘禅。)杜牧《江南春》:"南朝四百八十寺,多少楼台烟雨中。"(南朝:宋、齐、梁、陈四个王朝的总称。)又如"商朝""汉朝""唐朝""宋朝"的"朝"。图示如下:

朝:早晨——朝见——朝廷——朝代

这类引申是由直接引申而再引申,有人称为"间接引申""链条式引申",由甲义引申为乙义,又由乙义引申为丙义,一个个引申下去,引申义与本义的距离愈来愈远。

3. 混合式

然而,词义的发展是复杂的,许多词的引申并非单一方式,而是两种方式都有,彼此交错。

例如:"习"的本义与鸟有关。《说文》:"习,数飞也。"即"屡次飞""反复飞"。《礼记·月令》:"鹰乃学习。"鸟拍着翅是反复多次的习,由此引申出"反复练习""复习""温习""钻研"的意义。《论语·学而》:"学而时习之。"由"反复练习"又引申出"熟悉""通晓"的意思。晁错《言守边备塞赋》:"习地形,知民心。" 屡次飞,就习以为常,引申出"习惯"的意义。《商君书·战法》:"民习以力攻难。"《论语·阳货》:"性相近也,习相远也。""习惯"是名词。词性发生变化之后,用作动词,又引申出 "习惯了""习惯于"的意义。《孟子·尽心上》:"习矣而不察焉。"

图示如下:

习:屡次飞 ┬ 反复练习、复习、温习、钻研、熟悉、通晓
            └ 习惯——习惯了、习惯于

(四)词义引申的规律

古汉语词义引申的一般规律是:由具体到抽象,由个别到一般,由实词到虚词。

1. 由具体意义引申为抽象意义。例如：

"网"的本义只是指捕鱼鳖鸟兽的工具。后来引申出"广泛搜求"。《史记·太史公自序》："网罗天下旧闻。"意义就比较抽象了。

2. 从个别事物引申到一般事物。例如：

"涉"的本义是指"趟水过河"，后来引申为"渡河"。《吕氏春秋·察今》："楚人有涉江者。"

3. 由实词到虚词，即实词虚化。

"和"的本义是指"应和"。《老子》："音声相和。"后来引申为"连带"。又由"连带"引申为"与""同"等。岳飞《满江红》："三十功名尘与土，八千里路云和月。"

图示如下：

和：应和（动词）——连带（介词）——与、同

"徒"的本义是"步行"。《论语·先进》："不可徒行也。"步行的特点是不坐车，不骑马，不利用任何工具，于是虚化为"空""白白地""只""仅仅"等意义。

第四节 同义词的辨析

一、同义词和同义词的分类

同义词指两个或两个以上书写形式不同而意义相同或相近的词。

从词义关系方面考察，同义词可分为三类：

1. 意义完全相同的同义词，一般称为等义词

这种同义词数量不多，例如：

犬——狗　　黎民——黔首

余——我　　寡人——不穀

2. 在某一点上意义相同，即部分相同的同义词，一般称为相对同义词

例如：

［诛——戮］：在"杀"这一点上意义相同，但"诛"还有"谴责"义，"戮"还有"侮辱"和"并力"义。

［遇——逢——遭］：在"碰见"这一点上意义相同，但"遇"还有"对待""待遇"义；"逢"还有"迎接""迎合"义；"遭"还有"遭受"义，又可作动量词。

3.意义近似的同义词称近义词

例如：

延——席　　往——逝　　危——急　　告——诉

由于古汉语中大量的词是多义词，因此所谓同义词，主要是指部分意义相同或相近似的词，这些情况在同义词中占绝大多数，也就是说主要指上述三种情况中的后两种情况。

二、同义词辨析的作用

同义词是语言中的积极因素，丰富的同义词，是语言发达的标志之一。

辨析同义词的作用主要有三点：

1.丰富的同义词，可从表达的选用，充分利用其细微差别，来表达精确细致的思想感情。

2.同义词的交替使用，可以避免词语的单调重复，增加语言的生动性，还可以协调语句的音节，增强语言的表达效果。

3.利用同义词可以构成各种类别的成语，如：挑拨离间、粗心大意、奇形怪状、幸灾乐祸、生离死别、千变万化等。

汉语的同义词十分丰富，古书中用到的同义词不但数量多，而且内部关系也很复杂。因此，注意同义词的辨析，也是提高古书阅读能力的一项重要的基本训练。

三、怎样辨析同义词

辨析同义词，要明确下列几点：

（1）同义词的意义有同有异，辨析的重点是其差异；

（2）同义词的差异可能存在几个方面，要抓住主要特征；

（3）辨析同义词要有历史观点，即不要按现代汉语的意思去理解，古代差别很明显的，到现代可能差别很小，甚至很难说有多少差别，如"牙"与"齿"这类，我们要按古代词义去辨析；

（4）要注意同义词的灵活性，有的同义词对举而说则不同，分散用在不同地方又相通；有些词在其他地方可能不同义，而用在某一句子里可能临时同义，构成临时同义词。如"言"和"语"，分散用时，意义相同，对举成文时，如"干时言言，干时语语"（《诗经·公刘》），就有差别了。《诗经》毛传云："直言曰言，论难曰语。"孔颖达解释说："对文故别耳，散则言语通也。"

辨析同义词可以从词义、用法、色彩等几方面进行。

1. 从词义差异上辨析

同义词词义方面的差异，主要有以下方面：

（1）所指事物的形状、用途、质地不同。例如：

[府——库]都是藏财物的地方，但"府"指收藏文书、财宝的库房。《说文》："府，文书所藏也。""库"是藏兵器、战车的库房。《说文》："库，兵车所藏也。"二者用途有别。

[模——范——型]都是指制造器物的模型，但质地不同，用土做的叫型，用木头做的叫模，用金属做的叫范（一说用竹子做的叫范）。

（2）所指物体部位不同。例如：

[股——肱]都是身体的一部分，股指大腿，肱指手臂。

[身——体]都可泛指人的身体，但同时"身"指从颈起到股的部分，"体"指两手两脚。

（3）动作行为的方式与情态不同。例如：

[商——贾]都指做生意的人。"商"指运货贩卖的生意人，"贾"指居于一处囤积营利的生意人，所以有"行商坐贾"的说法。

[提——携]都指用手握物运物，但方式不同，"携则相并，提则有高下"（段玉裁语），所以"提拔""携手"中的"提""携"是不能互换的。

（4）词义范围大小不同。例如：

[法——律]都有法律、法令的意思，但所指范围不一样，法指法则、制度，范围大；律，范围小，多指具体的刑法条文。

[告——诉]都有"告知"的意思，但"告"是一般的告知，而"诉"特指诉说痛苦或者诉说冤屈，范围小。

（5）词义轻重程度不同。例如：

[饥——饿]一般情况下是相通的。对言时，情况有别：饥指一般的饿；饿指一点东西都没吃，严重饥饿，因饿而死者的尸体称"饿殍"，不能说成"饥殍"。

[盟——誓]都有"誓"的意思，但词义轻重不同，"大事曰盟，小事曰誓"

（《周礼》郑玄注），"盟"词义要重些。

2. 从语法功能上辨析

从语法功能上辨析，这主要指词的用法不同，例如：

［之——其］都能做第三人称代词，与现代汉语的"他"或"它"相当。但"之"只能用作宾语，"其"只用作定语或主谓词组中的主语。

［耻——辱］用作名词时是同义词，但当他们用作及物动词时，意义不同。"耻"用作意动，表示"以……为耻"；"辱"作动词时，一般是使动用法。

3. 从等级观念和感情色彩上辨析

［妻、妾——后、妃］普通人的称"妻"称"妾"，皇帝的就称"后"称"妃"。

［征——伐——侵］都有军事进攻之意，但各有特点："征者，上伐下也，敌国不相征也"（《孟子·尽心下》）；"凡师有钟鼓曰伐，无曰侵"（《左传·庄公二十九年》）。可知"征"指上伐下，有道伐无道，带有褒义；"伐"指公开宣战，不管双方是非，是中性词；"侵"则指不宣而战，带有贬义。

四、同义词辨析应注意的几个问题

1. 同义词的"同"是就义项讲的，而不是就词义系统讲的。（同一个词在不同义项上和不同的词构成同义关系。）

如：盗窃 诛杀 指责 谴责 处罚 讨伐 责求 索取

2. 词义是发展的，同义是可变的。

（1）开始是同义词，后来成为不同义的词。

后、王：初义为帝王、君主，同义。后来"后"转为君王正妻，不再表示君王。

劝、勉：初义为勉强。后来"劝"有了劝告、劝说义，不再与"勉"同义。

树、艺：初义为种植。后来"树"用为树木，"艺"不再当种植讲。

（2）初不同义后同义。

狱、囹圄：初"狱"为诉讼、案件义，"囹圄"为监狱义。后都为监狱义。

文、字：初"文"为花纹义，"字"为生育义。后都为文字义。

3. 有些同义词有用于泛指和用于特指的区别。

（1）特指有别，泛指无别。"析言则别，浑言（统言）则同""对文（对言）则别，散文则同"。如皮革、偃仆、暑热、犬狗等。

（2）同一个词有时表示属概念（泛指），有时表示种概念（特指）。如：禾（粮食作物；种子），禽（鸟兽；鸟类）。

第三章 语法

语法是组词造句的规则。从古今汉语比较的角度而言，古今汉语在语法上的差异远没有在词汇、语音等方面的差异大。在语言的三要素中，语法的稳定性最强。三千多年前甲骨文句子中的主要语法规则，如名词作主语和宾语，动词、形容词作谓语，形容词和时间名词作状语等，和现代汉语没有什么不同。不过，语法跟其他语言要素一样，仍然处在不断发展变化之中。古今汉语语法有同有异，我们在学习过程中注重学习古今汉语语法中"异"的部分，也就是当代人比较难懂的文言语法。

古汉语语法可从词法和句法两个方面进行阐述。词法知识包括古代汉语词类知识，古汉语名词、动词、形容词、数词的特殊用法，如名词、形容词、数词可活用为一般动词，使动用法和意动用法，形容词可活用为名词等，古汉语的数量表示法以及古汉语的代词、副词、介词、连词和助词等；句法知识包括古汉语的宾语前置、判断句式、被动句式、双宾语和名词用作状语等。

语法是语言结构规律，学习古代汉语语法，可以提高古代汉语的学习效率，也可以进一步认识和发现语言的发展规律。

第一节 古汉语词类及词类活用

一、古汉语词类

词类是词的语法分类，是词在语法结构中表现出来的功能类别。汉语词类划分的主要依据是词的语法功能，包括词与词的组合能力、承担句子成分的能力以及形态变化的特点等。

汉语的词首先根据能否作句子成分，分为实词和虚词两大类。需要注意的是，现代汉语中的拟声词，在古汉语中多作谓语和状语，因此可归入形容词中；现代汉语中的叹词，在古汉语中属于语气助词，归入虚词一类。

实词能够单独充当句子成分，意义比较实在，表示事物、动作、行为、变化、性质、状态、时间、处所等；虚词只表示语法意义。古今汉语词类大致相同，但现代汉语中副词、代词都归实词，而在古代汉语的分析中它们都归入虚词一类。

现代汉语实词包括名词、动词、形容词、区别词、数词、量词、副词、代词等；虚词包括介词、连词、助词、语气词等。

古代汉语实词包括名词、动词、形容词、数词等；虚词包括代词、副词、介词、连词、助词、语气词等。

古代汉语词类和现代汉语词类在划分的标准上应该一致。不过，传统观点认为，古汉语词类与现代汉语的不同之处在于：一是古代汉语中的虚词范围比现代汉语要大；每类虚词的构成成分与现代汉语也有不同之处；二是古代汉语中的名词、动词、形容词、数词有一些特殊的用法，如名词、形容词、数词活用为一般动词、使动用法和意动用法等，即"词类活用"现象。

二、"词类活用"的内涵

在古代汉语里，有些词可以按照一定的语言习惯灵活运用，在句子中临时改变它原来的语法功能，充当其他类词才能充当的句子成分，这种现象就叫作"词类活用"。如：

假舟楫者，非能水也，而绝江河。（《荀子·劝学》）

"水"由名词活用为动词，"游泳"的意思。

将军身披坚执锐。《史记·陈涉世家》

"坚""锐"由形容词活用为名词，分别是"盔甲""武器"的意思。

从内容结构看，语言是一个符号系统，是一个由大量的语言符号包括词语和语言符号规则及语法构成的系统。词类是词语根据其表达功能、语法功能、语义功能形成的词语聚合。从外部功能看，语言是人类最重要的交际工具，是人们相互之间表达思想感情、传递信息的符号系统。当语言的词类系统、句子系统等不能满足语言的表达、交际的需要时，语言系统就会根据表达的需要进一步调整，在相应的子系统层面进行一些变异，以满足表达的需要。

词类活用是语言系统根据表达、交际的需要进行的一些变异，这种情况在每种语言、每个时代中都会出现。

现代汉语中也有词类活用现象,如:

王八吃秤砣——铁了心了。

我的手被电电了一下。

为什么古汉语中会经常出现词类活用现象?大致有两方面的原因:一是早期没有为一些行为动作专造动词,加上汉语本身缺乏形态变化,活用就应运而生;二是出于语言表达的需要。例如"春风又绿江南岸","绿"字的活用,不仅增加了形象感和生气,同时解决了词的表达问题,而且符合经济原则。

三、名词等用作动词

在古代汉语中,名词或名词性词组、形容词、数词等经常活用为一般动词,表达与这个名词或名词性词组、形容词、数词意义相关的动词含义,这就是名词等用作动词的现象。

1. 名词、名词性词组活用作动词

如:

①范增数目项王。(《史记·项羽本纪》)

②左右欲刃相如。(《史记·廉颇蔺相如列传》)

③驴不胜怒,蹄之。(柳宗元《三戒》)

④项王乃复引兵而东。(《史记·项羽本纪》)

⑤日渐暮,遂前其足,手向后据地,坐而下脱。(徐宏祖《游天都》)

例①"目"义为"使眼色"。例②"刃"义为"(用刀)杀"。例③"蹄"义为"踢"。例④"东"义为"向东进军"。例⑤"前"义为"向前伸"。

如何理解名词活用为动词的现象?

首先,从词的类别意义上来看,名词表示人或事物的名称,动词表示动作行为。活用为动词的名词不单表示人或事物的名称,而且表示与其所代表的人或事物相关的动作行为。这样,名词就具有了动词的意义。

其次,从句法功能上来看,名词经常作主语、宾语、定语和判断谓语,动词常作谓语,并能带宾语。当名词活用为动词时,在句中就作谓语,并且常带宾语。这样,名词就具有动词的句法功能了。

再次,从词与词的组合关系上来看,名词不能直接与副词、能愿动词组合,即不能接受副词、能愿动词的修饰，而动词则可以。活用为动词的名词也经常直接与副词、能愿动词组合，直接受副词、能愿动词的修饰。这样，名词便具有了动词的组合功能。

2. 形容词活用作动词

①以其不收也外之，而高其轻世也；以其犯禁也罪之，而多其有勇也。《韩非子·五蠹》

②上求材，臣残木；上求鱼，臣干谷。（《淮南子·说山训》）

例①"高"义为"推崇"，"多"义为"赞美"。例②"残""干"义分别为"毁坏""抽干"。

3. 数词活用作动词

①民参其力，二入于公，而衣食其一。《左传·昭公三年》

②军不五不攻城，不十不围。（《史记·楚世家》）

例①"参"义为"分成三份"。例②"五""十"义分别为"成五倍""成十倍"。

四、使动用法

使动用法是指谓语动词具有"使宾语怎么样"的意思，也就是使宾语产生了某种动作，或成为某种事物，或具有某种性状。使动用法包括动词、名词和形容词的使动用法三种类型。

1. 动词的使动用法

动词的使动用法是主语使宾语发出谓语动词所表示的动作。

不及物动词一般不带宾语，如果带有宾语，一般为使动用法。如：

①项伯杀人，臣活之。（《史记·项羽本纪》）

②广故数言欲亡，忿恚尉。（《史记·项羽本纪》）

不及物动词用为使动用法时，后面的宾语可以省略。如：

③养备而动时，则天不能病。（《荀子·天论》）

例①"活之"义为"使之（项伯）活了下来"。例②"忿恚尉"即"使尉（军吏）忿恚（生气）"。例③"病"即"病之"，"使之生病"的意思。

及物动词也可以用作使动，为与一般用法相区别，用为使动的及物动词一般要破读。应注意与一般的动宾关系的区别。如：

①晋侯饮赵盾酒。(《左传·宣公二年》)
②杀鸡为黍而食之，见其二子焉。《论语·子路从而后》

例①"饮赵盾酒"即"使赵盾饮酒"。"饮"破读为 yìn。例②"食之"即"使之食（吃）"，"食"破读为 sì。"见其二子"即"使其二子拜见子路"，"见"破读为 xiàn。

2. 形容词的使动用法

形容词的使动用法是使宾语具有形容词的性质或状态。如：
①诸侯恐惧，会盟而谋弱秦。(贾谊《过秦论》)
②春风又绿江南岸。(王安石《泊船瓜州》)

例①"弱秦"即"使秦国弱"。例②"绿江南岸"即"使江南岸绿"。

3. 名词的使动用法

名词的使动用法是使宾语成为名词所代表的人或事物。如：
①纵江东父兄怜而王我，我何面目见之。(《史记·项羽本纪》)
②夫子所谓生死而肉骨也。(《左传·襄公二十二年》)

例①"王我"义为"使我当王（君王）"。例②"肉骨"即"使白骨上生肉"。

用为使动的名词后面的宾语可以省略。如：
①天子不得而臣也，诸侯不得而友也。(刘向《新序·节士》)

例①"臣"即"臣之"，"使之成为臣"的意思。"友"即"友之"，"使之成为朋友"的意思。

五、意动用法

意动用法是指谓语动词具有"认为（以为）宾语怎么样"的意思，意动用法包括形容词和名词的意动两种用法。

1. 形容词的意动用法

形容词用作意动是主观上认为宾语具备这个形容词的性质或状态。如：
①渔人甚异之。(陶渊明《桃花源记》)
②是故明君贵五谷而贱金玉。(晁错《论贵粟疏》)
③夫差智太宰嚭而愚子胥，故灭于越。(《韩非子·难三》)
④其家甚智其子，而疑邻人之父。(《智子疑邻》)
⑤刺史颜证奇之，留为小吏，不肯。(柳宗元《童区寄传》)

例①"异之"即"认为之(桃花源的景象)奇异"。例②"贵五谷"即"认为五谷重要";"贱金玉"即"认为金玉不重要"。例③"智太宰嚭"即"认为太宰嚭聪明";"愚子胥"即"认为子胥愚笨"。例④"智其子"即"认为其子聪明"。例⑤"奇之"即"认为他奇特"。

2. 名词的意动用法

名词的意动用法是主观上认为宾语就是名词所表示的人或事物。如:

①天下乖戾,无君君之心。(柳宗元《封建论》)

②夫人之,我可以不夫人之乎?(《谷梁传·僖公八年》)

例①"君君"义为"认为国君是国君"。例②"夫人之"义为"认为她是夫人"。

使动用法和意动用法的相同之处是:第一,句法结构相同,都是动宾关系;第二,两种用法均可以由名词与形容词的活用形成。不同之处是:第一,所表达的含义不同。使动用法是"主语使宾语怎么样",是客观现实或者能够实现的,而意动用法是"主语认为宾语怎么样",是主观的看法,客观不一定如此。第二,出现的范围不同。意动用法仅限于形容词与名词的活用,动词只有使动用法,而没有意动用法。

六、词类活用的条件

判定一个词是否发生活用,除了通过句意去理解外,还可以通过词所处的语法环境来辨别,即看一个词在句中处于什么地位,看看这个词的前后是哪些词等等,这些就是"词类活用的条件"。下面列举名词、形容词活用为动词的一些语法条件。

1. 两个名词连用

如果两个名词连用,既不是并列关系,也不是偏正关系,则其中必有一个名词活用为动词,一般是前一个名词活用为动词。如:

①遂王天下。(《韩非子·五蠹》)

②乃丹书帛曰:陈胜王。(《史记·陈涉世家》)

例①"王"前有副词"遂",后有名词宾语"天下","王天下"义为"统治天下"。例②"王"作谓语,义为"做王"。

2. 名词、形容词处在"所"字后

"所"是辅助性代词，经常放在动词前面构成"所"字词组，指代一定的对象，故"所"后的名词、形容词活用为动词。如：

①置人所罾鱼腹中。（《史记·陈涉世家》）

②世之所高，莫若黄帝。（《庄子·盗跖》）

例①"所罾"义为"网到的鱼"。例②"所高"义为"推崇的（人）"。

3. 名词、形容词在能愿动词后

能愿动词修饰的是动词，所以当名词、形容词放在"能""可""足""欲"等能愿动词后面时，活用为动词。如：

①子谓公冶长："可妻也。"（《论语·公冶长》）

②问其深，则其好游者不能穷也。（王安石《游褒禅山记》）

例①"可妻"义为"可以娶妻"。例②"穷"义为"走到尽头"。

4. 名词放在副词的后面

副词在句中一般只修饰限制动词或形容词，所以当名词前面有副词修饰时，活用为动词。如：

①从弟子女十人所，皆衣缯单衣。（《史记·滑稽列传》）

②不足生于不农。（晁错《论贵粟疏》）

例①"衣"义为"穿着"。例②"农"义为"从事农业生产"。

5. 名词、形容词放在"之""我"的前面

"之""我"这两个代词一般常作宾语，也就是出现在它们前面的词多是动词，所以其前面的名词、形容词一般活用为动词。如：

①非能耕而食之，织而衣之也。（晁错《论贵粟疏》）

②是欲臣妾我也。（胡铨《戊午上高宗封事》）

③夫以人言善我，必以人言罪我。（《韩非子·说林》）

例①"衣之"义为"穿他们（织的布）"。例②"臣妾"义为"让我们当臣做妾"。例③"善"义为"对……好"。

6. 名词后有介词词组

介词词组在古汉语中经常作补语来修饰它前面的动词所表示的行为动作，所以名词后有介词词组，可判定这个名词活用为动词。如：

①晋师军于庐柳。（《左传·僖公二十四年》）

②后妃率九嫔蚕于郊。（《吕氏春秋·上农》）

例①"军"义为"驻军"。例②"蚕"义为"养蚕"。

7. 名词用"而"连接

连词"而"经常用来连接的是动词、动词性词组和形容词、形容词性词组，但一般不连接名词或名词性的词组，所以可判定用"而"连接的名词活用为动词。如：

①不耕而食，不织而衣。（《盐铁论·相刺》）

②孟尝君怪其疾也，衣冠而见之。（《战国策·冯谖客孟尝君》）

例①"衣"义为"穿衣"。例②"衣冠"义为"穿上衣服，戴上帽子"。

第二节　名词作状语　古代汉语双宾语

一、名词作状语

在古代汉语中，普通名词、方位名词、时间名词经常放在谓语中心语前面作状语，这种现象我们称之为"名词作状语"。名词作状语的现象可分为以下三类。

（一）普通名词作状语

普通名词作状语可以表达以下内容：

1. 表示行为的处所

古汉语普通名词作状语，有的本来具有表示处所的意义，有的在一般情况下能表示一个特定的环境，同样也就具有了表处所的功能。如：

①夫山居而谷汲者，膢腊而相遗以水。（韩非子《五蠹》）

②蜀太守以下郊迎。（《史记·司马相如列传》）

例①"山居""谷汲"义为"在山上居住""在山谷里打水"。例②"郊迎"义为"在郊外迎接"。

2. 表示工具或依据

古汉语普通名词作状语，可以表达凭借什么工具从事某个行为动作，或者依据什么从事某种行为动作。如：

①箕畚运于渤海之尾。(《列子·汤问》)
②失期,法皆斩。(《史记·陈涉世家》)
例①"箕畚"义为"用箕畚(搬运)"。②"法"义为"按照法律"。

3. 表示对人的态度

古汉语普通名词作状语,可以表达用什么态度从事某种行为动作。如:
①君为我呼入,吾得兄事之。(《史记·项羽本纪》)
②齐将田忌善而客待之。(《史记·孙子吴起列传》)
例①"兄事"义为"用对待兄长的方式接待"。②"客待"义为"用对待宾客的礼仪对待"。

4. 表示比喻

古汉语普通名词作状语,可以形容行为动作的状态,表达比喻内容。如:
①嫂蛇行匍伏。(《战国策·秦策一》)
②其一犬坐于前。(《聊斋志异·狼》)
③射之,豕人立而啼。(《左传·襄公二十六年》)
例①"蛇"义为"像蛇一样(爬行)"。例②"犬"义为"像狗一样坐"。例③"人立"义为"像人一样站立"。

(二)方位名词作状语

方位名词作状语在古汉语中使用较多。方位名词作状语时,可以表示行为的处所,或表示行为的方向。如:
①蚓无爪牙之利,筋骨之强,上食埃土,下饮黄泉,用心一也。(《荀子·劝学》)
②大月氏复西走。(《汉书·张骞传》)
例①"上""下"义为"向上""向下"。例②"西走"义为"向西逃走"。
此外,"乡(向、嚮)"和"面"经常与方位名词结合,在古汉语中的含义应引起注意。如:
①哙遂入,披帷西向立,瞋目视项王,头发上指,目眦尽裂。(《史记·项羽本纪》)
②君之楚,将奚为北面?(《战国策·魏策四》)
③郑于是不敢南面。(《左传·襄公二十六年》)

以上例句中,"向""面"为动词,前面的方位名词"西""北""南"均作状语。

(三) 时间名词作状语

时间名词用于动词前作状语,表示行为变化的时间,古今汉语这种情况基本相同。但古汉语中,"日、月、岁"用于动词前作状语时,其意义比较特殊。

1. "日""月""岁"单用于动词前,常表示为"每日""每月""每年"的意思。如:

①君子博学而日参省乎己。(《荀子·劝学》)
②良庖岁更刀,割也;族庖月更刀,折也。(《庄子·养生主·庖丁解牛》)

2. "日"字与动词或形容词结合,有时表示发展变化,是"一天天"的意思。如:

①及法慢,妄予,而国日削矣。(《韩非子·饰邪》)

3. "日"字单用作状语,表示"往日或一日"的意思。如:

①日我先君共王引领北望,日月以冀。(《左传·昭公七年》)

二、古代汉语双宾语

双宾语是指一个谓语动词同时带两个宾语。两个宾语都位于谓语动词之后,分别表示谓语动词所涉及的人和事物。指人的宾语靠近谓语,是谓语间接的支配对象,称作近宾语或间接宾语;指物的宾语在指人的宾语之后,离谓语稍远,是谓语的直接支配对象,称作远宾语或直接宾语。如:

晏子至,楚王赐晏子酒。(《晏子春秋·内篇·杂下》)

谓语"赐"带两个宾语,"晏子"是指人的间接宾语即近宾语,"酒"是指物的直接宾语即远宾语。

古汉语带双宾语的动词的意义类型主要有三种:

1. 动词具有"予""受""夺"的意义。如:

赵王与之精兵十万,革车千乘。(《史记·滑稽列传》)

2. 动词具有询问、告诉的意义。如:

公语之故,且告之悔。(《左传·郑伯克段于鄢》)

3. 动词是"为"字。如：
君尝为晋君赐矣。(《左传·烛之武退秦师》)

第三节　古代汉语的词序

词序也叫"语序"，是指语言中词语组合的先后次序。

词序在汉语中十分重要。汉语的词序一般不能随意变化，如果词序变化了，句子的意义往往也会随之变化。如："我打你"与"你打我"所表达的意义就不一样。

汉语的词序比较固定，从古到今没有太大的变化。基本次序为：主语＋谓语＋宾语。古汉语中还有一些不同于现代汉语的词序，最突出的特殊词序是宾语前置，即宾语在一定条件下要放在动词之前。常见的宾语前置可以分为三个类型。

一、疑问代词作宾语的

上古汉语中，疑问代词"谁、何、安、胡、奚、孰、曷"等作宾语，或者作介词的宾语时，一般要置于动词或介词之前。这种情况的语法条件是：第一，全句是疑问句或者反问句；第二，宾语或宾语的定语是疑问代词。如：

①敢问何谓也？(《左传·郑伯克段于鄢》)
②彼且奚适也？(《庄子·逍遥游》)
③姜氏何厌之有？(《左传·郑伯克段于鄢》)
④先生何以幸教寡人？(《战国策·范雎说秦王》)

如动词前有助动词，宾语一般要前置于助动词之前。如：
①臣实不才，又谁敢怨？(《左传·成公二年》)

这种宾语前置在上古时期比较严格，很少有例外。只有"何如"常说成"如何"，但这两种形式都已成为凝固形式，其意义已不是"像什么"，而是"怎么样""怎样"等。如：

①伤未及死，如何勿伤？(《左传·僖公二十二年》)
②与不谷同好，如何？(《左传·齐桓公伐楚》)

例①"如何"义为"怎么"。例②"如何"可译为"怎么样"。

"如何"也可以说成"若何""奈何",其中的"若""奈"仍然具有动词词性,但凝固后与"如何"的含义相同。如:

①使归就戮于秦,以逞寡君之志,若何?(《左传·僖公三十三年》)

②先生助之奈何?(《战国策·赵策三》)

例①②中的"若何""奈何"即"怎么样"。

"如何""若何""奈何"的中间还可插入代词、名词或其他词语,说成"如……何",其含义是"对……怎么样"。如:

①如太行王屋何?(《列子·汤问》)

②寇深矣,若之何?(《左传·僖公十五年》)

③虞兮!虞兮!奈若何?(《史记·项羽本纪》)

例①"如太行王屋何"即"对太行王屋两座山怎么样。"②"若之何"即"对入侵之敌怎么办。"③"奈若何"即"对你怎么办。"

"如何"是"如……何"略去了中间的名词性成分而形成的词,其中"如"是介词,意思是"对""把","何"是谓语,表示"把某物怎么样。"而"何如"则是根据宾语前置规则产生的,意思是"怎么处置",二者因此同义。

二、否定句中代词作宾语的

否定句中代词作宾语,常置于动词之前。

语法条件是:第一,全句必须是否定句,即句子带有否定副词"不""未""毋(无)"或无定代词"莫"。第二,宾语必须是代词,即由人称代词或指示代词作宾语。如:

①邻国未吾亲也。(《国语·齐语》)

②我无尔诈,尔无我虞。(《左传·宣公十五年》)

例①"未吾亲"即"未亲吾",没有亲近我们。例②"无尔诈"即"无诈尔","无我虞"即"无虞我"。

否定句中代词宾语前置的规则不太严格,先秦古籍中就有例外。如:

①有事而不告我。(《左传·襄公二十八年》)

②诸侯莫违我。(《管子·封禅》)

这说明从先秦开始,否定句中的代词宾语已经从前置向后置发展,秦以后这种发展实际上已经完成,但汉以后的文人写文章经常仿古,所以在他们的文章中，还经常有否定句中代词作宾语前置的现象。如：

①自古及今未之尝闻。（贾谊《论积贮疏》）

②古之人不余欺也。（苏轼《石钟山记》）

例①"未之尝闻"即"未尝闻之"，不曾听说过。例②"不余欺"即"不欺余"，不欺骗我。

这种宾语前置在现代成语中有残留。如："时不我待"。

三、宾语用代词复指的

上古汉语中，为突出宾语，将宾语放到谓语动词（介词）之前，构成"宾语＋动词（介词）"的格式。有时还用"是"或"之"复指前置的宾语，构成"宾语＋是（之）＋动词"的格式。有时为了强调动作行为的单一性，还常在前置宾语之前加上"惟（唯）"字，构成"惟（唯）＋宾语＋是（之）＋动词"的格式。

这类句式的语法条件是：用"是"或"之"复指前置宾语。"是"的词性目前学术界认识不统一，有人认为是代词，有人认为助词句式中的"之"是助词。

"宾语＋动词（介词）"的格式，如：

①昭王南征而不复，寡人是问。（《左传·齐桓公伐楚》）

②将子无怒，秋以为期。（《诗经·卫风·氓》）

③赫赫师尹，民具尔瞻。（《诗经·小雅·节南山》）

例①"是问"即"问是"，过问这件事情。例②"秋以为期"即"以秋为期"。例③"尔瞻"即"瞻尔"，看着你。

这种宾语前置的句式在汉语成语中有残留。如："夜以继日"。

"宾语＋是（之）＋动词"的格式，如：

①将虢是灭，何爱于虞？（《左传·僖公五年》）

②今吴是惧而城于郢。（《左传·昭公二十三年》）

③吾以子为异之问，曾由与求之问。（《论语·先进》）

例①"虢是灭"即"灭虢"。例②"吴是惧"即"惧吴"。例③"异之问"即"问异"，问别的事。"由与求之问"即"问由与求"。

"惟（唯）＋宾语＋是（之）＋动词"的格式，如：

①率师以来，唯敌是求。（《左传·宣公十二年》）

②父母唯其疾之忧。（《论语·为政》）

例①"唯敌是求"即"唯求敌"，只寻求敌人。例②"唯其疾之忧"即"唯忧其疾"，只担心他的疾病。

现代汉语成语中还保留着这种宾语前置的格式。如："唯利是图"、"惟命是听"。

如果宾语是代词，这种宾语前置多用"之"复指，而不用"是"。如：

①"我之怀矣，自诒伊戚"，其我之谓矣！（《左传·宣公二年》）

②"唇亡则齿寒"，其斯之谓与？（《谷梁传·僖公二年》）

例①"我之谓"即"谓我"，说的就是我。例②"斯之谓"即"谓斯"，说的就是这种情况。

这种格式中的"是之谓""此之谓"已成为凝固形式，在文言语句中常见。如：

①上不失天时，下不失地利，中得人和，而百事不废，是之谓政令行。（《荀子·王霸》）

②太上有立德，其次有立功，其次有立言，虽久不废，此之谓不朽。（《左传·襄公二十四年》）

例①"是之谓"，例②"此之谓"，均可译为"这就叫作"。

现代汉语表示行为数量，一般是把数词与动量词构成的数量词组放在动词的后面作补语，如"看两遍""踢三脚"。而古代汉语中却不是这样的，一般是把数词直接放在动词之前作状语表示行为数量。如：

①又与之遇，七遇皆北。（《左传·文公十六年》）

②子墨子九距之。（《墨子·公输》）

例①"七遇"即"遇见七次"。例②"九距"即"抗拒九次"。

若要表示强调，则在表示动作的词语后加"者"，将数词置于句尾作谓语，表示行为数量。

①鲁仲连辞让者三。（《战国策·赵策》）

②举所佩玉玦以示之者三（《史记·项羽本纪》）

例①"辞让者三"即"辞让三次"。例②"示之者三"即"示意三次"。

第四节 古代汉语的判断句

一、古今汉语判断句的差异

判断句表示某种事物是什么或不是什么，某种事物属于某一类或不属于某一类。

现代汉语的判断句一般由判断词"是"构成，如"我们是中国人"，其中的"是"用于联系判断句的主语与谓语，并帮助表示判断；古汉语的判断句则不用判断词"是"，而是将判断句的主语与谓语直接联系在一起，靠判断句主语与谓语的语义关系进行判断。如："陈胜者，阳城人也。"（《史记·陈涉世家》）有时在主语后加代词"者"，在谓语后加语气词"也"，表达判断语气，帮助判断。

现代汉语判断句的否定形式是在判断词"是"前加否定副词"不"，古汉语判断句的否定形式是在谓语前加否定副词"非"等。

二、上古汉语判断句结构的基本特点

1.古汉语判断句不用判断词，而是用名词、代词、名词性词组直接作谓语，表示判断。如：

①刘备，天下枭雄。（《资治通鉴·汉纪》）

②孟尝君怪之，曰："此谁也？"（《左传·冯谖客孟尝君》）

③生我者父母，知我者鲍子也。（《史记·管晏列传》）

2.古汉语判断句有时有特定的结构形式，常用"者""也"帮助表示判断，从而形成三种特定的结构形式：

第一，"主语＋谓语＋也"形式。如：

①我，子瑜友也。（《资治通鉴·赤壁之战》）

第二，"主语＋者＋谓语＋也"形式。如：

①诸葛孔明者，卧龙也。（《三国志·蜀志·诸葛亮传》）

第三，"主语＋者＋谓语"形式。如：

①兵者，不祥之气。（《老子》）

3.古汉语判断句常把副词"乃、即、必、非、诚、亦"等直接用于名词、代词、名词性词组的谓语前，充当状语，加强判断的语气。这些副词不是判断词。如：

①夺项王天下者，必沛公也。（《史记·项羽本纪》）

三、古汉语判断句常见的四种形式

1."主语＋谓语"形式

这是古汉语判断句的基本形式，靠主语与谓语之间的语义关系进行判断。如：

①荀卿，赵人。（《史记·孟轲荀卿列传》）

②夫鲁，齐晋之唇。（《左传·哀公八年》）

2."主语＋者＋谓语＋也"形式

在判断句主语的后面加代词"者"复指主语，引出谓语；"者"如是助词，则表示提示、停顿作用。在判断句谓语的后面加语气词"也"，帮助进行判断。这是古汉语判断句的常见形式。如：

①陈胜者，阳城人也。（《史记·陈涉世家》）

②南冥者，天池也。（《庄子·逍遥游》）

3."主语＋谓语＋也"形式

在判断句中谓语的后面加语气词"也"，帮助进行判断。这种判断句在文言文中十分常见。如：

①张骞，汉中人也。（《汉书·张骞传》）

②王，人君也。（《战国策·齐策四》）

4."主语＋者＋谓语"形式

在判断句主语的后面加代词"者"，复指主语，引出谓语；"者"如是助词，则表示提示、停顿作用。如：

①陈轸者，游说之士。（《史记·张仪列传》）

②粟者，民之所种。（晁错《论贵粟疏》）

这种形式一定要注意与由"者"构成的"者"字词组的区别。如：

①当立者乃公子扶苏。（《史记·陈涉世家》）

②生我者父母，知我者鲍子也。（《史记·管晏列传》）

四、古汉语判断句中"是"的词性与作用

古代汉语判断句中的"是",不同于现代汉语的判断词"是",如:
①公曰:"是吾宝也。"(《左传·僖公二年》)
②日月星辰瑞历,是禹桀之所同也。(《荀子·天论》)

古汉语判断句中的"是"是指示代词,常用来作判断句的主语。如:
①是社稷之臣也。(《论语·季氏将伐颛臾》)
②是何也?曰:无何也。是天地之变,阴阳之化,物之罕至者也。(《荀子·天论》)

上述句子中的"是"同"此"。再如:
①至攘人犬豕鸡豚者,其不义又甚入人园圃窃桃李。是何故也?(《墨子·非攻上》)
②至入人栏厩取人马牛者,其不义又甚攘人犬豕鸡豚。此何故也?(《墨子·非攻上》)

可见,"是"在古汉语判断句中作主语,常用以复指前面出现过的内容。

古汉语判断句中的这种复指代词"是",后来演变为判断词"是",演变的原因是这种复指代词"是"具有了判断意味。这种用法汉代就有了。如:
①此必是豫让也。(《史记·刺客列传》)
②余是所嫁妇人之父也。(《论衡·死伪》)

1972年长沙马王堆3号汉墓中出土的帛书彗星图,说明"是"在当时既用作代词,也用为判断词。如:
①是是帚慧。
②是是苫慧。

五、古汉语判断句中"为""维(惟)""乃""即"的词性与作用

先秦时期,古汉语中尚无专职的判断词。"为""乃""即""维(惟)"等经常出现在判断句中,但都不是专职的判断词。

1. 为

"为"本义是役象助劳。是一个意义宽泛的动词,有"作为""成为""算

是"等含义，不是判断词。如：

①木直中绳，𫐓以为轮。（《荀子·劝学》）

②晋为盟主，诸侯或相侵也，则讨之。（《左传·襄公二十六年》）

即使用在判断句中，可以按现代汉语中的"是"去理解，也是普通动词在判断句中的运用，不能算是判断词。如：

①余为伯儵，余而祖也。（《左传·宣公三年》）

②桀溺曰："子为谁？"曰："为仲由。"（《论语·微子》）

2. 维（惟）

"维（惟）"在上古汉语中经常出现在判断句的主语与谓语之间，很像判断词，但实际上是语气词，起引出谓语的作用。如：

①尔惟旧人。（《尚书·大诰》）

这种有语气词"维"的语句，许多情况下主语与谓语之间也不构成判断关系。如：

①百工维时。（《尚书·皋陶谟》）

②蚩尤惟始作乱。（《尚书·吕刑》）

3. 乃

"乃"在古汉语中经常出现在判断句的主语与谓语之间，很像判断词，但实际上是放在谓语之前的副词，起加强肯定语气的作用，其作用与现代汉语中的"就"完全相同。如：

①是乃狼也。（《左传·宣公四年》）

②当立者乃公子扶苏。（《史记·陈涉世家》）

古代汉语的叙述句中也常出现"乃"，一些有了"是"的判断句在"是"前也用"乃"，说明"乃"不是判断词。如：

①乃入见。（《左传·庄公十年》）

②访之，乃是逸少。（《世说新语》）

4. 即

"即"在古汉语中经常出现在判断句的主语与谓语之间，很像判断词，其实是副词，起加强肯定语气的作用，等同于现代汉语的"就"。如：

①梁父即楚将项燕。（《史记·项羽本纪》）

②民死亡者，非其父兄，即其子弟。（《左传·襄公八年》）

古代汉语的叙述句中也常出现"即"，一些有了"是"的判断句在"是"前也用"即"，这都说明"即"不是判断词。如：
①贱即买，贵即卖。（《盐铁论·本议》）
②枯体即是荣体。（《神灭论》）

六、古汉语判断句的活用

古今汉语中，有一些句子采用判断句的形式，但其主语与谓语之间并不是一般的判断关系，而是其他关系，我们称之为"判断句的活用"。判断句活用所表达的内容很多，如：

1. 表达比喻内容

这种判断句实际上是一种比喻。如：
①君者，舟也；庶人者，水也。（《荀子·王制》）
②曹公，豺虎也。（《资治通鉴·赤壁之战》）

2. 表达条件、目的等内容
①夫战，勇气也。（《左传·庄公十年》）
②百乘，显使也。（《战国策·齐策四》）

3. 表达因果关系
①良庖岁更刀，割也。族庖月更刀，折也。（《庄子·养生主》）

第五节　古代汉语的被动表示法

一、被动与被动句式

所谓被动，即主语是谓语动词所表示的行为动作的受事者、承受者，而不是发出者、施事者。如：
①蔓草犹不可除。（《左传·郑伯克段于鄢》）
②冀复得兔，兔不可复得。（《韩非子·五蠹》）

这种只有从意义上能理解出其中的被动含义，而句中没有任何形式上表现被动意义的标志，称为"意念被动句"，也叫作"无标志的被动句"。

从句子结构本身就能看出主语被动性质的句式叫"被动句式"。古汉语中作为被动形式标志的词较多，有"于、为、见、被"等，所构成的被动句式比较丰富。

二、古汉语常见的被动句式

1."于（於、乎）"字句

这是先秦时常用的被动句式。其构成方式是，在谓语中心语的后面加介词"于"，"于"字后跟行为动作的主动者，在句中作补语。

"于（於、乎）"是介词，本身并不能表示被动，它的作用是引入行为动作的主动者。由于它引入了主动者，全句的被动含义便更加明显了。

这种句式的特点是：第一，"于（於、乎）"和动作行为的主动者出现在动词之后。第二，不能没有动作行为的主动者。如：

①郤克伤于矢。（《左传·鞌之战》）
②夫惟无虑而易敌者，必擒于人。（《孙子兵法·行军篇》）
③劳心者治人，劳力者治于人。（《孟子·滕文公上》）

只有"于（於、乎）"引进动作行为的主动者，才表示被动。如：
①随亡于荆，吴并于越，智伯灭于晋阳之下。（《韩非子·说疑》）

2."为"字句

"为"字被动句式先秦时常见，战国末期出现"为……所"形式，汉代以后是其繁荣期，并一直延续到现代汉语中。

其构成方式是：在谓语中心语前加介词"为"，有时在"为"字后加动作行为的主动者，又可在动词前再加辅助代词"所"。

"为"字本身可以表示被动，也可以作介词，引入行为动作的主动者。

这种句式的特点是：第一，"为"和主动者出现在动词之前。第二，动作行为可以没有主动者。第三，可以加"所"字，构成"为……所"格式表示被动。如：

①父母亲族，皆为戮没。（《战国策·燕策三》）
②止，将为三军获。（《左传·襄公十八年》）
③而身为宋国笑。（《韩非子·五蠹》）
④卫太子为江充所败。（《汉书·霍光传》）
⑤少北，则为匈奴所得。（《汉书·张骞传》）

⑥不者，若属皆且为所虏。（《史记·项羽本纪》）

3."见"字句

"见"字句的构成方式是：在谓语中心语前直接加"见"字。"见"是副词，本身表达"被"的意思，可直接表示被动。

这种句式的特点是：第一，"见"出现在动词之前。第二，"见"不能引入主动者，可以靠"于"字句帮助，构成"见……于"格式，引入动作行为的主动者。如：

①厚者为戮，薄者见疑。（《韩非子·说难》）

②举世皆浊我独清，众人皆醉我独醒，是以见放。（《楚辞·渔父》）

③吾长见笑于大方之家。（《庄子·秋水》）

④先绝齐而后责地，则必见欺于张仪。（《史记·楚世家》）

4."被"字句

这种被动句式在战国末期已经出现，汉代以后逐渐增多，并一直延续到现代汉语中，成为现代汉语最主要的被动句式。其构成方式是：在谓语中心语的前面加介词"被"，后来在"被"之后可以出现动作行为的主动者。

"被"本身可以表示被动，后来也可以用作介词引入动作行为的主动者。

这种句式的特点是：第一，"被"出现在动词之前。第二，能引入动作行为的主动者。

"被"是由动词逐步演变、虚化为介词来表示被动含义和引入动作行为的主动者的。在先秦时期，"被"用作动词，是"覆盖""蒙受""遭受"的意思。如：

①地少人众，数被水旱之灾。（《史记·货殖列传》）

②先王能令其民蹈白刃，被石矢。（《商君书·慎法》）

现代汉语表示被动的"被"字句在战国末期已经开始出现。如：

①国一日被攻，虽欲事秦，不可得也。（《战国策·齐策一》）

②信而见疑，忠而被谤。（《史记·屈原列传》）

这一时期，被动句式中的"被"还不能引入动作行为的主动者，主动者要出现，必须借助"于"字句的帮助。如：

①万乘之国，被围于赵。（《战国策·齐策》）

后来，这种"被"字进一步虚化为介词，就可以引入动作行为的主动者了。

汉代末期，就出现了由"被"引入动作行为的主动者的用例。如：

①臣被尚书召问。（蔡邕《被收时表》）
②亮子被苏峻害。（《世说新语·方正》）

第六节 副词

一、副词的性质

古代汉语中的副词，可用来修饰、限制动词、形容词，具有表示动作行为、性质状态的程度、范围、时间、可能性和否定等作用。副词是半实半虚的一类词，有一定的词汇意义，能独立充当句子的次要成分。不能单独表示一种实物、实情或事实，不能作句子的主要成分主语、谓语等。

二、副词的分类

根据意义的不同，古代汉语的副词大致可分为程度副词、范围副词、时间副词、情态副词、否定副词、表敬副词六类。

（一）程度副词

1. 少

现代汉语中的"少"常作形容词，其含义与"多"相对；古汉语中"少"常作程度副词，是"稍微、略微"的意思，相当于现代汉语中的"稍"。如：

①辅之以晋，可以少安。（《左传·僖公五年》）
②太后之色少解。（《战国策·触龙说赵太后》）

例①"少安"义即"稍微安定些"。例②"少解"义即"稍微缓和（一些）"。

现代汉语中的"稍"是程度副词，含义是"稍微、略微"；古汉语中的"稍"却是时间副词，是"逐渐"的意思。如：

①项羽乃疑范增与汉有私，稍夺之权。（《史记·项羽本纪》）
②蔽林间窥之，稍出近之，慭慭然莫相知。（柳宗元《三戒·黔之驴》）

例①"稍夺"义为"逐渐地剥夺"。例②"稍出"义为"渐渐出来"。

2. 颇

"颇"在现代汉语中表示程度深,相当于"很"。而古汉语中的"颇"有两种用法:一是表示程度高,相当于"很";一是表示程度浅,是"稍微"的意思。如:

①唯袁盎明绛侯无罪,绛侯得释,盎颇有力。(《史记·袁盎晁错列传》)
②至于序《尚书》则略,无年月;或颇有,然多阙。(《史记·三代世表序》)

例①"颇有力"即"出了很大的力"。例②"颇有"即"略微有"。

(二) 范围副词

1. 但

在现代汉语中,"但"是转折连词,古代汉语中的"但"则主要是表范围的副词,用来限制范围,是"只""仅仅"的意思。如:

①匈奴匿其壮士肥牛马,但见老弱及羸畜。(《史记·刘敬叔孙通列传》)
②不闻爷娘唤女声,但闻黄河流水鸣溅溅。(《乐府诗集·木兰诗》)

例①"但见"义即"只看见"。例②"但闻"义即"只听到"。现代汉语中的"不但""但愿如此"等词语中还保留了"但"字古代的用法。

2. 徒、特、第(弟)、直

这几个词在古代汉语中也常作限制范围的副词使用,意义相当于现代汉语的"只""仅"。如:

①徒善不足以为政,徒法不能以自行。(《孟子·离娄上》)
②然则人之所以为人者,非特以二足而无毛也,以其有辨也。(《荀子·非相》)
③君第重射,臣能令君胜。(《史记·孙子吴起列传》)
④不可,直不百步耳,是亦走也。(《孟子·梁惠王上》)

例①"徒善"义为"只有善良"。"徒法"义为"仅仅有法律"。例②"非特"义为"不只"。例③"第"义为"只管"。例④"直不"义为"不只是"。

3. 仅

现代汉语中"仅"只是个限制范围的副词,"只"的意思;但在古汉语中,它除了表达这一含义之外,还可以表示数量多,有"几乎""将近"的意思。"仅"的这一含义和用法,主要见于唐代诗文,读"jìn"。如:

①初守睢阳时，士卒仅万人，城中居人户亦且数万。(韩愈《张中丞传后序》)
②夹涧有古松老杉，大仅十人围，高不知几百尺。(白居易《庐山草堂记》)

(三) 时间副词

1. 曾

古代汉语中的"曾"作副词用时，可以表示时间，意思相当于"曾经"，和现代汉语用法相同。如：

①梁王以此怨盎，曾使人刺盎。(《史记·袁盎晁错列传》)
②孟尝君曾待客夜食。(《史记·孟尝君列传》)

"曾"还可以用为表示情态的副词，用来加强否定语气，是"居然""竟然"的意思。如：

①谁谓河广？曾不容刀。(《诗经·卫风·河广》)
②老臣病足，曾不能疾走。(《战国策·触龙说赵太后》)

例①"曾不容"即"竟然容不下"。例②"曾不能"即"竟然不能"。

2. 再

现代汉语中的"再"是副词，表示事情又一次发生。古代汉语中的"再"却是数量词，一般是两次的意思，到了唐代，又可以专指"第二次"。如：

①田忌一不胜而再胜。(《史记·孙子吴起列传》)
②寺忆新游处，桥怜再渡时。(杜甫《后游修觉寺》)

例①"再胜"义即"胜两次"。例②"再渡"义即"第二次渡过"。

3. 仍

现代汉语中的"仍"作副词，一般是"仍旧"的意思。古代汉语中的"仍"作副词时，和现代意义差别较大，是"频繁""多次"的意思。如：

①晋仍无道而鲜胄。(《国语·晋语》)
②大将军将六将军仍再出击胡。(《史记·平准书》)

例①"仍无道"即"多次做不义之事"。例②"仍再出击胡"即"多次出征攻打匈奴"。

（四）情态副词

1. 且

现代汉语中的"且"一般不单独使用，常常是以"而且"的形式出现，用作连词。古代汉语中的"且"除了相当于"而且"的这种用法外，还经常作副词用。有时是情态副词，"姑且""尚且"的意思。有时是时间副词，表达"将要"的含义。如：

①先生且休矣，吾将念之。（《史记·淮阴侯列传》）
②臣死且不避，卮酒安足辞。（《史记·项羽本纪》）
③斥鷃笑之曰："彼且奚适也？"（《庄子·逍遥游》）
④若属皆且为所虏。（《史记·项羽本纪》）

例①"且休"义即"姑且算了"。例②"且不避"义即"尚且不回避"。例③"且奚适"义即"将要到哪里去"。例④"且为所虏"义即"将要被俘虏"。

2. 盖

"盖"是表示语气的情态副词，常放在句子开头，表示提示或推测性论断的语气，起引出下文的作用，一般不好进行对译。如：

①盖均无贫，和无寡，安无倾。（《论语·季氏将伐颛臾》）
②盖天下万物之萌生，靡不有死。（《史记·孝文本纪》）

"盖"有时可以表示不肯定的论断语气，放在句首或句中都可以，表示"大概"的意思。如：

①盖有之矣，我未之见也。（《论语·里仁》）
②西伯盖即位五十年。其囚羑里，盖益《易》之八卦为六十四卦。（《史记·周本纪》）

（五）否定副词

1. 不、弗

"不""弗"都是表示一般否定的副词。"不"的古今用法基本相同，既可以否定动词，又可以否定形容词；既可以否定及物动词，又可以否定不及物动词。而在秦汉之前，"弗"的使用范围非常窄，一般来说，它只能否定及物动词，而且这个及物动词还不能带宾语。如：

①大司马固谏曰:"天之弃商久矣,君将兴之,弗可赦也已。"弗听。(《左传·僖公二十二年》)

②功成而弗居。(《老子》)

③不知乱之所自起,则弗能治。(《墨子·兼爱上》)

"弗"字所否定的及物动词带宾语的例子,秦汉之前很少见。如:

①虽与之俱学,弗若之矣。(《孟子·告子上》)

汉代之后,"弗"的使用范围放宽,偶尔能见到它否定形容词的用例。如:

①今吕氏王,大臣弗平。(《史记·吕太后本纪》)

2. 毋(无)、勿

经常用于祈使句,表示禁止或劝阻,相当于现代汉语的"不要""别"。"毋(无)"与"勿"用法的差异,与"不"与"弗"相当,"毋(无)"相当于"不","勿"相当于"弗",如:

①大毋侵小。(《左传·襄公十九年》)

②王如知此,则无望民之多于邻国也。(《孟子·梁惠王上》)

③莒人囚楚公子平。楚人曰:"勿杀,吾归而俘。"莒人杀之。(《左传·成公九年》)

3. 未

"未"表示事情还没有实现,等于现代汉语中的"没有"。如:

①宋人既成列,楚人未既济。(《左传·僖公二十二年》)

"未"与"未尝"的用法不同。"未"表示动作行为还没有实现,包含将来实现的可能性,如"未闻"即"没有听说","未尝"只是简单地否定过去,也许现在已经实现,"未尝闻"即"没有听说过"。如:

①读其书未毕,齐军万弩俱发。(《史记·孙子吴起列传》)

②臣未尝闻也。(《战国策·魏策四》)

4. 非(匪)

"非(匪)"否定的是整个谓语,常用于判断句的谓语之前,否定谓语和主语的关系,可译为"不是"。如:

①夫仁义辩智,非所以持国也。(《韩非子·五蠹》)

②此庸夫之怒也,非士之怒也。(《战国策·魏策四》)

5. 否：

"否"是表示应答的否定副词，与"然"相对，经常独自成句，可译作"不""不是的"。如：

①孟子曰："许子必种粟而后食乎？"曰："然。""许子必织布而后衣乎？"曰："否。许子衣褐。"（《孟子·许行》）

（六）表敬副词

表敬副词主要用以表示对人的尊敬。可以分为尊人和自谦两类。

表示尊人的副词有：请、幸、谨、敬、惠、辱等。这类词一般不好译，可灵活翻译。

"请"在现代汉语中的含义是"请您怎么样"，在古汉语中，除了表达这个意义之外，还可以表达"请允许我怎么样"。如：

①城不入，臣请完璧归赵。（《史记·廉颇蔺相如列传》）
②秦王跽曰："先生不幸教寡人乎？"（《战国策·范雎说秦王》）
③诚若先生之言，谨奉社稷而以从。（《史记·平原君列传》）
④太后曰："敬诺。年几何矣？"（《战国策·触龙说赵太后》）

例①"臣请"义为"请允许我"。例②"幸教寡人"义为"（先生）教导我，我感到荣幸"。例③"谨"表示小心谨慎。例④中的"敬"表示敬意，可不译。

表示自谦的副词有："窃、忝、猥、敢"等，如：

①臣闻吏议逐客，窃以为过矣。（李斯《谏逐客书》）
②太守忝荷重任，当选士报国。（《后汉书·史弼传》）

例①中"窃"表示所言为个人不成熟的意见。例②中的"忝"表示有愧于任某职或做某事。

第七节　代词

代词是具有代替或指示作用的词。古代汉语的代词主要分为三类：人称代词、指示代词与疑问代词。

一、人称代词

人称代词用以代替人或事物的名称，主要包括第一人称、第二人称、第三人称三类。

1. 第一人称

古汉语的第一人称代词主要有"吾、我、予（余）、朕"等。如：

①他日我曰："子为郑国，我为吾家，以庇焉，其可也。"（《左传·子产论尹何为邑》）

②上党之国，我攻而胜之，吾不能居其地，不能乘其车。（《国语·越语上》）

③居则曰："不吾知也。"（《论语·子路曾皙冉有公西华侍坐》）

④今者吾丧我。（《庄子·齐物论》）

⑤朕皇考曰伯庸。（屈原《离骚》）

⑥居，予语汝！（《庄子·达生》）

⑦曰："余病矣。"（《左传·鞌之战》）

关于古汉语第一人称的用法，有两点需要注意：第一，"吾"字在魏晋以前很少放在动词和介词后面作宾语用（否定句中可以）；第二，"朕"字在秦以后成为封建帝王的专用第一人称代词。

2. 第二人称

古汉语的第二人称代词主要有"女（汝）、尔、若、而、乃"等。如：

①五侯九伯，汝实征之，以夹辅周室。（《左传·齐桓公伐楚》）

②吾将残汝社稷，灭汝宗庙。（《国语·越语上》）

③我无尔诈，尔无我虞。（《左传·宣公十五年》）

④若为庸耕，何富贵也。（《史记·陈涉世家》）

⑤吾乃与而君言，汝何为者哉？（《史记·平原君列传》）

⑥必欲烹乃翁，幸分我一杯羹。（《汉书·项羽本纪》）

需要注意的是，"而""乃"一般只作定语用，偶尔可作主语。

3. 第三人称

先秦时期没有真正的第三人称代词，"之""其"本是指示代词，常借用为第三人称代词。如：

①公室将卑，其宗族枝叶先落，则公从之。（《左传·晏婴论季世》）

②下视其辙，登轼而望之。（《左传·庄公十年》）

需要注意的是："其"一般只作定语，"之"一般只作宾语。

"他"字在上古的含义是"其他""别的"。（如《诗经·小雅·鹤鸣》："他山之石，可以攻玉。"）到了唐代，"他"才发展成为第三人称代词。需要注意的是，古汉语中"它""佗"所指内容也是某种范围以外的人或事物，可译为"别的、其他的"。如：

①以万乘之国伐万乘之国，箪食壶浆以迎王师，岂有它哉？避水火也。（《孟子·梁惠王下》）

②公曰："制，岩邑也，虢叔死焉。佗邑唯命。"（《左传·隐公元年》）

上古汉语中，人称代词没有性别的区别，男女性通用。也没有数的区别，单复数同形。

4. 古汉语的人称复数表示法

古代汉语中表示人称复数的方法有两种。第一，用单数人称表示人称复数。第二，在人称代词后加"等、侪、属、曹、辈"等名词，可以表示人称复数。如：

①齐师伐我。（《左传·庄公十年》）

②吾与汝毕力平险。（《列子·汤问》）

③吾侪何知焉？（《左传·昭公二十四年》）

④若属皆且为所虏。（《史记·项羽本纪》）

⑤欲使汝曹不忘之耳。（《后汉书·马援传》）

5. 谦称与尊称

谦称与尊称都不是代词，但在句中所起的作用与代词相当。古汉语中表示谦称的有"寡人、臣、妾、仆、愚"等，其中"寡人"是君主专用的谦称，"妾"是女子所用的谦称。古汉语的尊称有"子、君、先生、足下、大王"等。另外，古人自称其名是谦称，称人之字是尊称。

谦称与尊称是表示自谦或尊称他人的词语，多为名词、形容词或词组。如：

①昭王南征而不复，寡人是问。（《左传·齐桓公伐楚》）

②是臣之大荣也，臣又何耻乎？（《战国策·范雎说秦王》）

③妾父为吏，齐中皆称其廉平。（《史记·孝文本纪》）

④仆非敢如此也。（司马迁《报任安书》）

⑤愚谓大计不如迎之。（《三国志·吴书·周瑜传》）

⑥子将若何?（《左传·晏婴论季世》）
⑦君美甚，徐公何能及公也！（《战国策·齐策一》）
⑧先生奈何而言若此！（《战国策·范雎说秦王》）
⑨足下事皆成。（《史记·陈涉起义》）
⑩大王尝闻布衣之怒乎?（《战国策·魏策四》）
⑪夫以秦王之威，而相如廷叱之。（《史记·廉颇蔺相如列传》）
⑫今少卿抱不测之罪。（司马迁《报任安书》）

二、指示代词

指示代词是用来指示人或事物的代词。指示代词大致可分为近指、远指、泛指、特指等类。

1. 近指与远指代词

古汉语近指代词有"此、是、斯、兹"等，可译为"这"。远指代词主要有"彼、夫"，可译为"那"。如：

①以此攻城，何城不克?（《左传·齐桓公伐楚》
②是鸟也，海运则将徙于南冥。（《庄子·逍遥游》）
③逝者如斯夫，不舍昼夜。（《论语·子罕》）
④挹彼注兹。（《诗经·大雅·泂酌》）
⑤彼一时，此一时也。（《孟子·公孙丑下》）

2. 泛指与特指代词

泛指代词所指内容较虚泛，在句中主要起强调动作和增加音节的作用，主要有一个"之"字，可译为"这"或"那"，作定语或宾语。如：

①之子于归，远送于野。（《诗经·邶风·燕燕》）
②姜氏欲之，焉辟害?（《左传·郑伯克段于鄢》）

特指代词所指内容是特定的人或事物，主要有一个"其"字，相当于现代汉语的"那个""那种"，作定语。如：

①晏子立于崔氏之门外，其人曰："死乎?"（《左传·襄公二十五年》）
②至其时，西门豹往会之河上。（《史记·滑稽列传》）

3. 特殊的指示代词

这类代词有"然、尔、焉、诸"等。如：

①河东凶亦然。(《孟子·梁惠王上》)
②相去万余里,故人心尚尔。(《古诗十九首》)
③三人行,必有我师焉。(《论语·述而》)
④积土成山,风雨兴焉;积水成渊,蛟龙生焉。(《荀子·劝学》)
⑤宋人或得玉,献诸子罕。(《左传·襄公十五年》)
⑥文王之囿,方七十里,有诸?(《孟子·梁惠王下》)

上述句子中,"然""尔"作指示代词用,其特点是作谓语,等于现代汉语中的"这样""那样"。"焉"的特点是兼有指示代词与语气词两种特性,能指代一定的范围与方面,同时表示句末的停顿语气,可理解为"在这里呀""在这其中啊"等。"诸"的特点是合音而成,用于句中等同于"之于",用于句尾等同于"之乎"。

4. 无定代词

无定代词所指的人或事物不够具体、确定,主要有"或""莫"等。

(1) 肯定性无定代词"或"

①或劳心,或劳力。(《孟子·许行》)
②今或闻无罪,二世杀之。(《史记·陈涉世家》)
③宋人或得玉。(《左传·襄公十五年》)
④或百步而后止,或五十步而后止。(《孟子·梁惠王上》)
⑤夫物之不齐,物之情也。或相倍蓰,或相什伯,或相千万。(《孟子·许行》)

"或"用为无定代词,是肯定性的,一般用来指人,其含义是"有人""有的人"等,如例②。有时前面出现先行词,则"或"指代的对象就在先行词中,如例③。"或"字还常常对举使用,用来列举不同的情况,如例④。有时"或"也用来指代事物,可译为"有的",如例⑤。

(2) 否定性无定代词"莫"

①群臣莫对。(《战国策·楚策一》)
②杀臣,宋莫能守,乃可攻也。(《墨子·公输》)
③天下之水,莫大于海。(《庄子·秋水》)
④吾盾之坚,物莫能陷也。(《韩非子·历山之农者侵畔》)
⑤秦王车裂商君以徇,曰:"莫如商君反者。"(《史记·商君列传》)

"莫"用为无定代词,是否定性的,用来指人,也用来指事物,其含义是"没有人""没有谁",如例①②,或"没有什么(事物)",如例③④。"莫"所否定的可以有范围,也可以没有范围,或不指出其范围。汉代以后,"莫"逐渐产生了否定副词的用法,如例⑤。

5. 辅助性代词"者"和"所"

"者"和"所"都是起辅助性作用的代词。它们都能指代一定的人或事物,但又都不能独立充当句子成分,必须放在其他词或词组的后面或前面,构成"者"字结构或"所"字结构,才能充当句子的成分。

(1) "者"

①庸者笑而应曰。(《史记·陈涉世家》)
②大者王,小者侯。(《汉书·高帝纪》)
③先破秦入咸阳者王之。(《史记·项羽本纪》)
④必不得已而去,于斯三者何先?(《论语·颜渊》)
⑤古者丈夫不耕,草木之实足食也。(《韩非子·五蠹》)

"者"作为辅助性代词,用在其他词或词组的后面,组成"者"字结构来充当句子成分。和"者"结合的可以是动词,如例①,形容词,如例②,或动词、形容词性词组,如例③,也可以是数词,如例④,或时间词,如例⑤。可译为"……的""……的人""……的东西"等。

(2) "所"

①衣食所安,弗敢专也。(《左传·庄公十年》)
②民无所依。(《左传·晏婴论季世》)
③君子于其所不知,盖阙如也。(《论语·子路》)
④财物无所取,妇女无所幸。(《史记·项羽本纪》)

"所"作为辅助性代词,用在其他词或词组的前面,组成"所"字结构,充当句子成分。和"所"结合的主要是动词或动词性词组。可译为"……的""……的人""……的东西"等。

需要注意的是,"者""所"指代的对象有差别,"者"指代行为的主动者,"所"指代行为的受事者。如:

①始臣之解牛之时,所见无非全牛者。(《庄子·养生主》)
②见者惊犹鬼神。(《庄子·达生》)

古代汉语还常出现"所……者"的格式,其作用与"所……"相同。如:
①所爱者,挠法活之;所憎者,曲法诛灭之。(《史记·酷吏列传》)
②孟尝君曰:"视吾家所寡有者。"(《战国策·齐策四》)
在古汉语中,"所以"也是一种很常见的凝固格式,"所"字后的"以"是介词。如:
①吾知所以距子矣。(《墨子·公输》)
②彼兵者,所以禁暴除害也,非争夺也。(《荀子·议兵》)
③师者,所以传道受业解惑也。(韩愈《师说》)
④吾所以为此者,以先国家之急而后私仇也。(《史记·廉颇蔺相如列传》)
⑤君不此问而问舜冠,所以不对也。(《荀子·哀公》)
⑥儒以文乱法,侠以武犯禁,而人主兼礼之,此所以乱也。(《韩非子·五蠹》)

古汉语中的"所以"主要有两种用法:第一,表示的意义比较具体,可理解为"……的工具",如例①②,"……的人",如例③等。第二,表达的意义比较抽象,可理解为"……的方法""……的原因",如例④⑤⑥。

三、疑问代词

疑问代词是指代所要询问的人或事物的代词。疑问代词大致可分为指人、指事物和指处所三类。这三类在用法上有交叉。

1. 指人的疑问代词:谁、孰

"孰"用于疑问句中,主要用来指人,也可用来指事物。主要用于选择疑问句中,而且不能出现在宾语的位置上,也可用于一般疑问句中。如:
①父与夫孰亲?(《左传·桓公十五年》)
②吾子与子路孰贤?(《孟子·公孙丑上》)
③脍炙与羊枣孰美?(《孟子·尽心下》)
④孰为夫子?(《论语·子路从而后》)

2. 指事物的疑问代词:何、胡、曷、奚

"何"的使用范围比较宽泛,可以作谓语、宾语、定语、状语等。"胡""曷""奚"使用范围较窄,一般常作状语使用。如:
①星队木鸣,国人皆恐。曰:是何也?曰:无何也。(《荀子·天论》)

②夫子何哂由也？（《论语·子路曾皙冉有公西华侍坐》）
③胡不见我于王？（《墨子·公输》）
④曷足以美七尺之躯哉？（《荀子·劝学》）
⑤子奚哭之悲也？（《韩非子·和氏》）
⑥以此攻城，何城不克？（《左传·齐桓公伐楚》）

3.指处所的疑问代词：安、恶、焉

主要询问处所，或兼表反诘语气，在句中作宾语或状语，译为"哪里""怎么"等。如：

①沛公安在？（《史记·项羽本纪》）
②学恶乎始？（《荀子·劝学》）
③且焉置土石？（《列子·汤问》）
④姜氏欲之，焉辟害？（《左传·隐公元年》）

第八节 介词、连词

一、介词

介词的作用是用在名词、代词或名词性词组的前面，组成介词结构，作动词或形容词的状语或补语，表示时间、处所、目的、原因、方式、对象等。古汉语中常用的介词有"于（於、乎）、以、为、由、自、从、向、在、用、被、因、与"等。以下介绍几个常见的介词。

1.于（於、乎）

古汉语中介词"于"也可以写作"於""乎"。"于"和"於"上古并不同音，作介词用时，它们的用法完全相同。"乎"与"于"古时音近，也经常作介词用，其用法与"于"也完全相同。这类介词的用法有以下四种：

（1）引入行为动作的处所与时间。如：
①宋公及楚人战于泓。（《左传·僖公二十二年》）
②是干戚用于古，不用于今也。（《韩非子·五蠹》）

（2）引入行为动作涉及的对象。如：
①利泽施乎万世。（《庄子·大宗师》）

②颍考叔为颍谷封人，闻之，有献于公。(《左传·郑伯克段于鄢》)

(3) 引入行为动作比较的对象。如：

①其闻道也，固先乎吾。(韩愈《师说》)

②青，取之于蓝，而青于蓝；冰，水为之，而寒于水。(《荀子·劝学》)

(4) 引入行为动作的主动者，表示被动。如：

①刑赏已诺，信乎天下矣。(《荀子·王霸》)

2. 以

"以"本为动词，义为"用"，后虚化成介词，用法主要有以下四种：

(1) 引入行为动作凭借的工具、材料与依据。如：

①蛇出于其下，以肱击之。(《左传·鞌之战》)

②以羽为巢，而编之以发。(《荀子·劝学》)

③儒以文乱法，侠以武犯禁。(《韩非子·五蠹》)

(2) 引入行为动作凭借的资格、身份或地位。如：

①以人民往观之者三二千人。(《史记·滑稽列传》)

②骞以郎应募使月氏。(《汉书·张骞传》)

(3) 引入行为动作的原因。如：

①夫韩魏灭亡，而安陵以五十里之地存者，徒以有先生也。(《战国策·魏策四》)

②扶苏以数谏故，上使外将兵。(《史记·陈涉世家》)

(4) 引入行为动作的时间。如：

文(指田文，即孟尝君)以五月五日生。(《史记·孟尝君列传》)

3. 为

介词"为"读音是"wèi"，经常与它后面的宾语一起放在谓语动词的前面作状语，表示对象、目的、原因等。用法主要有以下三种：

(1) 引入行为动作的对象。如：

①为长安君约车百乘。(《战国策·触龙说赵太后》)

②苦为河伯娶妇。(《史记·滑稽列传》)

③烦大巫妪为入报河伯。(《史记·滑稽列传》)

(2) 引入行为动作的目的。如：

①魏其锐身为救灌夫。(《史记·魏其武安侯列传》)

（3）引入行为动作的原因。如：

①天行有常，不为尧存，不为桀亡。（《荀子·天论》）

二、连词

连词是用来连接词、词组或句子的虚词。古代汉语常用的连词有"与、及、而、则、且、况、但、抑、虽、然、故、苟、倘、令、第令、藉使、之"等，其中有些连词在现代汉语中还在使用。下面介绍几个较为重要的古汉语连词。

1. 与

"与"作连词用，相当于现代汉语中的"和"，一般用来连接并列的名词、代词或名词性词组。如：

①畦留夷与揭车兮，杂杜衡与芳芷。（屈原《离骚》）

②凡有爵者与七十者与未龀者，皆不为奴。（《汉书·刑法志》）

作介词用时，常和它的宾语一起作谓语中心语的状语，引入行为动作伴随的对象。这时"与"前后的成分并不并列。如：

①公与之乘，战于长勺。（《左传·庄公十年》）

②夸父与日逐走。（《山海经·夸父逐日》）

2. 而

"而"的用法主要有三种：

（1）连接联合结构，即连接形容词、动词以及形容词、动词性词组，表示两种性质或行为之间的联系。既可以是顺接，也可以是逆接。如：

①美而艳。（《左传·桓公元年》）

②入而徐趋，至而自谢。（《战国策·触龙说赵太后》）

③故令尹诛而楚奸不上闻，仲尼赏而鲁民易降北。（《韩非子·五蠹》）

④因释其耒而守株，冀复得兔。（《韩非子·五蠹》）

⑤水浅而舟大也。（《庄子·逍遥游》）

（2）连接偏正结构，即连接状语与谓语动词，是一种顺接。如：

①吾尝终日而思矣，不如须臾之所学也。（《荀子·劝学》）

②太后盛气而揖之。（《战国策·触龙说赵太后》）

（3）连接主谓结构，即连接主语和谓语，是一种逆接，或是一种假设。如：

①十人而从一人者，宁力不胜，智不若耶？畏之也。（《战国策·赵策三》）

②子产而死,谁其嗣之?(《左传·襄公三十年》)

3. 则

连词"则"的用法主要有五种:

(1)表示两件事情在时间上相承,可理解为"就""便"等。如:

①战则请从。(《左传·庄公十年》)

②人情一日不再食则饥,终岁不制衣则寒。(晁错《论贵粟疏》)

(2)表示因果或情理上的联系,可理解为"那么""那么就"等。如:

①风之积也不厚,则其负大翼也无力。(《庄子·逍遥游》)

②民贫则奸邪生。(晁错《论贵粟疏》)

③是故无事则国富,有事则兵强。(《韩非子·五蠹》)

(3)表示假设,可理解为"如果""假如"等。如:

①时则不至,而控于地而已矣。(《庄子·逍遥游》)

(4)表示发现,可理解为"原来已经"。如:

①公使阳处父追之,及诸河,则在舟中矣。(《左传·僖公三十三年》)

(5)表示让步关系,可理解为"虽然""倒是"等。如:

①善则善矣,未可以战也。(《国语·吴语》)

4. 之

连词"之"主要有两种用法:

(1)连接定语和中心语,表示领属或修饰关系。如:

①是炎帝之少女。(《山海经·精卫填海》)

②足下上畏太后之严,下惑奸臣之态。(《战国策·范雎说秦王》)

(2)插在主谓结构之间,取消主谓结构的独立性,使其变成偏正结构。如:

①贡之不入,寡君之罪也。(《左传·齐桓公伐楚》)

②汤之问棘也是已。(《庄子·逍遥游》)

第九节 助词和词头、词尾

一、助词

助词经常用于一定的结构中,或用于句首、句中和句尾,其本身没有什么实在意义,只是帮助组成一定的结构或表达一定的语气。前者叫作结构助词,后者叫作语气助词。

(一) 结构助词

古代汉语中,最常用的结构助词是"之","是"字有时也用,"焉"字偶尔使用。"之"字可以用作动词、代词和助词。以下主要谈"之"的助词用法。

"之"作助词的用法主要有四种:

1. 用于定语和中心词之间,帮助组成修饰、限制关系,作用相当于现代汉语的"的"字。如:

①大学之道,在明明德,在亲民,在止于至善。(《礼记·大学》)
②陈涉太息曰:"嗟乎!燕雀安知鸿鹄之志哉!"(《史记·陈涉世家》)

2. 用于主语和谓语之间,取消句子的独立性。如:

①虢射曰:"皮之不存,毛将安附?"(《左传·僖公十四年》)
②孔子对曰:"苟子之不欲,虽赏之不窃。"(《论语·颜渊》)

3. 附着在时间副词之后,只起增加音节的作用,对于意义的表达无影响。如:

①顷之,烟炎张天,人马烧溺死者甚众。(《资治通鉴·赤壁之战》)

4. 用于谓语和前置宾语之间,标示宾语前置,也可用于介词和前置宾语之间。如:

①当臣之临河持竿时,心无杂念,唯鱼之念。(《列子·汤问》)
②晋居深山,戎狄之为邻。(《左传·昭公十五年》)

(二) 语气助词

语气助词的语法功能是配合语句表达某种语气。根据其在句中的位置,可分为三种类型,即句首语气词、句中语气词和句尾语气词。

(一) 句首和句中语气词

用在句子开头或句子中间的语气助词,常用的有:夫、惟(唯)、盖、其、者、也、乎等。

1. 夫

"夫"作句首语气词，是由指示代词虚化而来的。经常放在句首，表示要发议论，起引出下文的作用。古代称之为"发语词"。如：

①夫将者，国之辅也。（《孙子·谋攻》）

②夫寒之于衣，不待轻暖；饥之于食，不待甘旨。（晁错《论贵粟疏》）

由语气词"夫"构成的固定结构有不少，都用于句首。如"且夫"表示进一步发议论，"故夫"表示要做出结论性的议论，"若夫"表示就一种假设的情况发议论，"今夫"表示另起一端发议论。如：

①且夫水之积也不厚，则其负大舟也无力。（《庄子·逍遥游》）

②故夫作法术之人，立取舍之行，别辞争之论，而莫为之正。（《韩非子·问辩》）

③若夫乘天地之正，而御六气之辩，以游无穷者，彼且恶乎待哉？（《庄子·逍遥游》）

④今夫螟、螣、蚼蠋春生秋死，一出而民数年不食。（《商君书·农战》）

2. 惟（维、唯）

"惟（维、唯）"既可用于句首，也可用于句中。其用法主要有下面三种：

（1）引出主语或年月。如：

①唯赤则非邦也与？（《论语·子路曾皙冉有公西华侍坐》）

②惟十有三年春，大会于孟津。（《尚书·泰誓上》）

（2）表示期望语气。如：

①阙秦以利晋，唯君图之。（《左传·僖公三十年》）

②故敢略陈其愚，唯君子察焉。（杨恽《报孙会宗书》）

（3）引出谓语。如：

①蚩尤惟始作乱。（《尚书·吕刑》）

②周虽旧邦，其命唯新。（《诗经·大雅·文王》）

3. 其

"其"作语气词用，既可用于句首，也可用于句中。其用法主要有以下三种：

（1）表示推测语气。如：

①齐其为陈氏矣。（《左传·晏婴论季氏》）

②天之苍苍，其正色邪？（《庄子·逍遥游》）

（2）加强祈使语气。如：

①昭王之不复，君其问诸水滨。（《左传·齐桓公伐楚》）

②吾子其无废先君之功！（《左传·隐公三年》）

（3）加强反问语气。如：

①若阙地及泉，隧而相见，其谁曰不然？（《左传·郑伯克段于鄢》）

②虽如是，其敢自谓几于成乎？（韩愈《答李翊书》）

4. 也

"也"作句中语气词，表示停顿语气，有舒缓语气的作用。如：

①大隧之中，其乐也融融。（《左传·郑伯克段于鄢》）

②丘也闻有国有家者，不患寡而患不均，不患贫而患不安。（《论语·季氏将伐颛臾》）

③风之积也不厚，则其负大翼也无力。（《庄子·逍遥游》）

（二）句尾语气词

是指用在句子末尾的语气助词。可用于直陈句、疑问句、祈使句和感叹句的句尾。以下介绍几个常见的句尾语气词。

1. 也

主要用法是用在判断句句尾，表达判断的语气，有肯定与确认的意味。用在复句及命令、疑问句中，也表达肯定与确认的语气。如：

①如必自为而后用之，是率天下而路也。（《孟子·许行》）

②虽杀臣，不能绝也。（《墨子·公输》）

③赏罚不信，故士民不死也。（《韩非子·初见秦》）

④不及黄泉，无相见也！（《左传·隐公元年》）

2. 矣

主要用在陈述句句尾，表达陈述语气，是把事情发展到现阶段出现的情况或将要出现的情况报道出来，告诉别人。需要注意的是，"矣"与"也"所表达的语气是有差别的：第一，"也"表静态，无时间运动过程；"矣"表动态，有时间运动过程。第二，"也"是把对事物的判断告诉别人，现代汉语中没有与之对应的语气词；"矣"是把事情发展到现阶段出现的情况或将要出现的情况报道出来，相当于现代汉语中的语气词"了"。如：

①鸡既鸣矣。(《诗经·齐风·鸡鸣》)
②余病矣。(《左传·鞌之战》)
③吾属今为之虏矣。(《史记·项羽本纪》)
④吾君已老矣,已昏矣。(《谷梁传·僖公十年》)
⑤善哉,吾请无攻宋矣!(《墨子·公输》)
⑥年几何矣?(《战国策·触龙说赵太后》)

3. 乎、与(欤)、邪(耶)

"乎""与(欤)""邪(耶)"所表达的都是疑问语气。其中"乎"的使用最为普遍,表达的疑问语气也最强烈。"与(欤)""邪(耶)"的疑问语气不太强烈,有探询的意味。如:

①丈夫亦爱怜其少子乎?(《战国策·触龙说赵太后》)
②子以秦为将救韩乎?其不乎?(《战国策·韩策二》)
③轸不之楚,何归乎?(《史记·陈轸列传》)
④王侯将相,宁有种乎?(《史记·陈涉世家》)
⑤此天下之害与?天下之利与?(《墨子·兼爱下》)
⑥天之苍苍,其正色邪?其远而无所至极邪?(《庄子·逍遥游》)
⑦是谁之过与?(《论语·季氏将伐颛臾》)
⑧子何为者邪?(《庄子·物外》)

4. 哉

主要表达感叹语气,而且所表达的语气比较强烈,相当于现代汉语中的"啊"。如:

①楚国若有大事,子其危哉!(《左传·昭公二十七年》)
②小人之好议论,不乐成人之美如是哉!(韩愈《张中丞传后叙》)
③由此观之,客何负于秦哉?(李斯《谏逐客书》)
④彼且恶乎待哉?(《庄子·逍遥游》)
⑤燕雀安知鸿鹄之志哉?(《史记·陈涉世家》)

(三)句尾语气词连用

古汉语的句尾语气词经常连用。连用的语气词,仍保留着各自原来表达的语气,只不过语气的重点往往落在最后一个语气词上。以下介绍几个常见的句尾语气词的用法。

（1）"乎""哉"放在其他语气词后。如：

①位其不可不慎也乎！（《左传·成公二年》）

②何可胜道也哉！（王安石《游褒禅山记》）

③汝为《周南》、《召南》矣乎？（《论语·阳货》）

④岂特攫其腓而噬之耳哉！（《战国策·齐策六》）

（2）"乎"与"哉"连用，"哉"在最后。如：

①善败由己，而由人乎哉？（《左传·僖公二十年》）

②若寡人者，可以保民乎哉？（《孟子·梁惠王上》）

（3）"矣、已、与、邪、夫"放在其他语气词的后面。如：

①代翕代张，代存代亡，相为雌雄耳矣！（《荀子·议兵》）

②就有道而正焉，可谓好学也已。（《论语·学而》）

③唯求则非邦也与？（《论语·子路曾晳冉有公西华侍坐》）

④何愚也耶！（李清照《金石录后序》）

二、词头、词尾

词头即前缀，词尾即后缀，一般均不表示词汇意义，只起一定的补充音节的作用。以下介绍几个常见的词头、词尾。

1. 有

（1）用于专有名词的前面。如：

①禹攻有扈。（《庄子·人间世》）

②我不可不监于有夏，亦不可不监于有殷。（《尚书·召诰》）

（2）用于一般词语的前面。如：

①予欲左右有民。（《尚书·皋陶谟》）

②不我以归，忧心有忡。（《诗经·邶风·击鼓》）

2. 其

"其"字作词头，一般用于不及物动词或形容词的前面。如：

①既见君子，云何其忧？（《诗经·唐风·扬之水》）

②北风其凉，雨雪其雱。（《诗经·邶风·北风》）

3. 言、于、薄

"言""于""薄"作词头时，都只用于动词的前面。如：

①言告师氏，言告言归。（《诗经·周南·葛覃》）

②之子于归，宜其室家。（《诗经·周南·桃夭》）

③薄污我私，薄浣我衣。（《诗经·周南·葛覃》）

4. 然、如、尔、若

这几个词作词尾，一般用于形容词后，有一定的描摹状态的作用。如：

①填然鼓之。（《孟子·梁惠王上》）

②天下晏如也。（《史记·司马相如列传》）

③子路率尔而对。（《论语·子路曾皙冉有公西华侍坐》）

④桑之未落，其叶沃若。（《诗经·卫风·氓》）

第四章 音韵学基础

第一节 音韵学常识

一、学习音韵学的意义

人类的语言是发展变化的。文字、词汇以及语法都是随着语言的发展变化而变化,语音作为语言的一个基本要素也不会脱离这种变化。由于语音的发展变化,出现了许多今天学习古汉语时难以理解的问题。

首先是诗歌的押韵问题。近体诗一般都是讲究押韵的,但用今天的普通话来读一些诗歌,有时会发现不押韵的现象。例如杜牧《山行》:"远上寒山石径斜,白云生处有人家。停车坐爱枫林晚,霜叶红于二月花。"其中,"斜、家、花"是韵脚字,但现在读起来已经不押韵了。再如贺知章的《回乡偶书》:"少小离家老大回,乡音无改鬓毛衰。儿童相见不相识,笑问客从何处来?"其中,"回、衰、来"是韵脚字,但现在读来也不完全押韵了。由此可以看出,不理解和掌握古汉语音韵学的知识,要想欣赏古诗,就不可能有更深入的理解。

其次是形声字的问题。形声字的声符代表整个字的读音,但今天看来,许多形声字的声符已经不能正确反映出整个形声字的读音了。如"江"从"工"得声,"睹"从"者"得声,"偷"从"俞"得声,"道"从"首"得声等,这些字的声符都没有能够正确代表形声字的读音。要说明这类现象也必须从音韵学的基本知识入手,掌握古今语音的变化规律,更好地理解和掌握形声字。

再次,古代文献中大量的通假字,要找到本字,疏通文意,也要依靠对古音知识的掌握。通假的基本条件是两字在古代的读音相同或相近,判定通假也要从读音开始。例如《左传·僖公二十八年》"冯轼而观之","冯"字在《说文》中解释成"马疾行也",按照这个意思来理解,整个句子就解释不通。原来，这里的"冯"是通假字，其本字是"凭"，《说文》："凭，依几也。"引申指"依靠"。"冯"可以通作"凭"，是因为它们在古代的读音是相同的。又如"亡"可以通作"无"，也是因为它们在古代的读音是相同的。这些现象都需要从音韵学方面加以解释，可以说掌握音韵学知识对理解假借现象具有关键作用。

最后，搞清楚古代汉语音韵学的发展变化，也有利于掌握和理解现代汉语的语音知识。比如现代汉语的声母b、p、m、f是从哪里来的，是不是先秦时就有的？又如现代汉语中的j、q、x为什么只能和齐齿呼和撮口呼的韵母相拼，而不能和开口呼和合口呼的韵母相拼？这一系列的问题都需要从语音发展变化的角度加以解释，没有古汉语音韵学的基础知识就不能完全弄清楚这些问题。

从以上几方面可以看出，学习古汉语音韵学知识是非常必要的，它可以帮助我们理解汉语中许多语言现象。

二、音韵学基本术语

1. 音节　音素　元音　辅音　声母

音节是语音学术语，指在听觉上自然感到的一个发音片段，是语音结构中的最小单位。在有的语音中，一个音节代表一个词，如英语的tea，古汉语的"走"。有时一个音节并不代表一个词，如英语的blackboad，由两个音节组成，但代表一个词。汉语中也有这种现象，如"玻璃"是两个音节组成的，但代表一个词。

音节是由音素组成的。音素是语音从音质角度划分出的最小单位。例如map，由三个音素组成。汉语中的"里"，由两个音素组成。

音素可以分成元音和辅音两种，元音和辅音的主要区别是：

发元音时气流通过声门使声带震动，而在通过口腔、鼻腔时不受阻碍；辅音发出时气流在口腔内需要克服不同形式的阻碍。

元音发出时发声器官各个部分保持均衡的紧张；辅音发音时器官局部紧张。

元音呼出的气流弱；辅音呼出的气流强。

声母是指一个音节开头的辅音。一个音节开头如果没有辅音，就叫作"零声母"。传统音韵学中又把声母叫作"声纽"或"纽"。

韵母是一个音节中声母后面的部分。韵母可以分成三个部分：韵头、韵腹和韵尾。如uang中，u是韵头，a是韵腹，ng是韵尾。传统音韵学中，把以元音结尾的韵叫"阴声韵",以鼻音结尾的韵叫"阳声韵",以塞音结尾的韵叫"入声韵"。古人为了作诗押韵的方便,将韵腹相同、韵尾相同的韵母编成一组,叫一个"韵部",每一个韵部用一个汉字来表示,叫"韵目",如《广韵》中的"东""冬"等。

2. 发音部位　发音方法　五音　七音　清音　浊音

辅音可以按照两种方法来分类,一是发音部位,一是发音方法。

发音部位是指一个辅音发出时气流受到阻碍的部位。按照这种方法可以把汉语辅音分成双唇音(b、p、m)、唇齿音(f)、舌尖前音(z、c、s)、舌尖中音(d、t、n、l)、舌面音(j、q、x)、舌根音(g、k、h)、舌尖后音(zh、ch、sh、r)等。

发音方法是指发出辅音时气流克服阻碍的方法。按照这种方法可以将汉语辅音分成塞音(b、p、g、k)、擦音(s、sh)、塞擦音(zh、ch、j、q)、鼻音(n)、边音(l)等。

现代汉语中任何一个辅音都可以按照这两种方法进行归类。

古人没有现在的"发音部位"和"发音方法"的概念,他们把辅音分成"五音"和"七音"以及"清音"和"浊音"等。

所谓"五音"相当于现在从发音部位角度对辅音的分类,古人的"五音"是指唇音、舌音、齿音、牙音和喉音。所谓的"七音"是在"五音"的基础上再加上"半舌音"和"半齿音"。

所谓的"清音"和"浊音"相当于今天从发音方法角度对辅音的分类,其中"清音"是指发音时声带不震动的辅音,"浊音"是指发音时声带震动的辅音。

三、三十六字母

根据《汉语拼音方案》,现代汉语的声母用拉丁字母符号来表示,而古代人没有这种表音的符号,于是就借用特定的汉字来代表声母,在传统音韵学中称作"字母"。古代音韵学中常用的字母有三十六个,这就是音韵学中所谓的"三十六字母"。

三十六字母、五音、七音及清浊表

发音部位旧名		发音部位新名	发音方法			
			全清	次清	全浊	次浊
唇音	重唇	双唇	帮	滂	并	明
	轻唇	唇齿	非	敷	奉	微
舌音	舌头	舌尖中	端	透	定	泥
	舌上	舌面前	知	彻	澄	娘
齿音	齿头	舌尖前	精心	清	从邪	
	正齿	舌面前 舌叶音	照审	穿	床禅	
牙音		舌面后	见	溪	群	疑
喉音		喉音	影			
		舌根	晓		匣	
		半元音				喻
半舌音		舌尖边				来
半齿音		鼻齿音				日

四、反切及注音方法

古人没有汉语拼音，但有时也需要注明某字的读音，古代常用的注音方法是：直音法、譬况法和反切法。

直音法是直接用一个同音字为另一个字注音，通常采用的形式是"某音某"、"某读某"、"某读与某同"等。例如《周礼·天官·冢宰》"贾八人"，郑玄注："贾音古。"《说文》："啥，食也。从口召声，读与含同。"直音法有简便易懂的优点，所以后世仍然有采用。但也同时存在两个弊病：一是有时找不到同音字注音，就只好找一个音近的字，因而注音不准确。如旧《辞源》"人部"的"仍"字，直音成"成"。二是有的同音字本身很生僻，就起不到注音的作用。如旧《辞源》"人部"的"伦"字，直音成"豁"，注音的字也很难识读。

另一种方法是譬况法，即用一个读音相同或相近的字来标音。《说文》中这种情况很多，例如：

璁，石之似玉者，读若葱。

珛，朽玉也，读若畜牧之畜。

譬况法也同样具有直音法的缺点，因此后来也被逐渐淘汰了。

反切法是我国古代学者的一种创造，它是利用两个汉字来为一个汉字注音。前边的一个字叫反切上字，后边的一个字叫反切下字，两字相拼时，取反切上字的声母作被注字的声母，取反切下字的韵母及声调作被注字的韵母和声调。例如：公，姑翁切。仍，如乘切。安，乌寒切。

反切法的优点是用有限的汉字为众多的汉字注了音。常用的反切上字只有四百多，反切下字有一千多。而且反切出的音非常准确，这是它比直音法和譬况法前进的一步。

反切反映的是古代的读音，随着汉语语音的发展，反切上字和下字的读音都可能有所变化，因此常常发现按照现代汉语的读音拼不出来正确读音。例如：刀，都牢切，声调和现代汉语不同。坚，古闲切，现代汉语中没有这个音节。这些情况都说明，反切反映着古今读音的发展变化，掌握反切实际上也要对音韵发展的规律有所掌握。

第二节　汉语语音发展简史

一、中古音

1.《切韵》和《广韵》

《切韵》成书于隋代，作者是陆法言等人，其编书目的是"论南北是非、古近通塞"，将全国的语音统一规范起来。《切韵》收字较少，解释也很简略，到北宋仁宗时，陈彭年等人奉旨重修，编成了《大宋重修广韵》，后简称《广韵》。《广韵》这部书可以上推古音，下推近音、现代音，因此历代语音研究者都非常重视这部书。

2.《广韵》的编排体例

《广韵》是一部韵书，是按照韵部来编排汉字的，其主要体例可以概括成"以声为经，以韵为纬"。首先是将汉字按照声调分成平、上、去、入四声，因为平声的字数量太多，故又分成上平声和下平声两卷，全书共分成五卷。每卷中按照韵部的不同，分成若干部分。每一个韵部中所收的字都同韵，但由于韵头的不同，同一韵部的字的韵母不一定完全相同。在每一个韵部中又将声母、韵母相同的同音字归成一类，称为一个"小韵"。每一小韵之间有"○"相隔。每一小韵的第一个字下注明反切读音及这一小韵同音字的数目。

3.《广韵》的韵母系统

《广韵》共有206个韵部，分成平、上、去、入四声。

（1）《广韵》中"四声相配、阳入相配"。

（2）《广韵》的韵母系统极复杂，宋元时人们为了简便，将《广韵》的韵母系统归并成"十六摄"，即通、江、止、遇、蟹、臻、山、效、果、假、宕、梗、曾、流、深、咸。

（3）唐宋时文人作诗用韵就是根据《切韵》和《广韵》的。因为在这些韵书中，许多读音相近的韵可以合并，人们归并206韵为106韵，即所谓"平水韵"，也叫"诗韵"。相传是南宋时江北平水人（今山西省临汾市）刘渊所编，故称"平水韵"。平水韵直到清末还在使用，今天许多学作古诗的人还按照平水韵来押韵。平水韵中有30个平声韵，这是学习诗韵的重点。

4.《广韵》的声母系统

根据学者研究，《广韵》的声母是36个。

（1）《广韵》的声母中没有轻唇音"非、敷、奉、微"一组。

（2）《广韵》声母中，照系分化成两组：一组是"庄、初、崇、生"，叫作"照二"。一组是"章、昌、船、书"，叫作"照三"。

5.《广韵》的声调系统

《广韵》的声调分成四种：平声、上声、去声和入声。

《广韵》的四声发展到现代汉语有了重要的变化，其对应关系可以概括成：平分阴阳、入派四声、浊上变去。声调的分化主要是同声母的清浊有关。

中古	现代
平声	阴平
上声	阳平
去声	上声
入声	去声

6.《广韵》声母和韵母的研究方法

最先利用《广韵》的反切来研究其声母系统的是清代的学者陈澧，他发明的"系联法"成为研究音韵学的基本方法。主要原理是利用反切上字的同用、互用、递用等情况,将反切上字进行归纳,以此来研究《广韵》声母系统。"同用"指几个字用同一个字作反切上字。例如:冬,都宗切。当,都郎切。"互用"指两个字互为反切上字。例如:当,都郎切。都,当孤切。"递用"指几个字的反切上字相互联系,甲作乙的反切上字,乙又作丙的反切上字。例如:冬,都宗切。都,当孤切。这样将《广韵》的反切上字归纳清楚,也就可以进一步研究其声母系统了。利用同样的方法也可以研究《广韵》的韵母系统。

二、上古音

上古音是指以《诗经》为代表的先秦汉语的语音。

1. 研究上古音的材料

研究上古音的材料主要有:

(1)韵文。主要是《诗经》《楚辞》等韵文以及其他散文中的押韵文字。

(2)形声字。形声字的声符代表它的读音,可以根据形声字声符读音的变化情况来研究先秦的语音。

(3)异文。指书面材料中记载相同内容时使用的不同文字,异文大多是同音字的假借,可以帮助研究古音。如"匍匐"在古文献中又可以写成"扶服"等。

(4)读若。读若是反切产生之前的一种主要注音方法,利用它也可以考求古音。

(5)现代方言材料。方言中往往保留着古音,利用方言也可以研究古音的变化。例如:陕西方言中咥、孵等读音和上古音均有关联。

2. 上古音的研究方法

在上古音的研究中,系联法是使用最多的一种有效的方法。尤其在上古韵母的研究中取得了重大的成果。研究上古韵母的时候,主要是系联以《诗经》为代表的先秦韵文,将这些韵文中的韵脚字进行串联归纳,就可以得到上古韵母系统的大致情况。例如:

氓之蚩蚩,抱布贸丝。匪来贸丝,来即我谋。送子涉淇,至于顿丘。匪我愆期,子无良媒。将子无怒,秋以为期。(《卫风·氓》) 其中"蚩、丝、谋、淇、丘、媒、期"是韵脚字。

毖彼泉水，亦流于淇。有怀于卫，靡日不思。娈彼诸姬，聊与之谋。（《邶风·泉水》）其中"淇、思、谋"是韵脚字。

依靠这样的方法，将《诗经》中的韵脚字进行穷尽系联，就能够归纳出一个韵部。然后再进一步扩大研究的材料，用同样的原理去系联先秦其他韵文。最后再根据"同谐声者必同部"的理论，拿先秦文献典籍中的形声字同韵文的韵脚字相互印证。经过这三步，就可以归纳出上古的韵母系统。但是，由于人们对韵文押韵体例的认识不同，在归纳过程中也会出现一些问题，得出的结论会有一些出入。

3. 上古韵部

经过从明代以来的许多学者的研究，现归纳出的上古的韵部共有三十个。列表如下：

类别\声调	阴	入	阳
一	之	职	蒸
二	幽	觉	冬
三	宵	药	
四	侯	屋	东
五	鱼	铎	阳
六	支	锡	耕
七	脂	质	真
八	微	物	文
九	歌	月	元
十		缉	侵
十一		叶	谈

4. 上古声母

研究上古的声母，材料相对要少一些。前人研究上古声母主要有两条路子：一条是以三十六字母为起点，根据汉代以前的异文、声训、音读等材料考订上古某些声母的有无。另一条路子是以形声字为起点，通过分析一个个同声符的字组来归纳上古的声母系统。这两条路子相互印证，相互补充。现在关于上古声母的研究还很不成熟，突出表现在各家所归纳的上古声母的数量有差异。但经过历代学者的研究，在上古声母方面也总结出了许多可以成立的结论，这其中以清代学者钱大昕的两条发现最为著名。

（1）古无轻唇音。钱大昕《十驾斋养新录》说："凡轻唇之音，古读皆为重唇。"可以从以下几个方面来理解：

古读：负如背、佛如弼、文如门。

形声字：从"方"声：旁、彷、滂等；从"非"声：悲、辈、排等；从"分"声：盆、扮、颁等；从"甫"声：捕、莆、补等。

以上声符均为轻唇音，而构成的形声字今音均为重唇，说明上古唇音无轻重之别。

异文："匍匐"又写作"扶服"，"伏羲"又写作"庖羲"。

方言：广东"番禺"的"番"读作 pān。

（2）古无舌上音。钱大昕在《十驾斋养新录》中提出"舌音类隔之说不可信"，他说："古无舌头舌上之分，知彻澄三母，以今音读之，与照穿床无别也，求之古音，则与端透定无异。"

异文："陈骈"又写作"田骈"，"常棣"又写成"棠棣"。

读若："冲"读若"动"，"直"读若"特"。

形声字：从"周"声：凋、雕、调等；从"真"声：填、颠、巅等；从"者"声：都、赌、睹等。

译音：唐代"印度"翻译成"天竺"。

方言：福建话"陈"读[t]声母，"猪"读[d]声母。

第三节　近体诗的格律

一、近体诗及其特征

中国是一个诗歌的国度，从《诗经》到清末，中国诗歌的发展源远流长。按照诗歌的内容，我们一般将诗分成抒情诗和叙事诗。按照诗歌的外在特征，特别是语言特征，通常把诗歌分成古体诗和近体诗。古体诗是指隋唐以前的诗歌，这些诗歌句式不定，每句的字数也不确定，句中的各字也没有严格的平仄要求。近体诗也叫格律诗，是指唐代以后因为科举的广泛施行，诗歌的形式趋于统一，对于平仄、对仗和字数句数都有了很严格的规定，依照这种严格的规律创作出来的诗歌，是唐以前没有的，后世将这种诗歌叫作"近体诗"。

近体诗的主要特征是：（1）句数固定；（2）押韵严格；（3）讲究平仄；（4）要求对仗。

二、近体诗的平仄规律

1. 近体诗的基本平仄句式

"四声"是汉语特有的一种语言现象，是形成平仄及格律的语音基础。近体诗的平仄就是汉语语音讲究抑扬顿挫的一种表现。按照汉语声调可以将汉字分成两种，即平声和仄声。平声是指中古音的平声，仄声是指中古音的上声、去声和入声。近体诗对平仄的基本要求是平仄相间，这样就形成了近体诗的基本句式。五言诗的平仄可以看成是在"平平——仄仄"或"仄仄——平平"的基础上再加上一个音节而成的，共有四种句式：

甲：仄仄——平平——仄

乙：平平——仄仄——平

丙：平平——平——仄仄

丁：仄仄——仄——平平

相应的七言诗是在五言诗的每句前面加上两个平仄相反的字，共有四种句式：

甲：平平——仄仄——平平——仄

乙：仄仄——平平——仄仄——平

丙：仄仄——平平——平——仄仄

丁：平平——仄仄——仄——平平

2. 近体诗的句式排列

近体诗的四种基本句式在一首诗中的排列还要遵照两个规律来进行。这两个规律就是"押韵规律"和"粘对规律"。

（1）押韵规律

近体诗一般多押平声韵，而且韵脚字在偶数句中出现。就律诗来说，韵脚字一般是在二、四、六、八句的末尾出现。第一句可以押韵，也可以不押韵。

也就是说，律诗中，第二、四、六、八句的末尾多数应该是一个平声字。

（2）粘对规律

律诗一共有八句，每两句叫作"一联"。每一联都有相应的名称，一二句叫"首联"，三四句叫"颔联"，五六句叫"颈联"，七八句叫"尾联"。每一联中前一句叫"出句"，后一句叫"对句"。所谓"粘"是指后联出句与前联对句，第二个字的平仄必须相同。所谓"对"是指同一联的出句和对句，第二个字的平仄必须相反。近体诗必须严格遵守这两条规律，否则叫"失粘"或"失对"。有了基本句式和这两条规律，格律诗每一句的平仄就相对确定下来了。以下我们以五言诗为例，分析一下格律诗的平仄排列情况。用—代表平声，用｜代表仄声。

A、首句不入韵

第一种：仄起仄收。例如：杜甫《旅夜书怀》：

｜｜——｜，——｜｜—。———｜｜，｜｜｜——。

细草微风岸，危樯独夜舟。星垂平野阔，月涌大江流。

—｜——｜，—｜｜——。———｜｜，｜｜｜——。

名岂文章著，官应老病休。飘飘何所似，天地一沙鸥。

第二种：平起仄收。例如：王维《山居秋暝》：

———｜｜，—｜｜——。———｜｜，——｜｜—。

空山新雨后，天气晚来秋。明月松间照，清泉石上流。

｜——｜｜，——｜｜—。———｜｜，——｜｜—。

竹喧归浣女，莲动下渔舟。随意春芳歇，王孙自可留。

B、首句入韵

第一种：仄起平收。例如：杜审言《和晋陵陆丞早春游望》：

｜｜｜——，——｜｜—。———｜｜，｜｜｜——。

独有宦游人，偏惊物候新。云霞出海曙，梅柳渡江春。

｜｜——｜，——｜｜—。———｜｜，｜｜｜——。

淑气催黄鸟，晴光转绿蘋。忽闻歌古调，归思欲沾巾。

第二种：平起平收。例如：李商隐《晚晴》：

——｜｜—，——｜｜—。———｜｜，——｜｜—。

深居俯夹城，春去夏犹清。天意怜幽草，人间重晚晴。

|――||,―||――。|||―|,――||―。
并添高阁迥,微注小窗明。越鸟巢干后,归飞体更轻。

其他七言律诗的例子也可以仿照以上的情况来分析。例如杜甫《登高》:

风急天高猿啸哀,渚清沙白鸟飞回。
无边落木萧萧下,不尽长江滚滚来。
万里悲秋常作客,百年多病独登台。
艰难苦恨繁霜鬓,潦倒新停浊酒杯。

绝句的情况也是这样。例如王之涣《登鹳雀楼》:

白日依山尽,黄河入海流。
欲穷千里目,更上一层楼。

又如陆游《示儿》:

死去元知万事空,但悲不见九州同。
王师北定中原日,家祭无忘告乃翁。

三、近体诗中的拗救

近体诗的基本平仄规律就是上面所叙述的,但在具体的诗歌中,有时一些位置上可以用平声,也可以用仄声,这些位置上的平声和仄声不影响整首诗的平仄规律。而另外的一些位置上则有严格的平仄要求,不能随意互换。大体的规律是"一三五不论,二四六分明"。即在偶数位置上的字,平仄一般应按照格律诗的要求,不能随意更换。而在奇数位置上的字,其平仄可以适当放宽。这仅仅是就一般情况而言的,在有些情况下,"一三五"要论,而"二四六"却可以不分明。

1. "一三五"有时要论

(1) 在"――|||――"句中,第五个字必须是仄声,不能用平声。如果用了平声字,则全句就成了"――||――",句末出现了三个平声字连用,这叫作"三平调",是律诗中不能出现的。

(2) 在"||――||―"句中,第三个字必须是平声字。如果第三个字不是平声字,则全句就成了"|||―||―",除了韵脚字以外,句中只有一个平声字,这叫作"犯孤平",也是律诗中的大忌。

2. "二四六"有时可以不分明

在律诗中，某一个位置上必须用平声或仄声时却用了一个相反声调的字，这种情况叫作"拗"。律诗中发生了拗的现象以后，一般要在其他位置上改变某个字的声调进行补救，这种现象叫作"救"。律诗中常见的拗救主要有以下几种：

（1）在"｜｜——｜｜"句中，第六个字可以不用仄声而用平声，但第五个字必须由平声改成仄声。全句变成了"｜｜——｜｜"，这种句式在律诗中经常出现。例如：王勃《送杜少府之任蜀川》"无为在歧路，儿女共沾巾"，就是"——｜—｜，—｜｜——"。又如陆游《夜泊水村》"记取江湖泊舟处，卧闻新雁落寒汀"，就是"｜｜——｜—｜，｜——｜｜——"。

（2）救孤平。犯孤平时，可用本句的第五个字来救，即将第五个字由仄声变成平声。全句由原来的"｜｜——｜｜—"变成了"｜｜｜——｜—"。如苏轼《新城道中》"溪柳自摇沙水清"就是"—｜｜——｜—"。

（3）在"——｜｜——｜"句中，第六个字可以不用平声而用仄声，其救法是用对句的第五个字来救，即将对句的第五个字由仄声变成平声。原来一联是"——｜｜——｜，｜｜——｜｜—"。现在变成了"——｜｜—｜｜，｜｜———｜—"。例如白居易《赋得古原草送别》"野火烧不尽，春风吹又生"，就是"｜｜—｜｜，———｜—"。

第五章　综合运用

本章是综合运用古汉语知识,解决阅读文言文中所遇到的几个问题,即关于工具书和工具书的使用、古书的注释、古书的标点和古书的翻译等四个问题。学习古汉语知识,掌握它的规律,完全是为了指导读书实践。规律是在读书实践中认识和掌握的,反过来又给读书实践以指导。在实践中反复运用这些知识,才能不断提高阅读古书的能力。

第一节　工具书和工具书的使用

一、工具书的作用

我们学习古代汉语,阅读古书,难免会遇到一些不懂的字、词、典故,或一些典章制度等,要解决这些问题,就需要借助工具书。

我们通常所说的工具书,就是把所选定领域里的知识或资料,按一定的编排方法汇集在一起,供人们查检的图书。

工具书的作用大致有三点:

1. 解答疑难问题

其风窢然。(《庄子·天下》)

《中华字典》:"窢,余洫切。"又:"逆风所动之声。"又:"窢然,迅速貌也。"

昔者吾舅死于虎。(《礼记·檀弓》)

《尔雅·释亲》:"妇称夫之父曰舅,称夫之母曰姑。"

床头屋漏无干处,雨脚如麻未断绝。(杜甫《茅屋为秋风所破歌》)

《尔雅·释宫》:"西南隅谓之奥,西北隅谓之屋漏,东北隅谓之宧,东南隅谓之交。"

2.指引治学门径

工具书能够告诉我们研究一个问题需要看哪些书。工具书能够提供给我们一些研究线索。

3.提供研究资料

《诗经·卫风·氓》："女也不爽，士贰其行。"

清·王引之《经义述闻》："'贰'当为貣之讹。貣，他得切，即'忒'之借字。《尔雅》：'爽，差也。''爽，忒也。'……'爽'与'忒'同训为差也。'女也不爽，士贰其行'，言女也不差，士则差其行耳……。"

二、怎样使用工具书

（一）熟悉工具书的体例

工具书的体例指收录范围、条目编排及进行解说的原则和方法等。各书的体例，如编排、部首、词目、字体、注音、释义以及引文疏证等各方面的问题，均详述于各书前的"序""凡例"及有关规定、说明中。查阅各书前，应认真阅读这些条例。

（二）掌握查字、定音、选义要领

查字、定音、选义三项，概括了查阅工具书的基本内容。

首先要找到所要查的字。目前汉语字典的汉字排列法主要有三种：

1.音序法

按读音顺序排列汉字。现代的工具书多采用《汉语拼音方案》的顺序来检字。

现代——按汉语拼音字母的次序排列，即按注音字母的顺序排列。

古代——按平上去入四声排列，即按一百零六韵排列。

优点：检字的速度快。缺点：不知读音或读不准读音则不能检字。

2.部首法

按部首归类及笔画排列汉字。把同一部首的字归为一类，部首的次序根据笔画而定，同部首的字也以笔画为序。这一方法创始于许慎《说文解字》，该书将汉字部首定为 540 部，明代梅膺祚《字汇》将 540 部合并为 214 部，《新华字典》《汉语大字典》等进一步合并为 200 部。

优点：不会读也可以检字。缺点：检字的速度较慢。

3. 号码法

按由笔形得来的数字号码排列汉字，通常用的是四角号码法。先对汉字四个角进行编号，然后通过确定具体汉字的所属号码来检字。编号的具体方法是将汉字的四个角依据笔形对应 0—9 十个数字。

笔画号码对照歌：横一竖二三点捺，叉四插五方框六，七角八八九是小，点下有横变零头。

优点：检字的速度快。缺点：难于掌握。

其次是定音、选义。这两项往往要结合进行。工具书中绝大多数的字常有几个读音，许多义项。怎样确定某音、某义是所查字的音、义呢？根本原则是：必须符合文意，符合情理，符合当时的用字实际。

（三）充分挖掘工具书的潜力，发挥工具书的效能

工具书的功用是多方面的，许多工具书都有多条附录，包括朝代年表、度量衡表等，对我们了解古代典章文物制度大有帮助，应充分利用。

三、古汉语常用工具书简介

（一）字词类工具书

1.《说文解字》

（1）作者、卷数及所收字数：由东汉许慎编撰（编于汉和帝永元十二年，即公元 100 年），许慎（约 58—147），字叔重，汉代经学大师贾逵的学生，古文经学家，号称"五经无双"。全书共 15 卷，其中正文 14 卷，每卷分上下两部分。正文收字 9353 个，另有重文 1163 个。

（2）该书的性质：是我国历史上第一部分析字形、说解字义的字典，也是最早的研究汉字的文字学专著。

（3）《说文解字》的编排体例：许慎开创了部首编字法，将 9353 个字按照形体部首的不同，分别纳入 540 个部首中，第一次从形体结构角度归纳出系统，

从而开创了按汉字形体结构编排字典、辞书的先例。540个部首是根据部首形体（以小篆字体为依据）排列的。据形有困难时，就按意义排列。每部内所收的字大体按意义排列，凡意义相同、相近、相关的字排在一起，有时意义相反、相对的字也排在一起。

（4）释字与注音体例：每字先列小篆形体，再解说本义，最后分析形体结构。如："气，云气也。象形。凡气之属皆气。""诛，讨也。从言朱声。"注音方法有两种：一是"从某，某声"。如："皎，月之白也。从白，交声。"这是对形声字的注音。二是"读若某"或"读与某同"。如"莠，禾粟下扬生莠，从艸，秀声，读若酉。"又如"雀，依人小鸟也。从小隹。读与爵同。"这是用同音字来标明读音。

（5）价值与局限：价值方面，《说文解字》以六书理论分析字形结构，解说字的本义，对我们了解和掌握上古字词义很有帮助；它析字以小篆为对象，间或列出古文或籀文，成为我们辨析战国以前的古文字的津梁，至今仍是研究汉字的基本文献与阅读古籍的重要工具书。局限方面，首先，对某些字的解析表现出历史唯心主义思想或失于穿凿，如：《说文》："王，天下所归往也。董仲舒曰：'古之造文者，三画而连其中谓之王。'三者，天地人也，而参通之者，王也。孔子曰：'一贯三为王。'"又如：《说文》："为，母猴也。其为禽好爪，爪母猴象也。下腹为母猴形。"（母，通沐。沐猴，即猕猴。）其次，由于部首众多，且为小篆形体，检索极不方便。

（6）《说文解字》的相关研究：

宋代徐氏二兄弟：弟弟徐锴《说文系传》——"小徐本"，哥哥徐铉《校订说文解字》——"大徐本"。

清代《说文》四大家：段玉裁，江苏金坛人，《说文解字注》；朱骏声，江苏吴县人，《说文通训定声》；桂馥，山东曲阜人，《说文解字义证》；王筠，山东安丘人，《说文解字句读》。

2.《尔雅》

《尔雅》是我国最早的一部词典，作者不可考，多认为是古代小学家们逐渐集录而成的，大约开始编撰于战国中后期，至汉代形成现在所见的规模，共收录上古时期的词语4300多个。

（1）《尔雅》的名义：汉代刘熙《释名》："《尔雅》：尔，昵也；昵，近也。雅，义也；义，正也。五方之言不同，皆以近正为主也。"

（2）《尔雅》的体例：

A. 按词语的内容归类分卷，共分 19 卷。

释诂　释言　释训　释亲　释宫　释器　释乐　释天　释地　释丘　释山　释水　释草　释木　释虫　释鱼　释鸟　释兽　释畜

B. 采用同训的方式来训释词语的含义。

《尔雅·释诂》："初、哉、首、基、肇、祖、元、胎、俶、落、权舆，始也。"

3.《释名》

东汉刘熙著，是我国第一部语源学词典，收录秦汉词语 1500 多条。

（1）《释名》的名义："释名"即解释事物的名字。全书用声训的方法解说各种事物的命名之源。如：

川，穿也。穿地而流也。（《释名·释水》）

暑，煮也。热如煮物也。（《释名·释天》）

宅，择也。择吉处而营之也。（《释名·释宫室》）

（2）《释名》的体例：仿《尔雅》，按词义的内容分卷，共 27 卷。

4.《经籍籑诂》

清阮元主编，是一部大型字典，收录唐以前各种古籍对汉字的相关注释。

体例：按 106 韵编排汉字，同韵字集录在一起，共分 106 卷。每字之下收录故训解释字义，不注音切。各义项之间用"○"隔开，每义项先说字义再列出处。被释字用"|"代替。

5.《康熙字典》

我国古代收录汉字最多的字典。张玉书、陈廷敬等奉康熙皇帝令编写，成书于康熙五十五年（1716），收录汉字 47000 多个。

体例：用 214 个部首编排汉字，部首以笔画为序。将各部首分别归入以十二地支命名的十二集中，每集又分上中下三卷。释字先注音，后释义，各义之下一般引古书为证。

不足：错误较多。（王引之《字典考证》）

6.《汉语大字典》

目前收录汉字最多的字典，20 世纪 80 年代编成，收录汉字 56000 个左右。

字形：反映字形演变过程，列出有代表性的甲骨文、金文、小篆、隶书等形体。

字音：用汉语拼音注音，并收录中古的反切，还标明上古的韵部等。

字义：释义详尽，并收有语言例证。

7.《辞源》《辞海》（有新旧之分）

新《辞源》是一部专门为古籍阅读和古代文史研究使用的工具书。

新《辞海》是一部综合性的辞书。所收对象除单字外，主要是语词、人物、著作、历史事件、古今地名、团体组织以及各学科名词术语等。古语今语、古义今义并收。

8.《古汉语常用字字典》

北京大学中文系汉语专业师生编写，1979年出版。收录古汉语常用字3700多个。全书按汉语拼音编排，也可用"部首检字"检索，修订版于1993年问世，之后又多次修订。

9.《助字辨略》

清刘淇著，1711年刊行。

体例：按四声分卷，依韵排列。

内容：取材从先秦到元代，内容包括经传、诸子、史书、小说等。

缺点：对虚词的分类标准不统一，内部体例欠严密。

10.《经传释词》

清王引之著，1819年刊行。

体例：按古声母排列，共分为十卷。

内容：以经传的虚词为主，以子书与其他书的材料为辅，东汉以后的一概不录。

缺点：收字太少。

11.《词诠》

杨树达著，1928年出版。

体例：按注音字母顺序排列。解释虚词时先标明词类，然后释义，再列举例句。

缺点：分类过于琐细。

12.《诗词曲语辞汇释》

张相著，1953年出版。

内容：主要是研究唐、宋、元、明诗词曲中习用的特殊词语。

体例：每条先诗后词再曲。

13.《古代汉语虚词通释》

何乐士等编撰，1985年出版。

是迄今收录最多、规模最大的虚词词典。收单音虚词639个，复音虚词和固定词组660余条。以汉语拼音音序编排，附《四角号码检字表》和《部首检字表》。

体例：先以汉语拼音标音，然后标出词性，如兼几类词性的一并列出，再依词性分条阐明用法。

此外，最常用的有《新华字典》《现代汉语词典》等，这些大家比较熟悉，就不再列举了。

（二）资料类工具书

1.《佩文韵府》

清代张玉书等编，成书于康熙五十年（1711）。

（1）《佩文韵府》的名义和作用："佩文"是清代皇帝书斋的名字。这部工具书现在的作用是用来查词语、典故的出处。

（2）《佩文韵府》的体例：按平水106韵编排，先列单字，略加注音释义，然后列举两个字、三个字、四个字的词语，注明出处。最后列"对语"和"摘句"。

2.《十三经索引》

叶圣陶编，开明书店1934年出版。是一部专门查找"十三经"语句出处的工具书。

3.《中国人名大辞典》

臧励龢等编，1921年商务印书馆出版。

此书收录人名，注明时代、籍贯、字号、生平事迹，有著作的列出著作名称，并酌情收录人物的琐闻轶事。如："李开先，明章丘人，字伯华，号中麓。嘉靖进士，官至太常寺少卿。罢归，治田产，蓄声妓。诗歌豪放，尤工词曲。尝作百阕《傍妆台》，为康海所赏。所著曰《闲居集》。"

4.《二十五史人名索引》

开明书店1935年出版，1956年中华书局重印。

5.《历代人物年里碑传综表》

姜亮夫编,1959年中华书局出版。专门收录历史人物的字号、籍贯、生年、卒年,并附有备考以介绍材料的来源。

6.《中国古今地名大辞典》

臧励龢等编,商务印书馆1931年出版。

7.《两千年中西历对照表》

薛仲三、欧阳颐编,三联书店1956年出版。是用来推算阴历与阳历日期的常用工具书。

体例:所收日期自公元元年至公元2000年,以阴历为纲,阴历一年列一表,注明帝王年号和公元年序。表左直列阴历月序,表上横列阴历日序,表内排列阳历月日。

8.《四库全书总目》

清代纪昀主编,共收录书目10254条,按经、史、子、集四部分类,每书名下均注明作者、内容、版本沿革和简要评论。

第二节 古书的注解

一、古书旧注的重要性

我国古代比较重要的典籍著作,前人皆有注解。我们今天想要准确理解古书文意,首先应参看古注,在充分理解古注的基础上,做到对内容意义的准确把握。

1.旧注是我们读懂古书的重要途径

寤言不寐,愿言则嚏。(《诗经·邶风·终风》)

汉·郑玄《毛诗笺》:"言,我;愿,思也。~当读为不敢嚏咳之嚏。我其忧悼而不能寐,汝思我心如是,我则嚏也。今俗,人嚏云人道我,此古之遗语也。"

卫人来媵共姬,礼也。(《左传·成公八年》)

唐·孔颖达《左传正义》:"庄十九年《公羊传》曰:'~者何?诸侯娶一国,则二国往~之,以侄、娣从。侄者何?兄之子也。娣者何?弟也。诸侯一聘九女。'……传曰：'同姓~之，异姓则否。'是夫人与~皆同姓之国也，鲁卫同姓，故来~之。"

2. 旧注是重新注释古书和检验新注是否正确的重要依据

叔武将沐，闻君至，喜。捉发走出，前驱射而杀之。公知其无罪也，枕之股而哭之。（《左传·僖公二十八年》）

《左传全译》（贵州人民出版社1990年版）译文："把头枕在尸体的大腿上而哭他。"

晋·杜预《春秋左氏传集解》："公以叔武尸枕其股。"

3. 旧注能教给我们注解古书的方法

道可道，非常道。名可名，非常名。（《老子·一章》）

三国·王弼《老子注》："可道之道，可名之名，指事造形，非其常也。"

4. 旧注中包含着许多语言学和其他学科的理论

既见君子，不我遐弃。（《诗经·周南·汝坟》）

唐·孔颖达《毛诗正义》："'不我遐弃'者，犹云'不遐弃我'也。古人之语多倒，《诗》之此类众矣。"

二、古注的发展概况

注解古书的工作萌芽于先秦，兴盛于汉代，成熟于唐代，至清代臻于大成。先秦时期注解古书的工作，多侧重某几部经典的注解，体例和内容相对简省。先秦典籍传至汉代，由于口授和传抄的原因，已无法完全读懂，于是毛亨、孔安国、马融、郑玄等大家都对先秦经典进行了注解。汉代的注解至唐代又出现了难以理解的问题。于是，唐代出现了对汉人注解的注解，通常称"疏"或"正义"。经元、明的衰落后，清代朴学之风大兴，再次为古书的注解注入了活力。时至今日，清人注解的古书，依旧是当下研习古籍的重要参考。

1. 注释的萌芽——先秦

（1）注释多在古籍正文中

《礼记·乐记》："《诗》云：'肃雍和鸣，先祖是听。'夫肃，肃敬也；雍，雍和也。夫敬以和，何事不行。"

《孟子·梁惠王》："老而无妻曰鳏，老而无夫曰寡，老而无子曰独，幼而无父曰孤。"

《谷梁传·僖公二十二年》："水北为阳，山南为阳。"

（2）他注多补充事实史料、阐发微言大义

《春秋·文公五年》："秋，楚人灭六。"

《左传·文公五年》："六人叛楚，即东夷。秋，楚成大心、仲归帅师灭六。"

《春秋·隐公元年》："夏五月，郑伯克段于鄢。"

《公羊传·隐公元年》："克之者何？杀之也。杀之则曷为谓之克？大郑伯之恶也。"

2. 注释的兴盛——两汉

（1）两汉注释兴盛的原因：①语言的发展演变（客观因素）；②封建王朝的提倡（人为因素）；③古今文之争的影响（学术因素）。

（2）两汉注释的特点：①以注释儒家经书为主；②重视字词句的解释。

（3）该时期注释古书的重要学者及其注书：

毛亨　《毛诗诂训传》　　　　孔安国　《古文尚书注》

何休　《春秋公羊解诂》　　　王逸　《楚辞章句》

高诱　《战国策注》《吕氏春秋注》《淮南子注》

郑玄　《毛诗笺》《周礼注》《仪礼注》《礼记注》

马融　注《周易》《尚书》《毛诗》《论语》《周礼》《仪礼》《礼记》等

3. 注释的发展——魏晋至隋唐

（1）魏晋至隋唐注释的特点：①注释范围进一步扩大；②出现了"经注兼注"的"疏"。

（2）该时期注释古书的重要学者及其注书：

王弼　《老子注》　　　　　　郭象　《庄子注》

韦昭　《春秋外传国语注》　　贾公彦　《周礼疏》《仪礼疏》

徐彦　《春秋公羊传疏》　　　杨士勋　《春秋谷梁传疏》

孙奭　《孟子疏》　　　　　　陆德明　《经典释文》

杨倞　《荀子注》　　　　　　尹知章　《管子注》

张守节　《史记正义》　　　　裴骃　《史记集解》

颜师古　《汉书注》　　　　　李善　《文选注》

邢昺　《论语疏》《孝经疏》《尔雅疏》

孔颖达　《五经正义》（《易》《书》《诗》《礼》《左传》）

司马贞 《史记索隐》（《史记》三家注）

4. 注释的中落——宋、元、明

（1）本阶段注释的特点：注释家受理学的影响，常常是借注释来发表自己的政治、哲学主张，后人称其为"六经注我"。

（2）该时期注释古书的重要学者及其注书：朱熹《四书集注》（《大学章句》《中庸章句》《论语集注》《孟子集注》）及《周易本义》《诗集传》《楚辞集注》

5. 注释的复兴——清

复兴原因：①清政府文化政策的推动；②文字、音韵、训诂研究的深入；③"经世致用"学术思想的影响。

三、古书注解的体例

由以上可以看出，我国古书注解源远流长，注家众多，创造了多种注释体例，总括起来主要有传注体、义疏体和集解体。

1. 传注体

传注体是以训解文献词句为主的注解体例，常用的名称有"传""注""笺"。传，是传述的意思，即传述经文的文义。一般是先释字句，后明经旨。如汉代毛亨的《毛诗诂训传》。注，由灌注义引申而来，是注释的通称。文义不明，需要解释才能通晓，像水道阻塞，必须灌注后才可畅通。如郑玄的《周礼注》《仪礼注》《礼记注》等。笺，是标志的意思，本指读书时有所领悟，用笔标记在原文一侧的文字，是比较短小、简约的注释。这种注释不但对经典原文作出解释，有时还对原有说解予以补充和订正。传注体主要解释典籍中出现的晦涩难晓之词，通释句义。其特点是简洁、凝练。

毛传就是毛亨对《诗经》的注释。"传"指阐明经义。

郑笺就是郑玄对《诗经》的注释。"笺"有补充订正"毛传"的意思。

2. 义疏体

义疏体是古书注释中的一种经、注兼释的注解体例。疏，即疏通。义疏就是疏通经文、注释的意思。唐时"疏"也叫"正义"。义疏体的特点是不仅对古籍原文作出解释，而且对汉代经师的注释也作出进一步的疏通解释。释文较为详尽、细致，其对汉代注释的疏通，一般遵循一家之说，往往"疏不破注"。

《春秋左传正义》晋杜预注，唐孔颖达疏。
《毛诗正义》汉毛亨传，汉郑玄笺，唐孔颖达正义。

3. 集解体

集解体是汇集诸家注释的一种体例。一部重要典籍，注释者常有几家，各家注释又各有所长，有人便把各家对一部书的注释按一定的体例汇集到一起，然后再加上汇释者自己对诸说的评说，并在评说中阐述自己的见解。这类注解很多，如何晏的《论语集解》、郭庆藩的《庄子集释》、王先谦的《荀子集解》、王先慎的《韩非子集解》等。

四、古书注解的方法

古代学者在注解古书过程中，创造了许多方法，基本的有释词、通句、解事和评说。

1. 释词

解释字词是古书注解常用的方法，汉代经学家的传注都把训解字词放在注释的首位，作为训诂的基础。

2. 通句

通句就是解释全句。在释词基础上，将一句或几句连串起来加以贯通。如孔疏对"虽有嘉肴，弗食，不知其旨也"所作的通释："嘉，善也。旨，美也。虽有嘉美之肴兼陈列于前，若不食，即不知其肴之美也。"

3. 解事

就是讲解事实。有的注释，为了使文章表达的意义更清晰、更完整，会在注释的过程中补充叙述某些事实。汉以后，文士创作时，常引经据典，为注释典故，就需要说解事实。

4. 评说

有一些注释，除对正文进行说解疏通之外，注释者还对许多事情的是非曲直加以评说。如裴松之的《三国志注》就有较多评论。

五、旧注的常用术语

学习旧注的术语，目的是读懂古注。如：

《汉书·高帝纪》："公巨能入乎？"颜师古注："巨读曰讵。"

《尔雅·释训》："鬼之言归也。"

注释术语根据其内容的不同可分为注释术语、声训术语和注音术语。

（一）注释术语

1. 曰、为、为之

特点：①都是用来解释字词含义的；②被解释的词都放在术语的后面；③都是强调被释词的特点；④都能用来辨析近义词、同义词。

曰、为、为之可译作"叫""叫作"等。

《诗经·魏风·硕鼠》："胡瞻尔庭有悬特兮。"毛传："兽三岁曰特。"

《诗经·魏风·硕鼠》："胡取禾三百囷兮。"毛传："圆者为囷。"

《诗经·豳风·七月》："黍稷重穋，禾麻菽麦。"毛传："后熟曰重，先熟曰穋。"

《楚辞·离骚》："各兴心而嫉妒。"王逸注："害贤为嫉，害色为妒。"

枚乘《上书重谏吴王》："譬犹蝇蚋之附群牛。"李善注："《说文》曰：秦谓之蚋，楚谓之蚊。"

2. 谓

与"谓之"的差别：①使用的位置不同；②解词的内容不同。

"谓"常用来解说词语意义的范围或比喻影射的事物。可译为"是指""指的是"。

《孟子·滕文公上》："树艺五谷。"赵岐注："五谷，谓稻、黍、稷、麦、菽也。"

《楚辞·离骚》："恐美人之迟暮。"王逸注："美人，谓怀王也。"

《楚辞·涉江》："阴阳易位，时不当兮。"朱熹注："阴，谓小人；阳，谓君子。"

3. 貌、之貌

解释动词或形容词，说明被释词语表示的性质或状态。可译为"……的样子"。

《庄子·逍遥游》："夫列子御风而行，泠然善也。"郭象注："泠然，轻妙之貌。"

《楚辞·哀郢》："众踥蹀而日进兮。"洪兴祖注："踥蹀，行貌。"

枚乘《七发》："沌沌浑浑，状如奔马。"李善注："沌沌浑浑，波相随之貌也。"

4. 犹

用"犹"注释的词和被注释的词意义并不完全相同，只是在某一语境中意义相通。"犹"可译为"等于""等于说"等。

段玉裁《说文解字注》："凡汉人作注云'犹'者，皆义隔而通之。"

《诗经·魏风·伐檀》："置之河之侧兮。"毛传："侧，犹涯也。"

《孟子·梁惠王上》："老吾老以及人之老，幼吾幼以及人之幼。"赵岐注："老，犹敬也；幼，犹爱也。"

《诗经·豳风·鸱鸮》："鸱鸮鸱鸮，既取我子，无毁我室。"郑笺："室，犹巢也。"

"曰、为、为之、谓、貌、之貌、犹"各词为释义术语。

（二）声训术语

1. 之言、之为言、之犹言

声训术语，用读音相同或相近的词来注释。声训：依据读音线索来探求词语的含义。

《论语·季氏》："吾恐季孙之忧，不在颛臾，而在萧墙之内也。"郑玄注："萧之言肃也。墙谓屏也。君臣相见之礼至屏而加肃敬焉，是以谓之萧墙。"

《论语·为政》："为政以德，譬如北辰，居其所，而众星共之。"朱熹注："政之为言正也，所以正人之不正也；德之为言得也，得于心而不失也。"

《周礼·地官》："媒氏，下士二人，史二人，徒十人。"郑玄注："媒之言谋也。"

（三）注音术语

1. 读曰、读为

一般是用本字来说明通假字，点明通假现象。

段玉裁《说文解字注》："凡传注言'读为'者，皆易其字也。"又："'读为'亦言'读曰'"。

《庄子·逍遥游》："而御六气之辩。"郭庆藩注："辩，读为变。"

《书经·尧典》:"播时百谷。"郑玄注:"时,读曰莳。"

2. 读若、读如

主要的作用是注音。

段玉裁《说文解字注》:"凡言'读若'者,皆拟其音也。"又《周礼汉读考·序》:"'读如''读若'者,拟其音也。古无反语,故为比方之词。"

《楚辞·离骚》:"又重之以修能。"洪兴祖注:"故有绝才者谓之能,此读若耐。"

《吕氏春秋·重己》:"其为饮食酏醴也,足以适味充虚而已矣。"高诱注:"酏读如《诗》'蚍蚍硕言'之蚍。"

也可用来说明通假现象。

《礼记·儒行》:"虽危,起居竟信其志。"郑玄注:"信,读如屈伸之伸,假借字也。"

《楚辞·九歌·国殇》:"霾两轮兮絷四马。"洪兴祖注:"霾,读若埋。"

此外,古书注解中还有衍文、脱文现象,也应加以了解。

"衍文"也叫"衍字",也简称"衍"。指古籍在传抄、刊刻中误加的字。

"脱文"也叫"夺字",也简称"脱"。指古籍在传抄、刊刻中漏掉的字。

《论语·微子》:"子路行以告,夫子怃然。"阮元《十三经注疏校勘记》:"汉石经无'行'字'夫'字。案《史记·孔子世家》亦无'行'字,因丈人章而误衍也。"

《论语·颜渊》:"虽有粟,吾得而食诸?"阮元《十三经注疏校勘记》:"皇本、高丽本'吾'下有'岂'字。《释文》出'吾焉得而食诸'……。案《史记·仲尼世家》及《汉书·武五子传》并作'岂',与皇本合。《太平御览》二十二引'吾恶得而食诸'。'岂、焉、恶'三字义皆相近,疑今本'吾'下有脱字。"

第三节　古书的标点

一、古书标点的意义

古代没有我们今天使用的标点符号,古人写文章或著书时也不断句,所以古代典籍的行文没有任何停顿标记。因此，古人读书时首先要自己给文章断句。古人用来断句的符号有两种：一种是"𠄌（jué）"，一种是"丶（zhǔ）"。《说文》："𠄌，钩识也"，段玉裁解释说："钩识者，用钩表识其处也……今人读书，有所钩勒即此。"因此，"𠄌"就是古人读书时在语意尽处所加的标记。《说文》："丶，有所绝止也，丶而识之也。"唐代湛然《法华文句记》："语未绝而点之以便诵咏，谓之读。"因此，"丶"就是古人读书时在语意未尽而诵读须略作停顿的地方所加的标记。古人读书时，一句话完了，在字旁加一"𠄌"号，后来加一圆点或圆圈，叫作"句"；一句话没有完，但读时要有个语气上的停顿，就在字下加一"丶"，叫作"读"，合称"句读"。句读基本上只起断句作用，可以看作是标点符号的萌芽。

　　古人非常重视断句的训练。《礼记·学记》记载："一年视离经辨志。"就是说学生入学一年就要考核"离经辨志"的能力。所谓"离经"，即离析经文文句，也就是断句；所谓"辨志"，即辨解文句内容。

　　从后世出土文物上的铭文我们可以确知，西周时古人已经开始使用句读，秦汉竹简上也有使用句读的文句，宋人在刻印经书时也使用句读，但一直到清末，加句读的书数量仍然极少，大多数的书是不加句读的。虽然1919年"五四"运动以后，逐渐推行新式标点符号，陆续标点出版了不少古籍，尤其是新中国成立后，标点出版了诸如儒家经传、先秦诸子以及《二十四史》等一些重要古籍。但用现代标点符号标点出版的古书，和我国浩如烟海的传世古代文献比较起来，数量还是太少，大多数的古书还没有作过句读、标点，这就要求我们在阅读这些古书时须具有一定的标点能力；况且在已有句读、标点的古代文献中，由于各种原因，还存在着某些标点失误的问题，这就要求我们须具有辨别古书标点正误的能力。另外，标点古书体现了我们对古代汉语、古代文化知识的综合运用能力，标点古书的正误直接反映着我们对古代社会、古代文献了解的深度与广度。因此我们必须重视培养古书标点的能力，掌握古书标点的方法。

二、古书标点的方法

　　古书标点，是根据古书的内容，用标点符号把古书中的语音停顿、句子结构关系、语气和词语的性质及作用等准确地表现出来。因此，只有正确地理解文句意义，才能够标点正确，否则，就会标点错误。如对韩愈《师说》中"李氏子蟠年十七好古文六艺经传皆通习之"一语的断句：

李氏子蟠·年十七·好古文六艺经传·皆通习之。（中华书局《四部备要》《古文辞类撰》卷二，10页）

按照这个断句来理解，李氏子蟠所爱好的是古文和六艺经传，所通习的也是古文和六艺经传，然而古文不像六艺经传有各科，无所谓通习；六艺经传是当时的必读书，内容庞杂，也不可能对其中各科都爱好，所以，这个断句是错误的，正确的的标点应该是：

李氏子蟠，年十七，好古文，六艺经传皆通习之。

李氏子蟠爱好的是古文，通习的是六艺经传，这样才符合韩愈的原意。断句的人由于没有读懂原文，所以才断错了句。因此，标点正确与否，直接关系到对古书原意的理解是否准确。

下面结合有关例子谈谈古书标点的一些方法。

（一）辨词义，明词性

就是要准确判断古文句中某个词的词义，或者某个词的词性，判断准确了，标点才不会错，否则就会出现错误。如：

项籍少时，学书不成，去学剑，又不成。（《史记·项羽本纪》）

"去学剑"合成一句是错误的，这是由于按现代义理解"去"而导致标点错误。"去"的古义是离开，与现代义正相反。上面一段意思是：项籍少年时，学书不成，就抛开不学；又学剑，也没有学成。因此正确的标点是："项籍少时，学书不成，去；学剑，又不成。"

又如：

于是楚军夜击坑秦卒二十余万人新安城南。行，略定秦地。函谷关有兵守关，不得入。（《史记·项羽本纪》）

这里把"行"单独点断是错误的，"行，略定秦地"的意思是"行军，夺取平定了秦国本土"，但这与下句"函谷关有兵守关，不得入"相矛盾，连函谷关都未进入，就无法夺取、平定秦国本土。其实这里"行"是副词"将要"的意思，应与"略定秦地"连缀成文。所以正确的标点是："行略定秦地。函谷关有兵守关，不得入。"

（二）辨句义，明情理

就是标点后的句子语言表达要通顺，句义要明确，同时还应联系上下文，看标点是否合乎逻辑、符合情理，否则，就说明标点必然有误。如：

诸垒相次土崩，悉弃其器甲，争投水死者十余万，斩首亦如之。（《资治通鉴》卷一百四十六，中华书局1956年版）

"争投水死者十余万"合成一句是错误的，按这样的标点理解，就是战败的兵士争着投水是为了寻死，句意不符合情理，兵士投水是为了逃命，淹死并不是出于自愿。因此正确的标点是："争投水，死者十余万，斩首亦如之。"

又如：

綦毋张丧车，从韩厥，曰："请寓乘，从左右。"皆肘之，使立于后。（《左传·成公二年》）

句中"请寓乘，从左右"看作是綦毋张对韩厥说的话，孤立地看，这句话是通顺的，句意也是明确的，其意思是"请允许我搭车，跟在左边或右边"。但结合上下文来看就讲不通了，不合乎逻辑。一是因为下文的"皆肘之"显得突兀，不明白韩厥为何要用肘戳綦毋张；二是因为与上文缺乏照应。上文已交待韩厥在战前梦见亡父托梦告诉他说"旦辟左右"，于是第二天作战时，韩厥不站在车的左边，而是站在车中间代替御者驾车，结果车上左右的人都被齐军射倒了。这时綦毋张来请求搭车，他无论是跟在左边还是右边，韩厥都用肘制止他。因此，"从左右"不是綦毋张说的话，而是他的动作。正确的标点应该是："綦毋张丧车，从韩厥，曰：'请寓乘。'从左右，皆肘之，使立于后。"

（三）明语序，抓主干

古代汉语的语序和现代汉语大致是相同的，因此我们在标点古书的时候，可以先抓住句子的主干成分。在一个句子里，谓语是句子的核心成分，而谓语大多数是由动词充当的，因此，先找到句子中的谓语动词，再前找主语，后查宾语，这样就抓住了句子的主干成分，也就可以正确地给古文标点了。如：

十年春齐师伐我公将战曹刿请见（《左传·庄公十年》）

句中"十年春"为时间词，位于句首时可点断。"伐"是谓语动词，由"伐"而上找主语"齐师"，再下查宾语"我"，即"齐师伐我"，句子的主干就出来了，即可点断。"公将战"和"曹刿请见"等亦可由此法点断。这段话就可以这样标点了:"十年春,齐师伐我。公将战,曹刿请见。"

像上面这种主干完整的句子,文言文里并不是很多。大量的句子存在着成分省略的现象,然而我们可以根据上下文文意补充所省略的部分,因此这种抓句子主干成分的方法仍然是有效的。如:

永州之野产异蛇黑质而白章触草木尽死以啮人无御之者(《唐柳先生集》卷十六)

句中"产"是谓语动词,由"产"而上找主语"永州之野",再下查宾语"异蛇",即"永州之野产异蛇"。"黑质而白章"是名词性短语作谓语,其主语承前面的"异蛇"而省,因此可点断。"触"又是谓语动词,前面的主语仍然承前省略了,后面的"草木"是其宾语,因此可以点断。"死"是谓语动词,前面的副词"尽"是状语,其主语承前面的"草木"而省,因此可以点断。"啮"是谓语动词,前面的"以"是假设连词,主语"异蛇"承前省略了,因此可以点断。通过分析,这段话就可以这样标点了:"永州之野产异蛇,黑质而白章;触草木,尽死;以啮人,无御之者。"

在用"明语序,抓主干"这种方法给古文标点时,还应明辨古代汉语与现代汉语一些不同的语句,如宾语前置、物量后置、主谓倒装等,只有充分了解并熟悉古代汉语这些特殊语序,才能进行正确的标点。如:

侨闻为国非不能事大,字小之难,无礼以定其位之患。(《左传·昭公十六年》)

句中前面两句断句错误,应为"侨闻为国,非不能事大字小之难"。整句中,"非不能事大字小"及"无礼以定其位"分别是谓语"难"和"患"的前置宾语,两个"之"是结构助词,作宾语前置的标志。这里"难"和"患"是同义词,都是"担忧"的意思。之所以出现标点错误,就是不了解古代汉语特殊语序。因此,明辨古代汉语特殊语序显得尤为重要。

(四)看虚词,观标志

古代汉语的虚词一般都有其固定位置,如:"夫、唯(惟)、其、盖、若夫、至若、大抵、已而"等常用于句首,"也、矣、焉、耳、尔、而已、乎、与(欤)、邪(耶)、哉"等常用于句尾,语气词连用时也置于句尾。这些虚词都可以用来作为断句的标志,帮助我们断句。这类句子很多,下面仅举几例。如:

事急矣，惟先生速图。（马中锡《中山狼》）

虽我之死，有子存焉。（《列子·愚公移山》）

若寡人者，可以保民乎哉？（《孟子·梁惠王上》）

一些固定结构常用于某些句式之中，也可以用来帮助我们断句。如表示询问的固定结构"奈……何""如……何""若……何"等；表示揣测语气的固定结构"无奈……乎""得无……乎"等；表示反问的固定结构"何……之有""何以……为""不亦……乎"等；表示强调的固定结构"唯（惟）……为……"；表示选择的固定结构"与其……不若（孰若）……""与其……无（毋）宁……"等；表示假设的固定结构"诚（苟、若）……则……"等。我们标点时，都可以在它们的后面点断。如：

览物之情，得无异乎？（范仲淹《岳阳楼记》）

（五）据修辞，依音韵，明典章

古人写文章重视炼字凝句，讲究句式整齐、音韵和谐，因此文章中喜欢用对偶、对比、排比等修辞方式，有时还用韵。我们可以依据这些修辞方式和押韵而将句子点断。如：

夫功者难成而易败，时者难得而易失也；时乎，时不再来。愿足下详察之。（《史记·淮阴侯列传》，中华书局1962年版《中华活页文选》合订本）

句中"时乎，时不再来"断句错误，"时"和"来"在上古同属之部，可以押韵，"时乎时"和"不再来"实际是押韵的句子。正确的标点是："夫功者难成而易败，时者难得而易失也；时乎时，不再来。愿足下详察之。"

另外，了解古代典章制度，对我们正确标点古文也是十分有益的。如：

冬，十一月，初令郡国举孝、廉各一人，从董仲舒之言也。（《资治通鉴·汉纪九》）

句中"初令郡国举孝、廉各一人"断句错误。西汉时朝廷选拔人才实行察举制，具体做法就是要求各郡守、国相向朝廷推荐人才，朝廷考试录取试用合格后，授予官职。察举的科目分为常科(岁科)与特科两大类。岁科有孝廉、茂才(秀才)、察廉(廉吏)、光禄四行。由于不了解"孝廉"是西汉察举人才的科目，所以断句错误，正确的标点是："冬，十一月，初令郡国举孝廉各一人，从董仲舒之言也。"

总之，正确标点古书不是一件容易的事，除了必须具备比较丰富的古代汉语各方面的知识外，还必须多阅读古书，熟悉古书标点的方法并经常实践，这样才能逐步做到标点正确或基本正确，阅读古书的能力也会随之有较大的提高。

第四节　古文今译

学习古代汉语，需要经常把古文译成现代汉语。古文今译的过程就是全面运用和加深理解古代汉语知识的过程。不断地进行翻译练习，可以帮助我们进一步掌握古代汉语的特点和透彻了解原文的思想内容，同时还有助于我们提高运用现代汉语的能力。因此，古文今译应该贯穿在整个古代汉语的学习过程中。

一、古文今译的基本要求

关于翻译，我国近代著名翻译家严复在《天演论·译例言》中曾提出过"信""达""雅"三点要求。尽管这三点要求是针对外文汉译提出的，但拿来要求古文今译也是完全适用的。

从古文今译的角度来说，"信"，就是译文要忠实于原文，准确表达原文内容；"达"，就是译文要通畅明白，符合现代汉语语法规范；"雅"，就是译文要典雅优美，能够再现原文风格神韵。需要指出的是，"信""达""雅"三者是紧密相关的。只求"信"而不顾"达"不能称为好译文，脱离了"信"只求"达"也不是好的翻译。因此"信"和"达"是古文今译不可或缺的两项基本要求，而"雅"是建立在"信""达"基础之上的，是译文追求的目标。不顾原文而随意发挥，甚至凭空增添修饰成分，借以使译文生动优美的做法是错误的。因此，"信""达""雅"这三个因素要密不可分地渗透到古文今译的全过程之中。

二、古文今译的方法

古文今译的方法可以分为直译和意译两种。

所谓直译，是指译文与原文的字、词、句三者一一对应，句式和语气也基本相当的今译方法。直译能够保持原文用词造句的原貌，最能反映出原文的语言特点。然而由于古今汉语在文字、词汇和语法等方面存在着一定的差异，因此有时候译文很难做到与原文的字、词、句一一对应，这样的情况下，直译的译文往往显得语句拘谨，有时会表达不清。这时候就要适当运用"意译"的方法了。

所谓意译，是指在透彻理解原文内容的基础上，为体现原作神韵风貌而进行整体翻译的今译方法。意译注重从整体上表达原作的思想内容，力求体现原作的风采神韵，不强求字、词、句的对等，可增删、调换词语，甚至可以重新安排句子的结构，译法比直译灵活自由，译文也更加生动。然而，如果意译时随意增删，任性发挥，就可能使意译成为"乱译"了。

直译和意译是对译文的总体分类，在今译的实践过程中，不能只采用一种方法，而是要将二者相结合，要做到直译为主，意译为辅。前人在这方面积累了很多行之有效的今译方法，这些方法包括对译、调整、保留、增补、删减等项。

1. 对译

对译是按照词序和句法结构，逐字逐句进行翻译。这是古文今译最基本的方法。古今汉语词序一致、句法结构相同的句子，今译时不改变原句词序和句法，只是将原句中的字词，用现代汉语中意义对应的词语来翻译就可以了。如：

原文：余　幼时　　即　嗜　　学。（宋濂《送东阳马生序》）

译文：我　小时候　就　喜欢　学习。

这句译文与原句字词完全对应，汉语词序也一致，句子结构也相同，准确地表达了原文内容。由于古今汉语相同之处较多，所以对译也就成了古文今译的一项基本方法。凡是能够对译的地方，就尽量对译。对译有困难或对译后意思表达不清楚的，才可作适当调整。

2. 调整

调整是指按照现代汉语的表达习惯来改变古代汉语某些句法结构、语序的方法。古今汉语在句法结构、语序，以及词类活用等方面存在着某些差异，今译时要按照现代汉语的表达习惯来调整，从而使译文更加准确而通顺。如：

原文：彼且奚适也？（《庄子·逍遥游》）

译文：它将要去哪里呢？

原文的"奚"是疑问代词作宾语，放到了动词"适"的前面，今译时应按现代汉语词序放到动词后面。"奚适"应译为"去哪里"或"往哪里去"。又如：

原文：楚国方城以为城，汉水以为池。（《左传·僖公四年》）

译文：楚国把方城山作为城墙，把汉水作为护城河。

原文的"方城""汉水"是介词"以"的前置宾语，今译时要调整到介词后面。再如：

原文：命子封帅车二百乘以伐京。（《左传·隐公元年》）

译文：命令子封率领二百辆战车来讨伐京邑。

原文的"二百乘"是"车"的后置宾语，今译时应移至"战车"的前面。

古代汉语使动用法和意动用法的句式，在今译时对其语序也要进行调整。如：

原文：阳货欲见（xiàn）孔子，孔子不见。（《论语·阳货》）

译文：阳货想让孔子拜见他，孔子不去拜见。

原文"见孔子"中的"见"是动词的使动用法，"见"这一动作行为不是阳货发出的，而是孔子发出的，今译时要将"见"移到孔子后面来陈述孔子的动作行为。又如：

原文：孔子登东山而小鲁，登泰山而小天下。（《孟子·尽心上》）

译文：孔子登上东山后就认为鲁国小，登上泰山后就认为天下都小了。

原文"小鲁""小天下"中的"小"是形容词的意动用法，鲁国和天下客观上并没有变小，只是孔子登高俯视，认为它们小了，今译时要将"小鲁""小天下"按"以鲁为小""以天下为小"的意思去翻译，对词序进行相应的调整，以使语句通顺。

3. 保留

保留是指把文言文中某些词语不用翻译直接放置在译文中的方法。保留是就字面说的，实质上保留仍是一种对译。对文言文中那些古今意义相同的词语，特别是许多基本词汇，如人、马、山、水、草等，可以保留不翻译；对文言文中那些专有名词，诸如人名、国名、历史地名、民族名，以及官号、年号、谥号、特殊称谓、特殊学术用语乃至专业术语等，一般都可以保留不翻译。如：

原文：庆历四年春，滕子京谪守巴陵郡。（范仲淹《岳阳楼记》）

译文：庆历四年春天，滕子京被贬谪做巴陵郡的太守。

原文中的"庆历"是宋仁宗赵祯的年号；"滕子京"是人名；"巴陵郡"是地名；"守"即"太守"，是官名；"四年"和"春"古今意义基本相同。因此，译文都将它们保留下来,只是按照现代汉语的用语习惯,把原文中的单音词"春"和"守"分别换成双音词"春天"和"太守"。

4. 增补

增补是把古文省略的部分或者过于简古的地方,今译时作必要增添补充。古代汉语省略主语、宾语或其他句子成分的现象,要比现代汉语普遍,今译时应补充必须补出的省略成分;古代汉语一般表达简洁,为准确清晰地表达原意,今译时要作必要的增添。如:

原文:及庄公即位,为之请制。公曰:"制,岩邑也,虢叔死焉,佗邑唯命。"(《左传·隐公元年》)

译文:等到郑庄公登上君位,(姜氏)替公叔段请求制这个地方。郑庄公说:"制是险要的城邑,(从前)虢叔死在那里,(不适合给他)。别的城邑一定听(您的)吩咐。"

译文中,补出"姜氏"以明确"为之请制"的主语;增添"从前"和"不适合给他"两处,是为了揭示原文中隐含的意义;增补"您的"以限定听从谁的"吩咐"。通过增补这些词语,原文的语意表达更清楚。又如:

原文:一鼓作气,再而衰,三而竭。(《左传·庄公十年》)

译文:第一次击鼓振作士气,第二次(击鼓)(士气)已经衰落,第三次(击鼓)(士气)便泄尽了。

原文"再""三"之前承前省略了谓语动词"鼓",在"衰""竭"前面承前省略了主语"气"。今译分别补出了"击鼓"和"士气",这样才能使句子语意明确。

今译增补时一定要慎重,只有在不增补原意就无法表达清楚的情况下,才可增补。如果随意增补,就会使译文臃赘,失去准确性。

5. 删减

删减与"增补"正好相反,是指将古文中某些无法译出或不必译出的词语弃置不译的方法。古代汉语中某些表达方式和某些虚词,现代汉语中已不再使用,也没有类似的句法结构和相应的虚词,遇到这种情况,只要译文已把原文意思表达清楚了,个别词语可以删除不译。如:

原文:夫战,勇气也。(《左传·庄公十年》)

译文:作战,(靠的是)勇气。

原文：陈胜者，阳城人也。（《史记·陈涉世家》）

译文：陈胜（是）阳城人。

原文：虽我之死，有子存焉。（《列子·汤问》）

译文：即使我死了，（还）有儿子存在。

上面所举例句中，置于句首表示要发起议论、引出下文的发语词"夫"字，置于主语之后，表示语气停顿的语气助词"者"字，以及用于判断句句末，表示判断语气的语气助词"也"字，用于"虽我"和"死"之间取消句子独立性的助词"之"字，现代汉语没有类似的表达结构和相应的词语，今译时都可以删除不译。

上述五种具体方法中，对译是最基本的方法，其他几种方法则是根据具体情况在对译基础上的变通调整。我们在今译时应当灵活运用各种方法，既准确信实地译出原文内容，又行文通畅，符合现代汉语语法规范和表达习惯，同时译文又生动优美，使译文达到"信""达""雅"的要求。

附录：

《简化字总表》

关于重新发表《简化字总表》的说明

为纠正社会用字混乱，便于群众使用规范的简化字，经国务院批准重新发表原中国文字改革委员会于1964年编印的《简化字总表》。

原《简化字总表》中的个别字，作了调整。"叠""覆""像""囉"不再作"迭""复""象""罗"的繁体字处理。因此，在第一表中删去了"迭［叠］""象［像］"，"复"字字头下删去繁体字［覆］。在第二表"罗"字字头下删去繁体字［囉］，"囉"依简化偏旁"罗"类推简化为"啰"。"瞭"字读"liǎo"（了解）时，仍简作"了"，读"liào"（瞭望）时作"瞭"，不简作"了"。此外，对第一表"余［餘］"的脚注内容作了补充，第三表"讠"下偏旁类推字"雠"字加了脚注。

汉字的形体在一个时期内应当保持稳定，以利应用。《第二次汉字简化方案（草案）》已经国务院批准废止。我们要求社会用字以《简化字总表》为标准：凡是在《简化字总表》中已经被简化了的繁体字，应该用简化字而不用繁体字；凡是不符合《简化字总表》规定的简化字，包括《第二次汉字简化方案（草案）》的简化字和社会上流行的各种简体字，都是不规范的简化字，应当停止使用。希望各级语言文字工作部门和文化、教育、新闻等部门多作宣传，采取各种措施，引导大家逐渐用好规范的简化字。

国家语言文字工作委员会
1986年10月10日

中国文字改革委员会
中华人民共和国文化部
中华人民共和国教育部
关于简化字的联合通知

（1964年3月7日）

根据国务院1964年2月4日关于简化字问题给中国文字改革委员会的批示："同意你会在报告中提出的意见：《汉字简化方案》中所列的简化字，用作偏旁时，应同样简化；《汉字简化方案》的偏旁简化表中所列的偏旁，除了四个偏旁（讠、亻、纟、钅）外，其余偏旁独立成字时，也应同样简化。你会应将上述可以用作偏旁的简化字和可以独立成字的偏旁，分别作成字表，会同有关部门下达执行"，现特将这两类字分别列表通知如下：

一、下列92个字已经简化，作偏旁时应该同样简化。
例如，"爲"已简化作"为"，"僞嬀"同样简化作"伪妫"。

愛爱	罷罢	備备	筆笔	畢毕	邊边	參参	倉仓	嘗尝	蟲虫
從从	竄窜	達达	帶带	黨党	動动	斷断	對对	隊队	爾尔
豐丰	廣广	歸归	龜龟	國国	過过	華华	畫画	匯汇	夾夹
薦荐	將将	節节	盡尽	進进	舉举	殼壳	來来	樂乐	離离
歷历	麗丽	兩两	靈灵	劉刘	盧卢	虜虏	鹵卤	錄录	慮虑
買买	麥麦	黽黾	難难	聶聂	寧宁	豈岂	氣气	遷迁	親亲
窮穷	嗇啬	殺杀	審审	聖圣	時时	屬属	雙双	歲岁	孫孙
條条	萬万	爲为	烏乌	無无	獻献	鄉乡	寫写	尋寻	亞亚
嚴严	厭厌	業业	藝艺	陰阴	隱隐	猶犹	與与	雲云	鄭郑

執执　質质

二、下列 40 个偏旁已经简化，独立成字时应该同样简化（言食糹金一般只作左旁时简化，独立成字时不简化）。

例如，"魚"作偏旁已简化作"鱼"旁，独立成字时同样简化作"鱼"。

貝贝　賓宾　產产　長长　車车　齒齿　芻刍　單单　當当　東东
發发　風风　岡冈　會会　幾几　戔戋　監监　見见　龍龙　婁娄
侖仑　羅罗　馬马　賣卖　門门　鳥鸟　農农　齊齐　僉佥　喬乔
區区　師师　壽寿　肅肃　韋韦　堯尧　頁页　義义　魚鱼　專专

三、在一般通用字范围内，根据上述一、二两项规定类推出来的简化字，将收入中国文字改革委员会编印的《简化字总表》中。

《简化字总表》说明

1. 本表收录 1956 年国务院公布的《汉字简化方案》中的全部简化字。关于简化偏旁的应用范围，本表遵照 1956 年方案中的规定以及 1964 年 3 月 7 日中国文字改革委员会、文化部、教育部《关于简化字的联合通知》的规定，用简化字和简化偏旁作为偏旁得出来的简化字，也收录本表内（本表所说的偏旁，不限于左旁和右旁，也包括字的上部下部内部外部，总之指一个字的可以分出来的组成部分而言。这个组成部分在一个字里可以是笔画较少的，也可以是笔画较多的。例如"摆"字，"扌"固然是偏旁，但是"罢"也作偏旁）。

2. 总表分成三个表。表内所有简化字和简化偏旁后面，都在括弧里列入原来的繁体。

第一表所收的是 352 个不作偏旁用的简化字。这些字的繁体一般都不用作别的字的偏旁。个别能作别的字的偏旁，也不依简化字简化。如"習"简化作"习"，但"褶"不简化作"衤习"。

第二表所收的是：一、132 个可作偏旁用的简化字和二、14 个简化偏旁。

第一项所列繁体字，无论单独用或者作别的字的偏旁用，同样简化。第二项的简化偏旁，不论在一个字的任何部位，都可以使用，其中"讠、饣、纟、钅"一般只能用于左偏旁。这些简化偏旁一般都不能单独使用。

在《汉字简化方案》中已另行简化的繁体字，不能再适用上述原则简化。例如"戰""過""誇"，按《汉字简化方案》已简化作"战""过""夸"，因此不能按"单""呙""讠"作为偏旁简化作"戦""过""讳"。

除本表所列的146个简化字和简化偏旁外，不得任意将某一简化字的部分结构当作简化偏旁使用。例如"陽"按《汉字简化方案》作"阳"，但不得任意将"日"当作"昜"的简化偏旁。如"楊"应按简化偏旁"旸（昜）"简化作"杨"，不得简化作"相"。

第三表所收的是应用第二表的简化字和简化偏旁作为偏旁得出来的简化字。汉字总数很多，这个表不必尽列。例如有"车"旁的字，如果尽量地列，就可以列出一二百个，其中有许多是很生僻的字，不大用得到。现在为了适应一般的需要，第三表所列的简化字的范围，基本上以《新华字典》（1962年第三版，只收汉字八千个左右）为标准。未收入第三表的字，凡用第二表的简化字或简化偏旁作为偏旁的，一般应该同样简化。

3. 此外，在1955年文化部和中国文字改革委员会发布的《第一批异体字整理表》中，有些被淘汰的异体字和被选用的正体字繁简不同，一般人习惯把这些笔画少的正体字看作简化字。为了便于检查，本表把这些字列为一表，作为附录。

4. 一部分简化字，有特殊情形，需要加适当的注解。例如"干"是"乾"（gān）的简化字，但是"乾坤"的"乾"（qián）并不简化；又如"吁"是"籲"（yù）的简化字，但是"长吁短叹"的"吁"仍旧读 xū；这种一字两读的情形，在汉字里本来常有，如果不注出来，就容易引起误会。又如以"余"代"餘"，以"复"代"覆"，虽然群众已经习惯了，而在某些情况下却不适宜，需要区别。又如"么"和"幺"有什么不同，"马"字究竟几笔，等等。诸如此类可能发生疑难的地方，都在页末加了脚注。

1964年5月

第一表

不作简化偏旁用的简化字

本表共收简化字350个，按读音的拼音字母顺序排列。本表的简化字都不得作简化偏旁使用。

A
碍（礙） 肮（骯） 袄（襖）

B
坝（壩） 板（闆） 办（辦） 帮（幫） 宝（寶） 报（報） 币（幣）
毙（斃） 标（標） 表（錶） 别（彆） 卜（蔔） 补（補）

C
才（纔） 蚕（蠶）[1] 灿（燦） 层（層） 搀（攙） 谗（讒） 馋（饞）
缠（纏）[2] 忏（懺） 偿（償） 厂（廠） 彻（徹） 尘（塵） 衬（襯）
称（稱） 惩（懲） 迟（遲） 冲（衝） 丑（醜） 出（齣） 础（礎）
处（處） 触（觸） 辞（辭） 聪（聰） 丛（叢）

D
担（擔） 胆（膽） 导（導） 灯（燈） 邓（鄧） 敌（敵） 籴（糴）
递（遞） 点（點） 淀（澱） 电（電） 冬（鼕） 斗（鬥） 独（獨）
吨（噸） 夺（奪） 堕（墮）

E
儿（兒）

F
矾（礬） 范（範） 飞（飛） 坟（墳） 奋（奮） 粪（糞） 凤（鳳）

---

[1] 蚕：上从天，不从夭。
[2] 缠：右从厘，不从㡣。

肤（膚）　妇（婦）　复（復、複）

G

盖（蓋）　干（乾[1]、幹）　赶（趕）　个（個）　巩（鞏）　沟（溝）　构（構）　购（購）　谷（穀）　顾（顧）　刮（颳）　关（關）　观（觀）　柜（櫃）

H

汉（漢）　号（號）　合（閤）　轰（轟）　后（後）　胡（鬍）　壶（壺）　沪（滬）　护（護）　划（劃）　怀（懷）　坏（壞）[2]　欢（歡）　环（環）　还（還）　回（迴）　伙（夥）[3]　获（獲、穫）

J

击（擊）　鸡（鷄）　积（積）　极（極）　际（際）　继（繼）　家（傢）　价（價）　艰（艱）　歼（殲）　茧（繭）　拣（揀）　硷（鹼）　舰（艦）　姜（薑）　浆（漿）[4]　桨（槳）　奖（獎）　讲（講）　酱（醬）　胶（膠）　阶（階）　疖（癤）　洁（潔）　借（藉）[5]　仅（僅）　惊（驚）　竞（競）　旧（舊）　剧（劇）　据（據）　惧（懼）　卷（捲）

K

开（開）　克（剋）　垦（墾）　恳（懇）　夸（誇）　块（塊）　亏（虧）　困（睏）

L

腊（臘）　蜡（蠟）　兰（蘭）　拦（攔）　栏（欄）　烂（爛）　累（纍）　垒（壘）　类（類）[6]　里（裏）　礼（禮）　隶（隸）　帘（簾）　联（聯）　怜（憐）　炼（煉）　练（練）　粮（糧）　疗（療）　辽（遼）　了（瞭）[7]

---

[1] 乾坤、乾隆的乾读 qián（前），不简化。

[2] 不作坏。坯是砖坯的坯，读 pī（批），坏坯二字不可互混。

[3] 作多解的夥不简化。

[4] 浆、桨、奖、酱：右上角从夕，不从夕或爫。

[5] 藉口、凭藉的藉简化作借，慰藉、狼藉等的藉仍用藉。

[6] 类：下从大，不从犬。

[7] 瞭：读 liǎo（了解）时，仍简作了，读 liào（瞭望）时作瞭，不简作了。

猎（獵） 临（臨）[1] 邻（鄰） 岭（嶺）[2] 庐（廬） 芦（蘆） 炉（爐）
陆（陸） 驴（驢） 乱（亂）

M

么（麼）[3] 霉（黴） 蒙（矇、濛、懞） 梦（夢） 面（麵） 庙（廟）
灭（滅） 蔑（衊） 亩（畝）

N

恼（惱） 脑（腦） 拟（擬） 酿（釀） 疟（瘧）

P

盘（盤） 辟（闢） 苹（蘋） 凭（憑） 扑（撲） 仆（僕）[4] 朴（樸）

Q

启（啓） 签（籤） 千（韆） 牵（牽） 纤（縴、纖）[5] 窍（竅）
窃（竊） 寝（寢） 庆（慶）[6] 琼（瓊） 秋（鞦） 曲（麯） 权（權）
劝（勸） 确（確）

R

让（讓） 扰（擾） 热（熱） 认（認）

S

洒（灑） 伞（傘） 丧（喪） 扫（掃） 涩（澀） 晒（曬） 伤（傷）
舍（捨） 沈（瀋） 声（聲） 胜（勝） 湿（濕） 实（實） 适（適）[7]
势（勢） 兽（獸） 书（書） 术（術）[8] 树（樹） 帅（帥） 松（鬆）
苏（蘇、囌） 虽（雖） 随（隨）

---

[1] 临：左从一短竖一长竖，不从丨。

[2] 岭：不作岑，免与岑混。

[3] 读 me 轻声。读 yāo（夭）的么应作幺（幺本字）。吆应作吆。麼读 mó（摩）时不简化，如幺麼小丑。

[4] 前仆后继的仆读 pū（扑）。

[5] 纤维的纤读 xiān（先）。

[6] 庆：从大，不从犬。

[7] 古人南宫适、洪适的适（古字罕用）读 kuò（括）。此适字本作造，为了避免混淆，可恢复本字造。

[8] 中药苍术、白术的术读 zhú（竹）。

T

台（臺、檯、颱） 态（態） 坛（壇、罎） 叹（嘆） 誊（謄） 体（體） 粜（糶） 铁（鐵） 听（聽） 厅（廳）[1] 头（頭） 图（圖） 涂（塗） 团（團、糰） 椭（橢）

W

洼（窪） 袜（襪）[2] 网（網） 卫（衛） 稳（穩） 务（務） 雾（霧）

X

牺（犧） 习（習） 系（係、繫）[3] 戏（戲） 虾（蝦） 吓（嚇）[4] 咸（鹹） 显（顯） 宪（憲） 县（縣）[5] 响（響） 向（嚮） 协（協） 胁（脅） 亵（褻） 衅（釁） 兴（興） 须（鬚） 悬（懸） 选（選） 旋（鏇）

Y

压（壓）[6] 盐（鹽） 阳（陽） 养（養） 痒（癢） 样（樣） 钥（鑰） 药（藥） 爷（爺） 叶（葉）[7] 医（醫） 亿（億） 忆（憶） 应（應） 痈（癰） 拥（擁） 佣（傭） 踊（踴） 忧（憂） 优（優） 邮（郵） 余（餘）[8] 御（禦） 吁（籲）[9] 郁（鬱） 誉（譽） 渊（淵） 园（園） 远（遠） 愿（願） 跃（躍） 运（運） 酝（醞）

Z

杂（雜） 赃（臟） 脏（臟、髒） 凿（鑿） 枣（棗） 灶（竈） 斋（齋） 毡（氈） 战（戰） 赵（趙） 折（摺）[10] 这（這） 征（徵）[11] 症（癥）

---

[1] 厅：从厂，不从广。

[2] 袜：从末，不从未。

[3] 系带子的系读 jì（计）。

[4] 恐吓的吓读 hè（赫）。

[5] 县：七笔。上从且。

[6] 压：六笔。土的右旁有一点。

[7] 叶韵的叶读 xié（协）。

[8] 在余和馀意义可能混淆时，仍用馀。如文言句"馀年无多"。

[9] 喘吁吁，长吁短叹的吁读 xū（虚）。

[10] 在折和摺意义可能混淆时，摺仍用摺。

[11] 宫商角徵羽的徵读 zhǐ（止），不简化。

证（證）　只（隻、祇、祇）　致（緻）　制（製）　钟（鐘、鍾）　肿（腫）
种（種）　众（衆）　昼（晝）　朱（硃）　烛（燭）　筑（築）　庄（莊）[1]
桩（樁）　妆（妝）　装（裝）　壮（壯）　状（狀）　准（準）　浊（濁）
总（總）　钻（鑽）

第二表

可作简化偏旁用的简化字和简化偏旁

本表共收简化字 132 个和简化偏旁 14 个。简化字按读音的拼音字母顺序排列，简化偏旁按笔数排列。

A

爱（愛）

B

罢（罷）　备（備）　贝（貝）　笔（筆）　毕（畢）　边（邊）　宾（賓）

C

参（參）　仓（倉）　产（產）　长（長）[2]　尝（嘗）[3]　车（車）　齿（齒）
虫（蟲）　刍（芻）　从（從）　窜（竄）

D

达（達）　带（帶）　单（單）　当（當、噹）　党（黨）　东（東）　动（動）
断（斷）　对（對）　队（隊）

E

尔（爾）

F

发（發、髮）　丰（豐）[4]　风（風）

---

[1] 庄：六笔。土的右旁无点。

[2] 长：四笔。笔顺是：丿㇕长。

[3] 尝：不是赏的简化。赏的简化字是赏（见第三表）。

[4] 四川省酆都县已改丰都县。姓酆的酆不简作邦。

G

冈（岡）　广（廣）　归（歸）　龟（龜）　国（國）　过（過）

H

华（華）　画（畫）　汇（匯、彙）　会（會）

J

几（幾）　夹（夾）　戋（戔）　监（監）　见（見）　荐（薦）　将（將）[1]　节（節）　尽（盡、儘）　进（進）　举（舉）

K

壳（殼）[2]

L

来（來）　乐（樂）　离（離）　历（歷、曆）　丽（麗）[3]　两（兩）　灵（靈）　刘（劉）　龙（龍）　娄（婁）　卢（盧）　虏（虜）　卤（鹵、滷）　录（錄）　虑（慮）　仑（侖）　罗（羅）

M

马（馬）[4]　买（買）　卖（賣）[5]　麦（麥）　门（門）　黾（黽）[6]

N

难（難）　鸟（鳥）[7]　聂（聶）　宁（寧）[8]　农（農）

Q

齐（齊）　岂（豈）　气（氣）　迁（遷）　佥（僉）　乔（喬）　亲（親）　穷（窮）　区（區）[9]

---

[1] 将：右上角从夕，不从夕或爫。

[2] 壳：几上没有一小横。

[3] 丽：七笔。上边一横，不作两小横。

[4] 马：三笔。笔顺是：𠃍马马。上部向左稍斜，左上角开口，末笔作左偏旁时改作平挑。

[5] 卖：从十从买，上不从士或土。

[6] 黾：从口从电。

[7] 鸟：五笔。

[8] 作门屏之间解的宁（古字罕用）读zhù（柱）。为避免此宁字与宁的简化字混淆，原读zhù的宁作㝉。

[9] 区：不作区。

S

啬（嗇） 杀（殺） 审（審） 圣（聖） 师（師） 时（時） 寿（壽） 属（屬） 双（雙） 肃（肅）[1] 岁（歲） 孙（孫）

T

条（條）[2]

W

万（萬） 为（為） 韦（韋） 乌（烏）[3] 无（無）[4]

X

献（獻） 乡（鄉） 写（寫）[5] 寻（尋）

Y

亚（亞） 严（嚴） 厌（厭） 尧（堯）[6] 业（業） 页（頁） 义（義）[7] 艺（藝） 阴（陰） 隐（隱） 犹（猶） 鱼（魚） 与（與） 云（雲）

Z

郑（鄭） 执（執） 质（質） 专（專）

简化偏旁

讠（言）[8] 饣（食）[9] 昜（昜）[10] 纟（糸） 𡭕（叡） 䒑（𦰩） 临（臨） 只（戠） 钅（金）[11] 𫜹（𦥯） 𦘒（睪）[12] 𢀖（巠） 亦（䜌） 呙（咼）

---

[1] 肃：中间一竖下面的两边从八，下半中间不从米。

[2] 条：上从夂，三笔，不从夊。

[3] 乌：四笔。

[4] 无：四笔。上从二，不可误作旡。

[5] 写：上从冖，不从宀。

[6] 尧：六笔。右上角无点，不可误作尧。

[7] 义：从乂（读 yì）加点，不可误作叉（读 chā）。

[8] 讠：二笔。不作ì。

[9] 饣：三笔。中一横折作一，不作丶或点。

[10] 昜：三笔。

[11] 钅：第二笔是一短横，中两横，竖折不出头。

[12] 睪丸的睪读 gāo（高），不简化。

第三表

应用第二表所列简化字和简化偏旁得出来的简化字

本表共收简化字 1753 个（不包含重见的字。例如"缆"分见"纟、㇏、见"三部，只算一字），以第二表中的简化字和简化偏旁作部首，按第二表的顺序排列。同一部首中的简化字，按笔数排列。

爱
嗳（噯）　嫒（嬡）　叆（靉）　瑷（璦）　暧（曖）

罢
摆（擺、襬）　罴（羆）　耲（糴）

备
惫（憊）

贝
　　　　贞（貞）　则（則）　负（負）　贡（貢）　呗（唄）　员（員）　财（財）
狈（狽）　责（責）　厕（厠）　贤（賢）　账（賬）　贩（販）　贬（貶）
败（敗）　贮（貯）　贪（貪）　贫（貧）　侦（偵）　侧（側）　货（貨）
贯（貫）　测（測）　浈（湞）　恻（惻）　贰（貳）　贲（賁）　贳（貰）
费（費）　郧（鄖）　勋（勛）　帧（幀）　贴（貼）　贶（貺）　贻（貽）
贱（賤）　贵（貴）　钡（鋇）　贷（貸）　贸（貿）　贺（賀）　陨（隕）
涢（溳）　资（資）　祯（禎）　贾（賈）　损（損）　贽（贄）　埙（塤）
桢（楨）　唝（嗊）　唢（嗩）　赅（賅）　圆（圓）　贼（賊）　贿（賄）
赆（贐）　赂（賂）　债（債）　赁（賃）　渍（漬）　惯（慣）　琐（瑣）
赍（賫）　匮（匱）　掼（摜）　殒（殞）　勚（勩）　赈（賑）　婴（嬰）
啧（嘖）　赊（賒）　帻（幘）　偾（僨）　铡（鍘）　绩（績）　溃（潰）
溅（濺）　赓（賡）　惬（愜）　愦（憒）　黄（賫）　赍（賫）　蒇（蒇）
腈（睛）　赔（賠）　赕（賧）　遗（遺）　赋（賦）　喷（噴）　赌（賭）

赎（贖） 赏（賞）[1] 赐（賜） 赒（賙） 锁（鎖） 馈（饋） 赖（賴）
赪（赬） 碛（磧） 殒（殞） 赗（賵） 腻（膩） 赛（賽） 禭（禭）
赘（贅） 撄（攖） 槚（檟） 嘤（嚶） 赚（賺） 赗（賻） 罂（罌）
锵（鏘） 簧（簧） 锶（鍶） 缨（纓） 璎（瓔） 聩（聵） 樱（櫻）
赜（賾） 簣（簣） 濑（瀨） 瘿（癭） 懒（懶） 赝（贗） 獭（獺）
赠（贈） 鹦（鸚） 獭（獺） 赞（贊） 赢（贏） 赡（贍） 癞（癩）
攒（攢） 籁（籟） 缵（纘） 瓒（瓚） 臜（臢） 赣（贛） 趱（趲）
蹿（躦） 戆（戇）

笔

滗（潷）

毕

荜（蓽） 哔（嗶） 筚（篳） 跸（蹕）

边

笾（籩）

宾

傧（儐） 滨（濱） 摈（擯） 嫔（嬪） 缤（繽） 殡（殯） 槟（檳）
膑（臏） 镔（鑌） 髌（髕） 鬓（鬢）

参

渗（滲） 惨（慘） 掺（摻） 骖（驂） 毵（毿） 瘆（瘮） 碜（磣）
穇（穇） 糁（糝）

仓

伧（傖） 创（創） 沧（滄） 怆（愴） 苍（蒼） 抢（搶） 呛（嗆）
炝（熗） 玱（瑲） 枪（槍） 戗（戧） 疮（瘡） 鸧（鶬） 舱（艙）
跄（蹌）

产

浐（滻） 萨（薩） 铲（鏟）

长

伥（倀） 怅（悵） 帐（帳） 张（張） 枨（棖） 账（賬） 胀（脹）

---

[1] 赏：不可误作尝。尝是嘗的简化字（见第二表）。

涨（漲）

尝

鲿（鱨）

车

轧（軋）　军（軍）　轨（軌）　库（庫）　阵（陣）　库（庫）　连（連）
轩（軒）　诨（諢）　郓（鄆）　轫（軔）　轭（軛）　匦（匭）　转（轉）
轮（輪）　斩（斬）　软（軟）　浑（渾）　恽（惲）　砗（硨）　轶（軼）
轲（軻）　钴（銈）　轷（軤）　轻（輕）　轳（轤）　轴（軸）　挥（揮）
荤（葷）　铄（爍）　轸（軫）　轺（軺）　涟（漣）　珲（琿）　载（載）
莲（蓮）　较（較）　轼（軾）　轻（輕）　辂（輅）　轿（轎）　晕（暈）
渐（漸）　惭（慚）　皲（皸）　琏（璉）　辅（輔）　辄（輒）　辆（輛）
堑（塹）　啭（囀）　崭（嶄）　裤（褲）　裢（褳）　辇（輦）　辋（輞）
辍（輟）　辊（輥）　椠（槧）　辎（輜）　暂（暫）　辉（輝）　辈（輩）
链（鏈）　翚（翬）　辏（輳）　辐（輻）　辑（輯）　输（輸）　毂（轂）
辔（轡）　辖（轄）　辕（轅）　辗（輾）　舆（輿）　辘（轆）　撵（攆）
鲢（鰱）　辙（轍）　錾（鏨）　辚（轔）

齿

龀（齔）　啮（嚙）　龆（齠）　龅（齙）　龃（齟）　龄（齡）　龇（齜）
龈（齦）　龉（齬）　龊（齪）　龌（齷）　龋（齲）

虫

蛊（蠱）

刍

诌（謅）　㑇（㑳）　邹（鄒）　㤘（惼）　驺（騶）　绉（縐）　皱（皺）
趋（趨）　雏（雛）

从

苁（蓯）　纵（縱）　枞（樅）　怂（慫）　耸（聳）

窜

撺（攛）　镩（鑹）　蹿（躥）

达

达（達）　闼（闥）　挞（撻）　哒（噠）　鞑（韃）

带
滞（滯）
单
郸（鄲）　惮（憚）　阐（闡）　掸（撣）　弹（彈）　婵（嬋）　禅（禪）
殚（殫）　瘅（癉）　蝉（蟬）　箪（簞）　蕲（蘄）　冁（囅）
当
挡（擋）　档（檔）　裆（襠）　铛（鐺）
党
谠（讜）　傥（儻）　镗（钂）
东
冻（凍）　陈（陳）　岽（崬）　栋（棟）　胨（腖）　鸫（鶇）
动
恸（慟）
断
簖（籪）
对
怼（懟）
队
坠（墜）
尔
迩（邇）　弥（彌、瀰）　祢（禰）　玺（璽）　猕（獼）
发
泼（潑）　废（廢）　拨（撥）　镙（鏺）
丰
沣（灃）　艳（艷）　滟（灧）
风
讽（諷）　沨（渢）　岚（嵐）　枫（楓）　疯（瘋）　飒（颯）　砜（碸）
飓（颶）　飓（颶）　飕（颼）　飗（飀）　飘（飄）　飙（飆）
冈
刚（剛）　㧟（摑）　岗（崗）　纲（綱）　枫（棡）　钢（鋼）

广
邝（鄺） 圹（壙） 扩（擴） 犷（獷） 纩（纊） 旷（曠） 矿（礦）
归
岿（巋）
龟
阄（鬮）
国
掴（摑） 帼（幗） 腘（膕） 蝈（蟈）
过
挝（撾）
华
哗（嘩） 骅（驊） 烨（燁） 桦（樺） 晔（曄） 铧（鏵）
画
婳（嫿）
汇
㧑（撝）
会
刽（劊） 郐（鄶） 侩（儈） 浍（澮） 荟（薈） 哙（噲） 狯（獪） 绘（繪） 烩（燴） 桧（檜） 脍（膾） 鲙（鱠）
几
讥（譏） 叽（嘰） 饥（饑） 机（機） 玑（璣） 矶（磯） 虮（蟣）
夹
郏（郟） 侠（俠） 陕（陝） 浃（浹） 挟（挾） 荚（莢） 峡（峽） 狭（狹） 惬（愜） 硖（硤） 铗（鋏） 颊（頰） 蛱（蛺） 瘗（瘞） 箧（篋）
戋
划（劃） 浅（淺） 饯（餞） 线（綫） 残（殘） 栈（棧） 贱（賤） 盏（盞） 钱（錢） 笺（箋） 溅（濺） 践（踐）
监
滥（濫） 蓝（藍） 尴（尷） 槛（檻） 褴（襤） 篮（籃）

见
苋(莧)　岘(峴)　贬(貶)　视(視)　规(規)　现(現)　枧(梘)
觅(覓)　觉(覺)　砚(硯)　觇(覘)　览(覽)　宽(寬)　蚬(蜆)
觊(覬)　笕(筧)　觋(覡)　觌(覿)　靓(靚)　搅(攪)　揽(攬)
缆(纜)　窥(窺)　榄(欖)　觎(覦)　觏(覯)　觐(覲)　觑(覷)
髋(髖)

荐
鞯(韉)

将
蒋(蔣)　锵(鏘)

节
栉(櫛)

尽
浕(濜)　荩(藎)　烬(燼)　赆(贐)

进
琎(璡)

举
榉(櫸)

壳
悫(愨)

来
涞(淶)　莱(萊)　崃(崍)　徕(倈)　赉(賚)　睐(睞)　铼(錸)

乐
泺(濼)　烁(爍)　栎(櫟)　轹(轢)　砾(礫)　铄(鑠)

离
漓(灕)　篱(籬)

历
沥(瀝)　坜(壢)　苈(藶)　呖(嚦)　枥(櫪)　疬(癧)　雳(靂)

丽
俪(儷)　郦(酈)　逦(邐)　骊(驪)　鹂(鸝)　酾(釃)　鲡(鱺)

两
俩（倆） 唡（啢） 辆（輛） 满（滿） 瞒（瞞） 颟（顢） 螨（蟎） 魉（魎） 懑（懣） 蹒（蹣）

灵
棂（欞）

刘
浏（瀏）

龙
陇（隴） 泷（瀧） 宠（寵） 庞（龐） 垄（壟） 拢（攏） 茏（蘢） 咙（嚨） 珑（瓏） 栊（櫳） 龚（龑） 昽（曨） 胧（朧） 砻（礱） 袭（襲） 聋（聾） 龚（龔） 龛（龕） 笼（籠） 詟（讋）

娄
偻（僂） 溇（漊） 萎（蔞） 搂（摟） 嵝（嶁） 喽（嘍） 缕（縷） 屡（屢） 数（數） 楼（樓） 瘘（瘻） 褛（褸） 寠（窶） 䁖（瞜） 镂（鏤） 屦（屨） 蝼（螻） 簏（簍） 穤（糯） 薮（藪） 擞（擻） 髅（髏）

卢
泸（瀘） 垆（壚） 栌（櫨） 轳（轤） 胪（臚） 鸬（鸕） 颅（顱） 舻（艫） 鲈（鱸）

虏
掳（擄）

卤
硵（磠）

录
箓（籙）

虑
滤（濾） 摅（攄）

仑
论（論） 伦（倫） 沦（淪） 抡（掄） 囵（圇） 纶（綸） 轮（輪） 瘪（癟）

罗

萝（蘿） 啰（囉） 逻（邏） 猡（玀） 椤（欏） 锣（鑼） 箩（籮）

马

冯（馮） 驭（馭） 闯（闖） 吗（嗎） 犸（獁） 驮（馱） 驰（馳）
驯（馴） 妈（媽） 玛（瑪） 驱（驅） 驳（駁） 码（碼） 驼（駝）
驻（駐） 驵（駔） 驾（駕） 驿（驛） 驷（駟） 驶（駛） 驹（駒）
骒（騍） 骀（駘） 驸（駙） 驽（駑） 骂（罵） 蚂（螞） 笃（篤）
骇（駭） 骈（駢） 骁（驍） 骄（驕） 骅（驊） 骆（駱） 骊（驪）
骋（騁） 验（驗） 骏（駿） 骎（駸） 骑（騎） 骐（騏） 骒（騍）
雏（雛） 骖（驂） 骗（騙） 鸷（鷙） 鹜（鶩） 骚（騷） 骞（騫）
鹜（鶩） 蓦（驀） 腾（騰） 骝（騮） 骟（騸） 骠（驃） 骢（驄）
骡（騾） 羁（羈） 骤（驟） 骥（驥） 骧（驤）

买

荬（蕒）

卖

读（讀） 渎（瀆） 续（續） 椟（櫝） 觌（覿） 赎（贖） 犊（犢）
牍（牘） 窦（竇） 黩（黷）

麦

唛（嘜） 麸（麩）

门

闩（閂） 闪（閃） 们（們） 闭（閉） 闯（闖） 问（問） 扪（捫）
闱（闈） 闵（閔） 闷（悶） 闰（閏） 闲（閑） 间（間） 闹（鬧）[1]
闸（閘） 钔（鍆） 阁（閣） 闺（閨） 闻（聞） 闼（闥） 闽（閩）
阃（閫） 阁（閤） 阐（闡） 阁（閣） 阀（閥） 润（潤） 涧（澗）
悯（憫） 阆（閬） 阅（閱） 阋（鬩） 阉（閹）[1] 阂（閡） 娴（嫻）
阒（閴） 国（國） 阉（閹） 阍（閽） 阖（閤） 阕（闋） 阅（閱）[1]
阐（闡） 阎（閻） 焖（燜） 阑（闌） 裥（襇） 阔（闊） 痫（癇）

---

[1] 鬥字头的字，一般也写作門字头，如鬧、鬮、鬫写作閙、閗、閴。因此，这些鬥字头的字可简化作門字头。但鬥争的鬥应简作斗（见第一表）。

鹇（鷳） 阅（閱） 阒（闃） 搁（擱） 铜（鋼） 锎（鐦） 阙（闕）
阁（閣） 阗（闐） 桐（橺） 简（簡） 谰（讕） 阚（闞） 蔺（藺）
澜（瀾） 斓（斕） 蹦（躝） 镧（鑭） 蹒（蹣）

黾
渑（澠） 绳（繩） 鼋（黿） 蝇（蠅） 鼍（鼉）

难
傩（儺） 滩（灘） 摊（攤） 瘫（癱）

鸟
凫（鳧） 鸠（鳩） 岛（島） 茑（蔦） 鸢（鳶） 鸣（鳴） 枭（梟）
鸩（鴆） 鸦（鴉） 鸨（鴇） 鸥（鷗） 鸰（鴒） 鸽（鴿） 鸾（鸞）
莺（鶯） 鹄（鵠） 捣（搗） 鸫（鶇） 鸬（鸕） 鸭（鴨） 鸯（鴦）
鸮（鴞） 鸲（鴝） 鸱（鴟） 鸳（鴛） 鸵（鴕） 袅（裊） 鸥（鷗）
鸶（鷥） 鸾（鸞） 鸡（鷄） 鸿（鴻） 鹜（鶩） 鸸（鴯） 鸷（鷙）
鸹（鴰） 鸽（鴿） 鸹（鴰） 鸺（鵂） 鸻（鴴） 鹆（鵒） 鹏（鵬）
鹁（鵓） 鹂（鸝） 鹃（鵑） 鹆（鵒） 鹄（鵠） 鹅（鵝） 鹑（鶉）
鹉（鵡） 鹊（鵲） 鹈（鵜） 鹊（鵲） 鹌（鵪） 鹤（鶴） 鹏（鵬）
鹐（鵮） 鹚（鷀） 鹕（鶘） 鹗（鶚） 赐（賜） 鹗（鶚） 鹘（鶻）
鹜（鶩） 鹜（鶩） 鹛（鶥） 鹤（鶴） 鹣（鶼） 鹞（鷂） 鹡（鶺）
鹏（鵬） 鹧（鷓） 鹭（鷺） 鹦（鸚） 鹨（鷚） 鹫（鷲） 鹩（鷯）
鹪（鷦） 鹬（鷸） 鹰（鷹） 鹯（鸇） 鹭（鷺） 鹱（鸌） 鹳（鸛）

聂
慑（懾） 滠（灄） 摄（攝） 嗫（囁） 镊（鑷） 颞（顳） 蹑（躡）

宁
泞（濘） 拧（擰） 咛（嚀） 狞（獰） 柠（檸） 聍（聹）

农
侬（儂） 浓（濃） 哝（噥） 脓（膿）

齐
剂（劑） 侪（儕） 济（濟） 荠（薺） 挤（擠） 脐（臍） 蛴（蠐）
跻（躋） 霁（霽） 鲚（鱭） 斋（齋）

岂
剀（剴） 凯（凱） 恺（愷） 阎（閶） 垲（塏） 桤（榿） 觊（覬） 硙（磑） 皑（皚） 铠（鎧）

气
忾（愾） 饩（餼）

迁
跹（躚）

佥
剑（劍） 俭（儉） 险（險） 捡（撿） 猃（獫） 验（驗） 检（檢） 殓（殮） 敛（斂） 脸（臉） 裣（襝） 睑（瞼） 签（簽） 潋（瀲） 蔹（蘞）

乔
侨（僑） 挢（撟） 荞（蕎） 峤（嶠） 骄（驕） 娇（嬌） 桥（橋） 轿（轎） 硚（礄） 矫（矯） 鞒（鞽）

亲
榇（櫬）

穷
䓖（藭）

区
讴（謳） 伛（傴） 沤（漚） 怄（慪） 抠（摳） 奁（奩） 呕（嘔） 岖（嶇） 妪（嫗） 驱（驅） 枢（樞） 瓯（甌） 欧（歐） 殴（毆） 鸥（鷗） 眍（瞘） 躯（軀）

啬
蔷（薔） 墙（牆） 嫱（嬙） 樯（檣） 穑（穡）

杀
铩（鎩）

审
谉（譖） 婶（嬸）

圣
怪（懌） 蛏（蟶）

师
狮（澌） 狮（獅） 蛳（螄） 筛（篩）
时
埘（塒） 莳（蒔） 鲥（鰣）
寿
俦（儔） 涛（濤） 祷（禱） 焘（燾） 畴（疇） 铸（鑄） 筹（籌） 踌（躊）
属
嘱（囑） 瞩（矚）
双
扠（攮）
肃
萧（蕭） 啸（嘯） 潇（瀟） 箫（簫） 蟏（蠨）
岁
刿（劌） 哕（噦） 秽（穢）
孙
荪（蓀） 狲（猻） 逊（遜）
条
涤（滌） 绦（縧） 鲦（鰷）
万
厉（厲） 迈（邁） 励（勵） 疠（癘） 虿（蠆） 趸（躉） 砺（礪） 粝（糲） 蛎（蠣）
为
伪（僞） 沩（潙） 妫（媯）
韦
讳（諱） 伟（偉） 闱（闈） 违（違） 苇（葦） 韧（韌） 帏（幃） 围（圍） 纬（緯） 炜（煒） 祎（禕） 玮（瑋） 韨（韍） 涠（潿） 韩（韓） 韫（韞） 韪（韙） 韬（韜）
乌
邬（鄔） 坞（塢） 呜（嗚） 钨（鎢）

无
怃（憮） 庑（廡） 抚（撫） 芜（蕪） 呒（嘸） 妩（嫵）

献
谳（讞）

乡
芗（薌） 飨（饗）

写
泻（瀉）

寻
浔（潯） 荨（蕁） 挦（撏） 鲟（鱘）

亚
垩（堊） 垭（埡） 挜（掗） 哑（啞） 娅（婭） 恶（惡、噁） 氩（氬） 壶（壺）

严
俨（儼） 酽（釅）

厌
恹（懨） 厣（厴） 赝（贗） 餍（饜） 魇（魘） 鹰（鷹）

尧
侥（僥） 浇（澆） 挠（撓） 荛（蕘） 峣（嶢） 哓（嘵） 娆（嬈） 骁（驍） 绕（繞） 饶（饒） 烧（燒） 桡（橈） 晓（曉） 硗（磽） 铙（鐃） 翘（翹） 蛲（蟯） 跷（蹺）

业
邺（鄴）

页
顶（頂） 顷（頃） 项（項） 预（預） 顺（順） 须（須） 颃（頏） 烦（煩） 顼（頊） 顽（頑） 顿（頓） 颀（頎） 颁（頒） 颂（頌） 倾（傾） 预（預） 庼（廎） 硕（碩） 颅（顱） 领（領） 颈（頸） 颇（頗） 颊（頰） 颏（頦） 颉（頡） 颖（穎） 颌（頜） 颐（頤） 频（頻） 颒（頮） 颓（頹） 颔（頷） 颖（穎） 颗（顆） 额（額） 颜（顏） 撷（擷） 题（題） 颙（顒） 颛（顓）

缬（纈） 濒（瀕） 颠（顛） 巅（巔） 颢（顥） 颡（顙） 嚣（囂）
颥（顬） 颤（顫） 巅（巓） 颥（顬） 癫（癲） 灏（灝） 颦（顰）
颧（顴）

义
议（議） 仪（儀） 蚁（蟻）

艺
呓（囈）

阴
荫（蔭）

隐
瘾（癮）

犹
莸（蕕）

鱼
鱽（魛） 渔（漁） 鲂（魴） 鱿（魷） 鲁（魯） 鲨（鯊） 蓟（薊）
鲆（鮃） 鲅（鮁） 鲅（鮁） 鲈（鱸） 鲇（鮎） 鲊（鮓） 鲫（鯽）
稣（穌） 鲋（鮒） 鲍（鮑） 鲐（鮐） 鲞（鯗） 鲞（鯗） 鲯（鯕）
鲛（鮫） 鲜（鮮） 鲑（鮭） 鲒（鮚） 鲟（鱘） 鲔（鮪） 鲟（鱘）
鲗（鰂） 鲖（鮦） 鲙（鱠） 鲨（鯊） 噜（嚕） 鳢（鱷） 鲠（鯁）
鲢（鰱） 鲫（鯽） 鲥（鰣） 鳇（鯶） 鲣（鰹） 鲤（鯉） 鲦（鰷）
鲧（鯀） 橹（櫓） 氇（氌） 鲸（鯨） 鲭（鯖） 鲮（鯪） 鲰（鯫）
鲲（鯤） 鲻（鯔） 鲳（鯧） 鲱（鯡） 鲵（鯢） 鲷（鯛） 鲶（鯰）
藓（蘚） 鳍（鰭） 鲭（鰆） 鳋（鰠） 鳊（鯿） 鲽（鰈） 鳁（鰮）
鳃（鰓） 鳄（鱷） 镥（鑥） 鳅（鰍） 鳆（鰒） 鳇（鰉） 鳌（鰲）
鳁（鱀） 滕（騰） 鳒（鰜） 鳍（鰭） 鳎（鰨） 鳏（鰥） 鳑（鰟）
癣（癬） 鳖（鱉） 鳙（鱅） 鳚（䲁） 鳕（鱈） 鳔（鰾） 鳓（鰳）
鳘（鰵） 鳗（鰻） 鳝（鱔） 鳟（鱒） 鳞（鱗） 鳜（鱖） 鳣（鱣）
鳢（鱧）

与
屿（嶼） 欤（歟）

云
芸（蕓） 昙（曇） 叆（靉） 叇（靆）

郑
掷（擲） 踯（躑）

执
垫（墊） 挚（摯） 贽（贄） 鸷（鷙） 蛰（蟄） 絷（縶）

质
锧（鑕） 踬（躓）

专
传（傳） 抟（摶） 转（轉） 䏝（膞） 砖（磚） 啭（囀）

讠
计（計） 订（訂） 讣（訃） 讥（譏） 议（議） 讨（討） 讧（訌）
讦（訐） 记（記） 讯（訊） 讪（訕） 训（訓） 讫（訖） 访（訪）
讶（訝） 讳（諱） 讵（詎） 讴（謳） 诀（訣） 讷（訥） 设（設）
讽（諷） 讹（訛） 诉（訴） 许（許） 论（論） 讼（訟） 讻（訩）
诂（詁） 诃（訶） 评（評） 诏（詔） 词（詞） 译（譯） 诎（詘）
诇（詗） 诅（詛） 识（識） 诌（謅） 诋（詆） 诉（訴） 诈（詐）
诊（診） 诒（詒） 诨（諢） 该（該） 详（詳） 诧（詫） 诓（誆）
诖（詿） 诘（詰） 诙（詼） 试（試） 诗（詩） 诩（詡） 诤（諍）
诠（詮） 诛（誅） 诔（誄） 诟（詬） 诣（詣） 话（話） 诡（詭）
询（詢） 诚（誠） 诞（誕） 浒（滸） 消（誚） 说（說） 诚（誠）
诬（誣） 语（語） 诵（誦） 罚（罰） 误（誤） 诰（誥） 诳（誑）
诱（誘） 诲（誨） 诶（誒） 狱（獄） 谊（誼） 谅（諒） 谈（談）
谆（諄） 谞（諝） 谇（誶） 请（請） 诺（諾） 诸（諸） 读（讀）
诼（諑） 诹（諏） 课（課） 诽（誹） 诿（諉） 谁（誰） 谀（諛）
调（調） 谄（諂） 谂（諗） 谛（諦） 谙（諳） 谜（謎） 谚（諺）
谝（諞） 谘（諮） 谌（諶） 谎（謊） 谋（謀） 谍（諜） 谐（諧）
谏（諫） 谐（諧） 谑（謔） 谒（謁） 谔（諤） 谓（謂） 谖（諼）
谕（諭） 谥（謐） 谤（謗） 谦（謙） 谧（謐） 谟（謨） 谠（讜）
谡（謖） 谢（謝） 谣（謠） 储（儲） 谪（謫） 谫（譾） 谨（謹）

谬（謬） 谩（謾） 谱（譜） 谮（譖） 谭（譚） 谰（讕） 谲（譎）
谯（譙） 蔼（藹） 櫧（櫧） 谴（譴） 谵（譫） 谳（讞） 辩（辯）
谶（讖） 雠（讎）[1] 谶（讖） 霭（靄）

饣

饥（饑） 饦（飥） 饧（餳） 饨（飩） 饭（飯） 饮（飲） 饫（飫）
饩（餼） 饪（飪） 饬（飭） 饲（飼） 饯（餞） 饰（飾） 饱（飽）
饴（飴） 饳（飿） 饸（餄） 饷（餉） 饺（餃） 依（依） 饼（餅）
饵（餌） 饶（饒） 蚀（蝕） 饹（餎） 饽（餑） 馁（餒） 饿（餓）
馆（館） 馄（餛） 馃（餜） 馅（餡） 馆（餶） 馇（餷） 馈（饋）
馊（餿） 馐（饈） 馍（饃） 馎（餺） 馏（餾） 馑（饉） 馒（饅）
馓（饊） 馔（饌） 馕（饢）

昜

汤（湯） 扬（揚） 场（場） 旸（暘） 饧（餳） 炀（煬） 杨（楊）
肠（腸） 疡（瘍） 砀（碭） 畅（暢） 钖（錫） 殇（殤） 荡（蕩）
烫（燙） 觞（觴）

纟

丝（絲） 纠（糾） 纩（纊） 纡（紆） 纣（紂） 红（紅） 纪（紀）
纫（紉） 纥（紇） 约（約） 纨（紈） 级（級） 纺（紡） 纹（紋）
纬（緯） 纭（紜） 纯（純） 纰（紕） 纽（紐） 纳（納） 纲（綱）
纱（紗） 纴（紝） 纷（紛） 纶（綸） 纸（紙） 纵（縱） 纾（紓）
纼（紖） 唦（嗦） 绊（絆） 线（綫） 绀（紺） 继（継） 绂（紱）
绋（紼） 绎（繹） 经（經） 绍（紹） 组（組） 细（細） 绅（紳）
绅（紳） 织（織） 绌（絀） 终（終） 绉（縐） 给（給） 哟（喲）
绖（絰） 荮（葤） 茎（莖） 绞（絞） 统（統） 绒（絨） 绕（繞）
绔（絝） 结（結） 绗（絎） 给（給） 绘（繪） 绝（絕） 绛（絳）
络（絡） 绚（絢） 绑（綁） 莼（蒓） 绠（綆） 绨（綈） 绡（綃）
绢（絹） 绣（繡） 绥（綏） 绦（縧） 鸶（鷥） 综（綜） 绽（綻）
绾（綰） 绻（綣） 绩（績） 绫（綾） 绪（緒） 续（續） 绮（綺）

---

[1] 雠：用于校雠、雠定、仇雠等。表示仇恨、仇敌义时用仇。

缀（綴） 绿（綠） 绰（綽） 绲（緄） 绳（繩） 绯（緋） 绶（綬）
绸（綢） 绷（绷） 绺（綹） 维（維） 绵（綿） 缁（緇） 缔（締）
编（編） 缕（縷） 缃（緗） 缂（緙） 缅（緬） 缘（緣） 缉（緝）
缇（緹） 缈（緲） 缙（縉） 缊（縕） 缌（緦） 缆（纜） 缓（緩）
缄（緘） 缑（緱） 缒（縋） 缎（緞） 辔（轡） 缤（繽） 缤（繽）
缟（縞） 缣（縑） 缢（縊） 缚（縛） 缙（縉） 缛（縟） 缜（縝）
缝（縫） 缡（縭） 潍（濰） 缩（縮） 缥（縹） 缪（繆） 缦（縵）
缨（纓） 缫（繅） 缧（縲） 蕴（蘊） 缮（繕） 缯（繒） 缬（纈）
缭（繚） 橼（櫞） 缰（繮） 缳（繯） 缲（繰） 缱（繾） 缴（繳）
辫（辮） 缵（纘）

収

坚（堅） 贤（賢） 肾（腎） 竖（竪） 悭（慳） 紧（緊） 铿（鏗）
鲣（鰹）

荧

劳（勞） 茕（煢） 茔（塋） 荧（熒） 荣（榮） 荥（滎） 荤（葷）
涝（澇） 崂（嶗） 莹（瑩） 捞（撈） 唠（嘮） 莺（鶯） 萤（螢）
营（營） 萦（縈） 痨（癆） 嵘（嶸） 铹（鐒） 耢（耮） 蝾（蠑）

临

览（覽） 揽（攬） 缆（纜） 榄（欖） 鉴（鑒）

只

识（識） 帜（幟） 织（織） 炽（熾） 职（職）

钅

钆（釓） 钇（釔） 钉（釘） 钋（釙） 钉（釘） 针（針） 钊（釗）
钗（釵） 钎（釬） 钓（釣） 钏（釧） 钍（釷） 钐（釤） 钒（釩）
锡（錫） 钕（釹） 钔（鍆） 钦（鈇） 钫（鈁） 钚（鈈） 钚（鈈）
钪（鈧） 钯（鈀） 钭（鈄） 钙（鈣） 钝（鈍） 钛（鈦） 钘（鈃）
钮（鈕） 钞（鈔） 钢（鋼） 钠（鈉） 钡（鋇） 铃（鈴） 钧（鈞）
钩（鉤） 钦（欽） 钨（鎢） 铋（鉍） 钰（鈺） 钱（錢） 钲（鉦）
钳（鉗） 钴（鈷） 钺（鉞） 钵（缽） 铍（鈹） 钼（鉬） 钾（鉀）
铀（鈾） 钿（鈿） 铎（鐸） 铍（鑲） 铃（鈴） 铅（鉛） 铂（鉑）

铄（鑠） 铆（鉚） 铍（鈹） 钶（鈳） 铊（鉈） 钽（鉭） 铌（鈮）
钜（鉅） 铈（鈰） 铉（鉉） 铒（鉺） 铑（銠） 铕（銪） 铟（銦）
铷（銣） 铯（銫） 铥（銩） 铪（鉿） 铒（錦） 铫（銚） 铵（銨）
衔（銜） 铲（鏟） 铰（鉸） 铳（銃） 铱（銥） 铓（鋩） 铗（鋏）
铐（銬） 铡（鍘） 铙（鐃） 银（銀） 铛（鐺） 铜（銅） 铝（鋁）
铡（鍘） 铠（鎧） 铨（銓） 铢（銖） 铣（銑） 铤（鋌） 铭（銘）
铬（鉻） 铮（錚） 铧（鏵） 铩（鎩） 揿（撳） 锌（鋅） 锐（銳）
锑（銻） 银（銀） 铺（鋪） 铸（鑄） 嵌（嶔） 锓（鋟） 铿（鏗）
链（鏈） 铿（鏗） 铜（鋼） 销（銷） 锁（鎖） 锄（鋤） 锅（鍋）
锉（銼） 锈（銹） 锋（鋒） 锆（鋯） 锊（鋝） 锔（鋦） 锕（錒）
锏（鐧） 铽（鋱） 铼（錸） 锇（鋨） 锂（鋰） 锁（鎖） 锘（鍩）
锞（錁） 锭（錠） 锗（鍺） 锝（鍀） 锫（錇） 错（錯） 锚（錨）
锛（錛） 锯（鋸） 锰（錳） 锢（錮） 锟（錕） 锡（錫） 锣（鑼）
锤（錘） 锥（錐） 锦（錦） 锨（鍁） 锱（錙） 键（鍵） 镀（鍍）
镃（鎡） 镁（鎂） 镂（鏤） 锲（鍥） 锵（鏘） 锷（鍔） 锶（鍶）
锴（鍇） 锾（鍰） 锹（鍬） 锿（鎄） 锔（鋦） 锴（鑽） 锻（鍛）
锸（鍤） 锼（鎪） 锋（鋒） 镓（鎵） 锐（鑲） 镔（鑌） 镒（鎰）
镉（鎘） 镑（鎊） 镐（鎬） 镐（鎘） 镊（鑷） 镇（鎮） 镍（鎳）
镌（鎸） 镏（鎦） 镜（鏡） 镝（鏑） 镛（鏞） 镞（鏃） 镖（鏢）
镚（鏰） 镗（鏜） 镨（鐠） 馒（饅） 镩（鑹） 镦（鐓） 镨（鐥）
镨（鐠） 镧（鑭） 镥（鑥） 镤（鏷） 镢（鐝） 镣（鐐） 镫（鐙）
镦（鐓） 镰（鐮） 镱（鐿） 镭（鐳） 镬（鑊） 镮（鐶） 镯（鐲）
镲（鑔） 镴（鑞） 镵（鑱） 镶（鑲） 镬（鑊）

兴

觉（嶨） 学（學） 觉（覺） 搅（攪） 营（營） 鲎（鱟） 黉（黌）

睪

译（譯） 泽（澤） 怿（懌） 择（擇） 峄（嶧） 绎（繹） 驿（驛）
铎（鐸） 萚（蘀） 释（釋） 箨（籜）

巠

劲（勁） 到（到） 陉（陘） 泾（涇） 茎（莖） 径（徑） 经（經）

烃（烴）　轻（輕）　氢（氫）　胫（脛）　痉（痙）　羟（羥）　颈（頸）
巯（巰）

亦

变（變）　弯（彎）　孪（攣）　峦（巒）　娈（孌）　恋（戀）　栾（欒）
挛（攣）　鸾（鸞）　湾（灣）　蛮（蠻）　脔（臠）　滦（灤）　銮（鑾）

呙

剐（剮）　涡（渦）　埚（堝）　呙（喎）　莴（萵）　娲（媧）　祸（禍）
脶（腡）　窝（窩）　锅（鍋）　蜗（蝸）

后记

本书是高等院校汉语言文学专业古代汉语课程教材。

本书上编为古代汉语文选，每篇文选后均讲解若干古汉语常用词。下编是古汉语通论。古汉语教学过程中，文选与通论可互相配合，穿插进行。

本书文选部分以散文为重点，并节选了富有特色的《吐蕃传》《西藏赋》等篇目，以增强学生对西藏历史文化的了解；通论部分系统讲述了文字、词汇、语法、音韵和综合运用知识，注重理论联系实际，力求简明、实用，重点突出。

本书采用简体字编排，书后附录了国家语言文字工作委员会1986年10月重新发布的《简化字总表》，以方便同学们学习。

本书编写者为西藏民族大学教师。刘鹏编写了上编1、2、13、14、15、16、17、19、22、23等10篇文选，撰写了绪论及下编第一章、第五章第三、四节；高明撰写了上编各篇文选的"本篇选词综述"和下编第四章；王宝红编写了上编3、4、5、6、27、28、31、32、34、35等10篇文选，撰写了下编第三章；马天祥编写了上编20、21、25、29、30等5篇文选，撰写了下编第二章和第五章第一、二节；张院利编写了上编7、8、9、10、11、12、33等7篇文选；刘倬源编写了上编18、24、26等3篇文选，辑录了附录《简化字总表》。

书稿完成后，承蒙西北大学文学院赵小刚教授、四川大学文学与新闻学院俞理明教授百忙之中审阅书稿，提出详细的书面修改意见，遵此进行最后修订，提高了书稿质量，在此对二位前辈表示诚挚的感谢！

本书出版得到了西藏民族大学文学院的大力支持。西北大学出版社责任编辑陈新刚同志，对本书关心甚多；郭学工同志，精心设计封面、版式；编辑部许多同志在本书出版过程中提供大力支持，在此一并谨致谢意！

编　者

2022年10月